幕の開く前に《増補改訂版》
―僕の演劇雑記帳―
勝田安彦

シアターVアカサカ一周年記念提携公演

THE GAME OF LOVE

ミュージカル・エンターテインメント

ゲーム・オブ・ラヴ

台本・詞　トム・ジョーンズ
音楽　ジャック・オッフェン バック
編曲・補曲　ナンシー・フォード
原作　アルトゥール・シュニッツラー
演出・翻訳・訳詞　勝田安彦

1990年2月23日㊎〜3月5日㊊

[場所]
THEATER V AKASAKA
〒106 東京都港区赤坂2-16-9
(03)583-6040

CAST

アナトール
村国守平

マックス
徳川龍峰

コーラ
花山佳子

アニー
宮内理恵

ガブリエル
早野ゆかり

イローナ
古坂るみ子

アネット
堂ノ脇恭子

フリッツ
渋谷智也

フランツ
久我しげき

ディエベル男爵
二瓶鮫一

フリーダー
蒲地克彦

STAFF

音楽監督　千葉一樹
振付　川原あきよ
美術　添田剛久
照明　佐藤壽晃
音響　高橋 巌
衣裳　出川淳子
舞台監督　原 勲夫
舞台監督助手　古賀裕治
宣伝美術　藤林省三
画　福井真一
演出助手　市瀬玉子
製作　西 万紀
プロデューサー　添田稔司
企画制作　勝田演劇事務所
制作協力　シアターVアカサカ
　　　　　P&P添田事務所

[チケット]
前売り・当日共に、
¥4,000円(税込み)・全席指定席

[お問い合せ・電話予約]
P&P添田事務所　(03)224-0651

[電話予約]
チケット・セゾン　(03)5990-9999
チケットぴあ　(03)5237-9988

Yasuhiko Katsuta

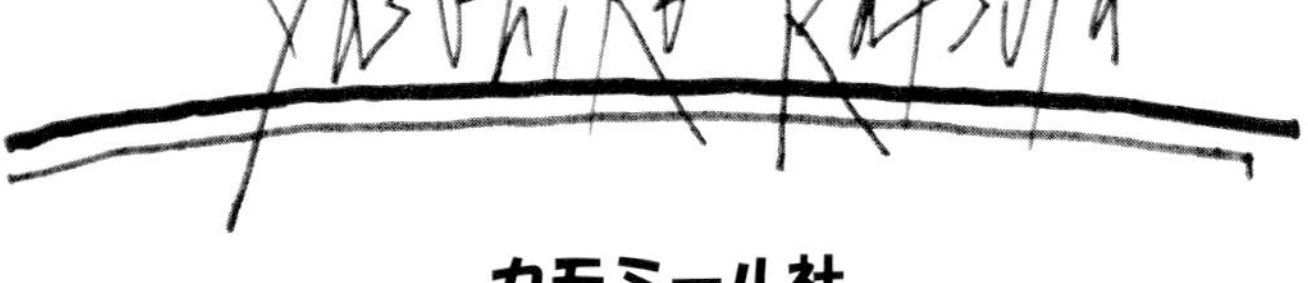

カモミール社

カバーイラスト

「THE GAME OF LOVE」の
初演ポスター(デザイン　藤林省三)より
英文表記の著者名は
ハーヴィー・シュミット筆

『ジェニーの肖像』1986年　草月ホール
左から　田中雅子、越智則英
美術＝大田創、照明＝佐藤壽晃、衣裳＝合田瀧秀

『ゲーム・オブ・ラヴ〜恋のたわむれ〜』2009年　シアター1010
左から　今井清隆、寿ひずる、岡幸二郎
美術＝大沢佐智子、照明＝雑賀博文、衣裳＝宇野善子

『血とバラ』1988年　ベニサン・ピット

（上）左から　田中雅子、石富由美子
（下）カーテンコール

美術＝大田創、照明＝佐藤壽晃、衣裳＝合田瀧秀

『フル・サークル～ベルリン1945～』1994年　劇団俳優座稽古場

（上）左から　志村要、中野今日子

（下）左から　内田夕夜、可知靖之、中野今日子、堀越大史、安藤麻吹、志村要

美術＝大沢佐智子、照明＝森脇清治、衣裳＝若生昌　（撮影・蔵原輝人）

『エドガーさんは行方不明』1995年　シアターVアカサカ
左から　宮内理恵、内田夕夜、竹田彩子、二瓶鮫一
美術＝大沢佐智子、照明＝佐藤壽晃、衣裳＝出川淳子

『ドアをあけると・・・』2003年　紀伊國屋サザンシアター
左から　多田野曜平、杉村理加
美術＝大田創、照明＝佐藤壽晃、衣裳＝出川淳子

『メフィスト』1997年　劇団俳優座稽古場

（上）左から　中寛三（後姿）、横田進、森一
（下）左から　田野聖子、堀越大史、可知靖之、瑞木和加子、川井康弘、内田夕夜

美術＝大沢佐智子、照明＝森脇清治、衣裳＝若生昌　（撮影・蔵原輝人）

『三人姉妹』1999年　俳優座劇場
左から　松浦佐知子、村松恭子、林次樹
美術＝石井みつる、照明＝森脇清治、衣裳＝樋口藍

『ドラキュラ』2003年　ザムザ阿佐谷
左から　中島忍、近藤弐吉、村松恭子
照明＝佐藤壽晃、衣裳＝白井光子、鷺典子

『我らが祖国のために』2000年　俳優座劇場
左から　田野聖子、安藤みどり、鶉野樹理
美術＝大沢佐智子、照明＝森脇清治、衣裳＝出川淳子　（撮影・蔵原輝人）

『白い悪魔』２００４年　ザムザ阿佐谷
奥から　田辺希、近藤弐吉、南風佳子
美術＝勝田安彦、照明＝佐藤壽晃、衣裳＝鷺典子

『ハリウッド物語』2006年　俳優座劇場

（上）左から　内田稔、村松恭子
（下）左から　宮本充、林次樹

美術＝石井みつる、照明＝森脇清治、衣裳＝樋口藍

『なごり雪』1987年　新宿シアター・モリエール
左から　麻志奈純子、久保田民絵
美術＝大田創、照明＝佐藤壽晃

『三枚のポストカード』2017年　南青山 MANDARA
左から　北村岳子、上野哲也、福麻むつ美、宮内理恵
美術＝勝田安彦、照明＝飯田文

『コレット・コラージュ』2011年　あうるすぽっと

（上）フィナーレ
（下）左から　立川三貴、旺なつき

美術＝大田創、照明＝佐藤壽晃、衣裳＝樋口藍

『殺しの接吻～レディを扱うやり方じゃない～』2013年
恵比寿・エコー劇場

（上）左から　岡幸二郎、宮内理恵、宮内良
（左下）奥から　岡幸二郎、旺なつき
（右下）左から　旺なつき、宮内良、宮内理恵

美術＝大田創、照明＝雑賀博文、衣裳＝樋口藍

『グロリアス・ワンズ』2014年　あうるすぽっと

（上）左から　今井清隆、杉村理加、紫城るい、福沢良一、石鍋多加史、宮内理恵、泉見洋平
（下）左から　宮内理恵、泉見洋平、今井清隆、紫城るい、福沢良一、石鍋多加史、杉村理加

美術＝大沢佐智子、照明＝佐藤壽晃、衣裳＝樋口藍

『ラ・テンペスタ』2019年　萬劇場

（上）左から　福井貴一、石坂光、柳瀬大輔
（下）左から　宮内理恵、福井貴一

美術＝大田創、照明＝飯田文、衣裳＝倉岡智一

『口笛は誰でも吹ける』2015年　恵比寿・エコー劇場

（上）　左から　本田崇、旺なつき、櫻井太郎
（下）　左から　石鍋多加史、治田敦、福沢良一、旺なつき

（左上）左から　柳瀬大輔、宮内理恵
（右上）宮内理恵
（下）奥から　柳瀬大輔、宮内理恵

美術＝大田創、照明＝佐藤壽晃、衣裳＝樋口藍

（上）『ショーは続く』（2012年／ニューヨークの聖ペテロ教会劇場）終演後のパネルトークにて。
左から　トム・ジョーンズ、マイケル・ライス、著者、ジェームズ・モーガン

（中）『ショーは続く』の打ち上げ会場にて。
左から　シェルドン・ハーニック夫妻、著者、パトリシア・バーチ、ジェームズ・モーガン、トム・ジョーンズ

（下）『ジェニーの肖像』初演（1986年）に際して来日した作者たちを囲んで。
左から　田中雅子、ハワード・マーレン、イーニド・ファッターマン、山内あゆ子、著者

幕の開く前に——僕の演劇雑記帳——

目次

第三部　ニューヨーク、ニューヨーク

第一部　幕の開く前に

『ジェニーの肖像』

時は現代、所はニューヨーク、メトロポリタン美術館。老紳士が一人、目の前の壁に掛った肖像画をじっと眺めている。老人は心の中で肖像画の少女に呼びかける、「ジェニー、今日も君に会いに来たよ。」少女の瞳は悲しげに微笑んでいる。老人はフッと笑みをもらす、「ジェニー、君は今も生きている。」一人の女性が、半世紀の昔に老人が描いたこの肖像画の前で足を止め、連れの恋人につぶやく、「この瞳《め》よ、どこかで見たことあるわ。」

ミュージカル『ジェニーの肖像』は、こうして始まる。

一九三八年、冬のニューヨーク。二八歳の貧乏画家がセントラル・パークで出会った九歳の少女。彼女は「私が大きくなってあなたに追いつくまで、あなたが待っていてくれますように」と、謎のような願いごとを残して黄昏の中へ消えて行く。二週間後に二人が再び出会った時、少女は一二歳になっていた。彼女は言う、「私、急いでるの。」

一九年の歳月を、彼女は一年のうちに駆け抜けて行く。何故なら、運命が、生と死が二人を引き裂くその瞬間《とき》までに、彼女は「愛しているわ」のひと言を彼に告げなければならないから。

時間と空間に隔てられ、現実には決して出会うことなく終わらなければならない男と女。けれど、もしもその二人が、どうしてもめぐり会わなければならない二人だとしたら、どうしても愛し合わなければならない二人だとしたら。その時、奇跡が起きる。時の壁を突き破って、九歳の彼女が、過去から彼の前に現れる。孤独という名の長い夜を、一条の月の光が照らし、導く。孤独な魂と魂がふれあう。人間の営みの一切を取り巻いている或る巨大な意思のようなものの存在が垣間見える。運命は二人を引き離し、結びつけ、そして引き裂く。

二人の最後の出会い。猛り狂う嵐の中で、二八歳の彼女は、彼の瞳を覗きこんでつぶやく、「ええ、そうよ。私、間違っちゃいなかった。」生涯待ち続けたことに悔いはない。彼女は彼の瞳の奥に永遠の愛を見た。その彼女の瞳の奥に、彼もまた永遠の愛を見る。やがて津波が二人を襲い、彼女は海に消える。「二人はいつの日も、どこかで愛し合い続ける」のだという信念を彼に残して。

現代のメトロポリタン美術館。肖像画の前で誰かがつぶやく、「この瞳よ。どこかで見たことあるわ。」彼は、絵の中の彼女に呼びかける、「ジェニー、君は今も生きている。」

ミュージカル『ジェニーの肖像』は、こうして終わる。


これは、冬の厳しさと芸術上のフラストレーションに囚われ、文字通り凍てつく心の冬に固く閉じ込められ、押しひしげられてしまった一人の画家が、永遠の理想のモデルと出会うことによって、光射す春の日へと抜け出て行く物語である。

他の登場人物は、ジェニーをはじめとして全員が、主人公エベンをその心の冬から解き放ち、春の日へと導き出そうとして、夫々のやり方で彼を励まし、勇気づけようとする。それが彼らの基本的な行動である。


これは愛の物語である。そして、愛とは無条件にその相手を、対象を信じることだと教えてくれる物語である。ファンタジーという形式を借りて、その主題は鮮明に、力強く迫って来る。「美しい」という形容詞を臆せず使える、これは類稀れなミュージカルである。

この芝居全体から漂って来るものは、「この瞳よ。どこかで見たことあるわ」という幕開きの台詞に象徴されているような、ある懐かしさ、既視感とでも呼べば良いのか、ある奇妙な懐かしさである。日々の生活の中でどこかに置き忘れて来たもの——それを「愛」と呼んでも良いし、「青春」と呼んでも良いかも知れないが、「時代を越えた、何か永遠なもの」、それを改めて見つけた思い、そういう懐かしさである。

その悲劇的な結末にもかかわらず、いや、それ故にこそ、この芝居は決してただの感傷に堕すことがない。プロローグとエピローグには、哀しみを乗り越えた、ある明澄さがある。愛とは信じることだという想いがある。

公演プログラム一九八六年三月

以上は一九八六年三月に草月ホールでの『ジェニーの肖像』日本初演に際してプログラムに書いた拙文である。翌年の再演、一九九〇年の再々演のプログラムにも再録してもらった。作品への演出家の思いは舞台を通して伝えるしかない。この手の「演出家の言葉」などひとつ間違えば言い逃れかアリバイ工作、最悪の場合は大嘘にしかならないのは百も承知だが、生来のおしゃべり体質の故か、僕は機会がある時はいつでも書いて来た。今回はコンサート形式とは言え、この初演版の上演は実に二五年ぶり、初演からはほとんど三十年になる。主人公のエベンよりも若かった演出家も、老エベンのほうがずっと近い年齢になってしまった。プログラムの文章も新たに書き起こそうかと思ったが、結局やめた。この作品について言葉で語れることはこれで語り尽くしていると感じたからだ。

ただ何故またこの作品を取り上げたかだけは書いておきたい。ひとつは、この傑作がこのまま上演史の中に埋もれてしまうのがあまりに勿体ないと思ったからだ。本格的に上演することが難しいならせめてコンサートでもと思った所以だ。残念なのは、ウィリアム・D・ブローンによる、十一人編成とは到底思えない厚く見事なオーケストレーションを再現出来ないことである。もう一つの理由はかなり個人的かつ感傷的なものだ。初演再演の出演者にはすでに幽明境を異にされた方々もいる。老エベンのジェリー伊藤さん、今年の春に急逝された画商マシューズの西本裕行さん、そしてジェニーの田中雅子さん。ジェリーさん、そして道半ばで旅立った雅子ちゃん（と敢えて書かせて頂く）への追悼の思いを何とか形に出来ないか、そのわだかまりのような思いがずっと心の底にあった。それが昨年の秋、初演再演でエベンを演じた越智則英さんが僕が演出した『日陰でも一一〇度』の舞台を観に来てくれ、そのとき突然、今回のコンサートのアイディアが湧いたのである。ジェリーさん、西本さん、そして雅子ちゃんの思い出に、このささやかなコンサートを捧げたいと思う。

以上二つの理由を書いて、改めて時の流れを思う。時のもたらす変化と喪失を。そして、それでも変わらずに残るものを。それこそが『ジェニーの肖像』の主題でもある。

最後に、主人公エベンを二八年ぶりに歌うことを熟慮の上で快諾してくれた越智さんに感謝したい。今回はおまけに老エベンのパートまで歌って頂く。越智さんに引き受けてもらえなければ、今回のコンサートはなかった。それともう一人、いや二人、初演版の上演を二つ返事で承知してくれた台本・詞のイーニド・ファッターマンと作曲のハワード・マーレンのお二人にも心からの感謝を。僕が未だに演劇を続けていられるのも、彼らの、それこそ三十年以上変わらぬ好意と友情のようなものがこの世界にもまだあるからかも知れない。

『ジェニーの肖像』改訂版

『ジェニーの肖像』と初めて出会ったのは、今から十八年前の高校時代のことだった。学校帰りに立ち寄った書店で、何気なく手に取った一冊の文庫本。それがロバート・ネイサン作『ジェニーの肖像』(40年)だった。

小説の舞台は一九三八年のニューヨークおよびトルーロー(ケープ・コッド)。第二次大戦を告げる暗雲が世界中に垂れこめた冬の時代。生活にも、芸術活動にも行き詰った二八歳の貧乏画家がセントラル・パークで出会った八歳の少女は、「私が大きくなるまで、あなたが待っていてくれますように」という謎のような願いごとを残して黄昏の中へ消えて行く。二週間後、再び現れた少女は十八歳になっていた。画家は少女の肖像画を描き始め、彼女は二十年の歳月を一年足らずのうちに駆け抜けて行く。彼に追いつくために、「愛しているわ」のひと言を彼に告げるために、運命が二人を引き裂くその時までに。

永遠の時と永遠の美の神秘を描いた悲痛なラヴ・ストーリー。リリシズムとリアリズムが見事に融合したこのファンタジーがミュージカル化されたのは一九八二年。同年度のリチャード・ロジャーズ・プロダクション賞を受賞した後、オフ・ブロードウェイの小劇場で試演会形式で上演された。日本での初演は八六年。八七年、九〇年と再演を重ね、今回で四演目となる。但し、今回の上演台本は、八七年に

公演プログラム二〇一五年九月

作者たちが大幅な改訂を施したニュー・ヴァージョンであり、ほとんど別の作品と言っても過言ではないほど一変している。作曲のハワード・マーレンから送られて来た台本を一読して正直仰天した。

歌は何曲か入れ替わり、歌詞は変わり、編曲も変わり、登場人物も二十数名からわずか五人に絞り込まれ、構成も二幕から一幕へと引き締まった。全体的な印象も旧ヴァージョンが芸術家を主人公にしたラヴ・ストーリーだったとすれば、新ヴァージョンはラヴ・ストーリーに託した芸術家論というくらい違う。原作本来の趣きにいっそう近づき、芸術と永遠のメタファーとしての恋物語は、その主題をより鮮明にしている。

最大の変化は、従来はプロローグとエピローグにしか登場しなかった主人公の晩年の姿である老画家が終始舞台上に居続け、回想形式という単なる枠組みを越えた存在になっていることである。台本・詞のイーニド・ファッターマンは、作品の骨子として劇中に一貫して流れている時間論を作品の構造そのものにまで持ち込んだのである。この仕掛けによって、五〇年の時空を超えて画家とジェニーが再び出会うという感動的な離れ業までやってのけてくれている。

演出家としても、スタッフもほとんど一新し、キャストも変わり、好評だったこれまでの舞台とは全く別の新作のつもりで取り組む覚悟である。願わくは、この新『ジェニーの肖像』が、主人公エベンの描いた『ジェニーの肖像』同様、永遠の美しさを観客の皆様の心に残さんことを。

公演プログラム一九九三年六月

『なごり雪』

自分自身の人生を見出すこと、それがジェーン・チェンバース作『なごり雪』という芝居のテーマである。

降り積む名残り雪のために湖畔のキャビンに閉じ込められた五人の女たち。世代も職業も様々な女たちだが、誰もが心の奥底に不安と恐れを抱きながら、本当の自分の生き方、自分自身に忠実な生き方を懸命に求めている。そして「言わば最後のチャンス」とでも呼ぶべきこの一夜に、はからずも夫々の想いが、情熱が、愛と嫉妬が絡み合い、ぶつかり合い、やがて夜が明けたとき、全員が何らかの形でこれまでの生き方に決着をつけ、新しい生き方を選び取る。そういう構造である。五人の女たちの価値観や人生模様が見えて来るにつれて、この芝居のリアリスティックな側面もまた浮かび上がって来る。

この芝居のもうひとつの特色は、登場人物の誰もが理想の愛の存在を信じ、その組み合わせが男と女であれ、女と女であれ、男と男であれ、愛する者との永続的な関係を、かけがえのない愛の対象を熱烈に希求している点である。そういう関係を築き上げるための努力がたとえ「築いては崩れ、また築いては崩れる」骨折りであろうとも、彼女たちは「いつかは上手く行くこと」を信じて、決して希望を捨てない。一か八かの賭けであることを承知した上で、なおかつその「愛」に全てを掛けるのである。彼女たちの心情が吐露され、本音と本音が激しくぶつかり合い、さらけ出されるにつれて、この芝居のロマンティックな側面もまた浮かび上がって来る。

レズビアンという特殊な題材を正面から描いたことで、普遍的なテーマをより鮮明に打ち出し得た芝居と言えるかも知れない。

題名である名残り雪をはじめ、劇の展開を先取りしているような溶けて行く湖の氷の話、そして帰らない過去の夢を想わせる朽ち果て穴の開いたボートなど、象徴的なイメージにあふれた台詞が随所に盛り込まれているのも、この芝居の特色に数えられる。演出家としては、これらのイメージをひとつの詩的なムードとして、詩情として舞台の上にまとめ上げ、醸し出せたらと思っている。

ニューヨークでの初演は一九七四年、オフ・ブロードウェイのプレイライツ・ホライズンの製作により行われた。

公演プログラム一九八七年一〇月

『血とバラ』

『血とバラ』（原題『カーミラ』）は、英語の副題にある通り吸血鬼譚（ヴァムパイア・テイル）である。夜ごと、うら若き美女の寝室に忍び込んでは、そのしなやかな首筋や豊かな胸のふくらみに鋭い牙を突き立て、生命の象徴である血をすすって永遠の死を生き続ける吸血鬼の所業は、性愛の代替行為のようでもあり、サディズムとマゾヒズムが綾なす妖しげな、極めてエロティックなイメージがつきまとう。

フロイト派の精神分析学者マリー・ボナパルトは、その著『クロノス・エロス・タナトス』の中で、生命体が外部から受ける侵入として、雌の細胞が雄の細胞から受精という形で受ける性愛的侵入と、苦痛や死の原因となるかも知れない破損や傷害という外傷性の侵入を挙げている。言うまでもなく、前者は生命の維持に役立つ有益なもの、後者は有害なものである。しかし、体内受精の際には、雌の身体自体も雄のペニスによって侵入を受けるのであり、そのために雌の心理の中で性愛的侵入と外傷的侵入の混乱、交錯が生じる可能性がある。多くの哺乳類に見られる雄を前にしての雌の逃走といった現象や、女性の不感症の多くがこのことから生じるのかも知れない。しかし、最終的には、性本能たるエロティシズムと、その底に手を携えて存在するマゾヒズムとがこういった侵入に対する恐怖感を和らげ、収束する。

以上のようなボナパルトの分析を逆転させれば、それはあたかも陰画と陽画のように、吸血鬼に襲われる犠牲者の心理状態をそのまま説明してくれそうである。つまり、外的侵入をエロティシズムとマゾヒズムによって性愛的侵入へと転化させてしまうのである。但し、吸血行為がもたらすものは性行為の場合のような新しい生命ではなく、その対極にある死そのものだ。吸血鬼は愛のアンビヴァレンスに、狂ったパラドクスに潜むタナトス（死の本能）の象徴なのだろう。「死は眠りにすぎない」と言ったのはシェイクスピアだが、性愛のあとには眠りが待つ。その甘美な深い眠りにはどこか死の香りが漂う。フランスの映画監督ロジェ・バディムが、シェリダン・レ・ファニュが一九世紀後半に発表した原作小説の時代設定を現代に移し替えて映画化するにあたり、題名を『死に至る悦楽』（邦題『血とバラ』）としたのは至当である。

このように吸血鬼はエロティックなイマジネーションの所産であり、『血とバラ』はまさしくエロティックな物語、性愛についての演劇的考察なのである。しかも、『血とバラ』でヒロインの少女ローラを襲う吸血鬼カーミラは女であり、そこにはレズビアンのムードも濃厚に立ちこめている。牙（＝ペニス）を持った女という両性具有的な存在は何を意味しているのだろうか。レ・ファニュの原作のまえがきにある「この問題は、つきつめていくと、人間の二重性、およびその仲介物という、深遠な問題をも含んでいる」（平井呈一訳）などという思わせぶりな一文を引くまでもなく、答えは明らかだ。

カーミラは、ヴィクトリア朝の禁欲的精神、モラルに抑圧された孤独な思春期の少女の欲望のはけ口として産み出された官能的存在なのである。カーミラは古びた棺の蓋を開けてローラの前に現れるのではなく、むしろローラの内部から、彼女のエロティックで淫靡な願望の象徴として夢魔の如く立ち現れるのである。それも恋人としての男性ではなく、友人としての女性の形を取ってという、二重の抑圧、屈折の仕方をしてだ。つまり、カーミラはもう一人のローラであり、カーミラのローラに対する吸血行為はローラのマスターベーションだとも言える。ウィルフォード・リーチによる脚色では、カーミラが胸に杭を打たれ、首を切り落とされて灰と化す原作の結末をあえて暗示にとどめてぼかし、カーミラ＝吸血鬼という図式も故意に曖昧にされているので、その感がいっそう深い。また、吸血鬼の図式が曖昧だという点にこだわって視点を変えて見れば、無垢な娘が性愛の化身のような女に誘惑されて淫蕩な官能の世界に墜ちて行く寓話とも捉えられるだろう。

脚色者自身の演出（オビー賞受賞）により一九七〇年にニューヨークのラ・ママで初演された時には、出演者はほとんど舞台上のベンチに座ったまま動かず、何枚ものスライドや16ミリ映画の映写によって物語を進めて行くスタティックな手法が採られたと聞く。今回の上演にあたっては、前篇歌われるオペラ形式から来る音楽上の制約は多々あるにしても、思い切って逆の手を使ってみることにした。吉と出るか凶と出るか、どちらに転ぶか賭けではあるが、賭けてみるだけのことはあると確信している。

公演プログラム一九八八年一〇月

『川の見える4DK』

『川の見える4DK』は、ブロードウェイの西四六丁目にあったヘレン・ヘイズ劇場に於いて一九七二年に初演されたボブ・ランドール作『6 Rms Ri Vu』の背景を、ニューヨークはリヴァーサイド・ドライヴから現代の東京のウォーターフロントに移して翻案したシチュエイション・コメディです。

原作は数年前に劇書房の笹部博司氏から紹介され、さっそくサミュエル・フレンチ社のアクティング・エディションで読んでみて、一遍で気に入ってしまった戯曲です。主人公の二人は不器用なまでに誠実な、けれどそれ故にどうにも滑稽な、そしてユーモアのセンスもいささか調子外れな男と女。不倫という題材を扱いながらも、例えば英国のノエル・カワードの喜劇のような皮肉な視線に貫かれた洗練された作風からは程遠く、ニール・サイモン張りの軽妙な台詞の応酬もほとんどありませんが、その生真面目なおかしみが妙に心に残るのです。そして、忘れかけていた、諦めかけていた「自分らしさ」を取り戻すために、ためらいながらもささやかな、しかし大きな決断の一歩を踏み出す主人公たちの姿が、ちょっと感傷的な、けれど清々しい読後感を与えてくれる戯曲です。

この戯曲を何とか舞台にかけようと、山内あゆ子さんによる翻訳台本を『屋根の上のヴァイオリン弾き』に出演中の賀原夏子さんの帝劇の楽屋に持ち込んだのは、八六年の春のことでした。「良い本だけれど面白くやるのはなかなか難しいよ」という賀原さんの忠告にもかかわらず、若気の至りか蛮勇か、「絶対に面白くしてみせます」と大見栄切って、結局その年の一一月に劇団NLTのアトリエ公演として上演させて頂きました。

出演者の好演に助けられ、幸いにも舞台は好評でした。「本公演でもやれるんじゃないか」と賀原さんが言ってくれた時には、駆け出しの演出家の低い鼻が少しだけ高くなったような気さえしました。しかしながら、稽古を重ねるうちに、僕には賀原さんの忠告が日増しに痛切に感じられていたこともまた事実でした。

彼我の風俗習慣の違いや一般的通俗的知識の不足が鑑賞のネックになることは、翻訳劇、とりわけこの種の風俗喜劇の上演が常に抱えている問題です。ドラマの主題と構造は伝わっても、プレイのふくらみに欠ける、そんな舞台を間々目にします。おまけにこの『6 Rms Ri Vu』の場合は、風俗、人名、地名といった表層的な部分が、リアリティーとしての生活感は勿論、その底にある世代観にまで色濃く影を落としているのです。このままでは面白さも半減してしまう、翻案上演をすべきではなかったのか、そういう思いが日毎に募り、やがて客席の反応《のり》が今一悪かった或る日のマチネーで、他の観客をしり目にひとり高笑いしている知人のニューヨーカーを見た時、いよいよその感を強くしたのです。

そんな思いが積もり積もって、今回の翻案上演の運びとなりました。ライフ・スタイルの欧米化が既成の事実の如く云々され、翻案劇という言葉自体あまり見かけられなくなってしまった昨今ですが、日本人の手になる良質の娯楽劇の創作を彼方に見据えながら、翻案劇というジャンルに今一度目を向けてみるのも悪くはあるまい、そんな思いも手伝っています。

コーヒーを緑茶に化けさせるのが翻案ではありますまい。原作の精神と味わいはそのままに、日本の観客の皆様により親しみ易いお芝居を。そう上手く行きますかどうか、とにかく幕を開けます。

最後になりましたが、今回の舞台を他の誰にもまして観てもらいたかった賀原夏子さんの思い出に、この舞台をささやかな花束として捧げたいと思います。喜劇のプログラムに何しめっぽいこと書いてんだと、賀原さんは向こうで苦い顔をなさっているかも知れませんが。

公演プログラム一九九一年四月

『ラヴ』

オフ・ブロードウェイ・ミュージカル『ラヴ』（原題WHAT ABOUT LUV?）の音楽を、作曲者のハワード・マーレンから送られて来たテープで初めて聴いた時、何だか実に意外な感じがしたのを今でもありありと覚えている。

一つには、同じ作曲者の前作『ジェニーの肖像』とは、これが同一人物の手になるものかと思うほど、曲調がガラリと一変していたからである。もっとも、幻想的で悲痛なラヴ・ストーリー『ジェニーの肖像』にあった清冽な抒情性が影を潜めているのは、今回はミュージカル・コメディなのだから当り前だと言えば言えなくもない。それよりも面食らったのは、リプリーズも含めて全部で二一曲あるミュージカル・ナンバーの曲想が一曲ごとにあまりに違うことだった。多様性はミュージカルのスコアの必要条件とは言え、スコアの統一感なんて端から考えていないんじゃないかと疑いたくなるほどだ。しかも、どの曲も皆どこかで聴いたことがあるような、どことなく聴き覚えのある曲ばかりなのである。どうも様々なジャンルの名曲の数々から、その特徴をちゃっかり拝借しているらしいのだ。「あれ、この旋律は昔ヒットしたポップスに良く似ているぞ……あれ、このコード進行はコール・ポーターのあの曲にそっくりだ……」といった具合だ。ところが、そのことに気がついた途端、僕にはこの音楽に仕組まれた並々ならぬ企みがようやく見えて来たのである。

一見（一聞？）考えなしのごった煮の如きスコアが、実は念入りに考え抜かれた「愛」の一大変奏曲、はっきり言えばパロディになっているのだ。

このパロディという手法によって、そこで歌われている内容や、歌っている人物の感情はことごとく相対化され、皮肉な視線にさらされることになる。聴いているうちについ『エニシング・ゴーズ』を口ずさんでしまいそうになる軽快なチャールストンに乗って歌われるのは何と殺人計画だ。人殺しだって「何とでもなる《エニシング・ゴーズ》」という訳だ。エディット・ピアフのシャンソン風に静かに歌い出された歌が、最後にはスーザの行進曲ばりに高らかに歌い上げられて終わると、果たして歌っている人間の本音はどの辺りにあるのか、どうも胡散臭くなって来る。多分、本人にも分からないのだろう。わざとたっぷり感傷に浸らせた後で（或いは浸らせつつ）、あっかんべをしている作者たちの顔が見えるようだ。

つまり、愛と結婚の見せかけを、その仮面を容赦なく笑いのめし、剥ぎ取って行くこのミュージカルにはドンピシャリ、大正解の音楽なのだ。

ナンバーへの入り方がまたふるっている。歌は何の前ぶれもなしにいきなり元気一杯に歌い出されてしまうし、ダンスも突如アステアとロジャーズ気取りの優雅なステップで踊り出されてしまう。その馬鹿馬鹿しさは、ほとんど抱腹絶倒ものである。極端から極端へと衝動的にクルクルと目まぐるしく変化する登場人物たちの心理をさらに増幅させ、ついでに観客席の笑いの方も倍増させようとの魂胆だ。マレー・シスガルの原作戯曲が不条理演劇による不条理演劇（とりわけエドワード・オールビーの『動物園物語』や『ヴァージニア・ウルフなんかこわくない』など）のパロディだったとすれば、これはミュージカルによるミュージカルのパロディだとも言えそうだ。

ニューヨークの橋の上で、三人の登場人物たちは一様に自分たちの不幸を心の底から訴える。「自分ほど不幸せな人間はこの世に二人といない」と。けれど、そう言うときの彼らは妙に幸せそうだし、自分よりも不幸な人間の存在は断固として認めない。不幸こそが彼らの存在証明ででもあるかのようだ。他者との断絶、社会からの疎外状況に苦悩し、絶望した現代人の孤独な悲鳴、絶叫を作者たちは徹底的にデフォルメし、戯画化し、からかう。ムンクの『叫び』を漫画に書き直してみせる。そこに焙り出されて来るのは、不幸に安住し、自己憐憫という名の甘い蜜に首まで浸かってしまった僕たち自身の姿だ。不幸でさえ手頃なアリバイと化してしまった現代の不幸だ。乱用され、すっかり形骸化してしまった「愛」という「言葉」に振り回される現代人の、ほとんど分裂症気味の精神構造だ。自殺しようとする瞬間にさえ他人の視線が気になって仕方がない、現代人の悲惨で滑稽な自意識だ。

登場人物の台詞をもじれば、「愛に何が起こったのか、そしてその結果、現在愛はどういう状態にあるのか、或いはないのか」の喜劇的考察を通して今という時代の様相を浮かび上がらせる鏡。それがミュージカル『ラヴ』である。などとしたり顔で書いてしまう僕も、やはり間違いなく劇中の三人と同じ橋の上に立っている。

公演プログラム一九九四年三月

『炎の柱』

最近、無性に腹の立つことが多い。知人が出演しているテレビ・ドラマを観ていたら、途中でいきなり打ち切られ、皇太子妃内定の特番が始まった。知る権利、知らせる義務とやらの名を借りた尊大で厚顔無恥な営利主義、それを平然と許してしまう我々視聴者の愚昧、無神経。親譲りの短慮で、しばらくは頭に血が上って仕方がなかったが、その時ふと脳裏をよぎったのが稽古初日を数日後に控えた『炎の柱』の主人公ウィリアム・ラントリーの姿だった。

『炎の柱』は、ＳＦ作家レイ・ブラッドベリが一九四八年、すなわちアメリカ全土にあのマッカーシズム、赤狩りの嵐が吹き荒れ出したその直後に発表した同名の短編小説を後に自ら脚色した一幕劇である。二三世紀の未来社会に甦った二〇世紀の人間が、人類の過去の文化を、或いは人類の想像力そのものの存否を賭けて、全世界を相手にただ一人闘いを、壮大な、けれど絶望的な戦いを挑む物語である。設定は遠い未来でも、それはつい昨日の、いま現在進行中の、目の前の明日の物語に他ならない。

孤独と悲嘆と憤怒に満ちた、たった一人の反乱を企てる主人公ラントリーには、けれどおそらく作者が少年時代に慣れ親しんだであろうユニヴァーサル社の往年の怪奇映画の主人公たちのイメージが幾重にも重なって見える。それが作品に一種遊び心を、ユーモアを添えてもいるようだ。ラントリーはボリス・カーロフ扮するフランケンシュタインの怪物であり、ベラ・ルゴーシ扮する魔人ドラキュラであり、クロード・レインズ扮する透明人間であり、ロン・チェイニー・ジュニア扮する狼男なのである。

翻訳に取りかかってほどなく、この戯曲にはすでに伊藤典夫氏による邦訳のあるのを知った。伊藤氏の達意の訳文には教えられるところも多く、大いに恩恵を受けた。末尾ながら感謝を捧げたい。

公演プログラム一九九三年二月

『華氏四五一度』

レイ・ブラッドベリと言えば、すでに六〇年に及ぶキャリアを誇るSF小説とファンタジー文学の巨匠であり、その詩情豊かな筆致はわが国でも多くのファンを魅了し続けている。しかし、彼が小説以外にも数々の戯曲を手掛けていることは案外知られていないようだ。

「私は演劇とともに出発した、そしておそらくは演劇とともに終わるだろう」と語るブラッドベリの作家活動に演劇が占める意味合いは決して小さなものではない。その劇世界は、「うまく書かれ、うまく語られた台詞は、世界中の全ての映画よりも多くのイメージを生み出」し、「ひとつの言葉には千の映像に匹敵する価値がある」という彼の言葉通り、劇詩人の豊かな空想が紡ぎ出す万華鏡の如きイメージにあふれている。

ブラッドベリは、アメリカ演劇の守護聖人、ただしその影響は残念ながらあまり見受けられない守護聖人としてバーナード・ショーとシェイクスピアの名を挙げているが、なるほどショーからは鋭い社会諷刺と理想の社会への意思を、シェイクスピアからは奔放な想像力と自在な構成をしっかりと学び取っている。

『華氏四五一度』は、そういう彼の劇の特色が最も良く発揮されている作品の一つである。焚書が制度化され、徹底的に管理統制された情報と娯楽の中で、思考も想像力も、感情さえも抑圧され、自分たちが不幸であることにさえ気がつかぬまま生きる近未来の人々。自らが創り出した機械文明によって疎外された孤独な大衆社会。それは言うまでもなく、今現在の僕たち自身の姿である。

ブラッドベリの小説には、失われ、二度と再び帰って来ない過去への哀惜を基調音とした作品が多い。その過去は、十年の時を経て『みずうみ』に浮かぶ少女の亡骸であったり、『たんぽぽのお酒』にこめられた遠い少年の日の夏であったり、『またこのざまだ』と悪態をつきながらハリウッドの丘の上へピアノを運び続けるローレル＆ハーディであったりと様々だが、『華氏四五一度』の過去は、今まさに失われようとしている僕たちの現在の文化そのものなのだ。

ブラッドベリが原作の小説に着手したのは一九五〇年の春、完成出版されたのは五三年。つまりマッカーシズム＝赤狩りの台頭と同時に書き起こされ、その猛威の渦中で書き進められた作品である。戯曲版の初演は一九七九年、ポリティカル・コレクトネスという名の「検閲」が大手を振ってまかり通り出した頃である。原作の発表からは約半世紀、舞台の初演からでもすでに二〇年以上の歳月が流れ、作中で描かれる未来社会の生活にはもはや現実に追い越されてしまった部分もある。けれど、だからこそ、作品の打ち鳴らす警鐘はいよいよ実感を持って迫って来る。電子技術の嵐は、劇中に登場するあの猟犬、機械文明の光と影を具現した、子供の夢の玩具にして殺人兵器であるあの機械仕掛けの猟犬のように、二律背反的な存在として僕たちに選択を迫っている。そして「文化そのものが滅びてしまった。五〇年前に捨てた書物を拾い上げるような、そんな単純なことじゃない。いいですか、一般大衆は自ら進んで読書をやめたんですよ」という台詞の重みは、愚劣なマスメディアに踊らされる大衆や、ゆとり教育だの英語第二公用語化だのの愚挙に踊る役人や「有識者」たちの姿を見れば、それこそ火を見るより明らかだろう。

僕たちがこの国の現状に感じる怒りと憤りは、そのまま作者ブラッドベリのものでもある筈だ。

公演プログラム二〇〇一年一一月

『フル・サークル～ベルリン一九四五～』

『フル・サークル』は、『西部戦線異状なし』や『凱旋門』といった世界的ベストセラーの著者エーリヒ・マリア・レマルク（一八九八～一九七〇）が生前に発表した唯一の戯曲である。戯曲として残っているものにはもう二篇、朝鮮戦争の帰還兵を題材に冷戦下のアメリカ社会を諷刺した作品と、東西ドイツの分裂とヒトラーの追随者たちの子供らを描いた作品が作者の死後、遺稿の中から発見されているが、これらはともに未定稿であり、本格的な上演には至っていない。

『フル・サークル』のドイツ語原題は『Die Letzte Station（終着駅）』。但し、一九五六年に旧西ベルリンで初演された折には『Berlin,1945』と改題され、その後一九七三年にワシントンでの試演を経てブロードウェイで上演されたピーター・ストーン潤色による英語版は『Full Circle（円環）』と改められた。

レマルクが戯曲を書いていると僕が初めて知ったのは、学生時代に読んだ『凱旋門』（河出書房刊）の巻末に付された訳者解説中の次の一節によってである。

「当然、ナチス・ドイツの崩壊という、歴史的大破局の情景がえがかれるだろうと予想された。だが、レマルクは、ベルリンの最後の息詰まる悲劇を戯曲の形でえがいただけで、わたくしたちの期待は今後に待たなければならない。」

興味は引かれたが、これだけでは題名も分からないし、どうやら邦訳もなさそうだ。そのうち自然と忘れてしまった。ところが数年前、ニューヨークの演劇専門の古書店の片隅で、ストーン潤色の英語版を偶然見つけたのである。早速、辞書を片手に読み出したら、あまりの面白さにとうとう最後まで一気に読んでしまった。

ソ連軍の猛攻の前に瓦礫の山と化し、断末魔の咆哮を上げる第三帝国の首都ベルリンを舞台に、一九四五年四月三〇日（ヒトラー自決の当夜）から翌五月一日にかけて展開される生死を賭けた緊迫の人間ドラマを、三単一の法則のお手本のような緊密な構成でサスペンス感たっぷりに描いている。個としての人間の自由を否定するあらゆる体制と、愚劣な戦争への異議申し立てという主題を、極限状況の中で芽生える悲痛なラヴ・ストーリーにからめて提示した、メッセージ性のみならず娯楽性にも富んだ、いわば硬質なメロドラマ。映画化もされた『凱旋門』『愛する時と死する時』等々でもおなじみのレマルク十八番の世界である。

レマルクの小説は、そもそも極めて演劇的な特質を備えているが、この戯曲はスリリングな状況設定、意表を突く展開の巧みさによって、上質のサスペンス劇、骨太のメロドラマとして実に上手く書けている。これには、潤色者ストーンの手腕もかなり寄与しているようだ。

ハンス・ワグナー著『エーリヒ・マリア・レマルク読解』（南キャロライナ大学出版局刊）に記された『終着駅』の粗筋を読むと、ヒロインの人物像その他についてストーンが大胆に手を加え、書き直しているのが分かる。題名の改変もその当然の帰結である。フル・サークルとは、大きくは米英ソの連合軍によるベルリン包囲網であり、小さくは主人公たちが追い込まれた、出口なしの絶体絶命の状態だが、もうひとつ、体制は変わっても、体制が体制である限り抑圧的な状況は変わらないという物語の構造と主題に関わるメタファーでもある。人物の陰影はひと際深くなり、主題もより鮮明に浮き彫りにされた。レマルクの原作以上にレマルク的になったと言って良い。さらに、ストーンの潤色は男性原理と女性原理の葛藤、男の英雄主義と女の現実主義の相克という普遍的かつ今日的テーマを副主題に据え、悲劇性と現代性をよりいっそう高めているのも魅力だ。

レマルクは、戦後の旧西ドイツでのネオ・ナチの動きを懸念し、警告の想いもこめてこの戯曲を執筆したものと思われる。「忘れるな、忘れてはならない」という叫びが全篇にこだましているようだ。ナチス・ドイツの手で国籍を剥奪され、著作は焚書に処され、妹は総統侮辱の咎で処刑されたレマルクは、戦後、亡命先であり、市民権を獲得したアメリカとスイスに生活の場を求め、母国ドイツに再び居を定めることはついになかった。『終着駅』の初日のカーテンコールは二十数回に及び、作者のレマルクも観客の歓呼の声に舞台上に引っ張り出された。けれど、彼は熱狂した観客の拍手喝采に応えるでもなく、ただじっと押し黙ったまま、無表情に客席の彼方を見つめていたという。

公演プログラム一九九四年一二月

『フル・サークル――ベルリン一九四五――』再演

劇団俳優座の演劇実験室ＬＡＢＯ第七回公演として『フル・サークル――ベルリン一九四五――』を劇団の稽古場で初演したのは一九九四年十二月だから、もう二十年以上も前のことになる。もともと稽古場の、客席も百席そこそこの狭い空間にふさわしい作品としてＬＡＢＯのメンバーに推薦し、そこでこそ効果的と思えた演出にこだわって創った舞台だった。幸い初演は僕も驚くほどの好評で、翌々年には本公演として俳優座劇場で上演され、その後日本各地でも上演された。劇場空間の拡大にともなって演出には当然手を加えたが、基本線は初演のままだった。今回の再演でもそれは変わらない。

一九四五年四月三十日の午後から翌日の昼まで、連合軍の空爆で瓦礫の山と化したベルリンの街のアパートの一室を舞台に、その部屋に住む曰くありげな女と、そこに逃げ込んで来た政治犯、彼を追うゲシュタポの大尉の三人を軸に「生き残り」を賭けた熾烈な駆け引きが展開する、まさに三単一の法則のお手本のような緊密な構成によるサスペンス劇、どんでん返しが連続するウェル・メイドの政治スリラーである。『西部戦線異状なし』で名高いエーリヒ・マリア・レマルクの唯一の戯曲であり、生か死かの極限状況の許での悲痛なラヴ・ストーリーは、作者の代表作『凱旋門』や『愛する時と死する時』『リスボンの夜』などにも通じる硬質なメロドラマでもある。

しかし、巷に氾濫する、ナチスを悪役にした数多のサスペンス物と一線を画しているのは、戯曲にこめられた作者の切実な思いだ。初演は『ベルリン一九四五』と題して、一九五六年に旧西ドイツの西ベルリン文化フェスティヴァルの一環として行われた。終戦からすでに十一年。ナチスが躍進する両大戦間のドイツの政治状況に身の危険を感じ、スイスを経て、やがてアメリカへと亡命した経験を持つレマルクが何よりも危惧したのは、戦後のドイツ国民が第三帝国の過去と向き合うことを避け、再びファシズムが台頭して来かねない状況だった。都合の悪い過去には目をつむり、健忘症を決め込めば歴史は繰り返す。その危機意識がレマルクの後半生の作品群を貫いている。『フル・サークル』でもナチスの犯罪への直接的な断罪（レマルクの妹は大戦中のベルリンでヒトラーと軍事体制そのものを侮辱した廉で斬首刑に処せられている）だけでなく、作者の矛先は自分は命令されたことをしただけだと己の所業を正当化する人々や時局便乗主義者、見て見ぬふりをし、自分は何も知らなかったのだと自己弁護する人々にも厳しく向けられている。

それだけではない。ネタばれになってしまうので、ここではっきり書けないが、『フル・サークル』

はベルリンに侵攻して来たソ連軍を通して、ナチスに限らずあらゆる全体主義への異議申し立てをも描いている。もっとも、この点については一九七三年のブロードウェイ初演に際して英語台本を作成したピーター・ストーンの潤色が大きくものを言っているらしい。レマルクの戯曲の原題は『終着駅』。一九四五年四月三十日はヒトラーが自決した当日であり、第二次世界大戦に於ける対独戦の最後を描くとともに、その中で主人公たちがたどり着いた結末を思わせる題名だが、ストーンがつけた英語版の題名『フル・サークル』は直訳すれば「円環」。暗示されているのは、大きくはソビエト軍によるベルリン包囲網であり、小さくは主人公たちが追い込まれた逃げ場なしの絶体絶命の状況だ。が、それだけでなく、戯曲の構造と主題を示すメタファーでもある。この先は舞台を観ていただくしかない。

立憲主義の日本で、その長たる総理大臣が立憲政治を否定するような発言をしても、マスコミは政府の顔色を伺うばかり、国民も無関心を決め込む。排外主義的な言動と恥知らずなヘイトスピーチが大手を振ってまかり通る現状には、僕のごとき保守的な演劇人でさえ危機感を抱かざるを得ない。一九五八年生まれの僕は勿論戦争は知らない。けれど、過去を知り、今を見つめれば、その類似に気がつかない訳には行かない。演劇の根幹にあるのは共感力であり、想像力だ。戦争を知らない世代のひたすら感情的な「理念」に歯止めをかけるには、他者の立場に立てる理性と想像力が要る。どんなに微力であろうと、忘れてはならないことを問いかけて行く努力が必要だ。

八十代後半になる僕の母は、戦時中お国のために少しでもお役に立ちたい、女が戦地に赴くには看護婦になるしかないと日赤の看護学校に入った。そのことを母は今でも誇りに思っているようだ。だが、母はまた、軍人は威張りくさった男が多くて本当に嫌だった、戦争はもう二度と嫌だとも言う。ともに庶民の本音だろう。敗戦から七十年、あとの方の思いを知る人たちが加速度的にいなくなって行く今こそ、『フル・サークル』をもう一度舞台に掛ける意味があるのかと思う。

公演プログラム二〇一五年五月

『メフィスト』

戯曲『メフィスト』は、トーマス・マンの息子クラウス・マンが亡命中の一九三六年に発表した同名の小説の劇化である。

原作は「出世物語」と副題にある通り、ワイマール共和国時代のドイツの地方劇団の一役者が、自己欺瞞に自己欺瞞を重ねながら、その燃えるような激しい野心と才能で、ついにはナチス第三帝国の国立劇場総監督にまでのし上がって行く様を辛辣な筆致で描いているのだが、アリアーヌ・ムヌーシュキン脚色による舞台版（一九七九年、太陽劇団初演）は、物語の大筋は原作を追いながらも、同じ原作者の自伝『転回点』や、クラウス本人の戯曲の抜粋、クラウスの姉エーリカの書いた時事諷刺的な寸劇等々を劇中に効果的に取り込むことで、原作や、原作にほぼ忠実なイシュトバーン・サボー監督の映画版（81年）とは相当異なった趣きを獲得している。

ムヌーシュキンは、原作では脇役として点描にとどまっている数々の人物をクローズ・アップし、複眼的な視点から作品を捉え直している。原作の主人公であるメフィスト役者ヘンドリックは、ここでも国内亡命の詭弁を免罪符に見て見ぬふりをした無数の人々、時局便乗者の典型、対ナチス協力者の象徴あるいはメタファーとして強力な磁力を発揮してはいるものの、もはや主人公とは言い難い。極限すれば、主役は時代そのものである。その歴史の大きな転換期、危機的なターニング・ポイントの只中で人々が何をどう選択して生き、そして死んで行ったのか。そこに人間の運命と条件を厳しく、真摯に問いかけた群像劇へと変貌しているのが、この舞台版の最大の魅力であり、劇的感動の源であろう。

原作の時代背景は一九二六年から一九三六年までの一〇年間。ムヌーシュキンは、それを三年ずらして一九二三年から一九三三年までとした。つまりヒトラー率いるナチ党のミュンヘン一揆勃発の日に始まり、そのナチスがついに政権を掌握するまでの一〇年間としたのである。一九二三年当時のドイツは、第一次世界大戦の敗北によって、戦勝国側からおよそ一方的なヴェルサイユ条約を押しつけられ、支払い能力を遥かに超えた賠償金と、その結果引き起こされた経済の混乱による空前絶後の天文学的数字のインフレーションに苦しんでいた。国民の生活は窮乏を極め、戦勝国と共和国政府への怒りと憎悪、屈辱感と不平不満が渦巻いていた時代である。ナチス台頭の温床となったこの時期を第一幕に設定し、その後の一九二五年から一九二九年までの相対的安定期、つまり借金経済のお陰で国民の暮らしぶりも辛うじて落ち着きを取り戻し、ワイマール文化があだ花の如く束の間花開いた五年間を省略して、第二幕は一九二九年の世界大恐慌によってその見せかけの繁栄が崩れ、共産党とナチ党の左右急進党が飛躍的に勢力を拡大した一九三〇年の国会選挙、蒼ざめたドイツ＝社会民主党を主軸としたワイマール共和国崩壊の序曲となり、大袈裟に言えば、二〇世紀の歴史の分岐点となった総選挙の開票日から始まる。このことからだけでも、単に劇的効果を高めるためだけではない、脚色者の意図が汲み取れよう。

原作はモデル小説としてスキャンダルの種となり、戦後ドイツ国内で初めて出版されかけたときも、そのことを畏れた出版社が結局出版を拒否してしまった。この一件が作者クラウス・マンの自殺の一因となったと思われる。ムヌーシュキンは、このとき作者と出版社の間で取り交わされた手紙を第一幕の冒頭に挿入し、しかもヘンドリックのモデルとなった名優グスタフ・グリュントゲンスの名前をヘンドリック・ヘーフゲンに置き換えただけで、あとはほとんど原文のままの手紙を、クラウス・マン自身がモデルであるゼバスチャン役の俳優に語らせることで、事実と虚構の意識的な混交を試みている。戦前、戦中と戦後の連続性と欺瞞性を突き、ここで描かれる物語が或る時代に特有のものでは断じてなく、いつ如何なるところでも起こり得る普遍的な問題であることを観客に提示する、重く見事な脚色である。

見事な脚色と言えば、大部分の場面の舞台となるハンブルクの劇団内の人間関係は、当時のドイツの政治状況と二重映しになり、演劇観をめぐる左翼内部の分裂から、スター独裁の形を借りたファシズムの台頭までが巧みに表現されている。この劇団はワイマール時代のドイツの縮図なのだ。また、劇中で引用される『ファウスト』のメフィストフェレスの台詞は、それを語るヘンドリック本人の願望の告白とも、意識せざる自己批判とも、さらには己の行く末の予言とも聞こえ、鮮やかなドラマティック・アイロニーとなっているし、第一幕と第二幕で繰り返される『桜の園』からの引用も、時代と人間の変貌を映す鏡となる。芝居好きには堪えられない趣向である。（なお『ファウスト』『桜の園』の翻訳については、夫々手塚富雄、松下裕氏の既訳を使わせて頂いた。感謝。）

時代のうねりを感じさせるこの壮大にして緊密な叙事劇を、劇団俳優座の稽古場の狭い小さな空間で如何に立ち上がらせるか。台本にはト書きがほとんどなく、初めからかなり自由な、と言えば聞こえは良いが、思い込みのやたらと強い演出イメージが先行し、スタッフの方々には厳しい条件の中でずい分無理なお願いばかりしてしまったのではないかと思う。笑顔で演出家の無理難題を引き受けて下さったスタッフ全員、そして（上演時間三時間を越える作品にしては）限られた稽古日程の中でのハードな稽古が終わったあとも、連日深夜まで装置の製作や衣裳直しに携わっている出演者の皆を見るたびに頭の下がる思いである。

抗う者、押し流されて行く者、自ら進んで流れに乗る者。登場人物一人ひとりの背後に、同様の運命を辿った数知れぬ人々の顔が見えれば、そう祈りつつ、稽古はいよいよ追い込みである。

公演プログラム一九九七年一一月

『OFF LIMITS――米軍キャンプ行新宿甲州口・六時半――』

戦後の駐留米軍キャンプで繰り広げられていたショー、そこに出演していた芸人たちにまつわる舞台を創ってみたいと、プロデューサーの瓜生さんからお話を頂いたとき、ためらいがなかったと言えば嘘になる。何しろ背景となるのは朝鮮戦争を挟んでの昭和二十年代中頃から三十年前後、僕はまだ生まれてもいない。まさにオフ・リミッツであった題材ゆえ資料の面でもまとまったものは皆無に等しい。それでも敢えてやってみようと思ったのは、当時の米軍キャンプの舞台こそ今の日本のショー・ビジネスの原点だ、という主演者財津一郎さんのひと言だった。

脚本の猪俣良樹さんも、財津さんをはじめ当時実際にキャンプ・ショーに出演していた芸人さんや関係者の方々に貴重な取材、聞き書きをして下さった。そこから得られた数々のエピソードは脚本に盛り込まれることになった。

当初はショーの舞台のみで作品を構成してみようかとも思っていたのだが、試行錯誤の結果、歌入り芝居の形式となった。

米軍トラックが芸人たちをピックアップしてキャンプへと運んで行った新宿駅甲州口。その同じ新宿甲州口に建つ劇場スペース・ゼロで、往時の芸人たちへのオマージュとも言えるこの作品が上演されることになったのも何かの因縁であろうか。

公演プログラム一九九三年一二月

『バッファローの月』

今日、これからご覧頂く喜劇『バッファローの月』の作者ケン・ラドウィッグは、どうやら相当な芝居好きのようです。まあ、芝居嫌いの芝居書きなんぞは滅多にいないでしょうが、それにしても彼の場合は、ほとんどステージ・ストラック（芝居狂い）と言っても良いくらいの重症患者ではなかろうかと思うのです。何しろ僕の手元にある彼の戯曲は、どれもこれも全て演劇界やオペラ界に題材を求めた、いわゆる舞台の内幕ものばかりなのですから。

『サリヴァンとギルバート』（82年）は、『ミカド』や『ペンザンスの海賊』『軍艦ピナフォア』をはじめとする、世に言うサヴォィ・オペラの作者コンビを主人公に、二人の作品の開幕間際の人間模様を、彼らの名曲の数々をちりばめて描いた歌入り芝居。続く『検死』（83年）は、シャーロック・ホームズ役者として名を馳せたウィリアム・ジレットが、彼の屋敷で起きた愛憎絡みの複雑怪奇な殺人事件を、ホームズはだしの推理と行動力で解き明かすスリラー仕立てのメロドラマ。演劇史上の実在の人々を、作者の自由な想像力で活写した以上の二作は、しかしまだどことなく習作臭さが抜け切れていないところが無きにしも非ずなのですが、舞台や演劇人への作者の熱い思い入れだけは充分に伝わって来ます。

ラドウィッグの名を一躍高めたのは、次作『レンド・ミー・ア・テナー』（85年）でした。ヴェルディのオペラ『オテロ』開幕寸前の大騒ぎを、主演歌手のホテルのスイート・ルームを舞台に、人違いや擦れ違い等などのファルスの常套手段をため息が出るほど、いえいえ、ため息をつく暇も与えないほどスピーディに、鮮やかなまでに駆使して描いた極め付けの傑作です。

この作品のブロードウェイでの成功（89年）がきっかけとなったのでしょう、ラドウィッグはガーシュウィン兄弟の古いミュージカル・コメディ『ガール・クレイジー』の改作を手掛けることになります。『クレイジー・フォー・ユー』（92年）です。ここでも、旧作では牧場が舞台となっていたのを、ラドウィッグは田舎町のつぶれかかった劇場に変え、この劇場を救おうと、主人公の演劇好きの青年がブロードウェイ張りのミュージカル・ショーの上演を目指して悪戦苦闘する物語に書き換えました。変装（扮装）による人違いという『レンド・ミー・ア・テナー』と同工異曲の趣向が筋の要になっている点はやや気になりますが、観ている間はそんなことも全く忘れてしまう、飛びきり楽しい作品であることは間違いありません。

そして『バッファローの月』です。一昨年の一〇月にブロードウェイのマーティン・ベック劇場でフィリップ・ボスコ、キャロル・バーネットの主演で幕を開け、その後一年近く続演された、出来立てほやほやの新作です。今回の主人公は、アメリカン・バッファロー同様、絶滅の瀬戸際にいる旅回りの一座の役者たち。「そりゃ演劇《しばい》は死にかかってるかも知れない。息も絶え絶え、そうかも知れない。でもね、それでも死んじゃいないんだ。そこが肝心さ。演劇はね、人間が人間らしくあるための最後の砦なんだ。芝居がなくなれば、あたしたちは皆共和党員になっちまう。」（一九五三年という時代背景を考えると、この台詞にはまた別のリアリティと重さも感じるのですが、それはやはり余計な穿鑿、野暮というものでしょう。）設定はまたもや芝居の開幕直前。一種独特の緊張感と興奮状態は、雪だるま式に悪化して行く状況の中で、そこから抜け出そうと、登場人物たちが大車輪で走り回りあがき回る、通常の台詞劇よりも遥かに大きなエネルギーを必要とする狂騒的なファルスにはもってこいなのでしょう。

ちょうど一年前に観たブロードウェイの公演は、爆笑に次ぐ爆笑でたっぷりと楽しませてくれました。その時は、まさか自分が日本語に訳して演出することになろうとは想像もしていなかったので、今、オリジナルの舞台を思い返そうとしてみても、とにかく大笑いしたこと以外ほとんど記憶に残っていません。演出家として一から取り組むためにはかえって好都合なのですが、あの客席の爆笑だけは何とか再現したいものと、開幕直前の緊張感と興奮状態にとらわれつつ、日々稽古場でドタバタと汗を流しています。

公演プログラム一九九七年四月

『バッファローの月』新演出

家庭内のいざこざ（主に浮気）、扮装が紛争を呼ぶ人違い、すれ違い。下手な策略や衝動的な決断が引き起す誤解、失態、大混乱。権威がひっくり返り、ひっぱたかれる主人公。ドアがバタンバタンと開け閉めされて、人々がもがけばもがくほど悪夢のような事態が繰り返され、雪だるま式に悪化して行く状況。

良く出来たファルス（笑劇）は、ざっと思いつく以上のような要素や特徴が、作者の緻密な計算に則って情け容赦なく展開して行く。登場人物は誰も皆、当人にしてみたら生か死かの、一種切羽詰まった極限状況に追い込まれ、それ故、普段の生活では考えられないようなエネルギーを発散させて、活路を開こうと舞台の上を大車輪で駆けずり回る。リアリズムの芝居なら即座に駄目が出そうな大仰な演技が求められ、けれどその演技はその場の状況に即したリアリティに裏打ちされていなければならない。キャッチボールに譬えられる台詞の受け渡しも、ファルスのそれはむしろ卓球。と言って、ただ徒に早いテンポで良い筈もなく、きちんと状況を反映した緩急のめりはりは絶対に必要。

つまり、登場人物のみならず俳優にもスタッフにも心身ともに過酷な要求を突きつける演劇ジャンルがファルスなのです。そんなファルスの、アメリカの劇作家の手に成るものとしては近年珍しい成功作の一つが『バッファローの月』（一九九五年ブロードウェイ初演）です。但し、普通なら機械の歯車と化してしまう登場人物たちが、この芝居ではずっと人間的に描かれています。人間の愚かしさだけでなく愛おしさもたっぷり表現されているのです。劇中にはシェイクスピアからの引用がいくつもありますが、『あなたのお子さんにどうやってシェイクスピアを教えるか』なんて本まで書いている作者の演劇への愛があふれているのです。

前口上はこのくらいにして幕を開けましょう。でも最後にファルスの特色をもう一つだけ挙げておきます。たった三時間の稽古で疲労困憊してしまう演出家。

公演プログラム二〇一六年九月

『ダイヤルMを廻せ！』

「今度『ダイヤルMを廻せ！』を演出する」と親しい知り合いの何人かに話したところ、ほぼ全員から異口同音に「それってヒッチコックの映画を舞台にするの？」と訊かれてしまった。舞台劇『ダイヤルMを廻せ！』は、一九五二年六月にウェスト・エンドで初演、続いて同年一〇月には大西洋を越えてブロードウェイでも上演、五五二回続演の当たりを取って映画化されたのだから事実は全く逆なのだが、ことほど左様に映画版は有名らしい。演出家としては、初めからサスペンスの神様ヒッチコックと比較されてしまう訳で、心中穏やかでない。

おまけに、作品が書かれてからすでに半世紀近い時が流れている。題名に象徴されるように、劇中の風俗と現代のそれとの間に微妙な、または明瞭なズレが生じているのは風俗劇の宿命としても、巨万の遺産を狙って夫が妻殺しの完全犯罪を計画する古典的スリラーは、雑誌「マーダー・ケースブック」が号を重ね、『FBI心理分析官』や『平気でうそをつく人たち――虚偽と邪悪の心理学――』がベストセラーになる今の世の中では、いかにも「古典的」、古色蒼然と見えはしまいかという不安も脳裏をかすめる。

そもそも、近年の科学的犯罪捜査の長足の進歩によって、スリラー劇、なかんずく犯罪トリックとその謎解きとを主眼にした推理劇は、今ではジャンルそのもの自体の成立が極めて難しくなっている。もっとも、この点については、『ダイヤルMを廻せ！』はやや毛色が違う。アガサ・クリスティーの『そして誰もいなくなった』や『ねずみとり』に代表される犯人探しの本格物と違って、開幕早々に観客に犯人の正体をばらし、基本的には犯人側の視点から物語が進行して行く倒叙形式を採っているからだ。はたして夫は完全犯罪を見事に成し遂げられるのか、はたして妻は夫の魔の手から無事逃げのびられるのか。観客は合わせ鏡のようなこの二つの視点を行きつ戻りつ、或いは同時に共有し、スリルに満ちた緊張感を楽しむ仕掛けである。重心は謎解きよりもサスペンスにある。

最初に台本を読んだ時、僕はそんなことを漠然と考えていた。ところが、である。二度三度と読み返しているうちに、どうにも気になる台詞、ひっかかる台詞がいくつも出て来るではないか。昔観たヒッチコックの映画の印象があらかじめ念頭にあったせいか、最初に読んだ時にはつい見過ごしていたらしい。こうして僕の中でこの戯曲のイメージは次第に変容して行き、犯人役である夫のトニー像がガラリと一変してしまったのである。

レイ・ミランド扮する映画のトニーは、如何にも冷血、仮面のような微笑の陰で冷静沈着、大胆不敵に策をめぐらす鋭利な頭脳の持ち主であり、一種怪物的なサイコパスの悪役だった。ところが、戯曲を読めば読むほど、劇中のトニー像は映画のイメージから遠ざかって行く。この男、自信たっぷりに己の殺人計画を披瀝してくれる割には、その肝心要の計画がどこかいい加減、何だか詰めの甘い杜撰なものとしか思えない。「君は今、薄氷を踏んでいるも同然だからな」などと、実行犯に仕立てようと目論んだ相手に大見得を切ってみせるのだが、理詰めでことを運んでいるつもりの本人もけっこう出たとこ勝負、薄氷を踏んでいるのである。それがサスペンスを高めるための作者の手だとしても、そこに浮かび上がって来るのは、幼児性を抱えたまま大人になりきれない未成熟な男の姿である。

彼の妻殺しの動機が遺産狙いだというのも、どうも胡散臭くなって来た。彼は動機は金目当てだと、自分で自分に思い込ませようとしているのではなかろうか。妻から捨てられる前に、妻の方を抹殺してしまおうというのではないのか。見捨てられることへの恐怖と激しい嫉妬。しかしそれを自覚しかけると、彼はその己の心の働きにブレーキをかけ、蓋をし、意識下に封じ込め、この殺人計画を立てたのは全て妻の財産を失いたくないからなのだと思い込む。感情的動機を意識の上から一切締め出して、金銭的動機にすり替え、そうすることで自分の存在を維持しようと計る。「愛されること」を求めながら、「愛すること」を知らず、それ故「愛されていること」に気づかない男。だからこそ、自分が愛を求めていることも、相手が自分を愛していたことも、意識の上では頑として認めない男。自己欺瞞のかたまり。

スリラー劇の悪役としての機能的人物、作者の操り人形的な冷血漢にしか見えなかったトニーが、途端に血の通った一個の人間に見え出した。それとともに、ヒロインである妻役のマーゴも、夫以外の恋人への愛情と倫理観の間で苦悩している若妻像から、もう一歩踏み込んで、心のどこかで夫の殺意を疑いつつ、それでも夫を信じることを選ぼうとする能動的人物に見えて来たのである。

愛から疎外され、ついには愛そのものを疎外してしまった男と、愛されていることを信じようと賭けた女。ひょっとしたら、これは哀しくも恐ろしいまでに屈折したラヴ・ストーリーかも知れないのである。

公演プログラム一九九七年九月

『未熟なＷＯＭＡＮ』

『未熟なＷＯＭＡＮ』の初演は一九九三年の四月だから、もう丸五年以上も経ったことになる。これが作者KAYANO（小牧彩里）さんの処女作、僕にとっても創作劇の演出は初めてとあって、初稿から第四稿くらいまで書き直してもらったように思うが、その骨の折れる戯曲創りのプロセスさえ、作者はいざ知らず、少なくとも演出家にとってはなかなか楽しい経験だった。

続いてその翌年、劇場も同じシアターVアカサカで、同じ作家の第二作『TOO MUCH PAIN』を演出した。そのときのプログラムに僕は次のように書いている。

「前作同様、都会の片隅で今を生きる女たちの物語である。前作のモチーフは「鏡」だったが、今回は「海」。（中略）いま自分たちはどこにいるのか、どこに進んだら良いのか、親船から取り残された彼女たちは都会という大海原で途方に暮れる。進むべき方向の見えない彼女たちは、せめて逆戻りを試みる。（中略）けれど、思い出はしょせん蜃気楼でしかない。波間を漂流する小さな筏にしがみついた彼女たちに見えるのは、茫漠とした「今」だけだ。」

前作の主題をさらに発展させ、登場人物も女性二人から三人へと増えた作品で、戯曲としての完成度はこちらの方が高い。一年の内に、未熟なWOMANもずい分と成長したものだと感心したのだが、その後振り返ってみれば、作品への愛着という点では、何故か第一作の方に圧倒的に惹かれている自分に気がつく。

そんな折、再演の話が舞い込んだ。但し今回は、初演で夕香を演じた小牧さんが貴子（初演の役名は聡子）を演じ、夕香役はもっと若い（小牧さん御免なさい！）野村忍さんになり、それに伴って戯曲ももう一度大幅に書き直すと言う。これはまた久しぶりに楽しい思いが出来るかと二つ返事で演出を引き受けた次第である。

前二回の公演では、文字通り大きな鏡を舞台上に引っ張り出したり、筏に模した六畳間を拵えたりして来たが、さて今回はどうしたものか。五年の間に、未熟な演出家も少しは熟れていてくれれば幸いなのだが。

公演プログラム一九九八年七月

『ワルツが聞こえる?』

『ワルツが聞こえる?』は、僕にとっては格別懐かしく、また個人的に特別な意味を持ったミュージカルだ。と言うのも、今から二五年前の三越劇場に於ける日本初演こそ、僕が生まれて初めて観た舞台ミュージカルだったからである。

しかしなに分にも四半世紀も昔のこと、今や記憶はおぼろに霞み、確か花道から登場したヒロイン役の淀かおるの、その登場ぶりがずい分艶やかで美しかったという印象の他にはほとんど何も覚えていない。一六歳の高校生の関心事など精々その程度のことだった訳なのだろうが、今回初めて台本を読んでみて、そもそも当時の僕には内容がちゃんと理解出来ていなかったのではなかろうか、記憶がこうも曖昧なのもその為ではなかろうかと思い直した。それくらい、これは大人のミュージカル、それも相当に辛口の作品なのである。

日本初演時の邦題は『旅情』。言うまでもなくアーサー・ローレンツの原作戯曲『カッコーの鳴く頃』(52年ブロードウェイ初演)の映画版の邦題の借用である。水の都ヴェネツィアを舞台に、ハイミスのアメリカ人観光客と妻子ある中年のイタリア人男性とのほろ苦いひと夏の恋を描いたこの映画の方も、僕は同じ頃観ている筈で、こちらはラストシーンで思わずホロリと涙してしまった記憶がある。中年男女の恋愛心理は、高校生にもそれなりに理解、いや想像出来たということだろう。

では、二五年前の僕がミュージカル版を観て良く分からなかったのは何なのか、である。

演出に当たり、改めて映画を観直し、原作戯曲を読んで気がついたのは、原作者が自ら脚色を手掛けたミュージカル台本（並びに原作）とデイヴィッド・リーン監督・脚色の映画版とでは物語の後半の展開が大幅に違っていることだ。

映画版で主人公二人の恋を引き裂くのは、旅行者というヒロインの立場、つまりあらかじめ限られた時間という外的要因が根本にあるのに対して、舞台版では二人の人生観の違い、ものの考え方の隔たりという内的要因が圧倒的に強いのである。同じほろ苦い味わいを持ちながら、映画に比べると原作そしてミュージカルの方がずっとドライな印象を与えるのはこのせいであり、高校生の僕が理解し難かったのは、この辺りではなかろうかと思う。

演出を手掛ける度にいつも思い出す或るエピソードがある。『屋根の上のヴァイオリン弾き』の演出を依頼されたジェローム・ロビンズは、作者たちにこう尋ねた。「このミュージカルは何について語っているんだ？」作者たちの答は、これは帝政ロシアの寒村に暮らすユダヤ人の牛乳屋の話で、五人の娘を持っていたのがユダヤ人の迫害に遭遇して、それで……。ロビンズは彼らの話を遮って、「筋書きは分かっている。知りたいのは何についての話かだ。」ところが、自分たちでも驚いたことに、作者たちにはすぐには答が見つからなかった。さんざん考えてから彼らはこう答えた、「これは伝統についての話だ、今やまさに消え去ろうとしている生き方についての。」これを聞いたロビンズは言った、「だったら、その伝統とは何か、それは人々にとってどういう意味を持つのかを語ったナンバーを書いて、ショーの冒頭に持って来てくれ。」『屋根の上のヴァイオリン弾き』のオープニング・ナンバー『伝統《しきたり》』はこうして生まれた。

『ワルツが聞こえる?』は何についての話だろう。ここで語られているのは、二つの全く異なった人生観、中産階級的道徳観で育てられたプロテスタントのアメリカ人と地中海的で開放的なカトリックのイタリア人の考え方の違い、そのぶつかり合いについてである。主筋の中年男女の恋愛、副筋のペンショーネの女主人と若いアメリカ人夫婦の三角関係を通して描かれているのはそれである。映画が男と女の束の間の恋について描いた作品だったのとは大きな違いだ。辛口と言うのはそういう意味である。映画『旅情』は原作『カッコーの鳴く頃』よりもむしろ同じリーン監督の『逢びき』により似ているし、『ワルツが聞こえる?』は同じリチャード・ロジャーズ作曲『王様と私』に良く似た構造をしていると言っても良い。

相反する二つの考え方がぶつかり合ったその果てに、お互いの立場は立場として、安易な妥協はせず、しかし相手の考え方をも認め合う。このミュージカルの結末に示されている態度こそ、現在の僕たちに最も求められているものだという気がしてならない。

僕にとっては懐かしいと言ってばかりもいられないミュージカルなのである。

公演プログラム一九九九年一一月

『三人姉妹』

『三人姉妹』には、満たされない欲求が、激しい渇望が渦を巻き、蔓延している。怒りと言っても良い不満が一触即発の状態でたちこめている。だが、その怒りと不満は時に暴発することはあっても、本当のはけ口を見出せないまま空回りし、さまよう。

『三人姉妹』の登場人物たちは、他者とのふれあいを、意思の疎通を懸命に求めながら、いざとなるとそれをどう表現したら良いのか途方に暮れ、たじろぐ。大き過ぎる期待を抱きつつ、彼らはその期待が大き過ぎることを知っている。オーリガとイリーナはモスクワへ行けないのか、行かないのか。だが、彼女たちはすでに第一幕でこう言っているではないか、「モスクワへ行く夢」だと。

『三人姉妹』の登場人物たちは、生きていることの意味を求めながら、人生に意味を与えようともがきながら、果たせず、そして時はただ流れ過ぎて行く。茫漠とした現在から目を逸らし、過去の思い出と未来への期待に逃避し、ただ時間をつぶす。けれど、無情な時の流れは彼らの世界を確実に侵蝕して行く。リチャード・ギルマンがその著『チェーホフの戯曲』で言うように、未来は希望が次第に消えて行くことによって、過去は記憶が次第に薄れて行くことによってそのリアリティを失って行く。ゆっくりと、だが確実に。

『三人姉妹』全篇を貫く視覚的イメージは炎である。ストーブの、蝋燭の、そして街を焼き焦がす火事の。ネミロヴィッチ・ダンチェンコは「チェーホフは彼のリアリズムをシンボリズムと化すところまで洗練させた」と語っているが、様々なイメジャリーが劇中の人々の、そして観客の深層心理に働き掛け、劇中の行動をときに微妙に、ときに大胆に屈折させる。第三幕の舞台裏で街を焼いている火事が本当に焼いているのは三人姉妹たちのプローゾロフ家そのものであり、ナポレオンのロシア遠征で「モスクワが焼けました」と言うフェラポントの台詞が示す通り、彼女たちのモスクワの夢そのものである。

過去の思い出と未来への希望は焼け落ち、その焼け跡で彼女たちは現在《いま》を見つめざるを得なくなる。幻想を脱し、現実を直視せざるを得なくなる。そして人生は続く。「なぜ生きているのか、何のために苦しむのか」、それが分かることは決してないだろうし、それでいて、それが分かろうが分かるまいが「どうだっていい」とは決して言えない人生が。

今回の演出にあたっては、先のギルマンの著書や、『チェーホフの生涯』をはじめとする佐藤清郎氏のいくつかの著作、さらにデイヴィッド・マガルシャック著『劇作家チェーホフ』、J・L・スタイアン著『上演におけるチェーホフ』から、反面教師的な意味をも含めて、多大な恩恵を蒙ったことを記しておく。

公演プログラム一九九九年五月

『ボディ・ランゲージ』

英国の往年の名喜劇女優アスィーニ・セイラーは、その著『喜劇の技巧』(46年)の中で次のように述べています。

「喜劇とは、言うならば、水面の輝きであって、その下にある深みではないのです。陽気な表面であり、陽の光のきらめき――他にも綺麗な譬えは色々あるでしょうが――そういうものなのです。けれど、くれぐれも注意してほしいのは、その下にはやはり水が深々と流れていなければならないということです。」

至言だと思いますが、現代英国喜劇の第一人者アラン・エイクボーン（一九三九～）が過去十年くらいの間に発表したいくつかの作品を観たり読んだりしてみると、陽気な水面のきらめきの下にあるのは、深い水の流れどころか、黒々とした重たい澱みのような気がします。自分の欲求にばかり夢中になって、他人の気持ちなどまるでお構いなしの男たちと、彼らから全く理解してもらえず、癒しがたい不満を抱え込んだ神経衰弱ギリギリの女たち。ごく初期の作品から、エイクボーンは暗く絶望的な男と女の関係を描き続けていますが、その闇は近年いっそう深く濃くなっているようです。

これからご覧頂く『ボディ・ランゲージ』（90年）も、最近の作品の中では珍しく明るい終わり方をするものの、こと男女の関係にのみ限って言えば、従来にも増してシニカルな視点が伺えます。

こんな風に書くと、何やらずい分と沈鬱な芝居でも観せられてしまうのかなとお思いの方もいらっしゃるかも知れませんが、心配ご無用。芝居好きを思わずニヤリとさせるような、遊び心にあふれた仕掛けや趣向をたっぷり凝らして、悲惨な状況をとびきり愉快な喜劇に仕立ててしまうところがエイクボーンのエイクボーンたる所以です。この『ボディ・ランゲージ』でも、一見実にありふれた日常的な設定が、一気にいささか（？）クレイジーな事態へと展開して行くあたり、笑いについてはバスター・キートンとローレル&ハーディの極楽コンビから多大な影響を受けたと語る作者の面目躍如たるものがあると言えるでしょう。

エイクボーンの芝居は、その題名にも一捻りも二捻りもしたものが多く、『ボディ・ランゲージ』という題名にもなかなかの趣向が隠されています。笑いの底に痛みを潜ませた、ちょっと大げさな言い方をすれば、感動的でさえあるブラック・ファルスにはぴったりの題名です。

再びセイラーの言葉を引用すると、喜劇とは「本質的には、食卓を囲んで家族に面白い話を語って聞かせることと同じなのです。」笑いの達人エイクボーンの見事な語り口をどうか心行くまでお楽しみ下さい。

公演プログラム一九九五年五月

『ドアをあけると…』

作者のアラン・エイクボーンによれば、『ドアをあけると…』（94年）は、映画『サイコ』と『バック・トゥ・ザ・フューチャー』からアイディアを借りているとのことです。つまりタイムスリップを題材にしたサイコ・スリラー。サスペンスもたっぷり、笑いもたっぷりという上質の娯楽劇です。

幕開きの時代背景は近未来のロンドン。どうやらイギリスは内戦状態に陥っているらしく、舞台となる五つ星の高級ホテル（モデルはサヴォイ）の豪華ルームのバルコニーの彼方からは時折銃声や迫撃砲の音まえ聞こえて来ます。海もすっかり汚染されてしまい、魚を取ることもままならないらしく、治療の術もない新たな死病も発生している様子。セックスでさえ人と人とがふれ合うことなく、テクノロジーによってヴァーチャルに処理されているようです。灰色の、しかもうすら寒くなるようなリアリティのある未来像です。

ヒロインたちが時代を行ったり来たりして過去を変えることで、未来も当然その影響を受けて変化するのですが、それはあくまでも彼女たち個人のレベルの話であって、この暗い社会状況まで変わることはあ勿論ありません。そこに現代社会に向けられた作者の厳しく、悲観的な批評精神を読み取ることはあながち間違いではないでしょう。(内戦は休戦状態になり、かすかな希望を抱かせはしますが。)けれど、この作品を観終わったとき、気持ちが暗くなるどころか、むしろ心がほのぼのと温かくなって来るのは、絶望的な状況の中でも諦めずに、自分のために、そして他人のために力を合わせて自らの運命を変えて行こうとする女たちの姿に、決して変わることのない人間性と不屈の精神を見出し、明日を生きる勇気をほんの少しでも分けてもらえるからでしょう。

原題の Communicating Doors とは、部屋と部屋をつなぐドアでもなければ、時と時をつなぐドアでもなく、実は人と人とをつなぐ、人間の絆を生み出すドアのことなのではないでしょうか。

公演プログラム二〇〇三年一〇月

『チンプス』

ロンドンには古い家屋が圧倒的に多い。築百年程度の住宅はざらにありそうだ。内装はそれなりにモダンに改装されていても、外観、外壁は法的規制もあって古色蒼然とした趣きに富み、街灯がガス灯でないのが残念なくらいである。

『チンプス』の主人公の若夫婦の念願のマイホームも、そんな古い住宅の一軒であり、改築を勧めるセールスマンたちがつけ込むのも、その古い表の壁である。もっとも、この芝居で本当に崩れそうなのは実は壁ではなくて夫婦関係の方なのだが、僕の体験から言うと、セールスマンたちの与太話にもそれなりの信憑性がなくもない。

数年前、若い友人たちとロンドンに芝居見物に出かけた折のこと。少しでも旅費を節約しようと泊まった最低料金レベルの築二百年ほどのB＆Bでぐっすり寝入った丑三つ時に、部屋のドアを遠慮がちにノックする音で目を覚ました。ドアを開けてみれば、仄暗い廊下明りを背に、同行のU君が黒いシルエットになって立っていた。

「あの、僕の部屋の天井が落ちて来たんで、一緒にフロントに行ってもらえませんか？」

と言われても、にわかには何のことやら訳が分からず、とにかく彼の部屋へ行ってドアを開けた途端驚いた。中はもうもうたる白煙、いや粉々に砕け散った漆喰が灰塵となってたちこめ、何も見えない。咳き込みそうになって慌ててドアを閉め、改めてU君の顔を明かりの下で見れば、煤（二百年分のほこり？）で汚れてまっ黒け。黒いシルエットは、あながち逆光のせいばかりではなかったのである。

聞けば、ベッドに横になって本を読んでいたら、前々から天井に走っていた亀裂が妙な音とともにあっと言う間に大きくなり、次の瞬間には六畳は裕にある部屋の天井の三分の一ほどが落下して来たとのこと。大した怪我もなく済んだのは不幸中の幸いとしか言いようがない。

フロントに掛け合って部屋を変えてもらい、火山灰でも浴びたようなU君の荷物を新しい部屋に移し終えて、やっと自分の部屋に戻ったのは小一時間後。ベッドに倒れ込んだ僕が目にしたのは——真上の天井に斜めに走る亀裂だった。

以来、いくら古いものが尊ばれるイギリスとは言え、B＆Bを選ぶに際しては築百年辺りまでを限度としている。但し、ほんの十年前に建てたばかりのビルを道路拡張工事のために平気で取り壊してしまう今の東京と比べたら、果たしてどちらの方が怖いのか、それはまた別の話である。

公演プログラム二〇〇〇年八月

『チャーチ家の肖像』

『チャーチ家の肖像』(原題 PAINTING CHURCHES)を初めて読んだのは、もうかれこれふた昔近くも前のことになる。著名な詩人である夫と専業主婦の妻。ボストンに住むその老夫婦のもとに、画家である娘が久しぶりにニューヨークから訪ねて来る。まるでアメリカのテレビ・ドラマに良くあるシチュエーション・コメディのように始まり、にぎやかな展開のうちに次第に三人の登場人物が抱える問題が浮かび上がってくる。そしてしみじみとした情感にあふれた終景。

一見リアリズムの手法で書かれているようでいながら、随所に視覚的にも言語的にも詩的にして象徴的なイメージを散りばめたその作風に惹かれた。良い芝居だなと思い、そしてそのまま僕の書棚の片隅で埃を被ってほぼ二十年が過ぎた。忘れた訳ではない。

その間、折にふれてふと思い出すことが度々あった。特に一九九七年の暮れにニューヨークのリンカーン・センターで同じティナ・ハウ作『プライズ・クロッシング』の見事な舞台を観たときには、内容的にも『チャーチ家』と重なるところがあったせいで、もう一度読み直してみようかと思ったものの、生来の怠け癖に忙しさも手伝って、結局それきりになってしまった。

それが昨年、『チャーチ家』も収録されたハウの戯曲集を手に入れ、これを機会にとようやく読み直してみたのである。正直に言って驚いた。良い芝居だとは思っていたが、まさかこれほど良いとは思っていなかったのだ。

優れた戯曲が押しなべてそうであるように、この作品も様々な物語を内に含んでいる。否応なく移り変わって行くこの世界と、だからこそ美しくもある束の間の輝きについての物語であり、老いと死についての物語であり、親子の対立と相互理解についての物語であり、子供が大人になるための試練＝イニシエーションについての物語であり、半世紀連れ添った男女のラヴ・ストーリーであり、結婚生活の裏表についての物語でもある。

その程度のことは二十年前に読んだときにも分かっていた。読めば一目瞭然だ。その点で『チャーチ家の肖像』は決して難しい芝居ではない。但し、以前読んだときはあくまでも頭で理解していただけなのだと思い知ったのである。僕が年を取ったと言えばそれまでだが、読み直してみて、これはまるで僕自身の話ではないか、いや僕と僕の両親の話ではないかと愕然としたのである。それは、この作品の持つ普遍性の証しでもあるだろう。

劇中のマグズと同じように、僕も二十代から三十代にかけては、一年に一度程度しか親元を訪ねなかった。さぞかし寂しい思いをしているのではなかろうかと想像はしても、いざ帰るとなると何とも億劫だし、また親がどこか煙たい存在だったことも間違いない。それでいて心のどこかで、親はいつまでも変わらずに元気でいてくれるものとおよそナンセンスで虫のいい幻想を抱いてもいたのだ。

ところが、数年前、久しぶりに父に会って胸を突かれた。そこにいたのは、僕のイメージの中のあの頑健な父ではなく、やせて身体はひと回り小さくなり、心なしか背中も曲がり、声にも張りのなくなった老人だったからである。肉体だけではない、思考力もかつての父と比べればその衰えは痛々しいほど明らかだった。

ロバート・フロストから我が先導役と謳われ、エズラ・パウンドと親しく交わり、ピューリッツァー賞を受賞し、大統領から功労者のメダルを授与されている劇中のガードナー・チャーチとは比べ物にならないが、僕の父も仕事の上ではそれなりの業績を残した人である。かなりの数の著書もあり、専門書の翻訳や講演なども精力的にこなしていた。その人がわずか一ページの文章を訳すのにいつまでも手間取っている。年齢を考えれば致し方ないのかも知れないが、やはりショックだった。そして、そんな父を支える母の胸中を想った。

そういう訳で、『チャーチ家の肖像』を再読した際、ガードナーとファニーのチャーチ夫妻に自分の両親の姿がだぶって見えて仕方がなかったのだ。それだけではない。娘のマグズが抱く劣等感は、僕のそれと全く同じものだと確信もした。

「肖像画家の素晴らしいところはね、別人になれるところよ、カンバスとイーゼルの陰に隠れていれば誰にも分からないもの。お好みのまま凡庸にも難解な人間にもなれる、だけど、どっちだって別に問題じゃない、だって身体も顔も考えも完全に隠れているんだから。（中略）夢中になっている間は透明人間になれる……息をのむほど素晴らしいわ！」（福田美環子訳）というマグズの台詞は、肖像画家を演出家に、カンバスとイーゼルを戯曲と俳優に置き換えれば、僕が何故今の仕事を選んだかの最も適切な説明になるだろう。

『チャーチ家の肖像』を描くことが、僕にとってもイニシエーションになるのか、ならないのか。中年の子供は、素晴らしい戯曲と俳優たちの陰に隠れて、今や試練のときである。

公演プログラム二〇〇三年一〇月

『ハリウッド物語』

『ハリウッド物語』は、ロサンゼルスのマーク・テイパー・フォーラム劇場が、同市を舞台にした戯曲を書いてほしいと英国の劇作家クリストファー・ハンプトンに委嘱して出来た作品だ。残酷で悲痛な喜劇、不条理で滑稽な悲劇である。初演は一九八二年に同劇団によって行なわれた。英国初演はその翌年、ナショナル・シアターのオリヴィエ劇場のこけら落としである。

ハンプトンが選んだ題材は、第二次世界大戦の前夜、ナチスによって国を追われ、アメリカに亡命したドイツ（及びオーストリア）の作家たちの運命である。ヒトラーの独裁という悪夢を逃れたその先に、ハリウッドの商業主義というもうひとつの悪夢に絡め取られ、翻弄された知識人たちの群像である。劇中で、ブレヒトが「ここじゃ何でも売れ、売れ、売れだ。ドイツの合言葉は血と国土と民族の純血。ここの合言葉は商売さ。便所相手に小便だって売りかねない」と嘆くが、ここでのハリウッドがアメリカの象徴であることは言うまでもない。

グロテスクなまでに愚かしく酷薄な商業主義の支配する楽園。有名か無名かによって、人間の評価が決定的に左右される社会。一国の領袖を選ぶにあたっての価値基準でさえ、政策ではなくスター性の如何という大衆社会。この作品に描かれているのは、大戦直前から赤狩りに至るまでの一九四〇年代のアメリカだが、そこで痛烈に風刺されているのは、初演当時のレーガン政権下のアメリカでもある。けれど、アメリカ的価値観が世界を侵食しつつある今、その風刺の矛先は、日本の現状にも向けられていると言っても構わないだろう。

だが、この作品の眼目は必ずしもアメリカを風刺することにある訳ではない。ハンプトン（一九四六年生）の作風は、同世代の左翼的劇作家（例えばデイヴィッド・ヘア）と比べた場合、政治的とも時事的とも言いがたい。彼らの「政治的見解にはおおむね共感してはいたが、ハンプトンは演劇を先ず何よりも社会変革のための道具と捉えている作家や演出家とは相容れなかった」（ベン・フランシス）のである。

僕には、『ハリウッド物語』を貫いているのは、そういう作者自身が抱える心の葛藤のような気がしてならない。後ろめたさと言っても良い。芸術と商売の、亡命者たちのヨーロッパ的価値観とアメリカ的価値観の対立が全編に渡って繰り広げられるが、それをさらに包み込む形で展開されるのは、目の前の現実をただ傍観するのか、それとも自ら行動を起こしてそこに参加するのかという根本的葛藤だからである。

それを描くための主人公に、作者は正に相応しい人物を選び出した。オーストリア＝ハンガリーの作家エデン・フォン・ホルヴァートである。日本ではあまり馴染みがないかも知れないが、代表作を収めた二巻本の選集の邦訳もある実在の劇作家、小説家だ。ハンプトンは、『ハリウッド物語』を執筆する以前に、ホルヴァートの戯曲をいくつか英訳しており、もともと親近感を抱いていたようだ。ホルヴァートは、外交官だった父親の任地先で生まれ、その後父の任地変更に伴って、子供時代に十回近くも各地を転々としたそうだが、ハンプトンも父親の仕事の関係で、ポルトガルのアゾレス諸島に生まれ、アデン、アレキサンドリアで幼少時代を過ごし、スエズ動乱の渦中に母国イギリスに戻るという経歴の持ち主で、この辺りの類似も気になるところだ。

ともあれ、「彼は現実にメスを入れ真実を暴露することにかけては、ブレヒトも及ばぬほどの天才だった。だが傍観者にありがちな現実への関与のあいまいさが、彼の作品の特徴ともなっている。真実を提供するのみにとどまり、現実の批判をためらう」（越部進）と評されるホルヴァートは、傍観か参加かを問う芝居の狂言回しにはまことにうってつけだ。彼以外の登場人物が、各々立場こそ違え、夫々の理念を信じて（或いは信じようとして）目前の出来事に身を挺して参加し、そこでもがきあがいているのに対し、劇中のホルヴァートはついに傍観者の立場を捨てない。彼と関わる女たちの救いを求める叫びにも、決して手を差し伸べることはない。全ては偶然のなせる業であり、ならばこの世に確実なことなど何一つない。それが彼の根底にある認識であり、それ故に他者と本当の意味での関係を築くことの出来ない彼の姿こそ、二一世紀の僕たち自身ではないのか。そして、彼のそういう生き方に逆照射される格好で、他の登場人物たちの姿が生き生きと鮮やかに活写される。

しかも作者は、極めてトリッキーで演劇的な仕掛けを施して、ホルヴァートの傍観者性を際立たせる。史実では、一九三八年に亡命途上のパリで事故死したホルヴァートを生き延びさせて、アメリカへと向かわせるのだ。つまり、この作品のホルヴァートは一種の幽霊であり、いわば傍観者でいるしかない存在なのだ。ビリー・ワイルダー監督の『サンセット大通り』の冒頭で、プールに浮かんだ死体としてことの顛末を語り始める脚本家のように。

傍観か参加か、その明確な答えは最後まで与えられない。作者は唯一の結論に導こうとはしない。答えは観客一人一人に委ねられる。そもそもそんな答えなどどこにもありはしないのだとでも言わんばかりに。ホルヴァート本人の作品を彷彿とさせる結末であり、そこに作者の葛藤の深さを見る。

公演プログラム二〇〇六年二月

『スケリグ〜肩甲骨は翼のなごり〜』

『スケリグ〜肩甲骨は翼のなごり〜』はカーネギー賞を受賞した児童文学を作者のデイヴィッド・アーモンドが自ら劇化した作品。製作サイドから頂いた資料によれば、二〇〇三年にロンドンのヤング・ヴィックでトレヴァー・ナンの演出により初演されたそうだ。

今回、日本初演の演出を依頼され、先ずはと原作小説を読んでいたら、もう長い間思い起こしもしなかった子供時代の様々な出来事や場所が次から次へと脳裏に浮かび、無性に懐かしかった。お城の裏の鬱蒼たる林に囲まれた暗い沼、その畔に犬に噛まれて死んだ猫の亡き骸を父と二人で埋めたこと。夕闇迫る頃、丘の上に立つ廃屋になった精神病院にたった一人で忍び込み、あまりの怖さに「ぼ、ぼ、僕らは少年探偵団」と歌いながら探検したこと。裏山の中腹に見つけた洞窟に、懐中電灯片手に潜り込んだものの、壁一面に見たこともないような虫がびっしり張り付いているのに気がつき、一目散に逃げ出したこと。

あの沼や廃屋や洞窟の闇の中に、子供だった僕は何を見つけようとしていたのだろう。生と死と再生の物語を通して、人の成長を、子供時代の終わりを描くこの作品は、それが何だったのかを教えてくれる。サン＝テグジュペリ風に言うなら、昔子供だったことを忘れずにいる全ての大人のための舞台、そんな舞台になればと切に願う。

公演プログラム二〇〇五年一二月

『ドラキュラ』

おそらく三歳か四歳の頃（昭和三六、三七年）、小田原の小さな映画館でとても怖い映画を観た。モノクロの外国映画である。勿論、詳しい内容はおろか筋さえ覚えていない。ただ、ある場面、というかひとつのイメージだけが脳裏にいつまでも強烈に残った。燕尾服にマントを羽織り、シルクハットを被った痩身の男が回廊のような所を誰かを追って走り、やがて街灯の下で巨大な蛾に変身して飛んで行くという映像である。

この「蛾男」のイメージは、その後久しくまさに夢魔の如くまとわりついて離れなかった。そして、あの映画はいったい何だったのだろうかという疑問も。しかし、物心ついてから、戦後日本で公開された怪奇映画のリストに目を通して、それらしい作品を探し出そうとしてみても、蛾男の出て来そうな作品はついに見当たらなかった。

それが今から数年前、アメリカで買って来たHOUSE OF DRACULAというユニヴァーサル社の古い怪奇映画（45年）のビデオを観て、文字通りぶったまげた。あの蛾男の場面が、記憶していたそっくりそのままに現れたからである。但し、黒マントの男が変身するのは蛾ならぬ蝙蝠だった。何のことはない、まだ幼かった僕は蝙蝠を見たことがなく、街灯の周りを飛ぶ姿から蛾だと思い込んだのだろう。蛾男の映画などいくら捜しても見つかる筈もない。

邦題は『ドラキュラとせむし女』。昭和三四年に四五分に短縮されて公開されている。地方都市の二番館に二、三年遅れで掛かっていたのだろう。わが蛾男の正体は吸血鬼ドラキュラ（演じるは『駅馬車』のジョン・キャラディーン）だったのである。

これが僕のドラキュラ初体験だが、ドラキュラの存在をはっきり意識したのは、その数年後にテレビで放映されたユニヴァーサル社の最初のドラキュラ映画『魔人ドラキュラ』（31年）を観たときだ。しかし、このときも一番印象に残ったのは蜘蛛の巣だらけの不気味なドラキュラ城のセットで、肝心のベラ・ルゴーシの吸血伯爵の記憶は曖昧である。

僕にとってのドラキュラとの決定的な出会いは、そのさらに一、二年後に映画館で観たハマー・フィルムのドラキュラ・シリーズ第二弾（数え方によっては第三弾）『凶人ドラキュラ』（65年）で訪れた。何しろ怖かった。吸血鬼に襲われた人間は自分もまた吸血鬼になってしまうと知って震え上がった。どれほど怖かったかというと、この映画を観てからしばらくの間は、子供雑誌の付録か何かでついていた十字架のシールを寝室の戸に張って、毎晩寝る前に拝んでいたくらいである。とは言え、怖がってばかりいた訳でもない。尊大で堂々として、恐ろしいほど野卑で優雅な、つまり実に貴族的なクリストファー・リーのドラキュラに僕はすっかり魅了されてしまったのだ。それに、この映画のオープニングは前作『吸血鬼ドラキュラ』（58年）のラスト・シーンで構成されているのだが、これがまた最高だった。リーのドラキュラとピーター・クッシング扮するヴァン・ヘルシング教授が激烈な死闘を演じた末に、ドラキュラの身体は朝日を浴びてボロボロと崩れ去り、その灰も風に吹き飛ばされて後には指輪がただひとつ残る。西部劇か００７さながらのアクション場面に七歳の子供は完全にノックアウトされてしまった。

原作の翻訳（抄訳）を見つけたのは、その直後だったと思う。けれど、小さな活字で難しい漢字がいっぱい並んだ文庫本は小学二年生の手にはあまり、結局毎晩寝る前に少しずつ祖母に読んで聞かせてもらった。犠牲者の美少女が吸血鬼となってハムステッド・ヒースを徘徊し、子供たちをさらって行くくだりには心底肝が冷えて、とてもじゃないが眠れなくなってしまったのを覚えている。

　中学生になって、ようやく出版された原作の完訳を読んだ頃には、僕はもうドラキュラに全身の血を吸い尽されたも同然。ドラキュラに魅入られた狂人レンフィールドの如く、「ご主人様！」と叫び出しかねない筋金入りのドラキュラ・マニアと化していた。サイン入りポートレイト欲しさにクリストファー・リーとピーター・クッシングにファンレターを出したのもこの頃だし、そのファンレターを書くのと、すでに定期購読していたアメリカの怪奇映画雑誌を読むのと、ただそのためだけに英語の勉強に励んだのもこの頃である。（しかし、学業全体は加速度的に疎かになり、学校でも生ける屍のようになっていた。）

　ブロードウェイとオフ・ブロードウェイで上演されていた新旧二つのドラキュラ芝居を観るために、初めてニューヨークに出かけて行ったのは一九歳の冬、一九七八年の二月。ブロードウェイ版では、不気味にしてユーモアにあふれたエドワード・ゴーリーの衣裳と装置、キャンピーな演出、フランク・ランジェラのバイロン風浪漫派吸血鬼（のパロディ）に夢中になり、オフの舞台には、劇作、演出ともにそのエンターテインメントに徹した作り方と、ブロードウェイ版とは対照的なあくまでもリアリズムを追求した演技につくづく感じ入った。このオフのドラキュラ劇は、ほどなく日本でも上演されたが、そこではいわゆる怪奇物風の演技が横行し、ドラキュラはバルタン星人と、ヘルシング教授たちは科学特捜隊とあまり代わり映えがしなかった。演技のリアリティということを考えるとき、同じ作品を上演したこの日米二つの舞台は、いまだに本質的な問題点を突きつけているような気がしてならない。

　と、やっと演劇の話になったけれど、つまり何が言いたいのかと言えば、我が国の演出家で僕ほどドラキュラ物に詳しい人間は先ず他にいなかろうということである。（そんなことを自慢してどうするんだという気もするが。)

今日、これからご覧頂くクレイン・ジョンソン作の『ドラキュラ』は、一九七三年にニューヨークの小劇場で初演され、約一年間のロングランをした作品だ。二幕四場、登場人物は七人。場面をシーワード医師の居間に限定し、しかも起伏に富んだ展開でオーソドックスにしてサスペンス感も充分なスリラー劇に仕上がっている。異色なのは、ドラキュラの好敵手ヘルシング教授が女性になっていることか。

実はこの芝居、今を去ること二四年前の一九七九年に学生演劇として僕が初めて演出家を名乗った作品でもある。その当時は、まさか四半世紀の後に再度手懸けることになろうとは思いもしなかったし、実際どのような演出をしたのかもおぼろげにしか覚えていないのだが、さて、四半世紀の間にどの程度、成長したのか、しなかったのか、演出家としても、病膏肓に入ったドラキュラ・マニアとしても血の気が失せるほど緊張している。まあ、四半世紀どころか、蛾男にうなされた三、四歳のときから全く成長していないような気もして来たが。

公演プログラム二〇〇三年四月

『チャーリーはどこだ?』

当たり前のようだが、ある演技がリアルであるかどうかを決めるのは観客である。一見どんなに大袈裟な動きであっても、観客がそれをリアルだと思えばリアルなのだし、不自然な臭い芝居だと思えば不自然な臭い芝居なのだ。では、その判断の基準は何なのか。

ファルスでは、普通のドラマよりも誇張された大きな動きを伴う演技スタイルが要求される。そしてファルスの場合、とりわけ誇張された動きは往々にして驚いたり怒ったりといった反応の演技に見られる。そういう大袈裟な動きがリアルだと感じられるためには、その動きとその動きに至るまでに費やされたエネルギーとがつり合っていることが必要条件である。言い換えれば、役者がその動きに至るまでの行動に通常以上のエネルギーをもって真剣に取り組んでいれば、その結果、またはその反動としての動作はそれだけ大きなものとなり、またそれだけ大きなものとなっても、それは観客にリアルなものと認知されるのではなかろうか。

ファルスの登場人物たちは、原則的には「切羽詰った」状態に置かれている。一昨年ニューヨークで観て、そのあまりに見事な馬鹿馬鹿しさに舞台を指さして笑うという生まれて初めての経験をさせてくれた『ノイゼーズ・オフ』を例にあげれば、明日が初日だというのに全く出来上がっていない劇中劇の舞台稽古という状況で幕が開く。ギリギリまで追い詰められた瀬戸際の状態。つまり、彼らの行動にはあらかじめ並外れたエネルギーが要求されているのであり、そのことがファルス特有の誇張された演技を正当化し、リアリティを与えている。

だが、だからこそファルスを演じるのは大変である。作品が要求するエネルギーを全身で表現しつつ、余計な説明は削ぎ落として行かねばならない。しかも、目下稽古中の『チャーリーはどこだ？』はただのファルスではない。ミュージカル・ファルスである。常に倍するエネルギーに加えて、歌って踊ってとなったら、演じる俳優に求められる負担は並大抵のものではない。全身全霊で遊びに熱中する子供のような、疲れを知らない体力と集中力。稽古場にいると、出演者の皆さんにはつくづく頭が下がる。

　ミュージカルとファルスという組み合わせは、斯くの如く過酷なものなのだ。そもそもこの二つは、本来は相性が良いとは言いがたいのではないかという気もする。基本的には単純極まりない物語をわざと複雑にもつれさせてゲームのように展開して行くファルスと、基本的には感情に訴えかける音楽を中心に物語を進めて行くミュージカルとではどこかそぐわないものがあるように思えてならない。次第に悪化して行く事態に合わせて加速度的に速くなるファルスのテンポとスピード感を、ロマンティックなバラードから軽快なリズム・ソングまで、様々な種類の歌やダンスに移し変えることの難しさ。場面の中心的な行動を歌や踊りで描き出すのを特色とするミュージカルで、ファルスの要であるドタバタを表現することの困難さを想像すればお分かり頂けるだろう。音楽の比重がますます高まる傾向にある最近のミュージカル事情が、その難しさにさらに拍車をかけているようにも思う。

　そう考えると、ブランドン・トーマスの古典的ファルス『チャーリーの叔母さん』をミュージカル化したジョージ・アボットの脚色がいかに傑出したものか、十九年前に訳した自分の翻訳を今回初めて演出しながら大いに感心してしまった。ミュージカル・ナンバーを外しても成立する台本というアボットの弱点がむしろプラスに作用しているのだ。

　自身優れたファルスの書き手でもあるアボットは、原作ではチャーリーの叔母さんに変装するのは別の学生だったのを、チャーリー本人に書き変えた（もっとも、これは初演でチャーリーに扮したレイ・ボルジャーの思いつきらしいが）。複雑な筋が整理されてミュージカル・ナンバーの入る余地が出来たのみならず、チャーリーが主人公になることで、主筋と傍筋のラヴ・ロマンスが原作よりもいっそう緊密に結びつけられ、喜劇的展開の中に流麗なバラードが無理なく挿入されている。チャーリーとエイミーのカップルにはミュージカル・コメディの部分を、ジャックとキティ、サー・フランシスとドナ・ルーシアのカップルにはオペレッタの部分をという区分けだが、それぞれが同じひとつの大きな流れに乗っているので違和感は全くない。当時（一九四〇年代）ミュージカルのお手本とされたロジャーズ＆ハマースタインの型にかなり忠実に則りつつ、主筋と傍筋のカップルを逆転させているのが面白い。R＆Hの作品がオペレッタの延長線上にあるのに対し、アボットはどこまでもミュージカル・コメディにこだわった訳だ。さらに、スラップスティックの要素まで原作よりも強調されているくらいだ。前年（一九四七年）の『ハイ・ボタン・シューズ』の「キーストン・コップス・バレエ」（ジューリー・スタイン作曲、ジェローム・ロビンズ振付）の成功に力を得てのことだろう。但し、残念ながらここでは「キーストン・コップス・バレエ」のような音楽的処理は施されていない。

残念と言えば、第一幕第二場を丸まる構成している「ニュー・アッシュモリアン行進隊と学生バンド」のナンバーを、今回の公演では諸般の事情からカットせざるを得なかった。後の『野郎どもと女たち』のフランク・レッサーを予感させる素敵なナンバーなだけに後ろ髪を引かれる思いである。その代わりという訳ではないが、一九八五年の日本初演では「アッシュモリアン」ともどもカットされていた「ペルナンブーコ」を復活させた。ブロードウェイの初演ではジョージ・バランシンが振り付けたドリーム・バレエである。

公演プログラム二〇〇三年二月

『アレグロ』

本日はご来場頂き、誠にありがとうございます。昨年の『日陰でも一一〇度』に引き続き、今年も日本ではこれまで未上演のブロードウェイ・ミュージカルの隠れた傑作を翻訳上演致します。

『アレグロ』は、一九四七年にニューヨークのマジェスティック劇場（今は『オペラ座の怪人』がロングラン中）で初演され、三一五回の続演記録を残しています。作者はリチャード・ロジャーズ（音楽）とオスカー・ハマースタイン二世（台本・詞）。コンビ第一作の『オクラホマ！』（一九四三）によって、それ以後のミュージカルに決定的な影響を与え、続く『回転木馬』（一九四五）も大ヒット、映画ミュージカル『ステート・フェア』（一九四五）も好評と、当時まさに波に乗っていた二人が、より実験的な手法を駆使したミュージカルの創造を目論んで着手した作品です。作者たちの念頭にはソーントン・ワイルダーの『わが町』（一九三八）があったようですが、従来の豪華で大掛かりな舞台装置を排し、必要最小限の装置で、流れるように展開するミュージカルを創ろうというのが作者たちの意図だったようです。しかも一人の医師の三五年の半生を描いた物語は、前二作のような殺人が起こる訳でもなく、誰の人生にも起こりうる日々の生活の喜怒哀楽が描かれています。子供が生まれた喜び、その子が初めて両の足で立って歩いた感動、思春期の恋の悩み、夫婦の愛と信頼、大学での不安ととまどいに満ちた新入生生活、愛する者との死別、すれ違う夫婦の葛藤、いつの間にか初心を忘れて惰性と化してしまった仕事の空しさ。誰もが思い当たる人生の悲喜こもごものエピソードを積み重ねて、人間の成長と再生を描いているのです。

ハマースタインは出版された台本の序文で、「かくも素朴な物語を語ろうとすれば、危険はつきものだ。気分を高揚させるドラマや明ら様なお笑いに頼る訳にはいかない。ひと握りの登場人物に観客が興味を持つように、彼らの身の上に起こるほんの些細なこと——およそ演劇的ではない日々の出来事——が気にかかるほど観客の興味を惹くように努力すること、そのことに全幅の信頼を寄せるしかない」と書いています。六〇年以上前にかかる趣旨の作品をミュージカルとして作るのは紛う方なき冒険だった筈ですが、ドラマチックな物語に頼れない作品を、まだ経験の少ない学生たちで上演するのもかなりの冒険です。一つ一つの場面をとにかく丁寧に、そして大胆に作り上げること。その上で、題名の通り、流動感にあふれた「軽快な」舞台に仕上げること。学生たちには何よりの経験になるに違いないと確信しています。

大阪芸術大学舞台芸術学科定期公演『アレグロ』プログラム　二〇〇九年七月

『アレグロ』新演出

『アレグロ』は一九四七年、今からちょうど七〇年前にブロードウェイで初演されました。作曲家リチャード・ロジャーズ（一九〇二－一九七九）と台本・作詞家のオスカー・ハマースタイン二世（一八九五－一九六〇）の、舞台ミュージカルとしては第三作に当たります。ロジャーズ&ハマースタインは、二人がコンビを組んでの第一作『オクラホマ！』（一九四三）で、その後のミュージカルに決定的な影響を与えました。『オクラホマ！』以前と以後でミュージカルのあり方は大きく変わったのです。ここでミュージカルの歴史をひもといている余裕はありませんが、簡単な、と言うより乱暴な言い方をすれば、従来は観客を楽しませるための歌とダンスに重点が置かれ、台本はそのための言い訳程度でしかなかったものを、先ず台本こそミュージカルのあらゆる要素を統合する要だと捉え直して作られたのが『オクラホマ!』だったのです。歌とダンスのために物語があるのではなく、物語のために歌とダンスがあるのだと、価値観の一大転換をなしたのです。以来、一九六〇年代の後半までの四半世紀を俗にブロードウェイ・ミュージカルの黄金時代と呼びますが、その時代のミュージカルのスタイルを確立したのがロジャーズ&ハマースタインです。一九二〇年代からの人気作詞・作曲家であったコール・ポーターは、晩年の一九六四年に「昔に比べて(最近の)台本の出来は遥かに良いし、スコアは台本に遥かに密着している。二人(ロジャーズ&ハマースタイン)のおかげで(ミュージカルの創作は)他の誰にとってもずっと骨の折れる仕事になった」と述懐しています。

『オクラホマ!』は二二一二回の、当時としたら驚異的なロングランになりますが、二年後の一九四五年に幕を開けた『回転木馬』も八九〇回の大ヒット、作詞作曲を手掛けた同年の映画ミュージカル『ステート・フェア』もアカデミー賞の最優秀歌曲賞を受賞するなど、まさに波に乗った二人の、待ちに待たれた新作が『アレグロ』でした。前二作が既成の戯曲の脚色だったのに対し、これは題材もオリジナル。ミュージカルを変革しようという彼らの思いが最も強く打ち出された作品です。しかし、結果的にはそのことが『アレグロ』の失敗につながってしまったとも言えるでしょう。当時最高の前売り額を記録しながら、劇評は賛否両論に割れ、観客の反応も否定的で、結局三一五回で幕を降ろしたのです。

物語はいたってシンプルです。二十世紀初頭のアメリカ中西部の田舎町に生まれた主人公が、医師である父親の姿に感動し、自分も医学の道を志しますが、幼馴染みでもある結婚相手の野心的な女性に言われるがまま大都会に出て成功を収めるものの、本来の医療活動に専念出来なくなり葛藤する話です。「人がこの世界を幸福にするために役立てると証明した途端に、それを台無しにしようという企みが成されるのが私たちの文明の法則だ。しかも、その人自身が進んでその企みの共犯者になってしまうのだ。時に、彼は自分が直面している危険に気がつき、何か手を打つ。それが『アレグロ』の物語だ」と、ハマースタイン自身が出版された台本の序文で書いています。成功の代償に本来の目的を見失い、人生の岐路で選択を迫られる。医師に限らずあらゆる職業の人間に当てはまる普遍的な主題でしょう。ただ、その分、前二作ほどの劇的な展開はなく、僕たちの誰の身にも起こり得る、ささやかなエピソードの連続で成り立っています。（そのエピソードも映画的とも言える短いものも多く、当時は斬新でした。）前二作のようなドラマティックな物語を期待した観客には肩すかしだったかも知れません。

さらに、その物語を語るための上演スタイルも、当時としては、ましてやミュージカルとしては極めて実験的なものでした。題材もそうですが、手法的にもソーントン・ワイルダーの『わが町』（一九三八）の影響を明らかに受けています。リアルな舞台装置の代わりにシンプルで象徴的な装置が使われ、古代ギリシア劇のコロスを想わせるコーラスが登場し、歌と台詞で主人公たちの心理や状況を説明したり、助言したりします。上演の形式（ステージング）と内容とが等しく重要な作品であり、最初のコンセプト・ミュージカルと呼ぶ人もいます。時代に早過ぎたと言えそうです。ミュージカル・ナンバーでも、先にコーラスによって断片的に歌われた曲が後から主人公によって全曲歌われる手法など、40年代の観客は面食らったのではないでしょうか。ハマースタインの弟子で、現代ミュージカルの頂点と呼んでも過言ではない作詞・作曲家のスティーヴン・ソンドハイムは、大学生の時にこの初演に雑用係として参加しており、それは「自分の演劇人生の初めに決定的な影響を与えた経験」であり、もし『アレグロ』に係わらなければ「実験的なミュージカルにこれほど惹かれることはなかったかも知れない」と述べています。

しかし実際の舞台は39人の俳優、22人のダンサー、38人の歌い手、35人編成のオーケストラ、見かけはシンプルでも操作に手間のかかる装置と凝った照明には総勢40人の裏方が必要とされ、そのために巨額の製作費がかかり、「小品のように見える大作」だったそうです。『ファンタスティックス』の作者のトム・ジョーンズ氏から、学生時代にこの初演を観たがひどい舞台だったと聞いたこともあります。けれど、例えば「歌と台詞を繊細に織りなす」（バート・フィンク）ことで一つの場面を作る、当時としては斬新な手法などは、他ならぬジョーンズ氏の一九七〇年代の実験的な作品にも影響を与えていると僕には思えます。また、そういう風に歌と台詞が分かち難く織りなされているために、演出と振り付けを一人の人間（アグネス・デミル）が手掛けた、ミュージカル史上最初の作品ともなりました。『アレグロ』は、ジェローム・ロビンズやボブ・フォッシー、マイケル・ベネットら演出家兼振付師の隆盛にも先駆けていたのです。もっとも、実際にはこの兼業は上手く行かず、台詞の部分の演出は（クレジットされてはいませんが）ハマースタインがすることになりました。デミルに言わせればハマースタインの台本の仕上がりが遅かったから、ハマースタインや稽古を見ていたソンドハイムに言わせればデミルに能力がなかったから（笑）。

ともあれ、『アレグロ』の（少なくとも商業的な）失敗が作者たちからミュージカルを変革しようという意欲を削ぎ、以後は『南太平洋』（一九四九）にしろ、『王様と私』（一九五一）にしろ、二人の最後の作品となった『サウンド・オブ・ミュージック』（一九五九）にしろ、安定路線に走らせたという指摘もあります。ロジャーズやソンドハイムの言によれば、ハマースタインは『アレグロ』が多くの批評家や観客に理解されなかったことを気にし、第二幕を書き直した改訂版を上演したいと思い続けていたそうです。彼の早過ぎる死で、それは永久に叶わぬ夢となりました。けれど、キャメロン・マッキントッシュがソンドハイムに言ったというジョーク、「あなたは『アレグロ』の第二幕を直すことに生涯を費やしてしまった」は示唆的です。先のソンドハイム本人の発言にもあったように、『アレグロ』こそソンドハイムの演劇的原点でしょう。言い換えれば現代ミュージカルの原点です。ソンドハイムの『メリリー・ウィ・ロール・アロング』（一九八一）は題材からしてもミュージカル・ナンバーの構成からしても、まさしく『アレグロ』を現代化した感があります。

さて、今回なぜ『アレグロ』を上演するのか。初演版のCDは随分昔に聴いていましたが、収録曲も不完全だし決して出来の良い録音ではなく、僕も大した関心もなかったのです。それが八年前にスタジオ録音の全曲盤が発売されて、これを聴いたらスコアが素晴らしい。びっくりしました。友人のアメリカ人の作曲家が「最近のヒット作よりもロジャーズ&ハマースタインの失敗作のスコアの方がずっといい」と言っていたのを思い出しました。それで台本を手に入れて読んでみたら、確かに欠点はあるけれど、何故か惹かれるものがある。僕はミュージカルに限らず、初演では失敗作だと言われ、しかし一部では熱烈に支持されているような作品ばかり演出して来ました。そういう作品は面白いに違いないと思ってしまう（笑い）。『アレグロ』は実はハマースタインの精神的自伝のような内容で、それ故の長所と短所が混在している。例えば主人公の妻は今ならサイコパスと診断されそうな、共感能力に欠け、平気で嘘をついて人の感情を操ることに長けた女性で、ハマースタイン自身が「無神経で悪辣な尻軽女」だの、主人公の「人生の悲劇的欠点」だのと酷いことを書いている「悪役」です。演劇史家のケン・ブルームは、『南太平洋』で主人公たちの障害となるのは、彼ら自身が抱える人種差別意識であって日本軍ではない。悪役は内なる意識であって、このことが彼らを血の通ったリアルな人間にしていると指摘しています。それに比べて『アレグロ』のヒロインはメロドラマ的な段階に留まっているようにも思えるのですが、実はこの役はハマースタインの最初の奥さんがモデルなのです。台本を読んでいるだけでは腑に落ちない幾つかの疑問がそれで納得出来る（笑い）。面白いでしょ、これだけで演出したくなる。
冗談はともかく、日本のミュージカルの受容史では知られていないロジャーズ&ハマースタインのもう一つの側面をしっかり押さえておく必要もあると思ったし、もう散々述べたように現代のミュージカルへのソンドハイムを介しての影響も見逃せない。今、日本ではミュージカルが盛んですが、その原点を一度きちんと押さえておくことは大事だと思うのです。と偉そうなことを言うにはあまりにささやかな公演ですが、いっそ台本の指定以上に切り詰めて「小品らしい小品」をお見せしたいと思っています。

公演プログラム二〇一七年五月

『セレブレーション』

『セレブレーション』はミュージカルの世界最長続演記録を誇る『ファンタスティックス』の作者トム・ジョーンズ（台本・詞）&ハーヴィー・シュミット（音楽）によるブロードウェイ・ミュージカルです。初演は一九六九年。但しその前年に作者たちが主宰していた小さなスタジオで上演されており、本質的には小劇場向きのオフ・ブロードウェイ・ミュージカルと言って良いでしょう。どことも知れない大都会の、いつとも知れない或る大晦日の晩に、孤児の少年と大金持ちの老人が一人の少女をめぐって繰り広げる闘いを通して、生と死と再生の物語が、人間の成長の物語が古代の儀式に重ねて描かれています。今日ご覧頂く舞台は、二〇〇〇年に作者たちが改訂したヴァージョンで、ホームレスによる劇中劇（祭り）という外枠が追加されています。春の到来を信じて厳しい冬の時代を生き抜く希望と勇気を与えてくれる作品です。

桐朋学園芸術短期大学のミュージカル・コースの卒業公演の指導を依頼され、真っ先に浮かんだ作品がこれでした。物語の最後で、少年と少女はこれから彼らを待ち受けている現実の世界を見つめてこう言います。「外には何があるんだろう？ 外の通りには？」「世界よ。本物の世界。」「暗い、そうだろ？」「灰色よ。（中略）怖い？」「ああ。」「あたしも。」

それでも彼らは手を取り合って、その現実に立ち向かって行きます。口幅ったいことを言うようですが、これから演劇界の荒波に飛び込もうという出演者の学生諸君に僕が伝えたかったのがこの最後の台詞と二人の姿でした。

実は今回の公演について、作者のジョーンズ氏にメールで問い合わせたところ、結末を大幅に書き直したいとの提案がありました。何度か意見の交換をし、こうすれば上手く行くのではという方向は見えて来たのですが、初日まで時間もなく、今回は見送らざるを得ませんでした。しかし、もしも書き直した台本で上演すれば、最後の台詞もなくなっていたかも知れない訳で、その意味ではこれで良かったのかも知れません。（演出家としては少々心残りではありますが。）

決して充分とは言えない稽古期間の合間を縫って、装置や小道具、衣裳や仮面に至るまで全て自分たちで作り上げる学生諸君の姿には驚きました。大金持ちの老人リッチにも仮面を被せることにして、僕が急遽でっち上げた下手なデザイン画が二日後には見事な仮面になって現れたときは驚きを通り越してちょっと感動してしまったほどです。

演技者としては勿論まだまだ未熟な彼らですが、この冬の時代を生き延びて春へ、夏へと成長して行ってくれることを心から願います。ご来場の皆様の温かく厳しい目が、彼らには何よりの助けとなる筈です。

公演プログラム二〇一三年二月

『ゲーム・オブ・ラヴ～恋のたわむれ～』

ジョン・パトリック・シャンリィがアカデミー賞の脚本賞を受賞したノーマン・ジェイソン監督の映画『月の輝く夜に』（一九八七）で、女子学生の尻ばかり追いかけている大学教授（ジョン・マホニー）に、ヒロインの母親役のオリンピア・デュカキスが「男が女を追いかけるのは、死ぬのが怖いからよ」と語る場面がある。公開当時、劇場で観た時には正直言って実感の湧かない台詞だったのだが、それから二十年以上たってみると、劇中の大学教授同様、「そうかもしれない」と頷かざるを得ない。テネシー・ウィリアムズの『欲望という名の電車』のヒロイン、ブランチ・デュボアも「死の反対側は欲望」だと言っている。

死は命あるものにはいつかは必ず訪れる宿命だ。四年前、僕の父が八十歳で他界した時、当時五歳だった我が息子は生まれて初めて死を目の当たりにし、「お父さん、僕もおじいちゃんみたいにいつか死ぬの？」と訊いてきた。そうだと答えると、息子は神妙な顔で「だったら、こうやって生きてても意味ないよ」と呟いた。

日々の喜びも苦しみも、その人のあらゆる所業も、少なくとも当人にとっては、やがては死によって全て無に帰す。そう思えば人間の営為は究極的には空しいものだし、無意味なものかもしれない。しかし、それでも生きていかなければならないなら、人は負け戦さを承知で人生に意味を与え、空しさを埋めねばならない。芸術の創造もそんな抵抗の一つの形なのだろう。けれど芸術的才能に恵まれない僕たち多くの衆生は、昇華も出来ず、『月の輝く夜に』の大学教授のように、性（生）にしがみついて死に抗うしかない。

『ゲーム・オブ・ラヴ～恋のたわむれ～』の主人公アナトールもまたそんな僕たちの一人だ。自分の存在に、人生に意味を与えようと、彼は「恋」という名の官能の喜び、性の燃焼に全てをかける。だが、性の喜びは所詮束の間のものであり、「いつまでも恋し続けていたい」という彼の願望が満たされることは決してない。美しいバラの花はたちまち干からびて塵と化す。それでも彼は自己欺瞞に自己欺瞞を重ね、「勝ち誇った――神のよう」な存在になろうと悪戦苦闘する。その姿はもはや「ドタバタ恋愛喜劇の三文役者」以外の何者でもない。実存的悲劇は笑劇へと姿を変える。ここから不条理演劇まで は、すでに目と鼻の先である。

と、何だか七面倒臭いことばかり書いてしまったが、そこはあくまでもミュージカル・コメディ。台本・詞のトム・ジョーンズ氏が言うように、「一杯の美味なるワインのような」エンターテインメントである。小難しいことは底に潜め、一九世紀から二〇世紀への世紀転換期の黄昏のウィーンを舞台に繰り広げられる恋のゲームをたっぷり味わって頂けますようあい勤めますれば、ご来場の皆様も何卒ご安心のほどを。

『THE GAME OF LOVE』プログラム二〇〇九年五月

『コレット・コラージュ』

『コレット・コラージュ』は二十世紀のフランスを代表する作家の一人、コレット（一八七三―一九五四）の生涯を題材にしたオフ・ブロードウェイ・ミュージカルです。最初は一九八二年にブロードウェイを目指した大型ミュージカルとして始まったのですが上手く行かず、トライアウトで打ち切りになり、書き直されたものが翌年にオフで上演されて好評を博しました。ジョーンズ&シュミットは、四二年に渡るロングランでも有名な『ファンタスティックス』に代表されるように、本質的にはオフの小劇場での実験的な作風が持ち味の作家で、本来の居所を得たということでしょう。

その後さらに改訂されたヴァージョンが一九九一年にオフで上演され、その翌年、もう一度手を入れたものが日本初演されました。今回の上演はそれにまたもや手を加えたものです。前のヴァージョンではシリアスな面しかほとんど描かれていなかったコレットの母親のユーモラスな顔も見られます。コレットの生き方に大きな影響を与えた母親は、生きる喜びを最後の最後まで求め続けて決してあきらめなかった女性です。彼女のあふれんばかりの生命力が活写されることで、娘のコレットが求めていたものが前よりもくっきりと浮かび上がって来たのではないでしょうか。

主題は勿論変わりません。ひと言でいえば、愛の成熟でしょうか。ジョーンズ&シュミットのミュージカルは、どれも象徴的な意味での生と死と再生の物語です。人の成長の物語と言っても良いでしょう。子供から大人への成長の物語が、求める愛から与える愛へという愛の成熟の物語の形を取って描かれているのです。『コレット・コラージュ』では、それがコレットという稀代の女性の生涯を通して語られています。作品全体の語り手でもある晩年のコレットは、この世界のことは善きことも悪しきことも、その全てが歓びだと歌います。

歓びも苦しみも百パーセント味わい尽くしたい、成熟への道のりの負の要素をも慈しみ、己のものとする。それほどの貪欲さ、人生肯定、そしてその全てを書き尽くそうとする決意。それが感動的なのだと思います。コレットの姿を借りて、八三歳の今も創作意欲に燃えている台本・詞のトム・ジョーンズ本人の、作家としての生き方が語られているような気もします。

題名の意味ですか？ジョーンズ&シュミットは、コレット自身の作品によって彼女の生涯を描き出そうとしています。コレットには回想録もありますが、小説も自身の経験に基づいた私小説的、と言っては言い過ぎかも知れませんが、そういうものが多いのです。小説なのかエッセイなのか、読み始めた時には判然としない作品もあります。つまり自分を素材にした作品が多いのです。作者たちは、台詞にそのコレットの文章を大幅に取り込み、歌詞についても彼女の文章からヒントを得て書いたものがかなりあるのです。相手が作家なのですから、これはまあ当然の作業なのかも知れませんが、作者たちの狙いはコレットの書いた文章、言葉をコラージュ（張り合わせる）ことで、彼女の人生をコラージュし、先に述べた主題を浮き彫りにすることにあったのです。それが題名の意味です。

約二十年ぶりに演出します。基本的な演出プランはそう変わっていませんが、細部の解釈は大きく変わったところが多々あります。と言うか、自分で翻訳しておきながら、昔は本が読めていなかったんですね。限りある稽古時間の中で、何とか作品の本質をお客様に伝えたい、それこそコレットの人生の喜怒哀楽、その全てを歓びとして百パーセント伝えられたら、そう願っています。

公演プログラム二〇一一年九月

『殺しの接吻~レディを扱うやり方じゃない~』

オフ・ブロードウェイ・ミュージカル『殺しの接吻——レディを扱うやり方じゃない——』は一九八七年にニューヨークのハドソン・ギルド劇場で初演され、リチャード・ロジャーズ・ディヴェロプメント賞を受賞した。しかし、広く一般に知られるようになった契機は一九九六年のヨーク・シアター・カンパニーによる再演、並びにその舞台のオリジナル・キャスト盤のCDである。以来、この作品は全米各地のリージョナル・シアターをはじめ今日までに世界十ヶ国で七つの言語で百以上の舞台が上演されるカルト・ミュージカルとなっている。一九九八年にはロンドンのアーツ・シアターでも、ドナ・マケクニー（『コーラス・ライン』初演のキャシー）の出演・振付で上演されている。

記憶が定かではないのだが、僕が初めてその存在を知ったのは一九九九年の春のことだったと思う。滞在中のニューヨークのホテルに『ジェニーの肖像』や『ラヴ』の作曲家ハワード・マーレンから電話があり、ヴァレンティノを主人公にした新作ミュージカルの第一幕だけをヴィレッジのサークル・イン・ザ・スクエアで一日だけ試演するので観に来ないかと誘われた。当日出かけて行くと、開演前に台本・作詞のダグラス・J・コーヘン氏を紹介された。コーヘン氏は小さな紙袋を僕に差し出すと、「私が台本、作詞、作曲した作品です。面白いと思ったら是非日本でも上演して下さい」と言った。中に入っていたのはNO WAY TO TREAT A LADYと題されたサミュエル・フレンチ社の上演台本と前記のヨーク・シアターによるCDだった。

日本に戻ってから読み聴いてみて、興味は大いに湧いた。物語の背景は一九七〇年夏のニューヨーク。一人暮らしの女性ばかりを狙った連続殺人事件を捜査する刑事のもとに犯人から犯行を予告する電話がかかり、あまつさえ事件がニューヨーク・タイムズ紙の第一面で報道されるようにしろと迫って来る。劇場型犯罪の典型のような展開だが、犯人の正体はまさしく売れない俳優。彼の母親はブロードウェイの伝説的な名女優だが、彼女には舞台が全てで、息子には全く愛情を注いで来なかった。児童虐待だ。いつか母に認めてもらうこと、つまり愛してもらうことだけを望みに自身も俳優になったものの脚光を浴びることもなく時は過ぎ、やがて母が死ぬ。自分の規範であると同時に、己の負の部分を投影した、全ての責めを負うべき存在でもあった母。誉めてもらうことも、非難の言葉を浴びせることももはや永久に叶わない。自我の崩壊の危機に直面した男は、その不安から逃れようとして精神に異常を来たす。様々な「役」に扮しては、母と同年輩の女性を殺害して回るのだ。それは母を復活させ、己の名演技を見せつけた上で再び死なす＝罰する行為である。そしてその犯行をニューヨーク・タイムズ紙に大々的に採り上げてもらうことで世間から脚光を浴び、母と互角の存在になろうとする。

その犯人を追う刑事もまた母親の存在にがんじがらめになっている中年男だ。彼の母はいい年齢をした息子をいつまでも子供扱いして自立を阻む過干渉ぶりを発揮する。優秀な長男が結婚して家を出てしまってから、彼女から見たら出来の悪い「おまわり」の次男の面倒を見てやっているつもりで実はしがみつき、女性との付き合いにも口を出してつぶそうとする。息子が自分から離れて行くことは見捨てられることであり、引きとめておくためには病気にもなる。息子はその母の呪縛を逃れ、もっと充実した違う人生を夢見る。彼のフラストレーションは無意識に「母殺し」の願望を抱くほど危険なところにまで達している。そんなことにならないうちに、彼は大事件を解決して己の真価を世間に知らしめ、そして自分が長男に負けないほど立派な息子であることを母に見せつけてやらねばならない。

ともに母の支配から脱しようともがく犯人と刑事。一見対照的でありながら、実は表裏一体の二人。自分の人生には意味がある、そのことを証明するには社会的成功を手に入れなければならない。しかし、皮肉なことにそれこそ母親が体現する価値観に他ならない。そこから抜け出す道は果たしてあるのだろうか。

と、実にシリアスな主題が連続殺人という陰惨な事件を通して描かれているのだが、僕が面白いと思ったのは、それがウェル・メイドのミュージカル・コメディになっていたからだ。凄惨な殺人の場面を直接描くのは一度きり。しかも犯行に至るまでのプロセスはミュージカルの特性を目いっぱい利用して、かなり可笑しい。その他の犯行場面も緊張感とユーモアのバランスが絶妙に取れている。ミュージカル・コメディの要素を徹底的に活用した馬鹿馬鹿しさと現実感が共存している。

殺人の場面だけではない、全篇に渡って大都会ニューヨークで生きる孤独な人々の切実な思いとユーモアがぴたりと調和してあふれている。二人の母親と犠牲者の女性全員を一人の女優が演じる趣向も、主題を鮮明にするだけでなく、舞台劇にのみ可能な面白さに満ちている。

しかも、ミュージカル・ナンバーがどれもとても良く出来ている。ミュージカルの歌は物語を先に進める働きをするとは良く言われることだが、『殺しの接吻』のナンバーはその一曲一曲が確実にプロットを展開させて行く。ナンバーがどれもこれもこれほど見事にプロットと絡まったミュージカルは、実は滅多にない。美しいバラードやワルツ、タンゴ、早口歌、一九三〇年代のテイストにあふれたスウィング感たっぷりのショー・ナンバー、明らかにソンドハイムへのオマージュと思われる曲まで、曲調も多彩で飽きさせない。またその多様な音楽が人物の心理と状況にぴたりとはまって効果をフルに発揮している。計算し尽くされた面白さだ。但し、その分、訳詞するのも歌いこなすのも難曲揃いだとも言える。

原作はベストセラーになったウィリアム・ゴールドマンの同名ミステリー小説（64年）。二〇〇四年に邦訳も出版され、さっそく読んでみたが、舞台ミュージカルとのあまりの違いに驚いた。（ゴールドマンは日本ではアカデミー賞脚本賞を受賞した『明日に向かって撃て』のシナリオ・ライターとして有名かも知れないが、『プリンセス・ブライド』や『マラソン・マン』等の小説も邦訳されているし、ブロードウェイの演劇界のリポート『シーズン』の著者でもある。）原作はミュージカル版とは後半の展開が全く異なり、酷薄この上ない衝撃的な結末を迎える。やはり連続殺人鬼を扱った映画『セブン』（95年）などは明らかに影響を受けているのではなかろうか。小説としては実に面白いが、そのままミュージカルにしたら『スウィーニー・トッド』がさわやかに感じられるほど後味が悪すぎる。

ミュージカル化にあたっては、原作以外に一九六八年に公開された映画版も利用している。ジャック・スマイト監督、ジョージ・シーガル、ロッド・スタイガー、リー・レミック主演の、このブラック・ユーモアに彩られた映画はハッピー・エンドで、ミュージカルはそれを踏襲しているが、犯人の最期は映画よりもはるかに捻りが効いている。コーヘン氏のメールによると、原作者はミュージカル版はかなり気に入っていたようで、改訂にあたって色々と助言も貰っているらしい。

という訳で、ミュージカルもスリラー劇も好きな僕としてはいつか演出してみたい作品の一つだったのだが、なかなか上演の機会がつかめず徒に時間だけが流れて行った。それが今回、急遽上演が決定され、コーヘン氏に対して長年の肩の荷が下りたというか、本当に嬉しい。コーヘン氏の作品では、もう一作、中年男たちのアマチュア・ジャズ・バンドを描いた『ギグ』をミュージカル作家のトム・ジョーンズ氏から勧められている。こちらも近い将来やってみたいなあ。

公演プログラム二〇一三年一〇月

『グロリアス・ワンズ――輝ける役者たち――』

この世界を劇場に、そして人間を役者にたとえる「世界劇場《テアトルム・ムンディ》」という概念は、元をたどればプラトンや旧約聖書にまで遡れるらしい。おそらくそれが反映された最も有名な台詞は、シェイクスピアの『お気に召すまま』の第二幕第七場で、皮肉屋のジェイクイズが語る「世界は全て一つの舞台。男も女も役者に過ぎない。退場もあれば登場もある。そうして出番の間に様々な役を演じるのだ」だろう。シェイクスピアには他にもこれに類した台詞は多々あるが、『マクベス』の第五幕第五場の「人生は歩き回る影に過ぎぬ、哀れな役者だ。舞台の上で大見得切って喚いても、出番が終われば消えてしまう」も有名だ。

これらの台詞が、エリザベス朝のロンドンの、まさにこの世界を模した木造のO字形の劇場、その名も地球座《グローブ》で上演されていたのとほぼ同じ頃、やはりルネサンスの残照を浴びて、イタリアの町々の大道に建てられた仮設の舞台の上でこの世の有り様を演じていたのが、コンメディア・デッラルテと総称される民衆演劇である。一六世紀の半ばから一八世紀にかけてイタリアのみならず、ヨーロッパ中を席巻し、シェイクスピアやモリエールなどにも影響を与えたコンメディア・デッラルテ（「プロの俳優による演劇」というほどの意味）は、しかし戯曲を持たない即興劇だった。物語の大まかな展開を記したシナリオに沿って、役者が本番の舞台の上で、手持ちの台詞や芸《わざ》を駆使しつつ即興で演じていたのだ。P・L・デュシャルトルのデッラルテ研究の古典的名著『イタリア喜劇』によれば、シナリオとは「ただの大まかな粗筋の域をほとんど出るものではなく、本来の面白さは題材やテクストにではなく、むしろそれを演じた一座の練達の芸にあった」。舞台の主は劇作家ではなく役者だったのである。

登場人物の多くは仮面を被った類型的キャラクターで、作品によって設定や呼び名は違っても、いつも同じ性格の同じ人物である。例えばチャップリンのちょび髭と山高帽や、バスター・キートンのポーカー・フェイスもコンメディア・デッラルテの仮面の遠い子孫だと言って良い。

『グロリアス・ワンズ――輝ける役者たち――』は、そのコンメディア・デッラルテの一座の栄枯盛衰を通して、人生の意味を問いかけたミュージカルだ。世界を舞台にたとえるなら、僕たちの人生は絶え間のない即興劇である。そんな人生の縮図のような演劇そのものを描くことで、人生そのものを描いたミュージカルだ。

人は束の間の蝋燭《ともしび》のような一生の間に何を成し、あとに何を残すことが出来るのか。人生の折り返し地点を曲がった人間なら一度は考えたことのある切実な問いだ。ただあくせく動き回った挙句、何の意味もなく消えて行く、それが人生だとしたらあまりに辛い。主人公である一座の座頭フラミニオ・スカラは、幕が下りれば観客の記憶の他には何も残さず消えてしまう即興芝居の、その一瞬の輝きに人生を賭けた男である。しかし、時代の変化と忍び寄る老いの影は、スカラにあらためてこの問いを突きつける。

芝居の演出を始めてすでに三十年近く、いたずらに馬齢を重ねて来たような僕にはとても人ごととは思えない。リンカーン・センター内の小劇場ミッツィ・E・ニューハウスでのニューヨーク初演（二〇〇七年）のオリジナル・キャストによるCDを聴きながら台本を読んでいて、最後の場面では不覚にもぼろぼろ涙を零していた。当人にはついに死ぬまで分からないかも知れない、しかしそれでも一人ひとりの人生には意味がある、価値がある。宮崎駿監督の引退記者会見ではないが、「この世は生きるに値する」、そのことが胸に迫ったからだ。

原作はフランシーヌ・プローズの小説（一九七四年）だが、原作では各章ごとに違う劇団員が夫々の視点からスカラとの関わりを一人称で語り、それを通してスカラの生涯とその秘密が次第に解き明かされて行く。ミュージカルと比べると、物語の骨子は同じでも細部ははるかに複雑であり、登場人物が抱えている背景も深い闇を湛えている。舞台化に当たって台本・詞のリン・アーリンズ（一九四八－）と音楽のスティーヴン・フラハーティ（一九六〇－）がそれらを大幅に整理し、ぐっと単純化したのはミュージカルとしては実に正しい処置であり、人生の意味にまつわる主題についても、ペシミスティックな原作から一転、「癒し」を前面に押し出している。もはや換骨奪胎と言って良い。

悲劇的とも言い得る苦みをともないながらも人生に対して肯定的な結末は、アーリンズ&フラハーティがトニー賞を受賞した代表作『ラグタイム』（一九九八年）を思わせもする。形式とスタイルの点では実験的な試みをしている『グロリアス・ワンズ』が、同時にアメリカの古き良きミュージカルの「伝統」に連なっていると感じさせもするのは、主題に対するこの前向きな姿勢ゆえだろう。

形式と言えば、あるインタビューの中で、フラハーティは自作『乾杯！モンテカルロ』（原題 Lucky

Stiff／一九八八年）について、「筋立てのほとんどが歌を通して語られて」おり、「歌が台本になっている」と述べている。この発言は本作にもそのまま当てはまる。但し、昨今の全篇が歌で進行するオペラ形式のミュージカルではなく、台詞も多い。しかし、その台詞のほとんどはミュージカル・ナンバーの中に組み込まれて歌と一体となっている。おかげで物語は一瞬も途切れることなく前へ前へと突き進んで行く。見事な手際だ。

なお、フラミニオ・スカラは実在の人物であり、五十篇から成るシナリオ集を出版したことでも歴史に名を残している。フランチェスコとイザベラのアンドレイニ夫妻も実在した俳優だ。フランスへの巡業その他、歴史上の事実も物語に利用されてはいるが、モデルの域を出るものではなく、実際の彼らと劇中の三人はあくまでも別人である。

公演プログラム二〇一四年一月

『三枚のポストカード』

『三枚のポストカード』は一九八七年一月にノーマン・レネの演出によりカリフォルニアのサウス・コースト・レパートリーで初演され、演出も出演者もそのままに同年五月、プレイライツ・ホライズンスの製作によってオフ・ブロードウェイで上演。その後、大幅な改訂を経て、一九九四年に今度はサークル・レパートリー・カンパニーの製作により、ティー・スカトゥオルチオの演出でオフ・ブロードウェイでの再演がなされた。

台本のクレイグ・ルーカスは、日本でも上演された『キスへのプレリュード』が知られている。これは一九九〇年三月にやはりノーマン・レネの演出でオフで初演され、大好評につき同年五月にはブロードウェイのヘレン・ヘイズ劇場に移されてロングランし、舞台と同じレネの監督で映画化もされた。結婚式の披露宴で見知らぬ老人にキスされた花嫁とその老人の魂が入れ換わってしまう現代のお伽噺で、愛する人の外見がどれほど変わってしまっても、あなたはその人を愛し続けられるかという重い主題(そこには明らかにエイズ禍が寓意されている)を軽やかに、笑いをまぶして描いた風変わりな台詞劇だ。風変わりという点では、この時期のルーカスの戯曲は、夫が殺し屋を雇って自分を殺そうとしていると知ってクリスマス・イヴに窓から逃げ出した主婦の悪夢のような冒険を描いた『無鉄砲《レックリス》』や、五つのアパートメントで同時に物語が展開する『青い窓』等、どれも一風変わった趣向の作品ばかり。ミュージカル『三枚のポストカード』も例外ではない。

マンハッタンの高級レストランに集まった三人の女たち。幼稚園時代からの親友の、久しぶりの再会。一見たわいなく、取りとめのないお喋りの裏に潜む悩みや不安、満たされない想いやコンプレックス。そこから浮かび上がって来るのは絶えず変化して捉えどころのない人生そのもの。と書けば何の変哲もない芝居のようだが、大いに変わっているのはその構成である。現在の現実の会話の中に何の前ぶれもなく無意識が生む空想や妄想が一瞬挿入されるかと思えば、夢想の中に逆に現実が入り込む。しかも、その現実も現実そのままではなく、彼女たちの意識によって脚色された現実、つまりもう一つの夢想へといつの間にか変質している。或いは、過去の回想の中に突如現在の意識が押し入ったり、果ては数十年後の、一つの可能性としての未来の姿まで現れる。(こう聞いただけで混乱して来ませんか?)ウェイターでさえ彼女たちの深層心理を投影した様々な男たちに瞬時に変身する。まるで精神分析のセラピーの自由連想のように時空はあちらこちらへと移り変わる。それでいて実際の舞台はレストランの装置のままだし、衣裳も一切変わらない。時空がどれほど変化しようと、全てはレストランの中のひと続きの現在に押し込まれているのだ。勿論、良く読めば、それらの連想が何故生まれたのか、繋がりはきちんと書き込まれているのだが、本来は伏線となるべきものがまるで後出しじゃんけんのように後の場面になって現れたりもするので初めのうちは面食らう。いや、それもまた作者の計算なのである。ニューヨーカー誌に載った初演の劇評の一節に「ガートルード・スタインがこの作品を観たら楽しんだだろう」とあるが、確かにピカソの立体派の肖像画を演劇にしたらこうなるかも知れない。人生と友情の真実が多面的に一挙に描かれているからだ。

物語と言えるほどのものはない。けれど、芝居が終わったとき、彼女たちは夫々が抱えていた悩みや心の奥の抑圧や抵抗と向き合い、それまで目を背けていた自分自身と向き合う。「友達がいて初めて分かるんだわ、自分が誰なのか。」その意味では、このミュージカルは彼女たちにとっての精神療法そのものでもあるのだ。

彼女たちの一人が、何でも話せ、そして必ずしも何でも話さなくてもいいのが友情の素晴らしさだと言う通り、彼女たちは現実の会話では本音は滅多に語らない。それが吐露されるのは空想や内的独白の中だ。この仕掛けによってミュージカルの本領が発揮される。何もかも分かち合い、何でも話せた青春時代の友情の圧倒的な輝きの象徴として断片的に歌われた歌が、次には惨めな現在への嘆きへと反転し、最後にはその現状への異議申し立ての歌、友情と連帯の復活の歌となって全曲歌われる。ミュージカルでなければ出来ない芸当である。クレイグ・カーネリア（『ワーキング』『成功の甘き香り』）によるナンバーはどれも実に印象的だ。

人生と友情と、自分という存在の拠り処を探し求める人間の姿をシリアスに、ユーモラスに、時に馬鹿馬鹿しいほど愉快に描いた本作だが、その底には無常観と言っても良い視点がある。ルーカスが脚本を書き、レネが監督した映画『ロングタイム・コンパニオン』（一九九〇）を観て、その訳が分かったように思った。エイズの蔓延によって激しく揺さぶられる八〇年代のゲイ・コミュニティーを描いたこの映画と『三枚のポストカード』は、誰にもいつかは訪れる最期を見据えながら、それでも前向きに生きて行こうとする姿勢が胸を打つラストを含め、その本質に於いて実に良く似ているのだ。作者がどこまで意識していたかは分からないが、『キスへのプレリュード』と同様、『三枚のポストカード』にもエイズの悲劇が影を落としているのは間違いないだろう。

公演プログラム二〇一七年二月

『口笛は誰でも吹ける』

僕は台詞劇でもミュージカルでも、稽古に入る前の準備段階で演出のための覚え書きのようなものを書く。と言っても他人に見せるためではないから、片面印刷した台本の裏や余白に書き込みをする。作品を演出家として分析し理解するための文字通り準備作業だ。書いたことを軸にして、さらに場面の意味や登場人物の目的と行動などを決めて行き、動きや所作、舞台上の立ち位置なども台本に書き込む。ピーター・ブルックからは退廃した演劇人と呼ばれてしまうこと間違いないが、おそらく多くの演出家がしていることだ。勿論、それら具体的な演出は稽古場で大幅に変更する場合も多々あるし、それどころか大幅に変更することを前提に書いているとさえ言えるのだが、作品や役の基本的イメージまでぶれては困る。そのために覚え書きを書くのだ。そんなもの必要ない演出家もいるだろうし、理想的にはその基本的イメージでさえ稽古の過程で自由に変化発展して行くべき場合さえあるとも頭では分かるのだが、僕の場合はこれを書かないと、磁石も持たずにさまよい込んだ人跡未踏の密林の中で褌も着けずに相撲を取っているような気分になる。しかし、読んでもらうためではなく、自分が俳優やスタッフに話すためのものだから書いてあるのも話の要点のみで、まともな文章にもなっていない。良く公演のパンフレット用に書く原稿はこの覚え書きの作品解釈の部分を短く整理したものである。

ところが今回はかなり異色な作品ゆえ、稽古に入る前に作品と役について出演者に演出の視点を提示しておく方が得策だと思い、パソコンを使ってその部分の覚え書きを、出演者やスタッフに読んでもらうことを前提にして書いてみた。それを読んだ製作者が全文パンフレットに掲載したらと言う。この分量だとパンフレットが本当に小冊子になってしまうと危惧したが、生来の目立ちたがり根性が頭をもたげ、少し手を入れて掲載することにした。

しかし、手を入れれば入れるほど長くなる。『ハムレット』のポローニアスは「簡潔こそ知恵の真髄、冗漫は枝葉末節、上辺の飾り」と言いつつダラダラと長広舌を揮って観客の笑いを誘う。拙文もそれと同じで、開演前に観客の皆様の失笑を買う惧れがある。それに文章の性質上ネタばれもある。出来れば舞台を御覧になった上でお読み頂けると嬉しい。もっとも、後で読んで頂いても、舞台を観たがお前の演出からはこんなこと分からなかったぞとお叱りを受ける危険性もある。勿論、客席からは分かりようもない役作りのための裏づけのようなことも多々書いてはあるものの、解釈はきちんと舞台上に明示しなければならない。この覚え書きが演出家のアリバイ工作にならないように、精々面白い舞台を作りたいと思っている。

1、作品について

『口笛は誰でも吹ける』は、スティーヴン・ソンドハイムが『ローマで起こった奇妙な出来事』（一九六二年）に続いて作詞のみならず作曲も担当した二作目のミュージカルである。財政破綻を来たしたアメリカの田舎町を舞台に、町の再興を期して市長たちが捏造した奇跡が町中を狂気の渦に巻き込んで行く物語。初演は一九六四年。その三一年後の一九九五年に、カーネギー・ホールで上演されたコンサート版の司会を務めたアンジェラ・ランズベリーは、初演で市長コーラを演じている。このコンサートは実況録音盤のＣＤになっている。これを聴くと、冒頭でランズベリーが「奇跡でしか救えないほど破綻した町にようこそ」と言うと観客が笑う。九五年当時のニューヨーク市が最悪の経済状態にあったからだが、続いて「三一年前、この私もそういった町の市長でした、任期はとても短かったですが」と言うとさらに大きな笑いが起きるのは、このミュージカルが公演回数わずか九回で打ち切られてしまったからである。『メリリー・ウィ・ロール・アロング』（一九八一年）の十六回を下回る記録だ。ソンドハイムは作品評価の高さと興行面での人気が必ずしも一致しない作家ではあるが、このときは作品評価の方も決して芳しくなく、ニューヨーク・タイムズをはじめ各紙の劇評はほとんどが否定的だった。しかし、モーニング・テレグラフ紙のように「もしも『口笛は誰でも吹ける』が成功すれば、アメリカのミュージカル演劇は前進し、今や使い古された技巧と物の見方からさらに解放される道を準備することになるだろう。成功しなければ、我々は古臭く型にはまった方式にまた沈み込み、次なる突破口の出現を待たねばならない」と予言する批評家もいた。今日では、『口笛は誰でも吹ける』は登場が早過ぎたのだとする意見がミュージカル・ファンの間では半ば定説となり、一種カルト的な人気を誇る作品となっている。ソンドハイム自身は後に「とても欠点のある作品だが、どうしたら改善出来るのか分からない。どこが悪いのか三ページに渡って書けるが、かと言って恥ずかしい作品だとも思わない」と語っている。（但し、今回の日本初演のために僕が訳した上演台本は初演版ではなく、今世紀に入ってから作者たちが元の三幕構成を二幕に整理した改訂版である。ランダム・ハウスから出版された初演版の台本と比べると、すっきりして遥かにまとまりが良い。台詞が大幅に刈り込まれ、ミュージカル・ナンバーや場面の順番も入れ替わり、プロットの進行を阻害していたドリーム・バレエもカットされている。）

時代に早過ぎたことが初演の失敗の原因かどうかはともかく、そもそも実に手ごわいミュージカルであることは間違いない。引用した劇評でも暗示されていたが、創られた一九六〇年代前半のミュージカルにとってはほとんど唯一無二の公式と言っても過言ではなかった（しかしすでに「古臭く型にはまっ」ていた）ロジャーズ＆ハマースタインの方式を破壊しようとする実験的な試みを意識的に行った結果、ミュージカル・コメディであることを拒否するミュージカル・コメディとでも呼ぶべき作品となっている。アメリカの政治、社会、文化、思想等など様々なものが諷刺の対象となっているが、従来のミュージカルそのものをも脱構築しようとしているかのようだ。台本を書き、初演の演出もしたアーサー・ローレンツは当時こう語っている、「これはミュージカルの中ではかなり変わったものになるだろう、とても奇妙で馬鹿げたものに。現代的で風刺的で、ある種斬新なものに。」

ロジャーズ&ハマースタインの方式を根底で支えているのは「リアリズム」の概念、つまり論理的な首尾一貫性だが、ここでは「狂気」という主題にからめて、それさえひっくり返そうとしているように思える。一九五〇年代の不条理演劇《アブサード》、とりわけイヨネスコの芝居のほとんど反現実的な風趣と構成を意識的に取り込んでいるからだ。そしてそれこそが、随所に『カンパニー』(一九七〇年)以降のソンドハイムを予感させる粒揃いのミュージカル・ナンバーとともに、『口笛は誰でも吹ける』の最大の魅力だと僕には思える。誰もが狂気に侵された世界、あらゆる常識も価値観も権威もひっくり返ったカーニヴァル的なさかさまの世界を描くのに、作者たちはロジャーズ&ハマースタイン以前のミュージカル・コメディの十八番であったナンセンスなギャグを、マルクス兄弟を彷彿とさせる狂騒的なギャグを繰り出すが、一見他愛のない笑いの陰にはまさしく混沌《カオス》が口を開け、その底には強い怒りが込められている。だからこその手ごわさであり、厄介さなのだ。それでも演出家としてはこの作品なりの、この作品の世界の中での意味と論理的つながりを見つけなければならない。

諷刺されているものは、すでに述べたように多岐に渡っている。物語の前提となっている町の財政破綻も、「いくら使っても決して壊れない商品を生産して」いたからだ。耐久性に優れた商品を生産すれば経済が成り立たない。すぐ壊れる質の悪い商品の生産こそが資本主義経済を支えていることへの痛烈な諷刺がすでに前提となっている。その前提の下に、政治腐敗、管理社会、人種差別、性差別、フェミニズム、精神医学、軍需産業、宗教、反知性主義、科学、ファシズム、扇動に乗って簡単に揺れ動く大衆の存在、ブルジョア的世界観、極端な理想主義、理性主義、それどころか論理そのものまで、ほとんど手当たり次第に諷刺の対象としている感がある。作者たちの視点はどこにあるのか。全ての常識を覆せとでも主張しているかのようだ。「個々のナンバーは面白く効果的だが、統一的なヴィジョンがなく、全体をひとつにまとめるコンセプトもない」（ジョアンヌ・ゴードン）という批判があるのも分からないでもない。腐敗堕落した失政に激しく抗議する市民たちは、経済問題が解決されればたちまちその腐敗を許してしまい、さらにはハップグッドの口車に乗せられて熱狂的な「市民活動」（これ自体が大統領選挙への諷刺）に邁進する。二幕では、今度はわが身に火の子が降りかからぬようにいつでもスケープゴートを創り出す政治権力に乗せられて、そのハップグッドを糾弾する。ここには大衆に対する作者の極めて両義的な、肯定と否定の視線がともに感じられる。その不条理演劇的な構成と相俟って、そこら中に投げつけられた諷刺の飛礫《つぶて》は確かに作品に混沌とした印象を与えている。『『口笛は誰でも吹ける』はソンドハイムとローレンツの世代の芸術家や知識人がまさしく引き裂かれていた早い時期に生まれた作品だ。集団とは順応主義者の群れだと信じる一方、公民権運動や軍需産業への急速に高まりつつある大衆規模での反対運動に共感を示す。こういう二律背反は『口笛は誰でも吹ける』の多くのレベルで示されている」（デイヴィッド・サラヴァン、ダニエル・ガンドラクト）という指摘もある。

　だが、見方によっては、この混乱と矛盾は初演当時のアメリカ社会の様相を作品の構造にまで反映させた結果だと言って言えないこともない。この作品は、内容のみならず構造構成に於いても時代に掲げられた鏡だという解釈だ。社会が、政治が、文化が大変動して行く六〇年代、その変動の先触れを嗅ぎ取り、表現した作品なのではなかろうか。ロジャーズ&ハマースタイン型のミュージカルは、劇中でどれほど悲惨な出来事があろうと、深刻な主題を扱っていようと、基本的には楽観的な物の見方に貫かれている。時代に向けて掲げられた鏡は、ジョアンヌ・ゴードンが言う通り、「ありのままではなく、あるべき人生」を映していた。ソンドハイムとローレンツの『ウェスト・サイド・ストーリー』でさえ、悲劇的な結末を非現実的な楽観的希望的展望でまとめてしまう。それが崩れて行くのは六〇年代後半、ベトナム戦争が泥沼化し、多くのアメリカ人の自信に満ちた世界観が揺らいでからだ。ミュージカルに於いて、内容面でも、形式面でも、その変化を牽引したのがソンドハイムであることは間違いない。その出発点は演出家としてのハロルド・プリンスと最初に組んだ一九七〇年の『カンパニー』だが、『口笛は誰でも吹ける』は、やや唐突に思えるハッピーエンドを含め時代の制約と限界はあるにしても、わざと誇張した形を取りながら、むしろそうすることで時代をありのままに映そうとした試みだったのではなかろうか。後のソンドハイムの萌芽がここに伺えるのではなかろうか。

話がやや横道に逸れてしまったが、実際、作中での諷刺の多くは当時はかなり生々しく衝撃的だったと思われる。例えば、ハップグッドに職業を訊かれた黒人は「学校に通い、バスに乗り、食堂で食べます」と答える。公民権法の施行が未だなされていない一九六四年にあっては相当に刺激的、挑発的な台詞だった筈だ。いくらニューヨークでもその攻撃性にたじろぎ、反撥を感じた観客もいたのではなかろうか。その意味では確かに時代に早過ぎた、いやあまりに時代に即してい過ぎたとさえ言える気がする。(この黒人はさらに「俺はユダヤ人だし」と言う。ナンセンスなギャグに聞こえても、辛い被差別意識が黒人である自己を否定して、黒人よりはましな別の被差別民族としての「にせの自己」を形成したのだ。)

当時の混沌とした社会そのものを丸ごと諷刺すること、批判することが『口笛は誰でも吹ける』の眼目だったのだろうか。例に挙げた黒人の台詞などは時代背景が濃厚に反映されているだけに、半世紀後の今ではかえって分かりにくくなってしまっているが、その諷刺の多くは今日でも通用するだろう。それに、ここで描かれている様々な出来事は、現実世界での出来事を予言している、先取りしている感もある。それだけ諷刺に普遍性があるという証しでもあろう。例えば、フェイが精神病院の患者たちのカルテを破り捨てる姿には、泥沼化するベトナム戦争に対する反戦避戦論者たちが召集令状を破り捨てる姿が重なるし、市長たちが経済復興のために、利権のために「奇跡」を捏造して市民たちを熱狂的に巻き込んで行く展開は、一九九〇年にクウェートに侵攻したイラクに対し、石油の利権獲得のためにアメリカが介入した湾岸戦争の際の一連の事件を予言しているかのようだ。クウェートの難民の少女が涙ながらにイラク軍の残虐行為を米下院議会で証言したり、イラク軍の攻撃によってペルシャ湾に流出した原油にまみれた水鳥の映像が世界中に流れ、アメリカ主導の多国籍軍による空爆開始へと世論を盛り上げたが、これらが実はやらせ、捏造だったことが後から分かった。或いは二〇〇三年のイラク戦争の際も、アメリカはイラクが大量破壊兵器を所持していることを理由にイラクに戦争を仕掛けたが、のちにそんなものはどこにも存在しないことが判明した。原因、理由を捏造することで、ブッシュ父子政権下のアメリカ政府は戦争という金になる「奇跡」を生み出した。

グローバリズムという名のアメリカ化の波が押し寄せて久しい二〇一五年の日本社会は、アメリカ追従にひた走って公約どころか立憲主義さえ踏みにじる愚かな政権の暴走により、全てが一層悪い方向へと進みつつある危うい状況だ。僕たち国民には国が管理しやすいようにとすでに一人一人に番号までつけられている。いや、何もグローバリズムなど持ちだすまでもなく、この作品で諷刺されていることのほとんどは、日本の現状にもほぼ当てはまる。オリンピックという名の奇跡の裏にあるのは炉心溶融した原子力発電所かも知れない。その状況を作品に仮託して諷刺する視点から上演するやり方もあるだろうし、それなら今の日本で上演する意味もある。（ごく最近まで日本製の電気器具は高品質、高耐久性の証しだった。それが今や電気製品を月賦で買うと、払い終わった頃には故障して買い直しの羽目になる。携帯電話は二年で故障する、本体価格の原価償却が終わった途端に。負のアメリカ化はすでにそこまで進んでいる。)

しかし、それはそうだとしても、混沌をただ混沌として投げ出しただけでは観客はまごつくだけだろう。ソンドハイムが言うように人生の混沌から秩序を創り出すのが芸術であるならば、混沌の面白さを残したまま、物語の筋道が観客にはっきり分かるように焦点を絞り込み、「全体をひとつにまとめるコンセプト」を見つけなければならない。それにはやはり、これは何について描かれた物語なのか?を明確にしておく必要がある。


ローレンツは後年、二幕でハップグッドが歌う「駄目だやめろと誰もが言う」について、「感動的なナンバーだと今でも思う。この作品が何について語っているのかを示している」と話している。作品の主題という意味では、確かに作中の様々な諷刺の根底にあるのはこのナンバーが表現している反骨精神、反順応主義、いかにも六〇年代的な反体制的姿勢だ。しかし、物語という観点から見た場合、作品をひとつにまとめているヴィジョンは何なのだろうか。

『口笛は誰でも吹ける』には二つの流れがある。一つは財政破綻した町を再興させるために奇跡を捏造するコーラたちの物語、もう一つはフェイとハップグッドの関係を描いた奇妙なラヴ・ストーリーだ。この二つは密接に絡み合って進展するが、前者は作品世界の前提と背景を構築し、後者はその世界にひずみをもたらし、変化させる。そして、その二つの流れを繋げているのが「奇跡」だ。

登場人物たちの多くが求めているもの。それは「奇跡」なのだ。奇跡の中身は夫々に違う。だが、彼らは夫々にとっての奇跡の実現を乞い願っている。『口笛は誰でも吹ける』は、「夫々の奇跡の実現についての物語」だとも言える。医学的に正常ではないとされた人々も、正常であるとされる人々も、実は等しく狂っている。その狂った世界の中で、「自分が何をしているのか知らない」（ルカによる福音書）人々ばかりの、確かなものなどほとんどない世界の中で、人はどう生きたら良いのか。狂った世界を生き抜くために、生きる支えとなるものは何なのか。それこそ「奇跡」であり、その実現を探し求める人々の物語である。

初演時に出版された台本には「ミュージカルによる寓話」という副題が添えられている。何の寓話なのだろう。社会の矛盾と混乱を丸ごと提示したその先に、そんな状況に対して人が取るべき行動を見出すこと、そこに未来への希望を託す物語だと考えれば、自他を幸せにする本当の奇跡をもたらしてくれるのは、決して諦めない心、挫けそうになっても（或いはたとえ一度は挫けてしまったとしても）自分の可能性を信じ、前進しようとする心、それこそが奇跡を可能にするという寓話だと言えるかもしれない。

だとすれば、これはフェイとハップグッドという、狂った世界の中で道に迷い、そこで何とか自分が本当に生きられる道を探そうとしている人間の物語、言い換えれば挫折した理想主義者の再生の物語であり、誰よりもフェイの物語である。人一倍感情的な人間であるにも拘わらず、理性的であらねばならないという固定観念にがんじがらめになっているフェイが、誰でも吹ける筈の口笛をついに吹けるようになるまでの、抑制と秩序の手枷足枷を振り解いて自分を解放するまでの物語である。

なお、ついでに言っておくと、大詰めで精神病患者たちの名前を上げろとフェイを脅迫するコーラたちの姿には、一九四〇年代末から五〇年代前半にかけて全米に吹き荒れた赤狩り《マッカーシズム》が、非米活動委員会による公聴会が重ねられていることは間違いない。いや、『口笛は誰でも吹ける』の背景には、この二〇世紀アメリカ史の汚点と呼ぶべきおぞましい出来事が絶えず見え隠れしている。先に挙げた市民（大衆）の描き方にも関連したことだが、例えば、この大詰めのコーラたちの行動と、一幕でのハップグッドによる（市民と患者たちとの選別に名を借りた）秩序の撹乱とシューブたちに対する追求は合わせ鏡のような関係になっている。実際、この一幕の、台詞と歌が渾然一体となった長いシークエンスは台本ではINTERROGATION（尋問）と名付けられている。

ハリウッドの映画脚本家でもあったアーサー・ローレンツ本人も赤狩りのブラック・リストに名前を上げられた経験の持ち主だが、大詰めのフェイには他の誰よりもローレンツの盟友ジェローム・ロビンズの姿が、ロビンズへのローレンツの思いが投影されていると見て良い。赤狩りの傷跡は、ローレンツの他の作品、例えば映画『追憶』（一九七三年）にも深い影を落としている。ローレンツは「密告者」への批判と同情、理解と非難が入り混じった自身の複雑な胸中を、やがて戯曲『ジョルソン再び歌う』（一九九五年）で徹底的に掘り下げ、積年の思いに決着をつけようとするだろう。

（ここで翻訳者として懺悔を。この「尋問」の件りで、ハップグッドを共産主義者呼ばわりするシューブに対して、ハップグッドは英語のRIGHTには「右」の他に「正しい」という意味もあることを利用して、シューブの言説の虚妄性を暴く。字面上は三段論法に従いつつ、実際には意味をねじって行き、「左（左翼）のものは何もかも間違い」という結論のナンセンスさを際立たせる。しかも歌って！これ以外にもハップグッドはDARK（暗い、色が浅黒い）とBRIGHT（明るい、頭が良い）を使って同じように人種差別的な社会通念をからかい、切り崩す。是が非でも上手く訳したいと思ったが、僕の貧弱な英語力、日本語力、音楽的感性では到底太刀打ち出来なかった。ソンドハイムの名誉のためにひと言申し添えておく。）

『口笛は誰でも吹ける』は、正気と看做されるものこそ狂気であり、狂気と看做されているものこそ正気だという見方に則って創られていると多くの評者が言う。世間的に正常とされるものを疑い、そこに狂気を見ているのは間違いない。つまり初演当時の反精神医学的風潮に乗って、狂っているのは社会の方だという主張をしているのは間違いない。(この流れにあって一番成功したブロードウェイ・ミュージカルは翌六五年に初演された『ラ・マンチャの男』だ。)だが、狂気こそ正常だという主張については、良く読めば必ずしもそうは書かれていないことに気がつく筈だ。『口笛は誰でも吹ける』が二〇一〇年度のアンコール！シリーズのひとつとして再演された際のニューヨーク・タイムズの劇評でベン・ブラントリーが言うように、一九六〇年代は「あなたってクレイジーね」が最高の誉め言葉だった時代だ。作中でも、狂気を管理社会に順応しないという意味で肯定的に捉えている個所も確かにあるし、フェイも狂人たちは「個性的な生活を送っているというだけ」だと弁護する。彼らは硬直した社会通念や抑圧的価値観に順応出来なかったが故に狂気に至ったのであり、その非順応主義的姿勢を称揚していることも間違いない。だが、この作品は、精神病理学上の狂気にそれ以上の積極的な意味は持たせていない。狂気の沙汰としか思えない「正常」な社会に比べたら、本当の狂気など害のないものだという比較の問題でしかないし、狂った社会に対するまっとうな異議申し立てを比喩としての「狂気」に託しているに過ぎない。「正常」な人々も社会の規範を逸脱して心のままに振る舞えば、「異常」な人々と区別がつかなくなる。

なお劇中で、町の精神病院はクッキー・ジャー(クッキーを入れた瓶)と呼ばれているが、この一見可愛らしい名称の由来は、R・D・レインが『ひき裂かれた自己——分裂病と分裂病質の実存的研究——』で引用している或る分裂病(統合失調症)患者が自分の状態を語った言葉、「私はびんの中にいるように感じました。そうして、あらゆるものは外側にあって、私にさわることができないと感じました」（阪本健二他訳）だとみてほぼ間違いあるまい。レインの著書は一九六〇年に出版され、当時非常にもてはやされた。ローレンツが読んでいるのは確実だと思われる。それとクッキー（COOKIE）は、一九五〇年代後半から使われるようになった「風変わりな、気がふれた」を意味するクーキー（KOOKIE）を連想させる言葉でもある。

従来のミュージカルそのものを脱構築しようとしているかのようだと最初に述べた。それについてもう少し補足しておこう。

典型的なのは幕開きのコーラと四人のコーラスボーイたちのナンバー「私と私の町」だ。ここではコーラの利己的で貪欲な性格と強い自己愛が「愛して、私と私の町を！」と表現されている。そのことを痛烈に表わしているのは音楽である。歌詞では市民を思いやり「哀れな人たち、どうするの？」と言ったり、自分には「責任がある」と言ったりしているが、それに付された音楽はブルース（トーチ・ソング）であり、活気にあふれたラテン音楽であり、一九四〇年代風のビッグバンドのジャズだ。コーラが実は市民には口先だけで何の関心もないことを、自分のことしか考えていないことが音楽の選択によって浮き彫りにされる。その本音は歌詞によってもすぐに暴露され、最後には強烈な自己愛が派手な音楽と相俟って恥も外聞もなく披歴される。

ソンドハイムは、このナンバーについて、ヒュー・マーティン&ケイ・トンプソンの歌のパスティーシュだと言っている。見かけの華やかさとそれとは裏腹の内容のなさを、この手法が一層引き立てているのだ。つまり、このナンバーは、コーラという人物に皮肉に満ちた批評を加えているのだ。「ミュージカルの様々な約束事を、人物の内なる性質を批評したり、明らかにしたりする手段として使う」（ジョアンヌ・ゴードン）のだ。ソンドハイム本人はブレヒト嫌いを公言しているものの、これはむしろロジャーズ&ハマースタインの対極にあるブレヒトのソングの考えに近い。それだけではない。突如それこそどこからともなく、何の脈絡もなく登場するコーラスボーイの存在を含めて、このナンバーはミュージカル・コメディそのものの馬鹿馬鹿しさをも嘲笑っている。ナンバーの終わりで、コーラは観客からの拍手を独り占めしようと、コーラスボーイを袖に押しのける。ここではロジャーズ&ハマースタイン型の暗黙の了解である第四の壁は粉々に打ち壊されている。それ以外にも自分の衣裳変えのために、コーラは装置の転換と音楽の演奏を中断させさえする。

スコット・ミラーがその著『喝采を受ける反逆者たち——ブロードウェイの草分け的ミュージカル——』で指摘している通り、パスティーシュの手法は歌う人物が本当の感情を歌っていない場合に使われ、フェイやハップグッドたちが真情を歌う場合は主題歌や『確かなものなどないけれど』の如くロマンティックなナンバーになる。しかし、いや、だからフェイたちのナンバーであっても、フランス人に変装したフェイが演技して歌う『私と遊びましょう』はコール・ポーターのパスティーシュのようなナンバーなのだ。（この古いミュージカル・ナンバーのパスティーシュという手法は数年後の『フォリーズ』でフルに活用されるだろう。）このナンバーへの導入部となる、フランス人に変装したフェイがハップグッドとフランス語で会話する場面には字幕が現れる。どころか、相手のフランス語が理解出来なくなったフェイはその字幕を盗み見る。リアリズムの概念を援用することで発展形成されて来たアメリカのミュージカルであるが、『口笛は誰でも吹ける』にはロジャーズ&ハマースタイン以前のミュージカル・コメディの馬鹿馬鹿しさ《アブサード》を意識的に活用しようとするキャンピーな視点が明確である。

ランバート、モリソン、マーティン&マッケラー作の『ドロウジー・シャペロン』(二〇〇六年)では、こういう視点を作品の構造にまで押し広げて、ミュージカルによるミュージカルへの批評が繰り広げられていたが、そこにあったのはソンドハイムやローレンツの子供の世代によるミュージカルへの愛情あふれるお遊びだった。しかし、『口笛は誰でも吹ける』の場合は、『ウェスト・サイド・ストーリー』や『ジプシー』の作者たちがやっているのは自らが築いてきたことへの果敢なぶち壊し、まさしく実験性と前衛性に満ちた破壊行為である。

一幕の途中(初演版では一幕の幕切れ)で、ハップグッドが観客に向かって「皆さん皆狂ってる」と述べ、舞台上に拵えられた観客席に座った出演者一同が本物の客席に向かって笑い拍手する挑発的なト書きは、その破壊行為の頂点だろう。それにしても、この本来の一幕幕切れとそこに至るまでの、全てを飲み尽くして行くような「尋問」の展開はペーター・ヴァイスの『マラー/サド』の幕切れを喚起させずにはおかない。『口笛は誰でも吹ける』のブロードウェイ初日は一九六四年四月四日、旧西ベルリンでの『マラー/サド』の世界初演は同年同月二九日。まさに時代に対して世界の演劇が同時に感応していたのだ。同年八月にロンドンで始まったピーター・ブルック演出版の『マラー/サド』では、幕切れで出演者が鬘や扮装を取り、客席に向かって凄まじい拍手を浴びせかける。偶然の一致と言うにはあまりにも似た、しかしおそらくは偶然の一致の演出である。客席に安穏と座っている観客に向かって時代が一斉に叫んでいたのだ。ペーター・ハントケの『観客罵倒』は一九六六年初演である。

ところで最後にひとつ気になることを。本作を訳していたら、劇中の精神病院長デトモールド博士のイメージがやけに鮮明に浮かび上がって来るのにとまどった。そのイメージとはアルフレッド・ヒッチコック監督の『白い恐怖』（一九四五年）に登場する、マイケル・チェーホフ演じる老精神科医である。この精神科医も個性的な人物ではあるが、劇中で一番奇矯な発言を繰り返すデトモールド博士とはまるで違うキャラクターだ。それなのにデトモールド博士の外見は何故か『白い恐怖』の医師の姿と重なってしまうのだ。僕がこのスリラー映画をテレビの吹き替え放映で観たのはおそらく中学生の頃だからもう四〇年以上も昔だ。物語もうろ覚え、どころかほとんど忘れているのに、これは一体どういう訳かとDVDで観直してみた。郊外の精神病院にグレゴリー・ペックが新任の院長としてやって来て、女医のイングリッド・バーグマンと恋に落ちる。が、この院長は実は……と、この先はネタばれになるので書けないが、ローレンツは同じヒッチコックの『ロープ』（一九四八年）の脚本も手掛けている。意識的なものかどうかは分からないが、『口笛は誰でも吹ける』の設定に『白い恐怖』が影響を与えていることは間違いないと思った。となれば、これまた意識的なものかどうかは分からないが、デトモールド博士にはマイケル・チェーホフの精神科医のイメージが初めから踏襲されているのかも知れず、だからこそ『口笛は誰でも吹ける』を訳しているうちに、僕の意識下に潜んでいた『白い恐怖』との類似性が遠い記憶の奥底から頭をもたげたということなのかも知れない。ともあれ、デトモールド博士のイメージだけは労せずして鮮明である。演出家としては何やら得をした気分である。

2、物語の場所について

あくまで架空の田舎町だが、ハップグッドが「一昨日は国連に出かけて――蛍の光を僕の角笛で演奏し」て逮捕されたことや、フェイが研修を受けていた病院の卒業パーティの一週間後にインターンと一緒にいたのがオハイオ州のクリーブランドだったことから判断すると、おそらくペンシルヴァニア州の、ニューヨーク州に近いどこかという設定だろう。

季節は秋。すでに肌寒い。町の周囲は鬱蒼たる森の小高い丘（山）に囲まれている。

3、主要登場人物について

コーラ・フーヴァー・フーパー

一九一六年生まれの四八歳。この町の貧しい農家の生まれで、小学校しか出ていない。三人姉妹の次女で、一番可愛かった。けれど両親は子供に愛情を注ぐことはせず、親の愛情に飢えて育つ一方、外へ出れば、道行く人々から「あら、可愛いお嬢ちゃんね」と褒めそやされた。自己中心的で、自己愛と自己顕示欲が極めて強い性格に育つ。

一九三〇年に、町の経済を支えていた大型巨大工場の経営者で二五歳年上のハーヴィー・フーヴァー・フーパーと結婚。大恐慌の最中、工場の経営も決して楽ではなかったにしても一家にとっては玉の輿だった。夫は一〇数年ほど前に「いくら使っても決して壊れない商品」を開発し（発明したのは工場の従業員だが、特許権は勿論工場が押さえた）、町は大いに栄え、その勢いに乗って市長となったが、三年前から売れなくなり、工場は閉鎖、その心労から一年前に急死した。後任の市長選挙でシューブたちに推されて彼女が亡夫のあとを継いだ。しかし、この一年間に建てた再建計画（万博、ペール・ギュント・フェスティヴァル）はことごとく失敗。市は財政破綻に陥っているが、彼女にはまだ夫の隠し財産が遺されている。が、このまま市長の地位に留まるためには、市の財政の穴埋めを彼女がその私財を擲ってしなければならない状況である。それだけは何としても避けたい。

しかも、困窮する市民たちに比べて、彼女は「あまりにたくさんのダイヤモンドで狂ったようにキラキラと輝く」装い。その姿と財政再建の失敗から、彼女は市民たちの怨磋の的となっている。何としてでもこの状態から抜け出し、保身を図らねばならないが、彼女本人にはどうしたら良いか全く分からない。シューブたち取り巻き連に頼るしか術はない。

窮地から脱するための妙案が思いつけないシューブたちを「市長が女なのも当然だわ、このオカマ野郎！」と罵倒するのも、彼女がどれほど強い男に頼っているかを逆説的に証明している。ジョージ・ブッシュであることがばれたヒラリー・クリントン。

彼女の目的（超課題）は「皆に愛されること」だ。そして愛されるためには、「誰もが崇める権力を手に入れること、支配すること」だ。

子供のいない（おそらく産めない）彼女は、「母であること」を市民に対して要求しているのだとも言える。市民に愛されることによって、彼女は子供（市民）を支配出来る。彼女のエゴは満足感と安心感を得ることが出来るのだ。だが、あまりに強い彼女のエゴは、この田舎町の長であることでは収まらず、やがては大統領となって全国民の母となり、国民から愛され、国民を支配することを夢見ている。

彼女はひたすら愛されたい。だが、彼女は自分以外の誰をも愛さない。彼女を憎む幕開きの市民たちは、彼女には「飢えた、冷たい、惨めで不潔、気が滅入る奴ら」でしかない。

一四歳の誕生日の前日に結婚した（！）彼女は、ジュリエットもどきのロマンティックな真実の愛に対する子供らしい憧れ、強い欲求を抱いていた。しかし、生来エゴイスティックな彼女は、ふと我に帰り、自分ならしそうなことを夫もしているのではないかと疑って、夫からの結婚祝いの真珠を宝石店に鑑定に持って行き、それが偽物であると知った。本当に愛されてはいない！と知ったのだ。勿論、彼女自身も夫を本当に愛していた訳ではないのだが、そんなことはどうでも良い。問題はあくまでも自分が本当に愛されることだ。

以来、今日に至るまで、彼女は「本当に愛されること」に対する子供じみた欲求を抱え続けている。未だ本当の満足を知らず、本当には愛されていないのではという不安を絶えず抱えて生きている。しかし、自分以外の誰をも愛せない彼女が本当に愛されることなどある筈もない。彼女の内面はいつも空虚なまま、不安と糠喜びの間を行ったり来たりしているだけだ。

彼女にとっては、愛されることと自己保身はほとんど切っても切れない同じ一つのものごとの裏と表だ。快感と安心。それを失うことは自分の存在の基盤が根底から崩れることであり、彼女はそのことを何よりも恐れている。

ソンドハイムは「この人物はいつでもミュージカル・コメディのお決まりの言葉で歌う。何故なら彼女は感情の代わりに態度にとらわれているからだ」と語っている。その通りだろう。コーラが歌うとき、彼女はいつも相手に（そして観客に）自分がどう見えるかということに拘っている。どんな状況であれ、彼女の態度には気取りがあり、「ミュージカル・コメディ」の演技がある。言葉は言葉でしかなく、そこには相手に対する誠意はない。そのことをナンバーごとのメロディが、援用されている音楽の種類がはっきりと示している。音楽を通して彼女のエゴが浮き彫りにされる。しかし、その強烈な自己中心的態度の底にあるのは、本当に愛されたことのない、不安げな幼子である。

四人の若い男性コーラスは、そんな欲求と不安を抱えた彼女の姿を映し出し、慰め、支えてくれる鏡である。まさしく彼女をバックアップするバックコーラスである。

コーラにとっての奇跡は、危機的状況から脱してまた皆から愛されるための解決策を見つけることである。幕開きの彼女は愛されたいと熱望し、「奇跡」の実現（捏造）で愛されたと思うが、途中でハップグッドの登場でまた愛をなくしたと思い、彼から大衆の愛を奪い返そうと画策し、奪い返したと思ったのも束の間、芝居の終わりでは違う「奇跡」にまたもや市民の愛情を奪われてしまう。そこからまた抜け出すために、彼女は最後には狂気に、今度こそ本物の狂気にとらわれてしまう。だが、その狂気はそれまでの「狂気」とそれほど違うものなのだろうか。

彼女のミドルネームのフーヴァーは、大恐慌時代に有効な手を打てず、ローズベルトに歴史的大敗を喫した第三一代大統領ハーバート・フーヴァー（任期一九二九〜一九三三）と、ＦＢＩ初代長官（任期一九二四〜一九七二）で、著名人や政財界人に対して非合法な諜報活動を行い、自身の保身のためには脅迫まで加えるなど利己的な権力行使が非難されているジョン・エドガー・フーヴァーを明らかに意識してつけたものだろう。

また、シューブとコーラが一般の市民も患者も見境なく検挙して数合わせだけしようとする行為には、ありもしない共産主義者のリストを盾に赤狩りを始めたジョーゼフ・マッカーシー上院議員のやり口が影を落としているようにも思える。

フェイ・アップル

一九三六年生まれの二八歳。オハイオ州（一七八七年にすでに奴隷制度が禁じられていた）の田舎町で、科学の進歩に最大限の信頼を寄せ、理性と抑制、論理的思考を旨とする無宗教の両親（父親は中学の歴史の教師、母親は看護婦）のもとで育った。「我ら（合衆国人民）と我らの子孫に自由のもたらす恩恵を確保すること」を目的の一つとするアメリカ合衆国憲法の理念の熱烈な信奉者でもあった両親は、彼女に徹底的な自由、平等、博愛の民主主義精神と一切の不正を憎む正義感を植えつけた。彼女は親の期待に応える「良い子」として、理想主義的な価値観と断固たる科学的論理的思考の実践者となる。けれど、その過程（家庭）で、彼女は自分の中の、興奮に我を忘れてひたすら遊ぶ元気で活発な子供を自ら疎外してしまった。

周囲から見れば真面目過ぎてとっつきにくく、面白みもない女の子であった彼女は友だちも出来ないまま地元の高校を卒業し、都会の大病院付属の看護学校に入るが、そこでも同期の女子からはうるさい変な子、うざったい女と見られ、からかいの対象にもなれば、仲間外れにされてもいた。卒業式の余興の芝居では、彼女とはおよそ正反対のセクシーなフランス娘の役を押し付けられる。これは最早からかいを通り越して、いじめに近い。卒業後、隣のペンシルヴェニア州の田舎町の精神科の療養所に勤務して八年になる。真面目で正確な仕事ぶりにより（そして他の看護婦たちの無能ぶりにより）若くして婦長となる。変人、堅物としていつも周囲からうとまれ、溶け込めないでいた彼女は、精神病院の患者たちには無意識のうちに強烈なシンパシーを抱いている。彼女自身は彼らの保護者を以って任じているが、深層心理においては、自分もまた彼らの一人だと看做しているのである。シューブが患者たちを「狂人」と呼んだとき、彼女が猛烈な勢いで反論するのはただの正義感からだけではない。

彼女の目的は「自分をがんじがらめに縛りつけている精神的抑圧を振り払い、自分の心を自由に解き放つこと」だ。

奇跡のうわさを聞いたとき、彼女は先ず奇跡などある筈がない、また相変わらずの宗教がらみのインチキ商売が始まったと思った。彼女が信じる「奇跡」は聖書に記された絵空事ではなく、人力では運べないほど重いものの運搬を可能にした車輪の発明、自分の考えを遠く離れた見知らぬ多くの人たちにも伝えることを可能にしたアルファベット（文字）の発明、そして天才的な設計により築かれたピラミッド、つまり人類の理性と英知が生み出した、奇跡のような科学と文明の精華だからだ。

では、そうなら彼女は何故クッキーたちに奇跡の水を浴びさせたいと思ったのだろうか。彼女本人は「奇跡がインチキだと暴露するため」だと言う。強い正義感の持ち主としては、意識の上ではそうだろう。だが本当にそれだけだろうか。いや、そもそも意識の上でさえ彼女は本当にそう思っていたのだろうか。

抑制と秩序をモットーとし、理性的で論理的な思考と行動を旨とするフェイだが、そのモットーは彼女の精神にあまりに深く浸み込み、人間なら当たり前の、身体の生理的反応までをも抑制してしまっている。彼女の心の底には官能的な性への欲求もあれば、ロマンティックな憧れもある。けれど今や看護婦の制服に象徴されるペルソナ（堅い殻のような仮面）と化した理性が、抑制と秩序が邪魔をして、それらの感情を心の奥底へ押しこめてしまっているのだ。彼女は実は理性的な人間では全くない。むしろ極めて感情的な、激しい情熱を抱えた人間だ。ただ抑制と秩序にがんじがらめに縛りつけられ、理性的であろう、論理的であろうと懸命に努めているだけだ。強迫観念に囚われているだけなのだ。あとでハップグッドが指摘するように、彼女こそ岩から流れ出す水が「奇跡であってほしいと願」い、「水を浴びたがって」いるのだ。彼女にとっての奇跡は、「身も心も解き放つこと」だ。彼女こそ理性と感情に引き裂かれ分裂した存在であり、そのことにもがき苦しんでいるのである。

赤い髪と赤いドレスに身を包んだフランス人（性的に放縦なステレオ・タイプのイメージ）のレディは、彼女の抑圧された願望を体現したシャドー（影）であり、彼女は何とかしてそのシャドーと今の自分を合体させ、統合させなければならない。分裂したままでは彼女は本当に病んでしまう。すでに神経症の症状は重く出ている。看護婦とフランス女の統合はハップグッドとの出会いを通して、二つの自己との往還運動の果てにもたらされるだろう。

「奇跡」のうわさを聞いたフェイは、奇跡などある筈がないと思った。だが、そう思いつつも、本物であってくれたらという願望が生まれるのを意識しないではいられなかった。

だからクッキーたちを連れて行ったのだ。「インチキだと暴露するため」はむしろ建前、或いは後知恵だ。奇跡がインチキなら、そもそもシューブたちが浴びさせてくれないだろう、そのくらいのことは彼女にも予想出来た筈だ。だが、本物なら浴びさせてもらえる、そしてクッキーたちが水を浴びて癒されれば、奇跡が起きれば、彼女の理性を、抑制と秩序を圧倒し凌駕するような奇跡を目の当たりに出来れば、それは彼女もまた変われる、水を浴びて抑制と秩序から解放される証しになる。自分から先ず浴びようとしないのは、やはり奇跡などある筈がないという理性に邪魔をされているからだ。その理性を吹き飛ばしてくれる奇跡が見たいのだ。（だが、そんな願望を抱いていることを、「有能で実用的」な看護婦としてのフェイは自分にも他人にも認めさせまいと努めている。）

しかし、奇跡の岩を見た瞬間、彼女はその胡散臭さと、商売をしている三人の町の有力者の姿から、やはりインチキだと見抜く。そして案の定、クッキーたちの水浴びは拒絶される。彼女の持ち前の正義感がむくむくと頭をもたげる。不正と偏見、不平等への憤りが、あくまでも理性的かつ論理的であろうとする枠の中で、ほとばしる。しかも、裏切られた期待と、「奇跡」などを一瞬であれ信じたいと思った自分への自責の念が彼女の抗議の長広舌に拍車をかける。そう、この長台詞が特徴的だが、彼女の話は決して論理的ではなく、感情的であり、ただ論理的であろうと努めているだけだ。

激しい憤りに駆られ、ほとんどあと先も考えずに「奇跡」をインチキだと断言し、クッキーたちの権利を主張したフェイは、阻止しようとするシューブたちに逮捕されかかり、その場を逃げ出す。（この場面でのシューブによる巡礼とクッキーの区別は、フェイには「差別」である。また、この選別は強制収容所においてナチスが行ったユダヤ人のガス室送りの選別をも連想させると言ったら言い過ぎだろうか。）

こうなったらもはや何としてでも彼らのインチキを暴こうと、持ち前の正義感に突き動かされて、彼女はルルドから派遣された調査官に変装する。町の中央広場で人々がハップグッドに熱狂して従ってている様を目にした彼女は、シューブたちを脅迫してクッキーたちに水浴びをさせるにはハップグッドの助けを借りるのが有効だと判断し、彼に色仕掛けで迫る。ところが、ジキル博士が変身したハイド氏に引き摺られてしまったように、セクシーなフランス女に変身した彼女は自分の内なるもうひとつの願望に引き摺られて、ハップグッドと本当にセックスしかける。が、あと少しのところで鬘が取れてまた看護婦のフェイに戻ってしまう。いや、看護婦でもなければ赤いドレスの女でもない、身を守る一切の装いを剥がされた最も弱い存在であるフェイが現れる。

これがきっかけになって、彼女はこれまで誰にも話したことのない、自分でも他人に知られることを恐れていた心の底の願望と悩みをハップグッドに打ち明ける。人が出来ない難しいことは出来るのに、誰でも出来る簡単なことが出来ない、口笛が吹けない。その心の底からの悲痛な訴えであってさえ、彼女は感情を抑えてしか表現出来ない。鳴き叫べない。しかし偽精神科医ハップグッドとの会話は、フェイにとっては本当の精神療法となる。ハップグッドの正体を知ったフェイにとって、彼の出現は待ち焦がれたヒーローの到来とさえ思える。彼はフェイが抱く論理と知性への信頼と反権威主義をともに満たし、さらにはその論理をも越えた激しい情熱の持ち主でもあるからだ。

どうしても自分を解き放つことが出来ないフェイの苦しみを知ったハップグッドは、カルテを破らせることで、先ず社会的規範のくびきから彼女を解放する。彼女には、本当に自分を解放するための大きな第一歩だ。しかし、再びシニカルな傍観者に戻ってしまったハップグッドに失望し、傷ついた彼女は自分一人で不正に挑み、完全に自分を解放しようとする。それはつまり、コーラたちに囚われた人々を一人で解放しようとすることだ。

だが、それに失敗した彼女は、さらにコーラとシューブからクッキーたちの名前を教えるように脅迫される。彼らの巧妙な手口によって二律背反的な状況に追い込まれた彼女は、心ならずもクッキーたちの名前を告げることになる。(この場面には、非米活動委員会での尋問と、それに屈して友人知人たちの名前を上げてしまった人々の姿が明らかに重ねられている。) コーラたちの不正を暴こうとしても聞く耳さえ持たない市民たちの前に自分の力の、正義の限界を思い知らされた上に、絶対に守るべきクッキーたちを自ら敵の手に渡す密告者になってしまったフェイは敗北感と罪悪感に囚われ、打ちのめされる。ハップグッドに一緒にこの町から出て行こうと誘われても、今の彼女にはそれは不可能なことに思える。彼女の言葉によって、ハップグッドは再び社会の不正に挑もうとする。けれど、そんな彼と一緒に行くことは不可能だとしか思えない。所詮本当に、心の底から自分を解き放つことなど出来はしないし、密告者の自分にはその資格さえないと、今の彼女は思ってしまう。自分には所詮「狂う」ことなど出来ないのだと。

再び看護婦に戻ったフェイだが、束の間とは言え、社会のくびきから解放された彼女には制服に身を包み、ルーティンをこなしているだけのような仕事に、もはや以前のような使命感を持つことは難しくなっている。赤いドレスの女に変身することは最早叶わず、看護婦のペルソナも今は剥がれ落ちてしまったかのようだ。そこに現れたオズグッドに過去の自分のグロテスクな似姿を見た彼女は思わず身をすくませる。その上、オズグッドはフェイの仕事まで奪ってクッキーたちを連れてその場を去ってしまう。自分の居場所を完全に失くしてしまったフェイは、もはや自分の存在理由さえも奪われてしまったような絶望感に襲われる。彼女は、今はもういないハップグッドに懸命に救いを求める。そのとき、奇跡が起きる。

ジョアンヌ・ゴードンは、『芸術は楽じゃない――スティーヴン・ソンドハイムの業績――』で、次のように述べている。「ヒロインの看護婦フェイ・アップルは、人間的な関わり合いや情熱を表現するには大変な努力をしなければならない。彼女は抑制され、よそよそしく、どこまでも理性的だ。しかし、彼女は官能に身を任せることで得られる身も心も酔わせるような陶酔感を熱望している。己の非人間的な冷淡さを打ち壊そうとする彼女の葛藤は、音楽も歌詞も一見すると単純に思われる構成で表現される。（中略）この歌（「口笛は誰でも吹ける」）はその後のソンドハイムの感情面での曖昧さの全てに対する鍵となる。彼の登場人物たちは何の束縛もない感情を恥もてらいもなく歌い上げることは出来ない。彼らは疑いと自信のなさに満ちている。（中略）彼らが自分の感じていることを通常のロマンティックな激しさで明白に表現出来ないことは、深い感情の欠如を示しているのではなく、根深い苦悩と感受性の暗示なのだ。ソンドハイムの登場人物と彼のラヴソングは冷たくもなければ無情なのでもない。そうではなく、アメリカのミュージカルでは滅多にお目にかかれない知的にも感情的にも複雑なものを表現しているのだ。感情の特徴、不安、根本的な真面目さは明らかに作曲家自身の特性であり、『口笛は誰でも吹ける』の主題歌は彼の個人的な発言と看做しても良いだろう。」

J・ボウデン・ハップグッド

一九二八年生まれの三六歳。ニューヨーク州ニューヨーク市の裕福な銀行員の家庭に生まれ育った。幼少時から神童と謳われ、高校二年のときに飛び級でハーヴァード大学の教養学部に入学。大学院をトップの成績で卒業し、そのまま母校で教鞭を執り、若くして教授となる。象牙の塔にこもるよりも、政治の現場で学問を活かして人々の役に立ちたいと願っていたところ、ケネディ政権の誕生と同時に大統領顧問としてホワイトハウスに招かれ、辣腕を揮うが、専門の統計哲学は勿論、学問そのものの有効性に疑問を抱き、一年で辞職。以後は在野の平和運動家として社会の規範を破る平和推進活動、反戦反核運動に邁進し、逮捕されること一一七回に及ぶ。

　禁止だらけの硬直した社会、そこで人間は体制によって見事に管理され、自分たちが窒息しかかっていることにさえ気がつかないでいる。政治は最大多数の幸福も少数派の幸福も実は無視し、政財界の利権にばかり汲々とし、核兵器を頂点に、軍備拡張競争などという冷静に見れば自殺行為としか思えないことに血道を上げている。（現在の軍縮にしても、ほとんど焼け石に水であり、アリバイ工作にしか見えない。）そんな社会に異議を申し立て、その「常識」をひっくり返して世の中を変えようとしたのだ。

　しかし、一一七回目の抗議活動を繰りひろげても人々は聞く耳を持たず、一向に何の効果も現れない。笛を吹けども誰も踊らない。彼は自分の考え方に、これまでの生き方、これからの生き方についに疑問を感じてしまう。自分の力の、正義の限界を思い知らされ、敗北感に打ちのめされる。（「昨日は自分の問題で気が狂いそうだった。」）ドン・キホーテでもいい、失敗してもいい、しかしそう思えるのも自分が一粒の麦たり得ると信じられればこそだ。もしも自分のしていることが全くの無駄、わずかな影響さえ誰にも及ぼすことの出来ない道化芝居、それも一人芝居でしかないとしたら……そして、拘置所での一晩の苦悶と懊悩に満ちた省察の末に、激しい理想主義者はシニカルな敗北主義者となって、転向者となって、ここペンシルヴェニア州の田舎町の精神病院に移送されて来たのだ。

　ところが、ひょんな人違いから彼は精神科医として市民、巡礼たちと精神病患者との選別を任される。彼の心の奥底にくすぶっている反社会、反体制の思いに再び火がともる。この運命のいたずらを受け容れて、しばし楽しんでみよう。遠からず自分の正体がばれるであろうことは間違いない。けれど、それまではもう一度だけ秩序をひっくり返してみよう。こんな小さな社会であれ、そして束の間であれ、今度こそ本当に「常識」をひっくり返すことが出来そうじゃないか。笛を吹けば皆が踊り出しそうじゃないか。所詮最後には失敗し、敗北することは分かっている。自分がドン・キホーテでしかないことはもう承知だ。でも、このチャンスを活用して、今手にしている「生きていること」を楽しもう、成り行きに任せよう《レット・ビー》、ハップグッドはそう思う。あたかも『ハムレット』第五幕のデンマークの王子のように。トリック・スターとしてのハップグッドが甦る。勿論、今の彼はシニカルだ。本当の変革、解放にはつながらないことを、ひっくり返した秩序もすぐに旧に復すことを承知している。だが、彼の心の奥底には、それでも変革への、解放への期待はある。

そう、今はどんなにシニカルになっていようと、やはり彼の目的は、外れたこの世の関節を直すこと、「人々を解放し、この狂った世の中を直すこと」なのだ。

世の多くの男性の例にもれず、彼も女好きである。（つまり彼の女性観には女性蔑視がついて回っている。『口笛は誰でも吹ける』は、彼の女性観がフェイとの出会いによって変化する物語でもある。）しかも見た目も魅力的な彼は女性にも大いにもてる。結婚は美人とばかり四回。けれど、結婚して妻となった彼女たちは彼を社会の「常識」に縛り付け、彼を変えようとした。社会の中の安定した場所に彼と自分を置こうとした。最初の離婚は彼が大学を辞めたとき、次は彼が大統領顧問を辞めたときである。あとの二人は反体制活動の中で知り合い、結婚したが、その途端に活動から彼を引き離そうとした。そんな彼にフランス女に変装したフェイが言い寄る。

彼女がフランス人ではないことをハップグッドはすぐに見破るが、セクシーな女性と関係を持つのにそんなことは問題ではない。が、鬘が取れたことでフェイは硬直してしまい、ハップグッドもやる気をなくす。目の前にどんなに心をそそることがあろうと、それに向かって自分を開けないフェイに、ハップグッドは「生きていること」こそ奇跡であり、生きている瞬間瞬間を楽しむことこそ生きている証しだと説く。それは今まさにハップグッド自身が実践していることだ。

彼女の抱えている問題の根深さに気がついたハップグッドの心に（成り行きとしては、やはり彼女にあらためて性的な欲望を抱いたことがきっかけとなるのだが）、何とかして彼女を助けたい、解放したいという気持ちが湧きおこり、かたくなな彼女の態度に持ち前の反骨精神がむくむくと頭をもたげる。世間の常識に縛り付けられた生き方を否定し（駄目だやめろと誰もが言う）、範を示そうと自らカルテを破ろうとするが、フェイに止められた彼は再び自分の今の状況を、世の中どころかフェイ一人を変えられない救えない自分を、無力な己の在り方を意識してしまい、正体を明かす。心の奥の理想主義者という積極的な「狂気」をどこまでも突きつめたい自分と、敗北主義とシニシズムに囚われて、無気力な「狂気」を隠れ蓑にしている自分との葛藤を、彼はおどけた言動でごまかそうとする。フェイは、しかし彼の真意を、心の底に息づいている理想主義者としての彼をあくまでも信じようとする。その彼女の誠意と信頼が、ハップグッドを再び理想主義者に立ち返らせる。

市民の目を覚まさせようとフェイとともに彼らを説得しようとしたハップグッドは、しかしそれに失敗し、岩の背後の洞窟に逃げ込み、「奇跡」の仕掛けを発見するものの、コーラたちに捕まり、言わば一一八回目の敗北を喫する。またもやシニカルな敗北主義者となった彼に憤って、フェイは一人でコーラたちの陰謀に立ち向かう。その姿が、そして結局はフェイもまた挫折を味わうことになるものの、最後の最後で彼女が彼に「世界の希望」を託したことが、彼の中の「最高で狂った」理想主義者を今度こそ本当に甦らせる。

一九〇九年生まれの五五歳。冷静にして理知的、現実的に見えるが、心の底はロマンティストであり、自分が他人にどう見えるかをいつも気にしている洒落者。

父親はこの町でドラッグストアの店主だった。初演版の台本のフェイの台詞によると、シューブは映画館を経営している。クーリーが売っている奇跡の水のチケットは「厚いロール状になった映画館のチケット」だが、おそらくシューブの映画館から持って来たものだろう。この田舎町でも映画はすでにテレビに押されて客はあまりいない。

映画館は彼の父親が一九一〇年代の末にドラッグストアを閉めて開いたもので、シューブは二代目館主だ。彼の子供時代から中年になるまでは映画の黄金時代であり、この町でも映画は最大の娯楽だった。映画館は繁盛し、この町の中ではそれなりに裕福な恵まれた子供時代、青春時代を過ごす。州内の地方大学にも進め、そこでは経済学を学んだが、大学で本当に夢中になったのは（しかし必ずしも満足していた訳ではない）演劇クラブの活動だった。そう、彼の心の奥底に秘めた願望は俳優に、それも映画スターなることだったのだ。

子供時代から父親の映画館で数多の無声映画を観て育った彼は、セシル・B・デミル監督のスペクタクルな歴史大作やダグラス・フェアバンクスの颯爽たる剣劇に息を呑み、ジョン・ギルバートの優雅な二枚目ぶりに憧れて大人になった。映画が彼という人間のかなりの部分を作ったと言っても過言ではない。有象無象の一般大衆とは格段に違う光り輝くスターとなって、その有象無象から称賛され、崇められ、己の存在を満天下に示したかった。

しかし、彼が大人になるのと同時に映画はトーキーの時代に突入する。俳優にももっと写実的な演技が要求され始める。無声映画の大仰な演技で磨かれた彼のセンスは時代遅れとなっていた。しかも、彼は二枚目の映画スターになれる柄でもなかった。（現実世界の美男子には彼は今でも本能的、いや経験的に嫌悪感を抱いている。）自己顕示欲がもう少し弱ければ、印象的な脇役にはなれたかも知れない。クラブの公演でも彼はいつも脇役だった。六回の公演で一番良い役は『ハムレット』のホレイショーであり、それもホレイショー役の学生が稽古中に急病になり、ギルデンスターン役だった彼が急遽代役に回されたのだ。それ以上、スターへの夢を追うには、彼はいささか現実的でもあり過ぎた。

地元に戻った彼は父親の映画館を手伝うことになる。苦い失望感を抱えつつ、彼は売り出し中のクラーク・ゲーブルの物腰に自分を重ねながら二〇代を過ごす。そして召集。一兵卒としてヨーロッパ戦線を戦った彼はより現実的な男として復員し、父親の後を継いで映画館主となる。一九四〇年代、映画は儲かった。彼は金儲けに生きがいを見出す。それはスターになりたかった見果てぬ夢の代償行為だったかも知れない。

しかし、自分の存在を、自分の力をもっと実感したいという彼の心の奥の渇望は映画館には収まらなかった。しかも、五〇年代の後半から映画は徐々に斜陽期に入る。時あたかも町は「いくら使っても決して壊れない商品」の生産で繁栄の極みにあった。彼は町一番の金持ちにして市長であるハーヴィー・フーヴァー・フーパーに取り入り、町の会計監査官を兼任するようになる。権力への第一歩である。あまり利口とも言えない市長にあれこれ助言をすることで、彼は実質的には影の市長にまで伸し上る。そして己の立場を利用して私腹を肥やすことまでする。「金と権力を手に入れること」、それこそが今の彼の目的である。金も権力も有効に使わねば何の意味もない。しかし、他のほとんど誰もがそうなるように、彼にもそれ自体が目的と化してしまっている。それによって自分の存在と力を実感出来るからだ。

ところが、町は不況に陥り、市長も急死する。状況の打開と保身のために、彼はハーヴィーの未亡人コーラを市長の後釜に据える。何とかして町を再興し、さらに未亡人となったコーラと結婚することで、彼女が夫から受け継いだ、本人曰くの「大型巨大工場」をも自分のものにしよう、それがシューブの狙いだ。（コーラと亡夫とはすでにセックスしなくなって久しい。コーラを取り巻く――半ば幻想の――四人の若者たちは彼女の欲求不満の現れでもある。そこもシューブの狙い目だ。）

コーラへの思いは欲得づくのものだが、彼の中ではロマンティックな脚色も施されている。言わばスカーレット・オハラを支えるレット・バトラーに己を擬している。シューブ本人は本気でそう思って、そのことにちょっとした自己陶酔もしているのだが、本来の目的と矛盾齟齬を来たした場合には、保身の思いが優先され、コーラへの幻想の感情は勿論すぐに引っ込んでしまう。

物語の終わり、新しい奇跡の出現で何もかもを再び失くしたコーラに、シューブ一人が寄り添う。彼はすでに「奇跡」ではこれ以上の状況の改善は見込めないと悟っている。この商品は競合相手が多すぎる、すぐに売れなくなる。さらに時代のニーズに応える商品を開発しなければならない。彼はそう思ったからこそ他の皆のようにはコーラを見捨てなかったし、また彼には「奇跡」など信じられる筈もないのだが、それとともに、このときたった一人で逆境のヒロインを救うヒーローの役割を彼は大いに満喫してもいるのだ。

クーリー

一九〇六年生まれの五八歳。ピルグリム・ファーザーズの末裔(だと少なくとも本人は思っている)。プロテスタントの牧師の息子であり、父の転地にともなってニューヨーク州、マサチューセッツ州のいくつかの田舎町で幼少年期を過ごし、自らも牧師となって一九三〇年代初頭にペンシルヴェニア州のとある田舎町の教会に赴任する。

父親は説教も上手く、信者からも愛されたが、彼の説教は面白みも有難みもなく、人望もなかった。彼自身は一所懸命努力したつもりだが、その努力が報われることはなかった。父は一生を清貧に甘んじて暮らしたが、クーリーは或る日、教会改修のための募金に手をつけて美味しそうな食材と温かそうな寝具を買う。神様は今の困窮した自分の姿を見ていらっしゃる、自分のこの行いも必ずや許して下さる、理解して下さる筈だと自分に言い聞かせて。そして、この横領は二度、三度と続き、いつしか信徒たちの間でも噂になって行き、彼らは教会に足を運んでも、牧師を避けるようになって行った。

誰からも理解されない、評価されないことに、そして人々の白い目にフラストレーションを募らせたクーリーはついに或る晩、募金の残りをわしづかみにすると、私服に着替え、汽車で二つ先の町に出かけて大盤振る舞いをやらかす。彼自身はばれないと思っていたが、その様はすぐに教会本部に報告され、横領の件も露見し、彼は教会から破門されてしまう。

このことは言うまでもなく深い心の傷となる。神様が許して下さったのに、彼らにはそれが分からないと憤る。しかし、クーリーにも、それが詭弁でしかないことは心の底では分かっている。だからこそ深いトラウマとなっているのである。

一九三七年。未だ大恐慌の爪痕も生々しい時代だ。一文無しとなった彼は、大盤振る舞いをやらかした時に知り合った、二つ先の町でドラッグストアを何軒も経営している男を頼って行く。(シューブの父親の開いたドラッグストアは、この男の父親が開いたドラッグストア一号店に客を奪われて閉店した。）男に雇ってもらい、商品の在庫管理を任されたクーリーに男の妹が熱いまなざしを注ぎ、彼は婿養子となる。彼の名字はクーリーとなった。そしてアメリカの参戦。彼も召集されるが、国内の基地で物資流通の任に就き、戦場に赴くことはなかった。

兵役を終えて町に戻ってみると、経営者の義兄は太平洋戦線で戦死し、ドラッグストアは妹が引き継いでいた。すでに三人の子持ちとなっていたクーリーだが、チェーン店を全て家族で経営することを夢見て子作りに励む。「産めよ、増やせよ、地に満ちよ」である。子供は一一人。あと一人産んで、チェーン店もそこまで拡大することが今の彼の夢だ。

そして五〇年代、「絶対に壊れない商品」の販売ルートを確保した彼はその繋がりから市の収入役にも収まる。今、彼の願いはやっと神様に届いたようだ。皆が彼の価値を、能力を、努力を認めてくれているようだ。その証しにお金も儲かっている。確かにシューブやコーラは彼を低く見ている。それは面白くない。しかし、自分の代わりに考えてくれ、最後には責任を取ってくれる「頼れるあなた」の存在があるのは満更悪くもない。今の立場を利用して、もっと金を稼ぎ「クーリー・チェーン店をさらに拡大させよう」。それが彼の目的だ。その底にあるのは自分の存在を認めてもらいたいという切実な思いである。ところが、町は財政破綻を来たしチェーン店も瓦解寸前。彼の夢も希望も全ては町の再興にかかっている。それを実現してくれるのが「奇跡」だ。

元牧師の収入役。宗教と金をつなぐ胡散臭い人物である。

台本にちりばめられた台詞から、クーリーを「隠れゲイ」、つまりマイノリティーの一人と解釈することも可能だ。そうなれば以上の履歴書はほとんど書き直さなければならない。

マグルーダー

一九〇七年生まれの五七歳。父親はこの町の農家の生まれ。小学校の時からいつも学年最下位の成績で、周りから「間抜け」「阿呆」と見られていることに子供ながらに屈辱感を感じ続けて来た。その鬱積した不満のはけ口は大好きな戦争ごっこで、いつでも勝手に将軍役を演じ、しかし作戦を立てることは出来ず、自分が真っ先掛けて敵軍に突進し、いつも必ず戦死していたが、そのことにヒロイックな喜びを感じてもいた。

一八歳になると同時に憧れの陸軍に入隊。大戦中は軍曹としてヨーロッパ戦線でドイツ、イタリア軍と戦うが、現実の戦場は彼の想像を超えた恐ろしい場所だった。何とか死にたくないと思いつつ、しかしそれでも司令官の命令で敵軍に必死の攻撃を仕掛ける日々。何度か危ない目にもあったが、そんな彼を救ったのは同じ部隊に部下の一兵卒として配属されていた同郷で二歳年下のシューブの助言だった。(シューブ本人は軍隊の中での己の保身のために、軍曹であるマグルーダーにすり寄っただけである。また戦争ごっこなど興味のなかったシューブとは、マグルーダーは子供時代には接触がなかった。)

マグルーダーは、シューブを何だか気取った野郎だと思い、虫が好かなかったが、いつの間にかこの部下に頼るようになっていた。心の底では、そのことに割り切れない、腑に落ちない思いを抱き続けてはいたのだが。

戦場で捕虜になったドイツ軍の将校を見た彼は、ドイツ軍の軍服のカッコよさに憧れを抱く自分を抑えられなかった。アメリカ軍の軍服はダサい、あっちの軍服を着てみたいと。勿論、そんなことを口に出しはしなかったが。

終戦後、故郷に戻った彼は町の娯楽施設の王様、映画館の経営者シューブの後押しもあって保安官に収まる。やがて町の体制の改変があり、すでに市制に食い込んでいたシューブはマグルーダーを警察署長に推す。自分にとって扱いやすい人物で周りを固めたのだ。部下であった筈のシューブに頼り、その部下のように扱われていることに未だにどこか腑に落ちないものを感じつつも、軍隊以来人に命令されることに慣れ切り、生来自分の頭で考えることの苦手な彼はそのままずるずるとシューブの言いなりになっている。

彼の目的は「シューブたちの意に沿うように、言われたことを上手くこなすこと」である。しかし、その底には「誰にも馬鹿にされない本当の将軍になりたい」という思いが潜んでいる。その実現が彼にとっての「奇跡」である。

4、舞台装置および衣裳について

舞台の幕開けは町の中心にある広場である。舞台の一方の側には市役所が、もう一方にはホテルがある。ト書きには「色彩は陽気で誇張されており、見てくれはポップ・アート風にかなり突飛」とある。大麻やLSDによるトリップ感覚に彩られた一九六〇年代半ばの時代色を伝えるとともに、それに直結した正常と異常（正気と狂気）、見かけと中身という主題を際立たせる意図もあるのだろう。このト書きの指定は、勿論、広場だけでなく、それ以外の全ての場面にも適用される。視覚面でのこういう誇張は、作品の寓話的性格にも、不条理演劇的仕掛けにもふさわしい。衣裳についての指定はないが、装置と連動させて、隠し味的にポップな誇張を施しても面白いかと思う。

が、それと同時にポップ・アート風の誇張は、作品を六〇年代半ばという時代設定に過度に縛りつけてしまう危険性も無きにしもあらずだ。早い話が二〇一五年の観客の目には、何やら古めかしく映るのではなかろうかとの危惧もある。

今回は装置についてはポップ・アート風の誇張はしないでもっとリアルな、アメリカの田舎町の、それこそありふれた、一見どこまでも「普通」な外観の市役所とホテルにし、衣裳は時代考証を正確にした上で、その「普通」な背景の中でくっきりと映える色彩のものにしたい。小劇場という条件からも、その方が人物が引き立つだろう。しかし、本当にリアルな装置を作るには予算もかかる。形と色彩はポップ・アート的なデフォルメを避けるにしても、例えばあえて二次元的な、色彩も白と黒とグレーで統一した挿し絵のようなタッチで装置をまとめる方法もありだろう。その方が寓話的イメージは残せる。(僕の頭の中には、一九七八年に観た『ドラキュラ』ブロードウェイ再演のエドワード・ゴーリーによる装置がある。) 衣裳はそれなりにカラフルなものにするが、フェイの看護婦としての白衣とフランス女としての赤いドレスとの変化が埋没しないように留意すること。コーラは登場の度に(必要以上に) 着替えること。但し最初と最後は同じ衣裳にしたい。

装置にはお芝居ならではの面白さを伝えられる仕掛けも必要。舞台は広場に続いて、大きな岩のある町の一角、岩の内部の洞窟、ホテルの部屋、市役所の中などに変化する。ブロードウェイで初演された時には、おそらく次々と舞台装置が変わって行ったのだろう。今回は、物語がそこから始まり、そこで終わる町の広場をいつも固定しておき、例えばホテルの室内はホテルの外観の一部（玄関のドアなど）が前に倒れるとベッドになるなどの手法で、基本的には屋外のまま飛び出す絵本のようにして屋内に変化するようにしたい。広場は世界の縮図である。小劇場の物理的制約から台本にあっても諦めねばならない仕掛けもあるが、それを逆手に取る方法によって、ミュージカルのスピード感が出せれば嬉しい。

「見かけと中身」の主題を象徴してもいる偽の奇跡の岩については、広場から独立した装置にしなければならない。この岩はト書きによれば、「回転し、裏側が見える」。つまりインチキ奇跡の仕掛けが見える。表と裏の意味を鮮明にするためにも、他の装置については回転して裏が見える仕掛けは避けるべきだ。ト書きではホテルの外観が回転して内部の部屋になるが、これでは岩の意味が薄れてしまう。あくまでも外観の一部が変化して、室内に見えるやり方で行きたい。とは言え、今回のような小劇場での上演では、人が登れ、かつ回転するほどの大きさの岩を出し入れすることには物理的な困難もつきまとう。裏と表にこだわりつつも、違う手法も考慮すべきかも知れない。

5、作者たちについて

アーサー・ローレンツ（台本／一九一七―二〇一一）

ニューヨーク市ブロンクス生まれ。コーネル大学とニューヨーク大学で学び、ラジオの台本作家として頭角を現した後、第二次大戦に従軍した体験を基にユダヤ人兵士の葛藤を描いた『勇者の家』（一九四九年）で劇作家としてブロードウェイに登場、評価を高める。一九五二年の『カッコーの鳴く頃』も好評を博し、デイヴィッド・リーン監督、キャサリン・ヘプバーン主演で映画化（邦題『旅情』）された。映画の脚本家としてもヒッチコック監督の『ロープ』（一九四八年）、イングリッド・バーグマンがアカデミー主演女優賞を獲得した『追想』（一九五六年）、主演のバーブラ・ストライサンドが歌った主題歌が大ヒットし、アカデミー歌曲賞、作曲賞を受賞した『追憶』（一九七三年）などを手掛け、製作も兼ねた『愛と喝采の日々』（一九七七年）ではアカデミー脚本賞にノミネートされている。

ミュージカルとの係わりは、その内容とスタイルにおいて画期的な作品となった『ウェスト・サイド・ストーリー』（一九五七年）の台本から。五九年には『ジプシー』の台本も書き、この二作はブロードウェイ・ミュージカルの歴史に燦然と輝く傑作として、半世紀以上たった現在も世界中で繰り返し再演されている。『カッコーの鳴く頃』を自ら脚色した『ワルツが聞こえる？』（一九六五年）を経て、一九六七年の『ハレルヤ、ベイビー！』の台本でトニー賞を受賞した。

ストライサンドのデビュー作となった『あなたには卸値で』（一九六二年）を手始めにブロードウェイ・ミュージカルの演出にも手を染め、演出した舞台には自作の『口笛は誰でも吹ける』（一九六四年）や『ジプシー』の度重なる再演（一九七三年、一九八九年、二〇〇八年）、初演以来のジェローム・ロビンズの演出に大幅な改訂を加えた『ウェスト・サイド・ストーリー』再演（二〇〇九年）、トニー賞演出家賞を受賞した『ラ・カージュ・オ・フォール』（一九八三年）などがある。これらの体験をもとにミュージカルの演出を率直に語った『主に演出についてージプシー、ウェスト・サイド・ストーリー、およびその他のミュージカルー』や自伝『オリジナル・ストーリー・バイ』などの著作も残している。

スティーヴン・ソンドハイム（詞・音楽／一九三〇―二〇二一）

一九七〇年代以降のアメリカのミュージカル界において最も重要な、最も実験的な作家の一人。ニューヨークの裕福な中流階級のユダヤ人家庭に生まれるが、十二歳のときに両親が離婚。母親とともに移り住んだペンシルヴェニア州の田舎でオスカー・ハマースタインの一家と知り合い、若くしてハマースタインから個人的にミュージカルの創作を指導してもらう。学生時代に、ロジャーズ＆ハマースタインの実験的野心作『アレグロ』（一九四七年）の稽古にも助手として参加している。ハマースタインが築いたミュージカルの公式を自分の基礎として継承しつつ、時代の変化に対応してより鋭角的に深化発展させて行った。ソンドハイムの全ての作品は、失敗に終わった師の『アレグロ』の第二幕を書き直す試みだという穿った評言もある。

ウィリアムズ大学でクラシック音楽を専攻し、ミュージカルの作詞作曲を目指すが、本格的なブロードウェイ・デビューは『ウェスト・サイド・ストーリー』（一九五七年）の作詞だった。五九年の『ジプシー』の作詞を経て、念願の作詞作曲をともに手掛けたのは一九六二年の『ローマで起こった奇妙な出来事』。ローマ喜劇をバーレスクの手法で現代に甦らせたファルスはヒット作となり映画化もされたが、ソンドハイムが現代のミュージカルの在り方に決定的な影響を及ぼすきっかけとなったのは演出家ハロルド・プリンスと組んだ一九七〇年の『カンパニー』からである。主人公の男性とその友人である五組のカップルの姿を夫々独立した短いスケッチと洗練されたミュージカル・ナンバーによって描くこの作品は、従来の物語性を重視したロジャーズ＆ハマースタイン様式のミュージカルを離れ、プロットの進展ではなく或る状況状態を描くことで主題を浮き彫りにする。この作品を契機に、後にコンセプト・ミュージカルと総称される形式が世間の注目を集めるようになる。またここで追求された人と人との結びつきの難しさとその克服の可能性そして他者に対する個人の責任の問題は、ソンドハイム作品に通底する主題のひとつとなる。

以後、廃屋となった大劇場に年老いたかつてのスターたちが一夜集い、古えのレヴューを再現しながら、主人公たちの美化された過去と酷薄な現在という現実がレヴューという虚構そのものによって暴かれて行き、その先にアメリカの現状が焙り出される『フォリーズ』（一九七一年）、二〇世紀初頭の北欧を舞台にアイロニカルな恋の諸相が三拍子だけで展開される『リトル・ナイト・ミュージック』（一九七三年）、歌舞伎の様式を取り込んで日本の開国を描き、現代へと通じる文明論を展開する『太平洋序曲』（一九七六年）、グラン・ギニョルを想わせるグロテスクな復讐ドラマをウィットに富んだ詞とロマンティックな音楽に乗せてほぼ全篇歌われるオペラ的な社会悲劇にまで拡大した『スウィーニー・トッド』（一九七九年）、青春の夢と希望と友情が無残に崩壊して行く様を描きつつ、現在から過去へと時間を遡行していく構成によって、青春の価値と輝きを、人生における選択の意味を逆説的に痛切に印象づける『メリリー・ウィ・ロール・アロング』（一九八一年）、ジョルジュ・スーラの実在の絵画を素材に社会における芸術家の在り方を探求した『日曜日の公園でジョージと』（一九八四年）、グリム童話の主人公たちが欲望渦巻く暗い森の中で一堂に会し、めでたしめでたしでは済まない、共同体における個人の責任を問う『イントゥ・ザ・ウッズ』（一九八七年）、歴代の大統領を暗殺或いは暗殺未遂した犯人たちを通して有名になることに取りつかれた現代人の精神構造を描く『暗殺者たち』（一九九一年）、人を燃え立たせ、焼き尽くす愛の情熱と受難を緊密な構成で描き尽した『パッション』（一九九四年）等々、「内容が形式を決定する」という自身の言葉の通り、一作ごとに内容も形式もアメリカのミュージカルに新生面を拓く実験性に満ちた作品を創り続け、後進に与えたその影響は計り知れない。

作品の多くが映画化、映像化されている他、映画音楽の代表作にアラン・レネ監督『薔薇のスタビスキー』(一九七三年)ウォーレン・ベイティ監督『レッズ』(一九八二年)がある。

自作の全ての歌詞に自ら解説を付してまとめた『フィニッシング・ザ・ハット』『ルック、アイ・メイド・ア・ハット』の二冊が二〇一〇年に出版されている。

作曲家としては最多の八回を記録するトニー賞をはじめアカデミー賞、グラミー賞、ピュリッツァー賞等々、受賞も枚挙に暇がない。我が国の高松宮殿下記念世界文化賞の受賞者でもある。

公演プログラム二〇一五年一二月

『ラ・テンペスタ』

台本・詞のトム・ジョーンズは何と言っても足掛け四三年という、ミュージカルでは世界最長のロングラン記録を持ち、トニー賞の特別賞も受賞した『ファンタスティックス』の作者として演劇史に名前を残すことになるのだろうが、他にも四〇年以上に渡って作曲のハーヴィー・シュミットとのコンビで、『I DO! I DO!』『セレブレーション』『フィレモン』『コレット・コラージュ』等々の傑作を世に送り出している。残念ながらハーヴィーは二〇〇二年に引退し、昨年八八歳で世を去った。けれどトムはその後も親子ほども年の離れた作曲家たちと組んで新作を創り続けている。今回の『ラ・テンペスタ』は彼の最新作、かつこれが世界初演。僕がこの拙文を書いている稽古半ばに於いても、太平洋と北米大陸を挟んで、西と東を電子メールが飛び交いながら台本と音楽の仕上げを日々行っている状態だ。

原作はシェイクスピアの『テンペスト』。トムにとってシェイクスピアは学生時代からのヒーローであり、これまでの作品にもその影響は随所に伺われるが、原作として本格的に取り組むのはこれが初めてだ。物語の骨子は原作を踏襲しているものの作品のコンセプトは大きく違う。原作の主人公プロスペローは言わば作品全体を司る劇作家にして演出家、全知全能とも言い得る存在だが、『ラ・テンペスタ』では結末を決めかねたまま成り行きまかせに重い筆を進める劇作家、コンセプトを絞り切れぬまま不安な思いで稽古を進める演出家なのだ。復讐を遂げて積年の恨みを晴らすか、それとも仇敵を許すか、心には嵐（ラ・テンペスタ）が吹き荒れ、彼は最後の最後まで迷い続ける。

彼の僕《しもべ》である空気の精エアリエルと島の原住民である怪物キャリバンは、そんな引き裂かれたプロスペローのアニマと影だ。アニマとはユング心理学の元型の一つで、男性の無意識の奥に潜む永遠の女性のイメージであり魂の導き手である。影もユング心理学では自分が認めたくない、無意識に押し込めておきたい自分の中の不快で暗い側面、受け入れ難いもう一人の自分である。そのことを明確にするために、トムはエアリエルとキャリバンの出自に大幅な変更を施している。激動の一日を通して、プロスペローは二人の存在が自分にとって何なのかに気がついて行く。己れの光と影を受け容れ、人は皆同じだという認識にたどり着く。トムの作品にはどれも、生と死と再生の儀式が、主人公の通過儀礼の構造がその底に隠されている。『ラ・テンペスタ』も例外ではない。

トムの作品のもう一つの共通項である演劇による演劇賛歌の色合いも『ラ・テンペスタ』には濃厚だ。原作の『テンペスト』はシェイクスピアが単独で書いた最後の作品であり、第五幕第一場のプロスペローの「この荒々しき魔術を私はここに捨て去る。そうして今こそ天上に音楽を奏でさせ、我が魔法の杖を折って地の底深く埋め、測量の錘も届かぬ水底深く我が書物を沈めよう」の名台詞はシェイクスピア自身の演劇界への別れの言葉だとも長らく言われて来た。魔法の杖＝演劇という魔法を生み出す劇作家の筆、プロスペロー＝シェイクスピアという訳だ。あまりに感傷的かつ素朴な解釈で、今どき鵜呑みにする人はいない。トムはこの台詞に若干の変更を施してわざわざ幕切れに持って来て、演劇界への別れの言葉という俗説を敢えて利用した上で、正に演劇的な工夫で「いや、私はまだ筆を折るつもりはないし、演劇という魔術は決して消えない」というメッセージを送っている。

『ファンタスティックス』から六〇年、全く違う内容の作品でありながら、『ラ・テンペスタ』はこれまでのどの作品よりも『ファンタスティックス』に似ている。僕にはそう思える。二つの作品はともにジョルジョ・ストレーレル演出の舞台の影響を強く受けている。その意味でも、長い円環が今閉じられたと思う人も多いだろう。ところがどっこい、作者は穏やかにして不敵な笑みを浮かべ、円環はまだ閉じないと語りかけているのだ。この作品に限っては、プロスペロー＝トム・ジョーンズだと言っても良いだろう。

作曲のアンドルー・ゲルレはリチャード・ロジャーズ賞を受賞した『群衆（ミート・ジョン・ドウ）』等の作曲の他、ブロードウェイやオフ・ブロードウェイの数々の公演で音楽監督やピアニストを務め、現在はイエール大学とマンハッタン音楽学校でミュージカルと作曲の教鞭も執っている。著書に『怒れる伴奏者による成功間違いなしのオーディションの手引き』（アプローズ刊）『歌手と俳優のための音楽の本質』（ハル・レナード刊）がある。

公演プログラム二〇一九年一一月

『九つの不気味な物語』

先ず、この公演を以ってエコー・アカデミーを卒業する生徒の諸君に「おめでとう」とお祝いの言葉を贈りたいと思います。とは言え、コロナ・ウィルスの感染拡大が収まらない現状では、卒業公演といえどもこれまでのような形式で催すことは叶わず、しかも卒業後に待つ外のプロの現場も極めて厳しい状況です。こんな状態では「おめでとう」と言うよりも「どうか挫けずに頑張れ」と励ましの言葉を贈るべきかも知れません。諸君とはこの卒業公演のための授業で初めて顔を合わせた訳ですが、その顔さえお互いいつも半分マスクで覆われていました。そんなこんなもいつの日かせめて笑って（は不謹慎の誹りを免れないかも知れませんが）思い出話の種に出来るよう面白い舞台にしたいと切に願います。

しかし、稽古にも舞台上の出演者数にも感染予防のための規制がかかり、演目選びには正直悩みました。さんざん考えた末に決まったのが二十年近く前に都内の某小劇場で初演した『九つの不気味な物語』です。二〇世紀に書かれた欧米の短編怪奇小説の中から九つ選び、僕が舞台用に脚色したオムニバスです。

日没後の幽霊屋敷で展開される正統派の幽霊譚からドタバタ喜劇に近いもの、生きた証しを必死に（は幽霊にはそぐわない言葉ですね）求める孤独な姿が切ないクリスマス・ストーリー、そして最後の最後までそこで本当には何が起きているのか分からない、どこかハロルド・ピンターの戯曲を思わせるような怖さを持った、人間の心の闇に踏み込んだような作品、さらには現代のフェミニズムへと繋がる問題意識で書かれたものまで、内容は多様性に富み、演技のスタイルも作品に応じて違いを求められます。見た目よりも実はかなり手強く、それだけに生徒の諸君にはきっと良い訓練にもなる筈です。

もともとが数客の椅子とベンチだけの、ほとんど何もない空間で上演することを前提に脚色された作品ですが、その分、効果音や照明が力を発揮して、観客の想像力を大いに刺激してくれることも肝心です。今回は、しかし、その点でも残念ながら思うに任せないところがあります。まさに出演者の台詞と動きに全てがかかっています。限られた稽古時間の中で懸命に努力して来た生徒の諸君には、やはりこう言うべきでしょう、「どうか挫けずに頑張れ！」と。

エコー俳優声優アカデミー卒業公演二〇二一年二月

第二部　僕の演劇雑記帳

ニール・サイモンの観察眼

ニール・サイモンには、喜劇作家としての自己をユーモアたっぷりに分析してみせた『精神分裂病患者としての作家の肖像』と題する一文がある。新婚間もない頃、白熱の夫婦喧嘩の真っ最中に、言わば舞台を眺める観客のように自分たちを観察しているもう一人の自分がいるのに気がついたとサイモンは書いている。何が何でも相手を打ち負かしてやろうとしている自分と、この状況はいつか芝居で使えるなと頭の中でノートを取っている自分。平凡な一市民と、冷静な観察眼と探求心を持った怪物。この両者に分裂している者が是すなわち劇作家であると。

この鋭い観察眼こそニール・サイモンの真骨頂であり、彼の芝居の原点である。風俗喜劇の第一人者たる地位を四半世紀に渡って維持して来た所以であろう。処女作『角笛を吹き鳴らせ』（61年）から現在もブロードウェイのニール・サイモン劇場でロングラン中の最新作『ブライトン・ビーチ回顧録』（83年）まで、サイモンの作品を順を追って読んで行くと、そこにはそういう作家の眼で捉えられたアメリカ人の（と言うかニューヨーカーの）生活意識の変化が如実に反映されているのが良く分かる。機知に富んだ軽妙な台詞のやり取りは相変わらずだが、主題の方は次第にシリアスな色合いを強めて行くのである。その主人公も、初期の夢見る奔放な若者たちはいつの間にか姿を消して、精神の飢えを物質で満たそうともがく中年男女や、ギリギリの緊張感の上で危うい精神の綱渡りを演じている男たちが登場して来る。『裸足で散歩』（63年）の母親は娘に向かってこう言う、「彼を大事にしてあげること。それさえ出来れば、幸せで素晴らしい結婚生活を送れるわ……十組のうちの二組がそう……あなたたちならその二組のうちの一組になれるのよ。」以後のサイモン劇では、十組のうちの残り八組が主人公になると言っても良いだろう。

『ブライトン・ビーチ回顧録』で少年時代を振り返り、己の原点を見据え直したサイモンが、その眼を再び今日の世相に向けた時、はたして如何なる作品が生まれて来るのであろうか。

『裸足で散歩』公演プログラム一九八四年一〇月

今世紀最初のゲイ・プレイ

戯曲集『ゲイ・プレイズ』(エイヴォン・ブックス刊、一九七八)の編纂者ウィリアム・M・ホフマンによれば、同性愛を主題とするか、その主人公が同性愛者である戯曲をゲイ・プレイと呼ぶことにすると、英語圏でクリストファー・マーロウのエリザベス朝史劇『エドワード二世』(一五九一年初演)の次に書かれたゲイ・プレイは、実に三三六年後の一九二七年に上演された『ドラァグ』である。題名は、そのものズバリ、女装癖のある男の同性愛者の謂いだが、副題に三幕のホモセクシュアル喜劇と付されたこの芝居の作者はジェーン・マスト。すなわち『わたしは別よ』『妾は天使じゃない』(ともに33年)『罪じゃないわ』(34年)等、往年のパラマウント映画で艶やかなセックス・アピールを振り撒き、世の男心を虜にしたスター、メイ・ウェスト(一八九三〜一九八〇)の筆名である。

ヴォードヴィルの子役を振り出しに、ブロードウェイ、ハリウッドと成功への階段を上り詰めたウェストは、同時にまた劇作、シナリオの筆も執った才女であり、女ノエル・カワードの趣きがある。ゲイの人々は、彼女の色気たっぷりの身振りを好んで真似たという。キャンプの走りである。

『ドラァグ』は、同性愛者であることを悩む主人公が、そこから逃れようと結婚するが失敗。男女入り乱れての複雑な四角関係の挙句、女装パーティの最中、嫉妬に駆られたかつての恋人に殺されてしまうという筋立て。ホフマンの批評を引用すれば、これは「喜劇と銘打たれてはいるものの、その実、ほとんど同性愛の解放を訴えているに等しい極めて真面目なメロドラマ」である。実際、エロティシズムと性欲の探求は、メイ・ウェスト生涯のテーマであった。この作品を書くにあたっても、彼女はフロイト、ユング、アドラー等々、心理学の文献を読み漁り、その成果を一篇の基礎として戯曲の中に取り込んでいる。

しかし、題材といい、女装パーティの場面で本物のゲイを大挙出演させたことといい、当時にあってはこの舞台、やはりあまりに大胆果敢な試みだったと言うしかない。地方で試演された後、ブロードウェイ入りを計ったものの、ニューヨーク市当局の命により、上演禁止の憂き目に遭ってしまったのである。英国と違い、アメリカの演劇界には正規の検閲機関はなかったが、同性愛は英米ともに法律で取り締まられていた。しかも清教徒のお国柄、諸々の宗教団体や市民団体、さらにはマスコミまでが公然と様々な圧力を加え、つまるところ検閲の役割を果たしていたのが実情である。同じ頃、ウェスト本人は処女作『セックス』に自ら主演、批評家たちからの総攻撃にも拘わらず客足は好調、ブロードウェイで当たりを取っていた。一九二七年二月二一日、同作を上演中のダリーズ劇場が警察の手入れを受け、青少年の道徳観に由々しき悪影響を及ぼした廉で、主要キャスト、演出家、プロデューサーが逮捕された。裁判の末、メイは有罪、罰金五百ドルと十日間の強制労働を科せられた。為に『セックス』も三八五回の続演記録を残して、三月一九日、ついに終演に追い込まれてしまう。保守系の最右翼ヴァラエティ紙に言わせれば、「不潔な芝居」が「演劇にとって最高の検閲官、すなわち公衆の手で」幕を下ろされたことになる。『ドラァグ』の試演が同年一月であることを思うと、『ドラァグ』の一件がこの事件の引き金になったのではないかという推測も充分成り立つ。

翌一九二八年、メイ・ウェストは再び同性愛を扱った戯曲を発表し、警察も再び手入れに乗り出し、『快楽主義者』の公演は三日目の舞台の途中で打ち切られる。こうなるといささかイタチゴッコの感が無きにしもあらずだが、『快楽主義者』のクライマックスは、不敵にも『ドラァグ』と同じ女装パーティの場に置かれていた。「警官がホモの人たちを虐待するのは許せないわ。ニューヨークであたし、連中に言ってやったの。あの人たちをぶってごらんなさい、あんたは女性をぶってることになるのよ。何故ってホモセクシュアルの人たちは、男の身体に生まれついた女性だからよって。」かく語った一代の才女の面目躍如たるものがあったと言うべきだろう。

一九七〇年、メイ・ウェストは二七年ぶりに銀幕復帰を飾り、話題を撒いた。その出演作とは、ゴア・ヴィダル原作の、性転換を描いた『昔マイラは男だった』。メイ・ウェストはあくまでもメイ・ウェストだったのである。

『真夜中のパーティ』公演プログラム一九八四年三月

スリラー劇の楽しさ

中学二年の頃、ミステリー小説にどっぷりはまり込んでいたことがある。毎日、ひたすら読み耽り、僕の書棚は見る見るうちにハヤカワ・ミステリと創元推理文庫に占領されてしまった。ある日、学校の読書時間にディクスン・カーだったかエラリー・クイーンだったかを読んでいたら、担任の教師に「そんなものばかり読んでいないで、ドストエフスキーでも読め」と注意されたくらいだ。大学に入って『罪と罰』を読み、こんなものを中学二年生に勧めるとは、あの教師、実はドストエフスキーなんて読んだことがないなと気がついたが、後の祭りである。それとも彼は僕のミステリー好きを鑑みて、犯罪者の心理をおそらくは古今東西最も精緻に描き切った小説を薦めてくれたのであろうか。永遠の謎である。

ミステリー小説などと書いたが、僕が主に好んで読んだのは犯人探しを主眼にしたいわゆる本格物で、探偵小説と言った方が風情がある。芝居を生業にするようになって、熱は大分ひいてしまったが、それでも未だにスリラー劇には目がない。しかし、自分のペースで読み進め、前に戻って読み返すことも出来る小説と違い、舞台は真犯人やトリックを見破る本格物の謎解きには向いていないようだ。舞台劇の場合、主体は謎解きよりもサスペンスにあり、観客をハラハラドキドキさせながら意外な結末まで如何に引っ張って行くかが肝心。正しくスリラーなのだ。

もっとも、小説でも、読んでいるうちに謎が解けてしまうようなら失敗作で、やはりものの見事に騙されて、大詰めのどんでん返しであっと驚かせてもらうのが醍醐味であり、そこへ持って行くまでの語り口の上手さ、構成の妙に面白さのかなりの部分があることを思えば、小説も舞台も根はひとつである。が、それでも、生身の役者が観客の眼前で演じるミステリー劇が、本当に意外な結末であっと言わせるのは至難の業だ。昔、クリスティの『検察側の証人』を某映画スターをヒロインに起用して翻訳上演した舞台を観たが、彼女のあまりに特徴的な声のせいで、大もとのトリックが始めからネタばれになり、あっと驚くかわりにああ……とうなだれてしまった。

かように、謎を眼目にしたどんでん返しは舞台では難しい。ソフォクレスの『オイディプス王』は世界初の推理ドラマなどと呼ばれているが、紀元前五世紀のアテネの観客は、筋は勿論先刻承知のはずで、面白さは謎解きや結末の意外性にはなく、謎がどういう具合に白日の下に曝されて行くのか、その過程を固唾を呑んで見守り、楽しんでいたのだろう。

ならばいっそのこと謎は端から明かしてしまい、その謎がどう暴かれて行くかに焦点を絞った芝居、つまり犯人を主人公に、彼の犯罪が如何に進行し、露見して行くかを描いた倒叙物や、犯人の罠を観客にはあらかじめ示した上で、主人公がその罠から如何に脱するかを描いたサスペンス劇が現れても不思議はない。フレデリック・ノットの『ダイヤルMを廻せ！』や『暗くなるまで待って』あたりが代表的な作品だろう。ともに今観ても充分楽しめる傑作だが、初演からすでに半世紀、風俗的な部分が古びてしまっているのは致し方ない。ダイヤルMを廻せと言われても、ダイヤル式の電話を探しているうちに幕が下りてしまいそうだし、携帯電話一つあれば暗くなるまで待つ必要もない。

生活の場に文明の利器があふれ、そこに科学捜査の長足の進歩が加わると、少なくとも現代を舞台にしたトリック本位のスリラーの成立はますます難しくなる。それでも現実に罪を犯す人間は後を絶たない。スリラー劇も犯罪者の心理を追求、分析する類のものへと変化して行くのかもしれない。

ただ、こうなると一般のドラマとの堺は曖昧にならざるを得ない。ものの本によれば、現代のスリラー劇の源流は十八世紀末のフランスのメロドラマにあるらしいが、そもそも古今東西の名だたる戯曲には、スリラーの要素を利用しているものが数多くある。『人形の家』は第一級のサスペンス劇だし、『マクベス』なんてオカルトがらみの政治スリラーだ。ピンターの脅威の喜劇にはスリラーの味わいが多分にあるし、シェファーの『エクウス』や、最近ではシャンリーの『ダウト』が評判になった。

無論、これらの作品が常識的な世界観に揺さぶりをかけて来るのに対し、スリラー劇はそれに依存している。内容よりもプロットの展開に比重がかかった、サスペンスそのものが目的の現実逃避の娯楽劇である。とは言え、時代との接点を失い、僕のような一部の好事家のための古色蒼然たる世界に安住しては、演劇としては成立しまい。個人的には『ウーマン・イン・ブラック』のような怪奇物にその命脈を保つのでは、とも思うのだが。

テアトロ　二〇〇八年一一月号

スリラー劇の難しさ

三年ほど前、フレデリック・ノット作『ダイヤルMを廻せ！』を演出する段になって、正直なところ、頭を抱えた。

一九五二年ロンドン初演のこのスリラー劇は、なるほど我が国のテレビの二時間物のサスペンス・ドラマなどは未だに構成のお手本にしているのではないかと思われるほど良く出来たパズル・スリラーであることは間違いないが、如何せん半世紀近くも昔の作品である。題名ひとつ取っても、今やロンドンでも電話番号は全て数字化し、アルファベットのMを廻す人は誰もいない。そもそもダイヤルを廻す人からして誰もいない。電話はどこもプッシュフォンである。

おまけに肝心要の犯罪トリックの根幹が電話がらみであり、携帯電話がここまで普及した今の世の中では、トリック自体が成立し得ないのだから困りものだ。風俗劇の再演の難しさだが、こうなると小手先の現代化などしようもない。結局、莫大な遺産を狙って妻殺しを企む夫の物語を、世にもいびつなラヴ・ストーリーと捉えることで、辛うじて現代にも通用する演出の視点を確保したような次第だった。（一九九八年に再映画化された『ダイヤルM』は、話の背景を完全に現代に移し変え、とりわけ人間関係に大幅な改変を施して、優れて現代的なドライな怖さを獲得していたが、大金持ちのヒロインが何故か留守番電話を持っていない――持っているとこれまたトリックが成立しない――のはやはり気になった。）

さて、今回は同じノット作『暗くなるまで待って』（一九六六年ブロードウェイ初演）の翻訳を相務める仕儀となった。こちらの方は、作品の底に流れているのは、盲目のヒロインが劇中にほとんど登場しない夫に寄せる健気な信頼感に基づくラヴ・ストーリーであり、いわゆる探偵小説風のトリックも出て来ないので、その点では『ダイヤルMを廻せ！』ほどは気にかからないかも知れない。サスペンスを盛り上げている主な要素のひとつは、怪しげな人物がヒロインのアパートのドアを次から次へと出たり入ったり、その絶妙のタイミングにある。

けれど、問題はまさにそこなのだ。初演の頃のニューヨークは、言わば古き良きニューヨーク最後の時代。その後のニューヨークと言えば、犯罪都市の代名詞である。昨今の防犯意識には、初演時とは雲泥の差がある。見ず知らずの人間を部屋に入れるなどもっての外だし、ドアを開けるのだって一筋縄では行かない。友人のアパートを訪ねても、ことによったら無数にあるんじゃないかと思うくらい何重にも掛かった鍵を一つ一つ開け、チェーンを外し、さらに鋼鉄のつっかえ棒を外してようやく中に入れてもらえる始末だ。舞台の上で登退場の度にこんなことをしていたら、暗くなるまで待ってくれる観客など一人もいなくなってしまうこと請け合いである。

ところが、である。つい先日、一年半ぶりにニューヨークを訪れて驚いた。友人のアパートのドアの無数にあった鍵がたった一個に激減しているではないか。定宿のホテルのドアからは何とチェーンまでなくなっている。ジュリアーニ市長の断固たる犯罪対策が功を奏し、近年のニューヨークはとみに安全になったとは聞いていたが、それをまざまざと実感した瞬間であった。『暗くなるまで待って』のようなスリラー劇を安心して楽しめる環境が少しずつでも戻って来ているのかとも思った。

かくなる上は、今のように携帯電話があれば遠方の夫とあっさり連絡がついてしまうのに、などと野暮なことは言わずに、作者の手だれの筆を楽しむにしくはない。

とは言え、機械文明の急速な進展が、スリラー劇の居場所を演劇界の片隅へと追いやりつつあるのは間違いない。いや、すでにもう追いやってしまったのかも知れない。デイヴィッド・バーバーが『誰がスリラーを殺したか?』(イン・シアター誌九八年七月一〇日号)で述べているように、もしも新しいスリラーが現れるとしたら、必要なのは過去に囚われない劇作家、すなわちあらゆる手練手管を投げ捨てて、登場人物の心と魂の奥深くに、僕たちの誰もが持ちながら、しかし或る人々を恐ろしい犯罪行為に駆り立てる激情、渇望、野心を見つけ出そうとする劇作家なのかも知れない。その時、僕たちは、ことによったらもうひとつの『マクベス』を観ることが出来るかも知れないのである。

『暗くなるまで待って』公演プログラム二〇〇〇年六月

ミスター・アボットのこと

一昨年の暮れに、ニューヨークのインターミーディア劇場で評判の舞台『テイキング・マイ・ターン』を観ていた時のことである。この老年賛歌とでも呼ぶべきオフ・ブロードウェイ・ミュージカルの中に、老いてなお歴史上に確かな業績を残した芸術家や政治家を謳い上げるナンバーがあり、その一節に「ジョージ・アボットはブロードウェイでまだ現役だ」という歌詞が飛び出して来たので思わずニヤリとしてしまった。一九二〇年代から六〇年代にかけて、数多のブロードウェイ作品の作、演出を手掛け、そのほとんどをヒットさせたアボットは、この時、三六年初演のミュージカル『オン・ユア・トウズ』をブロードウェイで再演中、いまだ矍鑠たるところを見せていた。一八八七年生まれの彼は当時、実に九五歳。ブロードウェイの最長老の名に恥じない。

ニューヨーク州に生まれ、ワイオミングでカウボーイ生活を送り、ハーヴァード大学で法律を学んだアボットは、一九一三年に先ず俳優としてブロードウェイの舞台に立ち、その後、二五年頃から劇作、演出に転じた。最初のミュージカルはロジャーズ&ハートの『ジャンボ』（35年）であるが、当時のブロードウェイ・ミュージカルはまさしく転換期に差し掛かっていた。極めてご都合主義的な馬鹿馬鹿しさに満ち、ただお笑いと美女たちを見せるためにのみ存在しているような台本。歌は歌でしかなく、踊りは踊りでしかなく、筋立てとは何らの必然的な関連性を持っていないといった従来のあり方から、より総合的で納得の行く内容を持ったミュージカルのあり方が模索されていたのである。元来がストレート・プレイの出身であり、自身劇作家でもあるアボットは、一場一場が着実に筋を推し進めて行くしっかりとした構成とスピーディな展開によって、台本の弱さという、この根本的な問題を克服して行った。それは彼が得意とした笑劇《ファルス》の精神から学んだものだったと言えるだろう。

芸術家であるよりは完璧な職人であることに徹したアボットは、「それで上手く効果が上がるか?」を信条に、三〇年代から五〇年代にかけて、舞台装置や技術面を含めて古典的ブロードウェイ・ミュージカルの、言わば原型を完成させた演劇人である。『シラキュースから来た男たち』(38年、『パル・ジョーイ』(40年)、『ベスト・フット・フォワード』(41年)、『オン・ザ・タウン』(44年)、『チャーリーはどこだ?』(48年)、『マダムと呼んで』(50年)、『ワンダフル・タウン』『私とジュリエット』(ともに53年)、『パジャマ・ゲーム』(54年)、『くたばれヤンキース』(55年)、『フィオレロ!』(59年)、『ローマで起こった奇妙な出来事』(62年)と彼の代表的な舞台を列挙してみれば、それ自体がひとつのブロードウェイ・ミュージカル史である。

こうして台本重視の立場からブロードウェイ・ミュージカルの黄金時代を築き上げたアボットだったが、それがまた彼の限界でもあった。彼の主張した緊密な構成力を持った台本とは、裏を返せば、たとえ歌と踊りがなくとも成立する台本を意味してもいたのである。『ウェスト・サイド・ストーリー』(57年)以降の、踊りそのものが筋を展開させて行くような作品とはアボットは無縁であった。ジェローム・ロビンズやボブ・フォッシー等、アボットの振付師として活躍し、彼から戯曲の演出を実地に学び取った人々が演出家としても仕事を始めた時、ブロードウェイのミュージカルはまた大きく変わって行く。それは劇作家兼演出家の時代から振付師兼演出家の時代への推移であった。

『チャーリーはどこだ?』公演プログラム一九八五年一月

ブロードウェイ・ミュージカルとファンタジー

レーマン・エンゲル著『アメリカのミュージカル演劇』（マクミラン出版刊、改訂増補版75年）の一節に、「最高のミュージカル演劇が与えてくれる特質――すなわち詩情と抒情とに結び合わされた劇的満足感」とある。ならば、夢と幻想に彩られた異界へと僕たちをしばし誘ってくれるファンタジーなどは、ミュージカルにとって恰好の題材だと思われるのだが、これが意外にも少ない。

多くの研究書でアメリカのミュージカルの嚆矢とされている『ブラック・クルック』（一八六六年）は、ファウスト伝説を基にしたスペクタクルで、妖精や悪魔が活躍する文字通りのファンタジーだが、それ以後、現在までの一三〇年間に渡るオン並びにオフ・ブロードウェイ・ミュージカル史上で、何らかの形でファンタジーと呼び得る作品は、例えば芝邦夫著『ブロードウェイ・ミュージカル事典』（劇書房刊、84年）に記載された四百以上のタイトル中せいぜい三〇作そこそこしかないのである。これは一体どういう訳なのか？

ひとつ考えられるのは、二〇世紀のアメリカ演劇の主潮がリアリズムであったことである。自分たちの周囲の現実に目を向け、そこに生きる等身大の人々を描いて来たアメリカン・リアリズムは、今日のブロードウェイ・ミュージカルの基調の形成期である一九四〇年代に於いて、ミュージカルの内容と形式にもやはり多大な影響をもたらしたと見るべきだ。いや、その遥か以前の一九一〇年代にプリンセス劇場で製作された一連のミュージカル・コメディ以降、ミュージカルというジャンルが荒唐無稽な物語とルーズな構成を脱し、現実味のある登場人物、歌とダンスとプロットとの緊密な連繫を目指す過程で、お伽噺的なファンタジーが勢い顧みられなくなったであろうことは充分推察がつく。

そう言えば、登場人物が歌い出したり踊り出したりするのは、彼らの感情が高まったその自然な結果だとする良く耳にする説明にも（その当否はさて置いて）ある種のリアリズム志向が伺えるし、そもそもこんなことをわざわざ言い出さなければならないこと自体に、リアリズムへの、そしてそれを背景にしたストレート・プレイへのミュージカル側からの言い訳めいた引け目を感じてしまうと言ったら言い過ぎだろうか。

さて、こうなるとファンタジーを描くにも、その土台にリアリズムを据えたミュージカルが登場してもおかしくない。現実には到底あり得ないような摩訶不思議な出来事や情景を描く場合には、主人公の夢もしくは空想という形を取って、ファンタジーの導入にリアルな裏付けを与えようとする試みである。古くは『ペギー・アン』（26年）があり、エルマー・ライスの『夢見る乙女』（45年）が原作の『摩天楼』（65年）、少しひねった形で『晴れた日に永遠が見える』（65年）などが代表的な例だが、完成度の高さでは台本モス・ハート、詞アイラ・ガーシュウィン、音楽クルト・ワイルの『レイディ・イン・ザ・ダーク（闇の中の女）』（41年）に止めをさす。

ここではファンタジックな場面は、精神分析医に通うヒロインの夢あるいは幻覚として現れる。しかも歌って踊ってのミュージカル・ナンバーは全てこれらの場面にのみ限定されており、現実の場面は通常の会話だけで処理され、ストレート・プレイと変わるところがない。灰色の現実と彩り豊かな夢との対比を鮮やかに示している。ヒロインの深層心理を解き明かす鍵となるのが「私の船」という唄であり、それを際立たせるための手法でもあるとは言え、これもまたリアリズムへのこだわりかも知れない。

ちなみに、この夢・空想形式をさらに推し進めたのが『シティ・オブ・エンジェルス』（89年）であり、ここまで来ると、様式の上でもリアリズムを逆手に取って、ミュージカルのメタ・シアター化に成功している。

お伽噺風のファンタジー・ミュージカルの代表作には、『ワンタッチ・オブ・ヴィーナス（ヴィーナスの接吻）』（43年）、『フィニアンの虹』（47年）、『ブリガドゥーン』（47年）、『ピーターパン』（54年）、『くたばれヤンキース』（55年）、『ウィズ』（75年）、『森の中へ』（87年）、『楽園伝説（ワンス・オン・ディス・アイランド）』（90年）等々があるが、これらに触れるにはすでに指定の枚数を大幅に超えてしまったようである。


『レイディ・イン・ザ・ダーク』プログラム一九九六年二月

ミュージカルとは何か　～リアリズムと反リアリズムの狭間に～

「ミュージカルとは何か？」と大上段に構えてはみたものの、これはさて振りかぶった切っ先をどこにどう振り下ろしたら良いものやら、何とも困惑してしまう問いだ。

例えば、我が日本の伝統芸能たる歌舞伎もまたミュージカルであると主張する批評家は昔から多い。確かに歌舞伎においては、当て字とは言えその名の通り歌と踊りは重要な位置を占めている。或いは、中国の京劇は台詞と歌と舞踏の三つの要素から成り立っている。しかし、その伝で行けば、紀元前五世紀のギリシア劇以来、歌や踊りは絶えず演劇の大事な要素であり続けた。やや乱暴な言い方をするなら、台詞だけで構成される純然たるストレート・プレイ（台詞劇）は、大勢としては近代以降の、たかだか過去二百年ほどの産物でしかない。

かと言って、いくら歌と踊りに彩られていても、例えばシェイクスピアの喜劇をミュージカルとは誰も呼ばない。ミュージカルと言えば、それはやはり二〇世紀のアメリカで、より正確に言うなら、俗にブロードウェイと呼ばれるニューヨークの商業演劇の劇場街で二〇世紀の前半から中盤にかけて形成され、その後も今日に至るまで変容し続けている音楽劇（ブロードウェイ・ミュージカル）を指す。その特色は、単に歌と踊りが重要な要素であるだけでなく、音楽（伴奏つきの歌や踊り）がドラマを表現する上で決定的な役割を果たしていることである。

しかし、それならオペラもまた音楽が決定的な働きをしているドラマである。では、オペラとミュージカルとの違いは何なのか。いや、それどころか、『レ・ミゼラブル』や『オペラ座の怪人』といった一九八〇年代以降に登場して来た大作ミュージカルは、どれもほぼ全編歌で構成されており、形式上からもオペラとの違いは判然としない。そもそもこれらの大作ミュージカルは本当にミュージカルなのだろうか。

この堂々巡りの迷宮から抜け出すために、もう少し具体的な事柄を取り上げて考えてみよう。

ミュージカルについて良く耳にする二つの意見がある。「ミュージカルでは、登場人物がそれまで話していたと思ったら、突然歌い出したり、踊り出したりするのでどうも苦手だ」というのと「ミュージカルでは、登場人物の気持ちが高まると歌になったり、踊りになったりする」というのがそれだ。この一見全く相反する意見はどちらが正しいのだろうか。どちらかと言えば前者は形式に関わっており、観客側の、後者は内容に関わっており、作り手側の意見であることを心にとめた上で、実際の作品にあたることで検証してみたい。

取り上げる作品は、オスカー・ハマースタイン二世（一八九五～一九六〇）台本・作詞、リチャード・ロジャーズ（一九〇二～一九七九）作曲の『王様と私』、そしてアラン・ジェイ・ラーナー（一九一八～一九八六）台本・作詞、フレデリック・ロウ（一九〇四～一九八八）作曲の『マイ・フェア・レディ』。ともにブロードウェイ・ミュージカルの黄金時代と呼ばれる一九五〇年代の代表的な傑作である。欧米のみならず、日本でも上演頻度の高い人気作であり、しかもどちらもオリジナルの舞台にかなり忠実に映画化されている。ＤＶＤやブルーレイで手軽に観ることも出来るので、ここで取り上げるのにふさわしい作品であろう。

先ずは『王様と私』（一九五一年初演。以後作品名の後の括弧内の数字は断りのない限りは全てニューヨーク初演年度）から第二幕第四場の「シャル・ウィ・ダンス（踊りませんか）？」のナンバーを見てみる。一九世紀半ばにシャム（現在のタイ）の国王の子供たちの家庭教師として彼の地に渡ったイギリス人女性の実話を基に、彼女と国王の衝突と最終的な和解を通して、異文化間の、そして人と人との相互理解を描いたこのミュージカルの、ここはクライマックスに相当する場面である。

イギリスからの使節をもてなした晩餐会の後、王宮の書斎で王と二人きりになった家庭教師アンナは、「若い娘が夫でもない男と一緒に踊るなど許しがたい」と言う王に、舞踏会に出席した少女の心のときめきを語って聞かせる。一般論の形を取ってはいるが、それは勿論、遠い日の彼女自身の経験でもある。

アンナ　とてもワクワクするものですわ、若い娘には。小さな金箔の椅子に腰掛け、目を伏せ、壁の花で終わるんじゃないかしらと不安におののいていると、黒い靴が目に入り――白いヴェストが――顔が……そして語りかけて来るんです！

ここで音楽がすっと入り、彼女は歌い出す。語りかけて来た男性の言葉を、である。

アンナ　私たちは紹介されたばかり
　私はあなたのことを良くは知らない
　けれど音楽が始まると
　何かが私をあなたの傍に引き寄せた。
　大勢の男性と女の子が抱き合っている――
　それを見て私も思ったのです
　私たちも同じようになるかも知れないと。

ここまでがヴァース（導入部。歌の主題へと導くための前置きの部分）で、次からいよいよリフレイン（コーラスとも言う。主要部、聞かせどころ）になる。

アンナ　踊りませんか？
　音楽の明るい雲に乗り、空を飛びませんか？
　踊りませんか？

そうして「おやすみなさい」と言って、「さよなら」しましょうか？
それともひょっとして
最後の小さな星が空から消えてしまっても
私たちはまだ一緒に
抱き合ったままでいて
あなたは私の新しい恋の相手《ロマンス》になるのでしょうか？
そんなことが起きるかも知れないと
はっきり承知した上で
踊りませんか？
踊りませんか？　踊りませんか？

歌はここで終わるが、オーケストラの音楽はそのまま背後に流れ続け、思い出に浸りきったアンナは、我知らず、軽やかな足取りで一人部屋の中を踊って回り出す。
そう、確かにそれまで台詞を喋っていたアンナは、音楽の入りに合わせて突然歌い出す。だが、この場面を観ていた観客は、それを本当に「突然」だと感じるだろうか？注意してほしいのは、先に引用した歌い出し直前のアンナの台詞である。拙訳では原文の味わいをどこまで伝えられているか心許ない限りだが、この台詞からは詩的なイメージがはっきりと立ちのぼって来る。それまでの王との日常会話的な台詞とは、明らかにトーンが違う。（それでいて文体は変わらないので、観客にはこの変化はどこまでも自然でさりげないものとして受け取られる。）この台詞が、場面の状況をより詩的でロマンティックな局面へと押し上げていると言っても良い。歌詞もロマンティックではあっても、これ見よがしな凝った韻の踏み方や飾り立てた華美な言葉は使われていない。台詞（散文）という表現手段から、歌（韻文と音楽）という異なる表現手段への移行を、観客にとってなるべく違和感なく、自然で滑らかなものにするための工夫が施されているのだ。

アンナの心理はどうだろう？　王をやんわりと説得しようとした彼女は、娘時代の自分の体験を語るうちに、次第にその思い出に引き込まれて行く。彼女の気持ちはロマンティックに高まって行く。相手の足元から胸元へ、そして顔へと次第に上がっていく視線が、彼女の心のときめき、昂ぶりと一致している点にも留意してほしい。（二〇一五年度のトニー賞を受賞した再演でも、アンナ役のケリー・オハラは台詞に合わせて次第に視線を上げて行く芝居をしていた。）黒い靴から白いヴェストへの色彩的イメージの変化もまた高まる期待感と歩調を合わせている。その高まった感情をさらに後押しするように音楽が入り、アンナは歌い出す。その歌詞は、彼女に踊りを申し込んで来た男性の言葉だが、日本語と異なり男言葉と女言葉の文体に違いがない英語で聞くと、この歌詞はアンナ自身の気持ちを表現しているようにも聞こえる。しかも自分自身（少女）の言葉ではなく相手の男性の言葉であることによって、如何にもといったあざとさを巧妙に避けることにさえ成功している。

やがて思い出にすっかり浸ってしまった彼女は、その気持ちにいっそう押し流されるようにして踊り出す。傍に王がいることさえ忘れて。

では、さらに先を見てみよう。

踊り出したアンナは、自分を見つめる王の視線に気がつき、オーケストラの演奏の途中で（歌詞なら「『さよなら』しましょうか」に相当する箇所で）慌ててやめる。「何故やめる？上手ではないか。続けろ！　続けろ！」と言う王に、初めは抵抗していたアンナも「一緒に踊ろう。教えろ！」と言われるに及んで断り切れず、「一、二、三、はい。一、二、三、はい」とポルカのリズムの取り方を教える。この間も、音楽は途切れることなく背後に流れ続け、彼女は再び「踊りませんか？」とリフレインを繰返して歌い出す。王も彼女の歌に合いの手を入れる格好で、「一、二、三、はい」と言いながら脚を動かし、「それともひょっとして　最後の小さな星が空から消えてしまっても――」の箇所まで来るとアンナに代わって自ら歌う。その後はまたアンナが歌うが、「恋の相手」という歌詞と「踊りませんか？」の繰り返しだけは二人揃ってユニゾンで歌う。

アンナが最初に歌った時、その歌は彼女の思い出を語る台詞の延長線上にあり、言わば歌でありつつ台詞であった。ところが、王に踊りのステップの基本を教えながらもう一度繰り返される時には、もはや歌を歌として歌っているという感が強い。ステップを教えるために歌を利用しているのである。勿論、背後に音楽が途切れることなく続いていることもあり、観客はそんなことをことさら意識はしないだろう。意識したら舞台を楽しめる筈もない。だが、歌の性質のこの微妙な変化によって、歌でありながら台詞の機能を負わされているという事実と、歌はあくまでも歌であるという厳然たる事実のズレがあえて曖昧模糊とぼかされているのは間違いない。異なる表現手段への移行に伴う違和感を軽減させるための工夫が、ここでもやはりなされているのである。もっともこの点については視点を変えて見れば、観客にとって歌はどこまでも歌でしかないからこそ、歌の機能が台詞の代わりから歌そのものへと変化しても、観客は不自然には感じないとも言える。

ともあれ、もっと先まで見てみよう。歌い終わると、アンナは王の両手を取り、オーケストラの演奏（それまでのへ長調からト長調に転調）に合わせて王と二人で「一、二、三、はい」と拍子を数えながら楽しげに軽く踊り出す。観ている僕たちも思わずウキウキと楽しくなってくる微笑ましいやり取りにあふれた場面である。

ところが王は不意に踊りをやめ、「今夜見たヨーロッパ人はこんな風には踊っていなかった」と言い出す。「いいえ。この通りでした」と答えるアンナに、王は「違う!……手はこんな風に組んではいなかった」と言う。ここで背後の音楽はちょうどヴァースの部分の頭(歌詞なら「私たちは紹介されたばかり」)に戻り、かつ演奏はピアニシモになってぐっと抑えられ、繊細な状況を際立たせる。この瞬間、二人は「紹介されたばかり」の男女のように出会い直すのだ。王の言っている意味に気がついたアンナはうろたえる。王は「こんな風だった。違うか?」と訊きながら、アンナの腰に片手を回す。アンナは消え入りそうな声で「いいえ」と答える。それまで背後に流れていた音楽がここで一瞬止まる。ちょうどヴァースの部分の終わり、歌詞なら「私たちも同じようになるかも知れないと」に当たるところ、リフレインに移る寸前で一瞬の間が出来るのだ。登場人物とともに観客の緊張感と期待感もいやが上にも高まる。そして王の「さあ!」という促しの言葉とともにオーケストラは華やかなリフレインの演奏(変イ長調に転調)にフォルテシモで突入し、二人は舞台狭しと踊り回る。

台詞のやり取りの間、背後に流れている音楽はヴァースの部分だが、当然歌はない。しかし、先ほどアンナによって歌われた歌詞がオーケストラの演奏によって観客の脳裏に喚起され、今目の前で起きている王とアンナのやり取りの背後に隠されている二人の心理を浮き彫りにする。『王様と私』は、主人公の男女が恋愛関係にならない点で、珍しいミュージカルと言われているが、この場面は王とアンナが実は心の底では——少なくとも深層心理では——お互い惹かれ合っていることを、観客の脳裏に喚起される歌詞によって見事に表現している。音楽が(観客の脳裏に浮かぶ歌詞が)台詞の奥に秘められたサプテクストとなっているのだ。こういう音楽の巧妙な使い方が、台詞と歌の自然な融合をさらに促進してもいるのである。

本人たちも自覚していなかった秘めた想いが一気に解き放たれたような、高揚感と開放感に満ち溢れた踊りは、まさにこの作品の最大の見せ場であり、それまで何かにつけ対立していた二人の和解と交流を決定的に印象づけて感動を呼ぶ。ここではダンスが言葉よりも遥かに雄弁に二人の思いを観客に伝える。

要するに、この場面は一見した印象に比べて、実ははるかに巧妙に仕組まれているのである。いや、見た目の印象をごく自然にするためにこそ手の込んだ仕掛けが施されているのである。

さて、ここまで見た限りでは、確かに歌は突然歌い出される。しかし、その唐突さを緩和するために『王様と私』では様々な工夫がなされていた。それらの工夫の根底にあるのは、何故歌うのか、何故踊るのかという動機づけであり、それを分かり易く言えば、「気持ちが高まると歌や踊りになる」ということだ。つまり、ミュージカルに対する一見相反する二つの意見はともに正しい。と言うか、観客が前者のような感想を抱かないようにするための方法論として後者が編み出されたとは言えないか。

もともと歌や踊りは、祭りとの結びつきからも分かるように、単調な日々の生活からの逸脱、解放を意味してもいる。（その点からも、アリストテレスが演劇の効用として主張しているカタルシス（感情の浄化作用）を、現代の演劇で最も率直に発揮できるジャンルはミュージカルだとさえ言えるだろう。）そこには一種爽快な飛翔感が伴う。譬えてみれば、飛行機が離陸する瞬間である。滑走路を走り出した飛行機は、次第にスピードを上げ、機首をもたげ、そしてついに機体が完全に地上を離れ宙に浮く。その瞬間の飛翔感は、緊張と興奮をはらみつつ、快感に満ちている。もしも飛行機が初めから猛スピードで走り出したり、いきなり機首をグイと上げたりしたら、大事故にもつながりかねず、乗客は快感どころの騒ぎではない。手順を踏んだ連続性があってこその飛翔感なのだ。少なくとも『王様と私』の作者たちはそんな風に考え、それを目論んだのであろう。

では、次に『マイ・フェア・レディ』（一九五六）を見てみる。イギリスの階級制度を風刺しつつ、言語（文化）と個人のアイデンティティの問題を捉えたバーナード・ショーの喜劇を、その特色は生かしたまま、ブロードウェイの観客の嗜好に合わせてロマンティックなミュージカルへと舵を切るという離れ業に成功した作品だ。場面は第一幕第五場から「スペインの雨」のナンバー。

言語学者のヒギンズ教授は、貧しい花売り娘イライザの話すロンドンの下町言葉（コクニー）を上品な英語へと教育によって変えることで、彼女をどこに出しても恥ずかしくないレディにしてみせると、友人のピカリング大佐と賭けをする。イライザは向上心に燃えてレッスンに励むが、一向に進歩せず、おまけに教授の訓練は情け容赦なく、昼夜を分かたず続けられる。しかも専門以外のことにはまるで無関心、無神経で子供染みたところのあるヒギンズは、イライザを人間扱いさえしない。

時刻は午前三時、場面はヒギンズ教授の書斎。舞台上にいるのは教授と大佐とイライザの三人。皆疲労困憊の極。「スペインでは雨はおもに広野に溜まる（The rain in Spain stays mainly in the plain.）」という訓練用の例文を正確に発音しようとしても、どうしてもうまく行かないのである。（コクニーでは、「エイ」は「アイ」と発音する。それを矯正するための訓練である。）「出来ないよ。疲れた。疲れたよ」と言って泣き出すイライザに、ヒギンズは突然、初めて優しく穏やかな態度で、彼女が成し遂げようとしていることがどれほど偉大なことかを語って聞かせる。じっと耳を傾けるイライザ。話終えたヒギンズが「さあ、もう一度だ」と促すと——

イライザ　（ゆっくりと）スペインでは雨はおもに広野に溜まる。
ヒギンズ　（身を起こしながら）何だって？
イライザ　スペインでは雨はおもに広野に溜まる。
ヒギンズ　（立ち上がりながら、信じられないといった口調で）もう一度。

ここで音楽が入り、それに被せてイライザは語るとも歌うともつかない調子で、もう一度「スペインでは雨はおもに広野に溜まる」。ヒギンズがピカリングに「言えたぞ！　言えたぞ！」と興奮気味に言えば、イライザはついに完全に歌い出して「スペインでは雨はおもに広野に溜まる」と繰り返す。ヒギンズも「やったぞ、言えた！　やったぞ、言えた！」と叫ぶと「さあもう一度、雨はどこに降る？」と歌で訊く。以後全て歌になり——

イライザ　広野に！　広野に！
ヒギンズ　そのびしょ濡れの広野はどこに？
イライザ　スペインに！　スペインに！

ピカリングも跳び起き、三人は喜びにあふれた様子で「スペインでは雨はおもに広野に溜まる！」とユニゾンで歌う。

この場面では、突然正しく発音出来たことをイライザが自覚したところでオーケストラの演奏が入って来る。まだ半ば戸惑っている彼女の気持ちを喜びへと後押しするかのように。そして彼女の喜びの感情がはっきりと形を取ったところで、はっきりとした歌になる。ヒギンズも初めは耳を疑って台詞で確認するが、成功したことを確信してからは歌い出す。まさに喜びの高まりが歌になる。要するに、ここでも歌は半ば突然歌い出されるが、そのことを正当化するために「気持ちの高まり」という心理的動機づけがなされているのである。ついでに言えば、音楽が入る直前のヒギンズの「もう一度（Again）」という台詞は、英語の原文では「スペインでは雨はおもに広野に溜まる」と韻を踏んでおり、言わば歌へと跳躍するための踏み台の役目を果たしつつ、台詞から歌への移行に伴う違和感を事前に緩和させてもいる。

先を見よう。

ヒギンズは他の二つの例文も試してみる。イライザはそれにも見事に答える。このやり取りも勿論歌である。喜びの絶頂で、三人は再び「スペインでは雨はおもに広野に溜まる」と歌う。

次からが踊り。オーケストラの音楽もへ長調から変ロ長調に変わる。ヒギンズがポケットからハンカチーフを取り出して、ピカリングの鼻先で闘牛士のように振ると、ピカリングもこれに応え、二人は闘牛の真似ごとをしてみせる。次に、ヒギンズはイライザを相手にタンゴを踊り、その横でピカリングは「ヴィヴァ、ヒギンズ、ヴィヴァ」とフラメンコのダンサーのように叫んで跳び回る。さらにヒギンズとピカリングは、イライザの手拍子に合わせてこれまたスペイン舞踊風に背中を合わせ、踵を打ち鳴らして踊り、最後は三人で荒々しくジグを踊り、「オレ！」と一声叫んでソファに倒れこむ。同時に音楽も止む。

台本のト書きに「歓喜と勝利！」と記されたこの一連の踊りは、まさに喜びに昂揚した気持ちの発露として踊られる。台詞から歌へ、さらには踊りという言葉を越えた、或いはもはや言葉にするのももどかしく身体の方が動き出してしまう表現手段への移行が、気持ちの高まりとピタリと符号している。ここでも、基本的には『王様と私』と全く同じ現象が起きているのである。

同じと言えば、『王様と私』でも『マイ・フェア・レディ』でも、歌は台詞の延長である。言い換えれば、歌は台詞の機能を果たしてもいる。歌は台詞でもある。「私たちは紹介されたばかり」とアンナが歌い出した時、ヒギンズたちが「スペインでは雨はおもに広野に溜まる」と声を合わせて歌う時、彼らは自分たちが歌っていることを知らない。

ところが、踊りについては事情は完全に異なる。どちらの場面に於いても、踊りは気持ちの高まりに呼応し、その延長で踊られているには違いないが、踊りはあくまでも踊りとして踊られる。歌の場合と違って、アンナも王もヒギンズたちも自分たちが踊っていることを知っている。第四の壁の内側で展開している物語の中での現実でも、彼らは踊りを踊っているという設定になっているからだ。つまり、彼らの踊りはリアリズムの枠内に収まっている。

異なる表現手段への移行という点にこだわれば、ここでもまた念の入った工夫が施されている。台詞から歌への飛躍の後、さらに踊りへと飛躍する訳だが、この踊りを鈴木晶氏の言葉を借りれば「作品内現実」に留めることで、言い換えれば第四の壁の内部に収めることで、言わば事後処理的に、台詞から歌への移行に伴う不自然さを解消するための助けとなっているからである。

『マイ・フェア・レディ』では、「スペインの雨」という例文からの連想で、三人はスペイン風の踊りを踊る。音楽も譜面の最初に「ハバネラのテンポで」とあるように、スペイン色たっぷりである。但し、その踊りはト書きに「下手な」とあるように、観客の目を見張らせるような華麗なステップを披露するものでは決してない。本職のダンサーでもない三人がプロ並みに踊れる筈がないからである。しかし、彼らの「不器用な」踊りっぷりがかえって喜びの大きさを伝え、観客もまたその場の状況に巻き込まれ、彼らと喜びを共有することになる。もし彼らが目の覚めるようなスペイン舞踊を披露したら、観客は物語の状況と齟齬を来たすその不自然さにむしろ鼻白んでしまうだろう。このダンスは明らかにリアリズムに根ざした発想で作られているのである。しかも、スペイン風の踊りの最後に来るのはジグである。「アイルランドのダンスと西アフリカのダンスが融合した」（ジェラルド・ジョナス）ジグは、イギリスの民衆の踊りだ。このことによって、三人が戯れに踊っているという印象はいっそう強められ、リアルな感じは決定的になる。

以上の二作品を見る限り、歌は突然歌い出されはするが、その唐突さを緩和させるために気持ちの高まりという心理的な動機づけに基づく様々な工夫が施されていた。ともあれ、気持ちが高まると歌や踊りになるという公式は事実のようである。しかし、だ。この一見もっともらしい「公式」は、本当にそれほどもっともらしいものなのだろうか。好い気持ちになれば、なるほど人は鼻歌くらい歌うかも知れない。思わず飛び跳ねたりするかも知れない。しかし、いくら嬉しいからといってその嬉しい気持ちを一曲歌にして歌う人はいないだろうし、一曲踊ってみる人はいない。「シャル・ウィ・ダンス？」も「スペインの雨」も、ともに喜怒哀楽の内の喜びの感情を描いていたので、気持ちの高まりによる歌や踊りへの移行は、まだ自然に感じられたかも知れないが、描かれている感情が怒りや悲しみだったらどうだろうか。怒りのあまり歌い出したり、踊り出したりする人間はいない。怒りや悲しみを堪えたり、隠したりするために歌ったり、踊ったりすることは現実の生活でもあるかも知れないが、それらの感情を「表現する」ために歌い踊る人間はいない。それはすでに実生活とは次元を異にする芸術表現の領域である。怒りや悲しみのあまり怒鳴ったり、泣き叫んだりするのが現実の人間であり、それを表現へと昇華変容させた結果が歌であり、踊りである。つまり、舞台上で歌ったり踊ったりする場合、そこには次元の飛躍があり、すでに検証して来たように、観客がその次元の差を違和感ではなく快感として受け止められるように様々な工夫がなされていたのだ。要するに、感情が昂揚すると歌や踊りになるという公式は、一見もっともらしいが実はかなり胡散臭いものであり、台詞から歌や踊りへの移行を自然で滑らかなものに感じさせるためのトリックだと言っても良い。

「ミュージカルでは何故歌うのか？」この本質的な問いへの最も適切な答えは「ミュージカルだから」、それしかあるまい。少々意地の悪い言い方をすれば、この身も蓋もないような答えを、如何にももっともらしい「理屈」で糊塗したのが感情高揚論なのである。

初めの設問に戻るなら、喋っていたと思えばいきなり歌い出すからミュージカルは嫌いだという観客側の意見と、ミュージカルでは登場人物の気持ちが昂揚して歌になるという作り手側の意見は、一見相反しているようでいながら、実はその根は一つであり、ともに同じ考え方にとらわれている。舞台上の出来事は現実の忠実な再現であり、それ故不自然なものであってはならないという考え方、即ちリアリズムの概念である。

ここでもう一つ具体的な例を挙げて考えてみたい。作品は、やはり一九五〇年代の代表的な傑作である『くたばれヤンキース』（一九五五）。台本ジョージ・アボット&ダグラス・ワロップ、作詞・作曲リチャード・アドラー&ジェリー・ロスによるファウスト伝説をもじったミュージカル・コメディだ。欲望に目がくらめば本当の幸せを見失ってしまうことについての寓話である。
主人公のさえない中年男ジョーは、毎シーズン最下位の野球チームの熱烈なファン。一度でいいからヤンキースを打ち負かして、ひいきのチームを優勝させたいと思った彼は、悪魔と取り引きして二二歳の万能選手に変身。チームに入団して連戦連勝の大活躍をするが、ホームシックにかかってしまう。このままではまずいと案じた悪魔は、ジムが球場のロッカー・ルームに一人でいるところに配下の美しい魔女ローラを差し向け、誘惑させようとする。ローラはあの手この手の色仕掛けを繰り出し、「でもローラはあなたに一緒にいてほしいの」と迫る。年増女が自分のことをローラと名前で呼ぶところが、幼児的で滑稽な色っぽさがある。しかし、困惑し、タジタジとなりながらもジョーのガードは固い。

ジョー　（靴紐を結ぼうと箱に座る）困らせないでくれよ。
ローラ　だったら良い子になりなさい。
ジョー　努力してるよ。
ローラ　そうしてローラの言う通りにするの。

ここで音楽が入り、ローラは「命令するようにジョーを指差し、歌い出す」。リズムを刻むコンガドラムが印象的なラテン調のナンバー、「ローラが望めば何だろうと」である。（ラテン調なのは、ローラがセニョリータ・ロリータ・ロドリゲス・ヘルナンドというラテン系の名前で紹介されているからである。或いは初演当時流行っていたラテン調のナンバーを取り入れるために、ローラの名前をラテン系にしたとも言える。ともあれ、物語の状況と齟齬を来たさないように、それなりの理由づけがなされているのだ。）

ローラは、「ローラが望めば何だろうと／ローラは手に入れる／そうよ可愛い人／可愛いローラはあなたが欲しいの」と歌いながら踊り出す。台本のト書きを引用すれば、「彼女は誘惑するように踊る。先ずは手袋、そして花で飾られた帽子を脱ぎ捨て、次にスカートを脱ぐと、ピッチリしたレースのトレアドール・パンツ姿で跳ね上がり、さらにそのパンツまで脱いでしまいタイツ姿となる」。言うまでもなく、これはストリップティーズである。ローラはジョーを誘惑するためにストリップを演じてみせるのだ。「狙ったものは必ず手に入れる／そしてあたしの獲物はあなたの心と魂なの／（中略）／分からないの、あなたに勝ち目はないって？／降参なさい」と歌い踊り、最後はジョーの膝の上に仰向けに身を投げ出すようにして倒れこみ、ポーズを決める。

先に見た「シャル・ウィ・ダンス？」や「スペインの雨」と比較すると、このナンバーには大きな違いがある。そう、ここでは気持ちが高まって歌や踊りになっている訳ではない。ローラは、ジョーを誘惑するための手段として歌い踊る。彼女はなかなか落ちないジョーに対して、とどめの一撃を放つが如くストリップを演じてみせるのだ。なるほど彼女の中に苛立ちはあるかも知れない。しかし、それよりもっとはっきりしているのは、彼女の計算である。

もう一つの大きな違いは、このナンバーのあり方そのものに関わる。「シャル・ウィ・ダンス？」や「スペインの雨」同様ここでも歌は台詞の延長ではあるが、ではローラは自分が歌って（そして踊って）いることにアンナやヒギンズたちと同じく気がついていないかと言えば、それがどうもそうとも言い切れないのだ。ジョーを誘惑するという行動を、誇張して表現した結果が歌と踊りになっていると見れば、ローラは自分が歌い踊っていることに気がついてはいないという建て前になる。それはその通りなのだが、この場面が実際に演じられたところを観ると、ことはそれほど単純ではないようにも思えてしまうのだ。

『くたばれヤンキース』は、初演を演出したジョージ・アボットの監督（スタンリー・ドーネンと共同）、これまた初演と同じボブ・フォッシーの振り付け、そしてジョー以外の主要な役も舞台のオリジナル・キャストという形で映画化（一九五八）されている。DVDやブルーレイも発売されているので、是非御覧頂きたい。この映画でグウェン・ヴァードンが演じる「ローラが望めば何だろうと」は、まさに彼女の独壇場であり、この役で彼女がたちまちにしてミュージカル・スターとしての地位を確立したのも当然だと頷かされてしまうほどの面白さである。

ストリップティーズという仕掛けは、バーレスク出身のフォッシーにはお手の物だったろうし、男に甘え擦り寄る黒猫を彷彿とさせる振り付けは、『パジャマ・ゲーム』の「スティーム・ヒート」と並ぶフォッシー初期の代表作だ。そしてその振り付けの魅力を最大限に生かし切り、引き出しているのがダンサーとしてのグウェン・ヴァードンの「芸」なのである。彼女の過剰にコケティッシュな演技と抜群のダンス・テクニックが、このナンバーを支えていると言っても過言ではない。ストリップという趣向が、そういう印象をますます強めてもいる。

「シャル・ウィ・ダンス？」でも「スペインの雨」でも、先述したように踊りはあくまでもリアリズムの枠内に収まっていた。ところが、この「ローラが望めば何だろうと」ではローラはプロのダンサーでもないのに卓越した踊りを見せつける。そのために、作者たち（及び振付師）はローラの誘惑という行動をストリップ仕立てにして表現しているのか、それともローラはジョーを誘惑するために自分でも自覚的にストリップを踊っているのか、観ている方には判然としなくなって来る。そして、その分裂をひとつにまとめる格好で圧倒的に迫って来るのが、僕たち観客はヴァードンの「芸」を観ているのだという印象なのである。王様やヒギンズたちとは違って、ジョーはヒロインの歌にも踊りにも参加せず、いわば観客の代表のようにしてローラの「芸」を観ているだけという設定にも注目する必要がある。その結果、観客は劇中の状況に巻き込まれ、登場人物とともに一喜一憂するというよりも、状況から一歩距離を置いて歌と踊りを楽しむといった傾向が顕著になる。（ジョーを舞台上のローラのダンスに巻き込む形での演出も可能だろうが、少なくとも初演の振り付けはそうなっていない。）

要するに「シャル・ウィ・ダンス」と「スペインの雨」では、ダンスそのものよりもそれによって表現される感情（思い）に重点があった。しかし、「ローラが望めば何だろうと」ではダンスそのものに重点がある。これは、「シャル・ウィ・ダンス？」や「スペインの雨」とは、明らかに異質な作られ方をしているナンバーなのである。

とは言え、「シャル・ウィ・ダンス？」と「スペインの雨」でも、観客はダンスと歌そのものをも楽しんでいるのは勿論である。どれほど第四の壁の内側の現実に収められているように見えようと、観客は歌を歌として、ダンスをダンスとしても楽しんでいる。ミュージカルにはこの重層性はいつでもついて回る。煎じ詰めれば、役の感情と役者の芸の、そのどちらにより比重が掛かっているかである。

レナード・バーンスタイン（一九一八〜一九九〇）は、その著『音楽のよろこび』で、音楽劇（musical theatre）というジャンルの両極にヴァラエティ・ショーとオペラを置き、レヴューやオペレッタ等その他の全ての形式は、この両極の間のどこかに位置し、夫々ある程度はどちらか一方または両方に似ていると述べている。この見方を借りるなら、「ローラが望めば何だろうと」は「シャル・

ウィ・ダンス？」や「スペインの雨」と比べて、よりヴァラエティ・ショー寄りに位置しているとも言える。またジェラルド・ボードマンは、アメリカのミュージカルの歴史を著すにあたって『アメリカン・オペレッタ』、『アメリカン・ミュージカル・コメディ』、『アメリカン・ミュージカル・レヴュー』の三部作とした。彼の分類に従えば、『王様と私』と『マイ・フェア・レディ』はオペレッタ、『くたばれヤンキース』はミュージカル・コメディとなる。前者が初演時から見てともに過去の異国を背景にしているのに対し、後者は現代のニューヨークを描いていることにも留意してほしい。これらのミュージカルは、同じミュージカルとは言え、それほど違うということである。しかし、その一方、物語の中に組み込まれ、歌い踊る登場人物の思いを観客が共有しながら楽しむナンバーと、歌い踊る俳優の「芸」を楽しむことに主眼が置かれたナンバー、これら正反対とも言える二つの在り方のナンバーが一つのミュージカルに共存している場合もあるから話は複雑なのである。ミュージカルの形成発展を、これら二系統の流れの合流、融合の過程と捉えることも出来るのだ。そして二十一世紀前半の現在、ボードマン式の区分けでは処理し切れない、オペレッタ寄りともミュージカル・コメディ寄りとも言い難い、ただ「ミュージカル」としか呼び様のない作品も数多く現れている。

が、それらの作品についてはまたの機会に譲り、ここでは視点を変えて、今度は以上見てきた三つのナンバーの共通点を考えてみよう。何故ならその共通点こそ、夫々の差異を超えてミュージカルをミュージカルたらしめているものだと思えるからである。

「ローラが望めば何だろうと」では、他の二つと違って気持ちが昂揚して歌になるという公式は使われていなかった。但し、何故歌うのか、何故踊るのかという理由づけはされている。ローラはただ単に観客を楽しませるために歌い踊るのではない。彼女はジョーを誘惑するために歌い踊るのである。或いは、観客を楽しませるために歌い踊るのだが、その大目的を達成するために「ジョーを誘惑する」という動機づけ（スタニスラフスキイ流に言えば正当化）をしていると言った方が、この場合は正確かも知れない。そのことが半ば強引に、このナンバーをリアリズムの枠内に押し込めているとも言えるだろう。また、このナンバーは単に観客を楽しませるだけでなく、ローラという人物の性格を観客に分かりやすく呈示することで、この先の物語の展開を円滑に進める働きもしている。その意味で、物語を先に進める一翼を担ってはいるし、「シャル・ウィ・ダンス?」や「スペインの雨」に比べれば弱いとは言え、作品全体の中でなくてはならない役割を果たしている。作品を貫く整合性の中でしかるべき位置を占めているのである。

歌と踊りに心理的な動機づけがなされていること、そしてその歌と踊りが作品全体の構成の中にきちんと組み込まれて必要不可欠の部分となっていること。三つのナンバーに共通しているのは以上の二点である。そこに看て取れるのは、やはり紛れもなくリアリズムの概念である。

演劇に於けるリアリズムの主張は、一九世紀の後半にフランスで生まれた自然主義演劇とともに台頭した。それまでの波乱万丈の物語を英雄的な人物を主人公にして極めて劇的に描くロマン主義演劇や、そこから派生したメロドラマへのアンチテーゼとして始まった自然主義演劇は、市井の一般人の日常生活に潜むドラマをありのままに再現することを目指した。より正確に言うなら、舞台上で行われていることが現実をありのままに再現しているという錯覚を観客に抱かせることを意図していた。荒唐無稽な内容と現実にはあり得ない偶然が連続するような展開を避け、今現在の現実にも起こり得ると観客が思えるような出来事が、現実にもいると観客が思える等身大の人物の身に降りかかる。台詞も韻文による朗誦や飾り立てた煽情的な言葉ではなく、散文による話し言葉を用いる。

上演の様式としても、例えば舞台装置は現実の生活環境の再現を目指す。フランスの自然主義演劇を代表する演劇人で演出家だったアンドレ・アントワーヌ（一八五八〜一九四三）は、装置を考案する際に、それが室内なら先ずそこで登場人物が本当に生活している現実の部屋を構想する。四方の壁も床も天井もあるリアルな部屋だ。その上で、戯曲の展開に照らして一番問題のない壁を取り除いた装置を舞台上に組み立てる。観客はその取り除かれた、言わば見えない第四の壁を透かして舞台上に描かれる「人生の断片」を覗き見ることになる。俳優もまた、そこは現実の生活空間だとして、客席の観客の存在はないものと前提して役の人物を「生きる」ことになる。舞台上の出来事はどこまでも自然で、ありのままの現実を写し取ったものに見えなければならず、それこそが「リアル」なのだという主張である。人生を科学的な客観性を持って見つめようとしたのだ。もともとは一九世紀の半ば以降に、自然科学や社会科学（例えばダーウィンの『進化論』やマルクスの『資本論』）の影響を受けて形成された思潮である。

その根本には、全ての事象には説明可能な原因（客観的真実）があるとする因果律が支配する芸術観、つまりリアリズムがある。この世の事象には、各々必ずある法則があり、その法則に則って一つ一つの出来事はあたかも歯車がかみ合うように進行して行くという合理精神に基づく考え方である。先ずAという出来事が起こり、それが原因となってBという結果を生む。すると次にはそのBが原因となってCという結果を生む。こうして劇中のあらゆる部分が作品にとって必要欠くべからざるものとして物語を展開させて行き、結末にまでたどり着く。原因と結果が密接に結びつき、首尾一貫した論理（因果律）によって部分は全体に奉仕するのだ。そこで展開される物語も荒唐無稽なものではなく、現実を反映した、つまり現実に起こり得ることでなければならず、基本的には現実の再現であり模倣なのである。物語を展開させて行く登場人物たちの心理も、その矛盾葛藤をも含めて、観客から見て客観的、論理的に理解出来るようなつじつまの合ったものであることを求められる。

『くたばれヤンキース』の物語は、確かに現実にはありえない設定だが、先述した通り、作者たちは登場人物の行動には必ず説明可能な理由づけを施し、物語も寓話としてその前提を一旦受け容れてしまえば、そこから先の展開はあくまでも論理的な整合性を有している。それまで普通に話していた人物が突然歌い出したり、踊り出したりするミュージカルは、その形式だけ見るなら、本来リアリズムからはほど遠いジャンルだと思われるかも知れないが、ロジャーズ&ハマースタインを頂点とする黄金時代のブロードウェイ・ミュージカルについて言えば、その根底に流れているのは、実はリアリズム以外の何ものでもないのである。

『王様と私』の作者オスカー・ハマースタイン二世は、自作の歌詞集に付した長い覚え書きの中で、初めのうちはミュージカル・コメディを書いて金を稼いだら、台詞劇を書くつもりだったと述べている。台詞劇なら自分の言いたいこと、本当に感じていることが書けると思ったからだ。ミュージカルはあくまでも身過ぎ世過ぎの手段でしかなかった訳だ。それがやがて、歌でも言いたいことは何でも言えるのだと気がつき、ミュージカルの歌だからと言って「必ずしも陳腐な主題や軽い主題にばかり限定することはない」と確信するまでになったと言う。ハマースタインは、作曲家のリチャード・ロジャーズとともに、『オクラホマ！』（一九四三）、『回転木馬』（一九四五）、『南太平洋』（一九四九）、『王様と私』といった一連の作品でミュージカルのスタンダードを作ったと言われる人物である。ミュージカルで真面目な主題を語ろうとした時、彼が選び援用したのは、二〇世紀前半のアメリカの台詞劇の支配的な潮流だったリアリズムの概念――現実味のある人物が、観客が共感し納得出来る心理に則って、現実味のある環境の中で、論理的に整合性の取れた物語を展開するリアリズムの発想だったのである。「ミュージカルでは何故歌うのか?」この設問への最も適切な解答は「ミュージカルだから」である。しかし、ミュージカルがドラマとしての性格を強く持ち始めたとき、それだけでは済まなくなったのである。

けれど先ほどから述べているように、ミュージカルは形式的にはリアリズムからはかけ離れたものである。歌や踊りは、時に第四の壁を易々と突き崩し、乗り越えてしまう。かくしてミュージカルは、リアリズムを志向することによって変化し、形成発展した非リアリズム演劇という矛盾した存在となった。喜志哲雄氏は、一九八〇年代以降のミュージカルがオペラやレヴュー等に再び接近し一種の先祖帰り現象を起こしていることにふれ、ミュージカルとは「本質において不安定な芸術」であると指摘しているが、その原因は、ミュージカルがその成り立ちからして矛盾を抱え込んでいることにあるのではなかろうか。『オペラ座の怪人』を初め昨今の大作ミュージカルがほぼ全編を歌で進行するオペラ形式になってしまったのも、言い換えれば「ミュージカル」ではなくなってしまったのも、その矛盾を抱え込んだままどこまでもリアルで自然な流れを追及した結果のような気がしてならない。少なくとも原因の一端ではなかろうかという気がしてならない。

見方を変えれば、優れたミュージカルとはその矛盾を逆手に取り、リアリズムと非リアリズムの危うい均衡の上に成り立っている作品だとは言えないだろうか。そのことを如実に示してくれる瞬間が、先ほど考察した「シャル・ウィ・ダンス?」の場面の続きにある。

舞台一杯に踊りまわったアンナと王は、音楽の切れと同時に勢いあまって舞台の上手と下手に分かれる。離れたまま見つめ合う二人。聞こえて来るのは二人のハアハアという息遣いのみ。やがて王がゆっくりとアンナに近づき、手を差し出し一言、「さあ！もう一度だ。」ここで再びオーケストラが「シャル・ウィ・ダンス？」とリフレインの部分をフォルテシモで奏で、二人はまた踊り出す。しかし、今回はわずか六小節踊っただけで、突如鳴り響く銅鑼の音に断ち切られてしまう。臣下が不吉な知らせを運んで来たのである。（僕の手元には『王様と私』の出版された台本は三種類あるが、この箇所にはかなりの相違がある。ここでは実際の舞台に一番近いと思われるウィリアムソン・ミュージック社のものに拠った。）

僕は今、「聞こえて来るのは二人のハアハアという息遣いのみ」と書いた。だが、これは必ずしも事実ではない。なるほど、舞台の上ではアンナも王も無言であり、オーケストラ・ピットも静まり返っている。しかし、客席をも含んだ劇場空間全体を考えれば、場内には、たった今踊られた二人のダンスに対する観客の割れんばかりの拍手が鳴り響いている筈だ。

もう言うまでもあるまい、再び踊り出された二人のダンスは、その拍手に応えてのアンコールでもあるのだ。論より証拠、出版されているヴォーカル・スコアのこの箇所にははっきりアンコールと記されている。しかし、アンナも王も（彼らを演じている俳優も、と言うべきか）これ見よがしにアンコールとして踊るのではない。彼らはじっと見つめ合ったまま、今自分たちの間に起きたことに驚き、喜び、戸惑い、そして確認し合ってもいる。拍手の間、彼らはあくまでも劇中のアンナであり、王であり続ける。と同時に彼らを演じる俳優としては、二人は拍手が静まるのを、アンコールに応えるきっかけを探ってもいるのだ。第四の壁を無造作に越えて直接アンコールに応えてしまえば、せっかくそれまで築き上げて来たドラマの盛り上がりに水を差すことになる。かと言ってアンコールに応えなければ、それはそれで観客の期待感を著しく殺ぐことになってしまう。もう一度踊ることに心理的裏づけを与えることで、アンコールにリアリズムの仮面を被せることで、作者たちはこの難問に見事な答えを出したのである。

二人が再び踊り出した時、客席からも再び前以上に盛大な拍手が沸き起こるだろう。観客も、少なくとも意識下では、これがアンコールであることを百も承知しているのだ。拍手はアンナと王様に感情移入した観客の喜びと祝福の拍手であるとともに、アンコールに応えてくれた俳優への「待ってました!」の拍手でもある。その観客の要求に充分応えながら、作者たちはたった六小節で終わりにしてしまう。長く踊れば、これがアンコールであることがあまりに歴然としてしまう。そうなれば、観客のドラマへの集中力が落ちる。そうなる前にさっさとやめてしまう訳だ。しかも、もしも最後までもう一度踊り切ってしまったなら、二人の関係はさらに深まり、物語は違う展開をしてしまうだろう。プロットの上では、観客は二人が本当に結ばれる瞬間を期待するかも知れない。そうなる前に、不吉な報告によって、その期待が、そして二人の思いが中途半端な状態で無残に断ち切られることが観客には一種のショック効果となり、ドラマへの回帰をも楽々と果たしてしまう。アンコールだったことを観客の意識から拭い去ってしまうと言っても良い。と同時に、束の間踊られたその輝きは、いっそう鮮やかな印象となって観客の脳裏に残る。

閉じられた第四の壁の内側に留まっている風を装いながら、その実、観客との開かれた関係を打ち立てる。これは一種の詐術である。しかし、リアリズムと非リアリズムの狭間に橋を架けた見事な詐術である。最初に踊り終わった後、もしもアンナと王が客席を向いて深々とお辞儀をしてからもう一度踊り出したとしたらどうだろう？ほとんどの観客はかえって鼻白んでしまうに違いない。二〇〇四年に来日したウィーン・オペレッタ劇場の『サウンド・オブ・ミュージック』の公演で、僕はそういう経験をした。一曲歌い終わる度に客席に向かってお辞儀をする出演者に、僕は違和感を覚えざるを得ず、申し訳ないがとても拍手する気にはなれなかった。オペレッタでは、ミュージカルと比べて、物語性よりも音楽性がより重視されていることを図らずも実証してみせたような光景だった。実際、これがウィンナ・オペレッタだったら事情は全く違っていた筈だ。むしろ喜んで拍手していただろう。「リアリズムを志向することで形成発展して来た非リアリズム演劇」というミュージカルの特性――ロジャーズ＆ハマースタインに代表される黄金時代のミュージカルで確立される特性――がそこにも垣間見えた。

二〇世紀に生まれたアメリカのミュージカルは、より正確に言うならロジャーズ＆ハマースタイン様式のミュージカルは、一九世紀の後半にヨーロッパで始まり二〇世紀の半ばまで演劇芸術における支配的な潮流であったリアリズムが、遅ればせながら音楽劇にも影響を及ぼし、変化し成立した演劇だと言える。このことは、ミュージカル以前の音楽劇、例えば一九世紀の後半に英米で大当たりを取ったギルバート＆サリヴァンのサヴォイ・オペラのようなおよそ不自然な（しかし面白いことこの上ない）音楽劇と比べてみれば良く分かる。また、二〇世紀末以来、ミュージカルの終焉といったことがさかんに云々されているのも、リアリズムの退潮の影響がこれまた遅ればせながらミュージカルにも現れた結果でもあるだろう。冒頭でも少しふれたように、ミュージカルは今やロジャーズ＆ハマースタインの様式を越えて様々に変化している。

いつか機会があれば、ミュージカルの特性と変化について、形式と内容の両面から探ることで

「ミュージカルとは何か」という問いの答えに改めて迫ってみたいと思う。

テアトロ　二〇〇七年二月号

再びミュージカルとは何か　～ブロードウェイ・ミュージカルの現状～

「ミュージカルのための場所は、ブロードウェイの他にも演劇界には色々あります。ミュージカルはとてもお金がかかる。地域の劇団《リージョナル・シアター》には賄えないことも分かっています。でも、そこには大変な数の若い作家たちが、素晴らしい若い演出家たちが、振付師たちがいる。次の時代の新しいミュージカルを創れる人たちです。だから、ブロードウェイで成功しているタイプのミュージカルだけがアメリカのミュージカルである必要はないのです。私たちは私たち自身のミュージカルを創れる、それこそが私の夢です――外で待っている大勢の若者たち、ドアの外で中に入れろと叫んでいる若者たちのための声が上がるでしょう。」

アルゼンチン出身のダンサーとして出発し、今や演出家／振付師として揺るぎない地位を確立しているグラシエラ・ダニエルの一九九三年の発言である。ちなみに、この年にブロードウェイで上演されていたミュージカルは、『オペラ座の怪人』、『ミス・サイゴン』、『クレイジー・フォー・ユー』、『野郎どもと女たち』、『レ・ミゼラブル』、『トミー』、『キャッツ』、『蜘蛛女のキス』、『ジェリーズ・ラスト・ジャム』、『ウィル・ロジャーズ・フォリーズ』、『ブラッド・ブラザース』、『グッバイ・ガール』、『シー・ラヴズ・ミー』、『ファルセット』、『キャメロット』、『赤い靴』、『マイ・フェア・レディ』、『シラノ〜ザ・ミュージカル〜』、『秘密の花園』等々。すでに英国産のメガミュージカルと黄金時代の有名作の再演が中心で、そこに大家の新作と一、二作の野心的な試みの新作が混じっている。

ダニエルの革新的な期待に満ちた発言の一方で、それから七年後、スティーヴン・ソンドハイムはニューヨーク・タイムズ・マガジンの二〇〇〇年三月一二日号のフランク・リッチの記事「ソンドハイムとの会話」の中で、次のように嘆いている。「ブロードウェイには二つの種類の作品しかない——再演と、繰り返し上演される同じ種類のミュージカル、どれもスペクタクルだ。『ライオン・キング』のチケットを一年前に買って、本質的には家族でピクニックに出かけるように観に行き、子供たちに演劇とは何かを教える——年に一度のスペクタクルなミュージカル、映画の舞台化だ。そんなものは演劇とは何の関係もない。良く知っているものを観るというだけだ。私たちは再利用文化《リサイクル》の中で生きている……演劇そのものが死に絶えるとは思わないが、かつてそうであった状態にはもう決して戻らないだろう。もとに戻すことは出来ない。消えてしまったんだ。今の演劇は観光客を呼び込むアトラクションだ」。

リサイクルはミュージカル創作の王道ではあった。今日でも再演される過去の名作の多くに小説や戯曲、映画など先行する原作があることは周知の事実だ。だが、それらの原作をミュージカル化するに際し、作者たちは原作を越えて、ミュージカルならではの魅力を付加した。ソンドハイム自身の作品がそれを雄弁に物語っている。ここでソンドハイムが疑問を投げかけているのは、だから必ずしもそのことではなく、すでに大衆的な人気を獲得している映画の知名度に頼って舞台化する、しかもディズニーの場合はもともとミュージカルとして作られている映画を舞台化する、その安易さを問題にしているのだ。この物語（原作）をミュージカルにしたい！　そうすれば絶対に面白いものが作れる！そういう強い創作意欲に裏打ちされた作品ではなく、単に集客が望めるという金儲け主義に先導された作品創りを批判しているのだ。ソンドハイムは『ライオン・キング』を挙げているが、さらに具体的にはディズニーが自社のアニメ・ミュージカルを舞台化した一連の作品を思い浮かべて頂きたい。一九九四年の『美女と野獣』の舞台化を皮切りに、ディズニーは自社製のアニメ・ミュージカルの舞台化を次々と打ち出した。二〇〇〇年度のブロードウェイでの興行収入の上位五作を上から順に並べると、『ライオン・キング』、『キス・ミー・ケイト』、『アイーダ』、『オペラ座の怪人』、『美女と野獣』で、一位、三位、五位をディズニー作品が占めている。ディズニーの進出がブロードウェイに新陳代謝をもたらし、さらにはニューヨーク州とニューヨーク市による再開発計画に乗って、荒廃していた四二丁目を再生させ、『メアリー・ポピンズ』のような傑出した舞台も生みだしたことは否定しようがない。だが、その弊害も認めない訳には行かない。

ソンドハイムの発言と同じ年の九月、今度は劇作家のアルバート・イナラートがこれまた同じニューヨーク・タイムズ・マガジンに「今日ミュージカルは死ぬ」と題したエッセイを発表し反響を呼んだ。雑誌「悲劇喜劇」の二〇〇〇年二月号に一ノ瀬和夫氏がこのエッセイを紹介している。簡にして要を得た一ノ瀬氏の文章を引用させて頂くと、イナラートは「俗っぽいオペレッタやヴォードヴィルから発生した二〇世紀初頭の楽天的ミュージカルは、労働者階級に属する移民たちの文化に奉仕する、楽しみに溢れた政治劇でもあったと、まずその発生を語り、更に常に自らを作り直していくことで、複雑な物語や多様なダンスやメロディを取り込んで、『ポーギーとベス』、『回転木馬』、『南太平洋』、『ウエスト・サイド物語』といった名作を生み出してきたと続ける。ところが、七〇、八〇年代の経済的な変動が、ブロードウェイ文化の中枢であった中規模ミュージカルを支えていた資金提供者たちを演劇業界から締

め出し　結局ディズニーに代表されるような巨大資本による大型ミュージカルのみが幅をきかせることになる。しかし、そのような大型ミュージカルにはもはや、ミュージカル自体を成立させてきた情熱や感動や驚きといったものを見出すことは出来ず、もうこの辺で我々は幻想を捨てて、魂を失ったミュージカルの死を認めようと結論づけている」。

或いは、マーク・N・グラントはまさに示唆的な書名の『ブロードウェイ・ミュージカルの盛衰』(二〇〇四年刊)でこう述べている。「演劇の主要な言語がもはや言葉でも人物でも音楽でもなく、むしろ身ぶりと動作とステージングであるとき、言葉と音楽の持つ力と正当性は衰えて行く。黄金時代のミュージカルには、身ぶりと動作によっていっそう高められた素晴らしい言葉と音楽があった。一九八〇年頃から後のブロードウェイの新作ミュージカルのほとんどは、二次的な要素としての言葉と音楽を伴った、大衆迎合的な身ぶりと動作を呼び物にしている。つまり一九〇〇年以前のミュージカルと極めて良く似ているのだ。」基本的な視点はソンドハイムと変わらない。

この傾向の果てに、二一世紀に入って早や二〇年の今、ブロードウェイには新旧のヒット映画をミュージカルに仕立て直した舞台が泡沫のように現れては消えている。しかもその多くの音楽面での構成は、判で押したような安易なマニュアル化の印象さえある。

ディズニーが新しい観客層を、そして子供という将来の観劇層の土壌を開拓したことは間違いないし、それは称賛に価しよう。しかし、ブロードウェイのミュージカルのほとんどがソンドハイムの指摘する方向へ右に倣えと進んだ挙句、生まれてからこれまで一度も劇場に足を運んだことのないような人々が、テーマ・パークにでも行くような物見遊山の気分で芝居見物に出かける。何事にも初めはある。物見遊山の観客を先ず満足させる舞台があっても良い。いや、あるべきだろう。しかし、大勢がそうなっては、これは憂慮すべき事態だと言うしかない。演劇の舞台を完成させる最後の大きな要素は観客である。観客が変われば舞台も変わる。そこにライヴである演劇の面白さも魅力もある。しかし、ブレヒトの言葉を俟つまでもなく、演劇を真に楽しむには「いくらかの知識がいる」。演劇は知識人、教養人のためのものだなどと言っているのでは勿論ない。演劇はただ受身で観ていて楽しめるものではない、観客が自ら積極的に舞台上の出来事に関心を持って係わることで初めて成立するものだと言っているのだ。そして、そのためにはミュージカルに限らず、演劇そのものを愛し、理解する観客層が核として絶対に必要なのではなかろうか。テーマ・パークのアトラクションに参加するのではなく、楽しみながらドラマに参加する観客を育てる舞台は絶対に必要なのではなかろうか。楽しませてもらうことをただ待っている受身の観客を相手に、彼らを喜ばせようとするだけの、はっきり言ってしまえば、ただ金儲けだけの安易な作品が今のブロードウェイにはあまりに多い。ミュージカルが、いやブロードウェイの演劇が百数十年かけて築いて来たものが今、一気に崩れて逆戻りして行く感さえある。イナラートやグラントが指摘した状況はいっそう悪化している。

『キング・コング』（二〇一八）は何人もの黒子が操作する巨大で精妙な、アナログとデジタルの技術を融合して駆使したコングの人形とプロジェクションによる映像表現を見事に合致させたスペクタクルであり、確かに目を奪う面白さには事欠かない。しかし、ここではそれを見せることが全てに優先し、ミュージカル・ナンバーは後景へと追いやられてしまう。ドラマとしてはヒロインに黒人の女優を配し、女優志願の彼女がブロードウェイの舞台のオーディションに次々と落ちて行く様子を冒頭で見せる。オーディションの件りは一九三三年版の映画にもすでにあるが、原作の小説以来白人女性であることが前提のこのヒロインを黒人に変えたことの意味は、一九三〇年代初頭という時代背景を考えれば明白で、観客は人種差別による居場所のなさを、彼女が社会ののけものであることを感じないではいられない。それが、生まれ育った南海の孤島からニューヨークに見世物として捕獲されて連れて来られたコングと彼女の間に共感と交流が生まれる展開を無理のないものにして、従来の美女と野獣のテーマの底に隠されていた意味を白日の下に晒している。故加藤典洋氏が指摘する通り、コングはアフリカ大陸から連れて来られた「黒人奴隷の死者の無念さとそれへの（白人の＝引用者註）「うしろめたさ」の客観的相関物＝体現物を意味している」からだ。けれど、そのドラマもスペクタクルの前には影が薄い。この題材ではそもそもスペクタクルを主眼にすることが企画段階からの前提条件だったであろうし、あげつらっても仕方のない話だろう。ユニヴァーサル・スタジオのアトラクションだと思えば上出来の舞台である。（ユニヴァーサル・スタジオのショーを貶めているのでは決してない、念のため。それと補足しておくと、加藤氏の指摘はヒロインが白人の方がより残酷に、より痛烈に観客に訴えかけるものがあるとは言える。但し、それはおそらく無意識のレベルに、ではある。）

それよりも驚いたのは開演前の客席での出来事だ。遅れて来る観客もいるので、開演を五分程度遅らせるのは良くあることだが、開演が二分ばかり遅れた頃、待ちわびた数名の観客が「早く始めろ」と手拍子を打ち出したのだ。残りのほとんどの観客もたちまちそれに和し、客席は手拍子のシュピレヒコールと化した。その手拍子を観客自身、大いに楽しんでもいるようだった。手拍子は観客が「イベント」に参加している意思表示だったとも言える。四〇年以上ブロードウェイの舞台を観て来て、僕には初めて見る光景だった。僕はそれを否定しているのではない。演劇の起源が古代の祭祀であり、かつて福田恆存がいみじくも言ったように劇場とは人々が孤独を「捨てて連帯感を求めにくるところ」であるなら、束の間の共同体を身体一杯に感じるために集うところであるならば、ことによったら、これこそ演劇の原風景であり、舞台と客席の交流としては決して間違った方向とは言えないからだ。問題は、しかし、手拍子を取って楽しむ観客に舞台そのものが「いくらかの知識」を与えられるものかどうかだろう。演劇は芸術でもあるからだ。くどいようだが、受身の観客が受身のまま楽しめる作品を作っている限り、真に演劇を楽しめる観客は育たない。

思えば、ミュージカルのこういうイベント化は『キャッツ』（ブロードウェイでの初演は一九八二）や『スターライト・エクスプレス』（同一九八七）辺りからすでに始まっていた。

この状況の背後には、製作費の高騰と、それを回収するためには従来とはケタ違いの観客動員数が必要な事情がある。ブロードウェイでミュージカルを上演するには、もはや昔のような単独プロデューサーでは資金が到底調達出来ず、ディズニーに代表される複合企業が乗り出す事態となってすでに久しい。企業が利益追求を第一義とするのは理の当然である。それにブロードウェイはそもそも商業演劇の牙城である。数年単位での続演が可能な作品となれば、すでに誰もが知っている映画のミュージカル化に走るのも無理からぬことだ。アニメなどのミュージカル映画の舞台ミュージカル化となれば家族単位の集客も見込めるし、なお安定路線である。英語の台詞や歌詞が分からない海外からの観光客でも、映画を通して物語を先に知っていることで充分楽しめる作品が幅を利かすことになる。言葉が理解出来なくても楽しめる作品、言い換えれば文学性が消えた、少なくとも希薄化した作品である。全篇歌われるミュージカルやジュークボックス・ミュージカルの増加現象の一因も実はこれかも知れない。

ジュークボックス・ミュージカルとは既存の楽曲（ポピュラー・ソング）を使って作られたミュージカルのことで、大きく分けて二種類ある。実在のソングライターや歌手、グループの人生を事実に基づいて描き、彼（彼女）らの楽曲をちりばめたスコアがその伝記を彩る形式のもの。代表的な作品に

『ジャージー・ボーイズ』（二〇〇五）や『ビューティフル／キャロル・キング・ミュージカル』（二〇一三）等がある。もう一つは全く新しい物語に既存の楽曲をはめ込んで展開させるもので、全篇一人（或いはひとグループ）の楽曲を使ったものもあれば、複数のライターやグループの楽曲で構成されているものもある。前者はＡＢＢＡのヒット曲で綴る『マンマ・ミーア』（一九九九年ロンドン初演、ブロードウェイは二〇〇一）、後者は一九八〇年代のロックの名曲が次々と歌われる『ロック・オブ・エイジズ』（二〇〇九）、オッフェンバックからブロードウェイ・ミュージカル、映画音楽やシャンソンを経てデイビッド・ボウイ、エルトン・ジョン、クイーンやレディ・ガガまで、欧米ポピュラー・ソング名曲選の趣きさえある『ムーラン・ルージュ』（二〇一九）等が代表的な作品だろう。

このジャンルの遠い先祖は、一九四〇年代から五〇年代にかけてハリウッドで製作されたソングライターやミュージカル俳優の伝記映画（『アメリカ交響楽』『我が心に君深く』『夜も昼も』『ジョルスン物語』等々）とガーシュウィンの名曲の数々を使って新しい物語に仕立てた『巴里のアメリカ人』『パリの恋人』等のミュージカル映画だと思うが、とりわけ今世紀に入ってこのジャンルが陸続と現れた背景には、やはりミュージカルの巨大ビジネス化とそれを支える観光客の存在がある。ブロードウェイの観客の中核である中年層の青春時代へのノスタルジアをくすぐり、お上りさんでも知っているヒット曲の数々で親しみやすさ、とっつきやすさをアピールするからだ。そういう意味では、一九五〇年代のハリウッドの青春学園物を模したような物語にまさしく当時のロックンロールのパスティーシュをまぶした『グリース』（一九七二）辺りが（そしてその興行的な大成功が）このジャンルの背後にはあるのかも知れない。

また実際、多くのジュークボックス・ミュージカルの初演の年度とそこで歌われる楽曲がヒットしたおおよその年度との間隔を調べてみると、中には四〇年というものもあるが、ほとんどの場合、二〇年から三〇年の開きがある。つまり十代から二十代の青春時代にそれらの楽曲に慣れ親しんだ若者たちが、決して安いとは言えないブロードウェイのチケットを変える中高年になったところを狙って製作していると見てもあながち穿った見方ではないだろう。

ミュージカルを観終わった観客が劇中のナンバーを思わず口ずさみながら劇場を後にする。ミュージカルがヒットするにはそんなナンバーが絶対に必要だとは昔からよく言われることだが、ジュークボックス・ミュージカルでは観客は劇場に入る時からすでに劇中のナンバーを口ずさんでいる訳だ。ここにもソンドハイムが指摘した「演劇とは何の関係もない」「良く知っているものを観るというだけ」の「再利用文化」の浸透が見られる。

ともあれ『ジャージー・ボーイズ』のように卓越した台本とデス・マカナフの練達の演出力によって、既成の楽曲があたかもこの作品のために作曲されたかの如く見事に物語の展開にはまっている作品もある一方、多くのジュークボックス・ミュージカルの物語が或いは台本が極めて浅薄であるのは、作品の主眼が観客が懐メロを堪能して青春時代の思いを束の間蘇らせることにあって、それらの懐メロを上手く組み込めて、歌の邪魔にならない程度の物語つまり歌のための口実であれば良いからだ。耳慣れた楽曲が歌い出された途端に観客が拍手喝采し、カーテンコールでは観客も総立ちになって踊り出し、劇場が暫し一九七〇年代のディスコと化す（それはそれで確かに堪らなく懐かしくはあるが）『マンマ・ミーア』はその典型だろう。つまり一つ間違えば、ミュージカルのふりをしたロック・コンサートになりかねない。いや、作品によってはその危険性がそもそもの創作意図に潜在していると言える。例外はあっても、ここでも製作側の目的はただ金儲け、それだけにしか見えない。金儲けは大事だ。だが、果たしてそれだけで良いのか。

二〇一五年五月二六日付のニューヨーク・タイムズ紙の記事によれば、この時点で観光客がブロードウェイ演劇の総入場者数に占める割合は実に約七〇パーセントだそうである。ミュージカルだけに絞れば、この数字はさらに高くなるのは確実だ。ブロードウェイのミュージカルは今や通りすがりの観光客を主な標的にして創らざるを得ない状況に立ち至っている。ブロードウェイの商業主義へのアンチテーゼとしてオフ・ブロードウェイが、そしてオフ・オフ・ブロードウェイが生まれ、さらには非営利組織による演劇活動が活発化してからすでに半世紀以上が経つ。その間に、いや、今世紀に入ってのこの二十年間で、ブロードウェイの商業主義は時代の趨勢の中でもはや抜き差しならないほど危険なところまで来てしまったのかも知れない。

しかも製作費の高騰は当然チケット料金に跳ね返る。チケット代の高騰は、観劇を定期的な楽しみとしていた演劇愛好家たちの足を勢い遠ざけることにもなる。一九七〇年代末に一八ドルだった一階席の料金が一九八〇年代前半には三五ドルと倍増し、その後も五〇ドルまで上昇を続けた挙句、九〇年代初頭の『ミス・サイゴン』で一気に百ドルになる。二〇二〇年初頭には程なく二〇〇ドルにならんとする状態だ。面白そうな作品ならミュージカルに限らずどれも観たいと思っても、よほど余裕のある人でもなければ到底叶わぬ贅沢に観劇はなってしまったのだ。これでは大ヒットする話題作以外の佳作が続演出来る可能性はさらに狭まってしまう。そして観客の主体は、せっかくニューヨークまで来たのだから一度はブロードウェイ・ミュージカルでも観てみようと言う観光客に移ってしまう。

安定路線志向が至上の命題となれば、興業上の実験精神、冒険精神にも歯止めがかかる。かつてのブロードウェイなら新人作家のミュージカルが興業的に失敗しても、プロデューサーが才能を認めていれば二度目、三度目のチャンスもあった。今では一度失敗すれば次のチャンスは先ずない。若手がヴェテランの中でプロの腕を磨く機会がないというハロルド・プリンスの嘆きは切実である。

では、そうやって作られたミュージカルが全てヒットしているかと言えば、その多くはおそらく原資回収もままならないまま幕を閉じている。その一方で、佳作と思われる作品もまた観光客の支持を得られずフロップして行く。時代を先取りする実験精神で築かれ、変化発展して来たアメリカのミュージカルだが、二一世紀前半の今、様々な要因が絡み合った複合的な理由から、ミュージカルは出口の見えない悪循環に陥っているとさえ言える。


黄金時代と呼ばれる一九四〇年代から一九六〇年代には、ミュージカルにはオペレッタ系列、ヴァラエティ・ショー系列があり、それをロジャーズ&ハマースタインの様式が一つにまとめていた。その根底にあったのはリアリズムだった。ミュージカルという非リアリズム演劇は、リアリズムを志向することで形成されて来た。それから約半世紀、ロジャーズ&ハマースタイン型も依然として生き残ってはいるものの形式的にはあまりに多様化した現在、それでもなおアメリカのミュージカルを根底で支えているのはやはりリアリズムへの根強い志向ではないのだろうか。

しかし、そのリアリズム志向にも、上演の現場では微妙な、いや歴然とした変化がすでに兆している。それが顕著に表れているのが配役に於ける人種の問題である。

アメリカ的多文化主義の浸透により配役の問題も改めて浮上して来た。きっかけとなったのは一九九一年の『ミス・サイゴン』のブロードウェイ初演にまつわる騒動である。しかし、これはかなりねじれた形での問題提起をも孕んでいた。一九八九年のロンドン初演で主役の一人のエンジニア役を演じてローレンス・オリヴィエ賞も受賞した英国俳優ジョナサン・プライスが同役をブロードウェイでも再び演じる筈だったところ、イギリスではシェイクスピアやチェーホフの舞台で実力を認められていても、アメリカではまだスターとは看做されていない、しかも白人のプライスがヴェトナム人とフランス人との混血を演じることにアジア系の演劇人たちが意義を唱え、これに舞台俳優組合が同調したのだ。

役が要求する特徴とあらゆる点で一致する俳優がその役を演じるべきだという考えの根底には、やはり自然主義流のリアリズム志向がある。しかし、リアリズム志向に貫かれていたロジャーズ&ハマースタインの『王様と私』に於いてさえ、その初演（一九五一年）では、脇筋を担う一人であるビルマ（現ミャンマー）人のルンタを演じたのは白人の俳優だった。これは僕が観た一九七七年の再演でさえそうだった。公演によっては王様の役も白人が演じている。リアリズム重視を言いつつ、上演の実際面では少数派を無視した白人重視の配役が当然の如く横行していたのである。一九二七年の『ショー・ボート』初演で黒人のクイーニー役を白人女優が演じていたことを思い出してほしい。一九七〇年代には流石に黒人を白人が演じることはなくなっていたが、アジア系については依然としてこの種の、敢えて言おう、差別がまかり通っていたのである。『ミス・サイゴン』の配役をアジア系の演劇人たちが問題にした根底には、長年に渡って差別されて来た歴史がある。けれど、現在の『王様と私』の、少なくともブロードウェイに於ける上演では、アジア人の役は全てアジア人が演じている。そのきっかけとなったのも恐らく『ミス・サイゴン』のブロードウェイ初演である。

『ミス・サイゴン』のプライスの問題は、その白人優先の「伝統」の矛盾を表面化させた。プロデューサーのマッキントッシュはプライスを使えなければ公演そのものを撤回すると俳優組合に揺さぶりをかけた。そうなればアメリカの大勢の演劇人が仕事口を失くすことになる。結果、プライスはそのまま、しかし全出演者の四分の三はアジア系やアフリカ系のマイノリティが演じることで決着した。この騒動の根本にあったのはアジア人の役はアジア系の俳優が演じるべきだというリアリズム志向と、そしてもう一つ、ブロードウェイ・ミュージカルの舞台を白人の俳優が優先的に占めるのは機会均等の原則に照らしておかしい、もっとマイノリティの俳優を使うべきだという主張である。『ミス・サイゴン』の場合は、二つの主張は共存していた。しかし、やがて後者の主張からは本来なら白人の役も黒人（やその他のマイノリティ）が、さらには性差も越えて男性の役も女性が（或いはその逆も）演じても良いのではないかという考えが生まれる。つまりリアリズム志向とは相容れない動きが始まるのだ。実はプライスの出演を主張した製作者側の論拠も、人種の違いで演じる役柄を制限するのはおかしい、それは芸術表現の自由の否定だということでもあったのだ。ねじれた形の問題提起と言ったのはそういう意味である。

その背景には、オペラではすでに大分以前から人種を無視した配役が普通に行われている事実がある。役の人種的、民族的背景をもとにリアルに捉えたタイプではなく、あくまでも声の良さ、歌唱力を基準に判断された配役である。オペラの場合は、そもそも昔から声を最重要視して、巨大な体躯の豊満なミミやヴィオレッタが結核で死んで行く様が延々と舞台上で繰り返されて来た下地がある。近年、オペラでも演出家主導の流れが強まり、オペラもまた歌われるドラマであるという視点から、歌手も声だけでなく見た目からも役にふさわしく演技力にも恵まれた歌い手を配する傾向が顕著になっては来た。その一方で声重視はおそらくマイノリティへの配慮とも相俟って、人種の壁を越えた配役という形でも現れている。（この傾向は、様々な国籍や民族出身のスター歌手たちが、ジェット機の発達で世界中の歌劇場にいつでも出演出来る状況が現出したことによっても加速された。）

オペラだけではない。シェイクスピア作品を代表とする古典劇の上演では、人種の壁を越えて有色人種が主役を演じるといったことはすでに大分前から起きていた。その一方で、従来は白人俳優が顔を黒く塗って演じるのが通例だった（例外はある）『オセロー』のタイトル・ロールは、少なくとも今の英米の舞台では、黒人俳優以外が演じることは難しい。白人が黒塗りで黒人を演じるのは、演劇史的にはミンストレル・ショーを想い起こさせ、現代の黒人にとっては屈辱以外の何ものでもないだろう。そのため白人のパトリック・ステュワートが同役を演じた際（一九九七年）には、オセロー以外の全ての役を黒人俳優に演じさせる逆転の発想が採られた。ここにも一種のねじれ現象が生じている。

ともあれ、ミュージカルでもその役を演じ切るだけの演技力、歌唱力、ダンス力があるなら人種は問わない、そういう舞台がすでにいくつも現れている。端的な例としては『日陰でも一一〇度』の二〇〇七年のブロードウェイ再演がある。本来なら白人の配役しか考えられない主人公のリジーを黒人のオードラ・マクドナルドが演じたのだ。しかも父親役は白人のジョン・カラムが、兄弟役も夫々黒人と白人の俳優が演じた。この舞台は僕も観ている。トニー賞をミュージカルと台詞劇の両部門に渡って、主演女優賞と助演女優賞を合わせて現在までに六回受賞しているマクドナルドのリジーは、まさしく圧倒的な演技力と歌唱力で素晴らしいものだった。この役にしてはいささか圧倒的過ぎないかとも後から思いはしたが、観ている間の違和感はなかった。しかし、異人種間の結婚が多くの州で法的に禁じられていた一九三〇年代のアメリカ南西部（イメージは恐らくテキサス州）という時代と場所を考えれば、この配役が歴史的リアリズムの観点からは限りなくあり得ないものであることは言うまでもない。出演者は「与えられた環境」の中から人種に係わる部分を意識的に変換しなければならなかっただろう。勿論、役を演じるとは自分とは赤の他人の人生を生きることである。人種の壁も乗り越えるべき対象になるだろう。僕たちが翻訳劇を上演する際に取り組まねばならない課題と通じるものがある。ただ、歴史的背景にこだわりつつ黒人が白人を演じるとすれば、アメリカの俳優にとっては精神的にはこれまたミンストレル・ショーを裏返したような屈辱的な作業となってしまうのは明らかだし、今そんなことがまかり通る筈もない。つまり本来は白人であるリジーを黒人の役として演じたということである。そうなら、マクドナルドたちが行ったのは、役が置かれた社会的条件、歴史的条件などは初めから一切ないことにして、より普遍的な人間の状況にのみ専念して演じたということだ。これは多民族国家アメリカだからこそ起きる現象だと言える。

つまり、この公演での肌の色を越えたカラー・ブラインドの配役は、『王様と私』で白人がアジア人を演じた（ふりをした）こととは似て非なる、根本的な変化を象徴していたと思える。ここでは、少なくとも見た目だけはその人物らしく見えるように、自然に見えるように努めることは重要視されていない。或いは端から無視されている。これは明らかにリアリズムからの部分的な脱却である。『ショー・ボート』が反人種主義の狼煙を上げてから八〇年後に、それは物語の内容を越えて上演の様相にまで及んだのである。（ミュージカルでの人種の壁を越えた配役は、勿論ブロードウェイでもこれまでにもあった。例えば『ジーザス・クライスト・スーパースター』（一九七一）では黒人のベン・ヴェリーンがイスカリオテのユダを演じている。けれど、このロック・オペラは人種という要素を敢えてキャラクターから排除することで、言い換えるなら如何なる人種の俳優が演じても作品が成立するように書かれている。或いは初演された一九七〇年代の初頭に於いては、そういう書かれ方が作品の社会的スタンスの表現にさえなっていたと言える。『日陰でも一一〇度』の場合とは意味合いが違う。）

誤解のないように申し添えておけば、僕はこの流れに反対しているのではない。これは移民から成る民主主義国家アメリカを真に象徴する舞台芸術へとミュージカルがさらに変貌して行く過程なのかも知れない。それにマクドナルドたちが配役されたことにより、『日陰でも一一〇度』は物語に内在している初演当時の女性観を乗り越え、一部からは主題的に時代遅れになっているとの批判もあったこの作品が今日でも立派に通用することを証明した。僕が言いたいのは、『日陰でも一一〇度』のようなロジャーズ&ハマースタインの様式に則って創られた作品でさえ、見た目からも、役作りという内面からもリアリズムから逸脱した形で上演される、そこにミュージカルに於けるリアリズムの変化を指摘したいのだ。（先述した『キング・コング』のヒロインを黒人にしたこともマイノリティへの配慮の一環だろうが——或いは敢えて意地の悪い見かたをすれば、そういう時代の趨勢への便乗商法だろうが——『キング・コング』の場合は物語の状況や時代背景に照らしてみてもリアリズムの立場は堅持していた。）

こういう変化の潮流は、アメリカ建国の父祖たちをヒスパニックや黒人の俳優たちが演じる、リン＝マニュエル・ミランダ台本・詞・音楽による『ハミルトン』（二〇一五）でさらに大きな節目を迎えた。この作品のカラー・ブラインドの配役は、アメリカという国を二一世紀の現代の視点から捉え直す試みの象徴である。多民族国家アメリカの原点を問い、移民問題で揺れる現在のアメリカへの問いかけともなった。人種的にリアルな配役では描き切れない主題そのものがカラー・ブラインドの、いや人種のみならず性別の壁さえ越えた多様性に満ちた配役によって具現化されたのだ。それに合わせて音楽も南北戦争時代を想起させる時代性は敢えて無視され、ヒップホップが多用され、ラップが物語を進めて行く。

この流れは新作だけでなく、古典とされる過去の作品の上演にも波及している。例えば、二〇一八年にオフで初演され、翌年にはオンでも幕を開けた『オクラホマ！』の、ダニエル・フィッシュによるほとんど衝撃的な新演出では、ヒロインを演じるのは黒人である。二〇世紀初頭のオクラホマという物語の背景から考えると、『日陰でも一一〇度』同様、歴史的なリアリズムからは明らかに無理な配役なのだが、全登場人物に現代服を着せることで、ヒロインの置かれている状況に当時（そして未だに）黒人が置かれていた状況と、現代でもなお男性優位の社会の中で女性が置かれている状況とが重なり、作者たちが図らずも作品の深層に書き込んでいた問題を、もっとあからさまに言えば作者たちの内なる差別意識を浮き彫りにしている。カラー・ブラインドの配役が人種のみならず性差別をも炙り出したのである。ヒロインのローリーの手製のピクニック・ランチを競りにかける二幕冒頭の場面で、演出家は競りにかけられているのはバスケットに入ったランチではなく、ローリーという女性であることを、ここで行われているのは本質的には人身売買であることを鮮烈に示した。この公演のローリーが何故いつも何かに怒っているように見えるのか、その理由がこの場面で一挙に分かる。この他にも、フィッシュの演出は、敵役と目されるジャドを誰よりも繊細な感性の持ち主であるが故に心を病んで社会から疎外されている存在として明確に打ち出し、多様性に対して不寛容な社会がはらむ危険性を抉り出した。さらに、ローリーを含めた登場人物に内在している性衝動を（従来とは比較にならないほど）危険なまでに顕在化させ、歴史的価値はともかく今や古めかしい古典と看做されつつあった『オクラホマ！』を、大胆にアレンジされた音楽に乗せて、まるで昨日書かれた新作かと見紛うほどに再生させたのだ。

どんな作品だろうと創られた時代の制約を課せられている。『オクラホマ！』のこれまでの上演で、周囲の善意の人々のヒロインに対する扱いや、いくら正当防衛とは言え大した審理もなしに半ば強引に主人公を無罪放免としてしまうハッピー・エンドにどこか釈然としない思いを抱いていた観客も実は多かったのではなかろうか。そういう違和感や疑問に、この舞台は徹底的にこだわって一つの答えを出し、その先に現代のアメリカの混迷そのものを抉り出した。観客をも劇中の町の住民として巻き込む環境演劇的な装置と演出が相俟って、その違和感は我々自身の問題として突きつけられる。第二次世界大戦さ中のアメリカで、愛国心の名の下に一つにまとまって行く国の姿を象徴的に描いたその同じ作品が、七六年後にやはり愛国心の名の下に分断された国の現状を無残に暴き出す。オペラやシェイクスピア劇の演出では四〇年以上前から目立つ古典の再解釈、脱構築がついにミュージカルの演出にも歴然と現れたのだ。この流れはすぐに一般化して、同じ傾向の演出が増えて行くのではないかと思われる。けれどオペラ演出の現状を鑑みれば、演出のための演出、改変のための改変ではなく、作品に内在している問題点をえぐり出して細部に至るまで納得させてくれる演出がミュージカルでもどれほど現れるかは、はなはだ心許ない気もする。

とは言え、過去二十年ほどの間にブロードウェイに現れた古典ミュージカルの新演出による再演のいくつかは、先述した『日陰でも一一〇度』の例が示す如く、誰もがすでに熟知していると思っていた作品に新たな光を当てることで、多くの観客が抱いていたそういう既成観念を打ち砕き、作品に内在していた魅力と価値を再発見させてくれている。演出家のスコット・ミラーは、演出家ならではの視点から古今の傑作ミュージカルを分析した数冊の著書で、一時しのぎの娯楽と看做されて来たミュージカルにも、その多くには真面目な台詞劇のそれと匹敵するだけの人物像、サブテクスト、社会性を持った主題が内在していることを指摘して来た。それらのミュージカルを演出するなら、イプセンやチェーホフやアーサー・ミラーやベケットを演出するのと同じ態度で臨むべきことを教えてくれる。彼の主張が、少なくとも米英に於いてはようやく常識となりつつあるとも言える。

一例を挙げるなら、フィッシュの『オクラホマ！』ほど衝撃的ではないものの、二〇一八年のリンカーン・センター・シアター製作の『マイ・フェア・レディ』もやはり演出家の現代的な再解釈で成果を上げた舞台である。ショーが原作に付した後日譚ではイライザが彼女に恋焦がれる上流階級の青年フレディと結婚することになっているが、台本・詞のアラン・ジェイ・ラーナーは「彼（ショー）が正しいとは確信が持てない」と言って、ヒギンズとイライザが結ばれる（であろう）ハッピー・エンドに改作している。それを演出のバートレット・シャーは、ショーの原作に戻って、イライザがヒギンズの許を去って行く結末に変え、女性の自立という今日的主題を鮮明にしたのである。僕はこの舞台を実際に観るまでは、演出意図は理解出来るし、その方が今の観客の共感も呼べるかも知れないとは思いつつ、第一幕後半の白眉である「一晩中でも踊れたのに」のナンバーがある限り、ミュージカルとしてはその解釈を正当化することは相当に難しいのではないかと訝っていた。「一晩中でも踊れたのに」は「スペインの雨」の直後に置かれたナンバーである。イライザが初めて完璧な発音で喋れたことを祝福して三人で歌い踊った後、まだ余韻に浸り、興奮冷めやらぬイライザが「私には決して分からないだろう／どうしてこんなに興奮したのか、／何故いきなり／私の心が飛び立ったのか。／私に分かるのはただ、彼が／私と踊り出したとき／私は一晩中でも踊れるだろうと思ったことだけ！」と歌う、躍動感にあふれたソロ・ナンバーだ。歌詞を素直に読む限り、ここには正しく発音が出来て最初の難関を突破したことの喜びと共に、イライザの内に芽生えたヒギンズへの恋心が歌われている。しかも、第二幕の大詰めで、ヒギンズの許に帰って来たイライザに向かって、嬉しさを素直に表現出来ないヒギンズが「イライザ？　僕のスリッパは一体どこだ？」と斜に構えると、「イライザの目に涙が浮かぶ。彼女は理解する」（台本ト書き）。そして幕が下りるその時に、二人の背後にはこの「一晩中でも踊れたのに」の音楽がオーケストラで華々しく奏でられるのだ。音楽はイライザの気持ちの表現である。つまり、第一幕のクライマックスでヒギンズへの想いが歌われ、さらにこの最後の最後で、それがまた高らかに奏でられてしまう限り、ヒギンズから去るイライザ像を観客に納得させるのは限りなく難しいと僕には思えたのだ。

ところが、シャーの演出はこの難問に見事な回答を示した。「スペインの雨」の後、次はイライザを公の場に連れ出して試してみようとヒギンズとピカリングが熱く語る間、イライザ本人は傍らの長椅子に座り、発音矯正の教科書を広げて見入っている。そして、ヒギンズたちが「イライザ、勉強を続けて」と言い残して去り、家政婦のピアス夫人に「イライザ、ミスター・ヒギンズが何と言おうと、本を置いてベッドに入りなさい」と言われても（ここで短い前奏が入る）、彼女は手にした本（教科書）を抱き締めて離さず、歌い出すのだ。この後も歌の中で夫人や他の女中たちが本を取り上げようとしても抱き締めたまま歌い続け、ついに取り上げられると奪い返す。つまり、ここでイライザが歌うヒギンズと「一晩中でも踊れただろう」という歌詞は、正しく発音出来たことがそれほどまでに嬉しかったという意味になる。勿論、ヒギンズへの淡い恋心はあるけれど、観客に強く印象づけられるのは言葉を習得することによって一気に世界が広がり、向学心に本物の火が点いた、その喜びである。軸足はロマンスから向学心＝自立に移っている。うっかりすると見過ごしかねない夫人の「本を置いてベッドに入りなさい」のひと言に注目して生まれたコロンブスの卵的な演出である。歌への前奏は歌う人物の気持ちの表現であり、その気持ちは直前の台詞から導き出されることが多い。ここではピアス夫人の台詞によってイライザの中に「まだ本を置きたくない！　もっと勉強したい！」という気持ちが沸き起こったのだと分かる。その結果、先に引用した第二幕第七場の最後のト書き「彼女は理解する」の意味も、従来の演出なら「もし気持ちのままに振る舞えたなら、彼（ヒギンズ）の顔は見間違えようもない安堵と喜びに輝いただろう。もし気持ちのままに振る舞えたなら、彼は彼女に駆け寄っただろう」（ト書き）に、そうは出来ない彼の心情を「理解する」ということだが、シャーの演出では、その上で、これからも決して気持ちのままに振る舞うことの出来ないヒギンズを、彼が決して変われない子供であることを「理解する」、ヒギンズをはるかに越えて成長したイライザが立ち現れる。呆然と立ち尽くすヒギンズを乗せたまま、舞台奥の暗闇へと装置が移動して行く中、イライザは彼に背を向けて客席に下り、そのまま通路を歩いて劇場の外へと出て行く。その背後に鳴り響く「一晩中でも踊れたのに」の音楽は、彼女の真の自立への励ましに聞こえた。

この公演は『オクラホマ！』の新演出とは違い、装置や衣裳は一九一〇年代初頭のロンドンという背景に忠実なものだったが、配役に関しては、フレディを黒人俳優に演じさせている他、貴族を演じるアンサンブルにも黒人や日本人が混じっている。過去の上演ではあり得なかった現象だ。人種の壁を越えて多様性を重視した配役に関しては、そのことに演出上の意味を持たせる、などという次元を越え、それを当然のこととする根本的な変化がすでに定着したと見るべきなのだろう。二一世紀に入って以降、ミュージカルに於けるリアリズムは、今や視覚面や聴覚面でのそれは影を潜め、因果律を重視した物語面でのみ維持されていると言っても間違いではないのかも知れない。

その一方で、ロジャーズ＆ハマースタインが工夫の上にも工夫を凝らした、台詞から歌への移行は今やある種の到達点にまで達した感がある。ソンドハイムの後期のミュージカルの台本作家にして演出家でもあるジェームズ・ラパインは二〇一七年に当然のことのように次のように書いている。「成功したミュージカルでは（台詞から歌への）繋ぎ目など感じさせない流れがある。物語は観客に台詞と歌の区別などほとんど感じさせないようにして彼らを運んで行く。」『ディア・エヴァン・ハンセン』（二〇一五）の出版された台本への序文の一節であり、同作はまさしくラパインの言葉の通りに作られている。

ミュージカルとは何か。この問いに誰もが満足の行く答えを出すことはもはや不可能なのかも知れない。いや、パフォーマンス・アートが様々に論議される現代では、そもそも演劇とは何かという問いに対する答えを出すことさえ容易ならざるものがある。僕が書いているのは学術的な論考ではない。あくまでも演劇上演の現場に身を置く一演出家の視点から、「ミュージカルとは何か」、その答えに迫ろうという試みである。しかし、その始まりから現状まで駆け足で概観しただけでも、現代のミュージカルのあまりの多様さに呆然と立ち尽くしてしまう。状況としては、現代のミュージカルは二〇世紀初頭の、様々な形態の音楽劇や音楽芸能が百花繚乱だった混沌状態へ逆戻りしてしまったとさえ言えるだろう。勿論、それはただの後戻りではない。明らかに大きな変革を孕んだ混沌ではある。

人種のるつぼである大都会ニューヨークで、アメリカが世界の覇者であった二〇世紀に形成発展して来たミュージカル演劇。ヨーロッパのクラシック音楽、そのクラシック音楽と黒人のアフリカ音楽とが融合して生まれたジャズ、そしてユダヤ音楽やケルト音楽、様々なルーツを持つ多様な音楽がまさにるつぼの中で混淆され、形作られたアメリカのシアター・ミュージック。それはまさにアメリカという多民族国家でなければ生まれなかったであろう音楽だし、その音楽を核に物語が展開するミュージカルこそアメリカを象徴する演劇ジャンルだ。一九六〇年代以降のロック音楽、そして現在のヒップホップまで、ミュージカルは今もなおアメリカ社会の変貌を反映して、演劇的にも音楽的にもその形式を変え続けている。ついにはアカペラのミュージカル（『イン・トランジット』）まで出現した。

ミュージカルは客席に向けて開かれた形式のジャンルと看做されている。しかし、二一世紀に入ってトニー賞やピューリッツァー賞を受賞した作品の中には『ネクスト・トゥー・ノーマル』(二〇〇八)、『ファン・ホーム(楽しい我が家)』(二〇一三)、『ディア・エヴァン・ハンセン』のように、主人公たちの心の襞に深く食い込み、内へ内へと向かう内省的な作品が目を惹く。躁鬱病を抱えた主婦、同性愛を軸にした親子の不確かな関係、自分の居場所を見出せず引きこもりと死へと引き摺られて行く一〇代の若者たち。極めて今日的な題材に取り組んで、演劇は時代の様相を映し出す鏡であることを改めて認識させてくれた作品ばかりだ。このように従来なら台詞劇でしか扱わなかった、扱えなかった題材をもミュージカルは果敢に、或いはごく当たり前のこととして採り上げるようになった。ミュージカルであっても「必ずしも陳腐な主題や軽い主題にばかり限定することはない」とハマースタインが気づいてからほぼ一世紀、ミュージカルはここまで来たのだ。

形式面に着目すると、これらの作品は夫々に外へと開く工夫を施してはいるが、三作ともダンスが排除されている。内面へと沈潜して行く物語に、外へとエネルギーを発散させるダンスは、リアリズムの視点からは確かにふさわしくない。題材の拡大はミュージカルの形態をも再び変化させようとしている。

以上の三作は、家族の崩壊(と再生の可能性)を描いて、アメリカ演劇の主流である家族劇の伝統に連なっているのが共通点だが、もう一つ、どれもオフや地方の劇場で作られ、そこでの上演を経由してブロードウェイで上演された作品でもある。ブロードウェイがあまりにビッグ・ビジネス化した結果、地方での長期間のトライアウト(試演)さえ予算的に難しくなってしまった現在、地方の演劇組織とニューヨークのプロデューサーが組んで地方劇場から新作を発信する事例や地方で独自に製作される作品が増えている。「ブロードウェイで成功しているタイプのミュージカルだけがアメリカのミュージカルである必要はないのです。」四半世紀の時を経て、グラシエラ・ダニエルの予言的発言は現実となった。

今や演劇の潮流そのものが大きく様変わりをしている。大きな物語を喪失した現代の状況を描くには、もはやこれまでの戯曲偏重の演劇では叶わないとして、ポストドラマ演劇と呼ばれる多様な形態のパフォーマンス・アートが台頭してからもすでに久しい。如何に様変わりしようと、物語の論理的なつながり、因果律としてのリアリティに拠り所を見出して来た現代のミュージカルにも、いずれその影響は現れるのだろうか。そのとき、それはまだミュージカルと呼べるのだろうか。ミュージカルが今後どこへ向かうのか、それはアメリカの行方を占うのにも等しい予測困難な問題である。

テアトロ　二〇一九年八月号

ミュージカルの翻訳台本を出版するにあたって

この七月に、カモミール社から『キャバレー』と『ウェスト・サイド・ストーリー』の拙訳を出した。日本で翻訳物のミュージカルの台本が出版されるのはかなり珍しいと思う。古いところでは、白水社の現代世界戯曲選集のアメリカ篇（一九五四年刊）に『君のため我は歌わん』が内村直也訳で収められているが、上演を念頭に置いた翻訳ではないので、歌詞は譜面にあわせて歌えるようには訳されていない。上演台本として使える訳となると、青井陽治氏が今はなき劇団薔薇座のために訳した『アップル・トゥリー』『ローマで起った奇妙なできごと』『地球を止めろ——俺は降りたい』が二十数年前に劇書房から出ている。同じ頃、『DEAN』や『旅立て女たち』が出たが、それ以後は、少なくとも単行本としては世紀が変わった二〇〇三年に劇書房から『ファンタスティックス』が出るまでぷっつりと途絶えていた。他には、昨年『プロデューサーズ』の上演と連動して、台本を収録した豪華本が出ているきりである。

何故こんなに少ないのか。理由は言うまでもないだろう。台詞劇（戯曲）と違って、音楽がドラマ表現の重要な要素であるミュージカルでは、台詞と歌詞からだけではその面白さ、魅力が充分伝わらないからだ。歌詞は歌われるためにある。メロディーが付いてはじめて真価が発揮される。詩とは違うのだ。『ファンタスティックス』の作者トム・ジョーンズ氏は、著書の中で、歌詞が「どう見えるかには何の意味もない。どう聞こえるかが全てだ」と書いている。歌詞の価値は、ページの上でどう見えるかではないと。しかも翻訳となっては、そのどう聞こえるかでさえ相当、いや全く怪しくなってくる。

それを承知で今回『キャバレー』と『ウェスト・サイド・ストーリー』を出版したのは、それでもやはりミュージカルのドラマの根本は言葉に、台詞と歌詞にあると思うからだ。音楽が表現するドラマを支えているのは、やはり台本に他ならないと思うからだ。（その意味で、ミュージカルの歌詞は俳優に演技を促す「行動」になっていなければならない。）僕自身、どんなに音楽が優れていても、台本がつまらない、歌詞に魅力のないミュージカルでは上演してみようという意欲は絶対に湧かない。（勿論、その逆もまた真なりではあるのだが。）

今日、ミュージカルは世界中の多くの国々で持て囃されている舞台芸術だが、その活況の裏で、しっかりした骨格を持ったブック・ミュージカル（あえて訳せば台本主導型ミュージカル）、つまり物語性の高い統合ミュージカルは衰退の一途を辿り、本家本元のアメリカではミュージカルは死んだといった論議が喧しい。最近ミュージカルの名の下に上演されている舞台には、はたしてこれでミュージカルと呼べるのかと首を傾げたくなるものも少なくない。ミュージカルとはアミーバーのような演劇ジャンルだとも言えるが、ミュージカル・シアターと総称してしまえば、それは概念上オペラからレヴューまで含めてしまえるし、それゆえジャンルとしての定義があまりに曖昧になっているとも言えよう。ことによると「ミュージカル」は、先行芸術であるオペラやオペレッタ同様、今後は大筋としては過去の名作傑作ばかりを様々な新演出、新解釈で上演して行く舞台芸術となってしまうのかもしれない。その兆候はすでに現れている。

僕が教鞭をとっている大学や専門学校でも、ミュージカルと言えば『レ・ミゼラブル』か『オペラ座の怪人』『ライオン・キング』しか知らない学生が増えている。その一方で、翻訳ミュージカルを上演しようとする大学生やアマチュアの集団も、本当に徐々にではあるが現われて来ている。そんな今、読んでも面白い過去の名作傑作ミュージカルの台本を日本語で提供するのもまんざら意味の無いことでもあるまいと思ったのだ。幸い近頃はインターネットのおかげで、市販されているボーカル・スコアやオリジナル・キャストのCDも簡単に手に入る。拙訳とあわせてミュージカルとは何かを考えるきっかけになってくれれば嬉しいし、これらの作品を上演してみようというアマチュア劇団が出て来てくれれば、それこそ願ったり叶ったりである。

出版のために改めて訳文を推敲しているうちに、色々と気がついたこともある。いずれそのことについても書いてみたい。

テアトロ　二〇〇六年一〇月号

ミュージカル映画について

最近、ミュージカル映画がまた息を吹き返してきたようだ。『プロデューサーズ』『レント』『ドリームガールズ』と舞台作品の映画化が目につく。今年はついに『スウィーニー・トッド』まで登場するとのこと。『シカゴ』のアカデミー賞受賞がはずみをつけたのか、ミュージカル・ファンとしては楽しみが増え、嬉しい限り。どの作品も元になった舞台にかなり忠実に映像化されているのも好ましい。

映画が音声を獲得してトーキー時代が本格的に到来するや、映画界がミュージカルに目をつけたのは驚くにあたらない。ジェローム・カーン、ガーシュウィン兄弟、ロジャーズ&ハート、コール・ポーターといったブロードウェイの大物ソングライターたちも次々とハリウッドへと向かった。が、初期においては、ブロードウェイの舞台が映画化される場合、徹底的に改作され、原作の舞台とは似ても似つかないものになってしまうことも多かった。

ミュージカル・ナンバーがいくつかカットされ、新曲が加えられるのは現在でもあることだが、当時はもっと凄まじく、ナンバーのほとんどがカットされて別のナンバーと入れ替えられ、しかも作詞・作曲家も元の舞台とは別人ということも平気で行なわれていた。物語の変更も当たり前であり、こうなると映画化とは名ばかり、舞台との共通点は題名のみと言いたくなるような作品もある。

もっとも、こういう改作の背景には、もとの舞台ミュージカルそのものが未だ極めて杜撰な作り方をされていたということもある。一九四〇年代の初め頃までに作られたミュージカル・コメディは、今日の基準で見れば、構成の点でかなりルーズなものが多い。ミュージカル・ナンバーは、物語の流れに沿って挿入され、物語を先に進めるかそれを歌う登場人物のキャラクターの説明になっているか、いずれにせよ物語と密接かつ有機的な繋がりを持っているというのが今日的なミュージカル・ナンバーのあり方である。そこでは物語の構成の基礎としての台本が最も重要な要素として捉えられている。少なくとも建て前としてはそうなっている。

しかし、初期のブロードウェイ・ミュージカルの台本は、そのほとんどが歌や踊りを提供するための口実と言っても過言ではないようなたわいない物語しか有しておらず、物語との繋がりもゆるい。あるナンバーを外して別のナンバーに入れ替えても差し支えなかったり、カットしても物語の展開上何の問題もないといった場合が多々ある。僕の手元にある『浮気なマリエッタ』（一九一〇）の上演台本には、二、三の有名なナンバーがその曲名のみ記されて歌詞は記載されていないのだが、物語を追う上では全く支障がない。『浮気なマリエッタ』はミュージカルというよりオペレッタだが、三〇年代の代表的なミュージカル、例えば『エニシング・ゴーズ』でも事情は変わらない。これらの作品を今上演しようとすれば、台本を大幅に書き直し、物語とミュージカル・ナンバーの結びつきをもっと強固で必然性のあるものにしなければならない。（但し、こうした外科手術の結果、音楽と現代化されたテクストの間に齟齬が生じ、むしろ作品本来の面白さが損なわれてしまうと主張する評論家もおり、話はそれほど単純ではない。）

もう少し昔には、英国製のミュージカル・コメディにアメリカ向けのナンバーをアメリカの作曲家に新たに作らせて挿入する行為も通常行なわれていた。（ついでながら、第一次大戦の勃発により、イギリスやオーストリアからの音楽劇の輸入が困難になったり途絶えたりしたことがアメリカ人の手になるミュージカルの製作に拍車を掛けたという面もある。第一次大戦は、結果的に工業技術をはじめ現代文明の様々な分野に急速な進展を促したが、ミュージカルの発展もまたこの悲惨な戦争がもたらした思わぬ副産物のひとつと言って言えないこともないのである。）

ともあれ、ブロードウェイ・ミュージカルが原作に比較的忠実に映画化されるようになるのは、概ね一九五〇年代以降のことである。とは言え、一見舞台に忠実な映像化のようでも、それなりに問題を抱えている作品も少なくない。次の機会には、そういった映画化作品について書いてみたい。

テアトロ二〇〇七年四月号

『ウェスト・サイド・ストーリー』映画版について

『ウェスト・サイド・ストーリー』（以下『WSS』）がブロードウェイで初演されたのは一九五七年。今年でちょうど五十周年になる。今日ではもはやミュージカルの古典として揺るぎない地位を占め、また初演時の劇評でも高く評価するものが多かったのだが、続演回数は七三四回。この数は前年に開幕した『マイ・フェア・レディ』の二七一七回は勿論、同年の『ミュージック・マン』の一三七五回と比べてもかなり見劣りがする記録だ。当たりはしたが大当たりとは行かなかったというのが実情である。

『WSS』の名を一挙に高め、日本などではある時期ミュージカルと言えば『WSS』といった状況を作り出したのは、一九六一年に製作され、アカデミー賞十冠に輝いた映画版のおかげである。ジェローム・ロビンズが振付並びに共同監督に当たり、舞台版に忠実な映画化とされている作品だが、実際には両者には相当な違いがある。振付も舞台という狭く限られた空間から屋外ロケや大きなスタジオでの撮影へと広げられ、またカット割りを考慮した結果、細かく、時には大きく変更されているし、第二幕の白眉であるドリームバレエ『どこかに《サムフォエア》』もリアリズム重視のためかカットされている。しかし、最大の変更はミュージカル・ナンバーの順番を変えたことである。

このことで良く引き合いに出されるのは『クール』と『ねえ、クラプキー巡査』だ。舞台では『クール』（モダンジャズの鋭角的で緊張感に満ちたナンバー）は一幕の中盤、敵対するシャーク団との会談を前に逸るジェット団のメンバーを団長のリフが諌めようとして歌い出される。『クラプキー』は二幕の中盤、リフとシャーク団のベルナルドがともに殺され、警察の手を逃れて一旦散じりになったジェット団のメンバーが集まって、自分たちの境遇を自虐的かつコミカルに歌うヴォードヴィル風のナンバーである。映画ではこの二曲の場所を入れ替えたのだ。すでに死んでいるリフが歌う訳にも行かず、映画で『クール』を歌うのはジェット団の他のメンバー。その分、『クラプキー』を主導するのはリフになっている。すでに悲劇が起きてしまった後で、その当事者たちが滑稽な歌を歌うのは状況にそぐわないというのが恐らく入れ替えの理由であろう。このことは、しかし実は舞台版の創作過程でもすでに問題になっていた。

『クラプキー』を二幕のこの箇所に入れようとしたのは台本のアーサー・ローレンツである。彼の回想録によれば、この問題で彼はロビンズや作曲のバーンスタイン、作詞のソンドハイムを説得しなければならなかったという。ローレンツは後に続く本当の悲劇（主人公《トニー》の死）の衝撃を高めるためには、ここで一度緊張感を緩める必要があると考え、『マクベス』でダンカン王暗殺の直後に登場する門番に代表されるシェイクスピアの手法に倣いコメディ・リリーフを投入しようとしたのである。映画では、解放しなければならない緊張感などそもそもない場所に置かれ、おかげで不良少年たちは「お調子者のコーラス・ボーイ」のようになってしまったとローレンツは嘆いている。

舞台版の稽古中に『クール』と『クラプキー』の場所を入れ替えろと最後まで文句を言い続けていたのはソンドハイムである。まさに「場違いな感じがした」からだとソンドハイムは述べている。作品の悲劇的内容からいって入れ替えるべきだというのが彼の考えであり、だからこそ変えるべきではないというのがローレンツの立場である。映画の方が舞台よりも良いと主張する人たち（大勢います）は、このソンドハイムの反対を援用することが良くあるが、そのソンドハイム自身が後年、意見を翻し、変更した映画は舞台版と比べて「およそ効果的ではなかった」と言い、「正真正銘の真実」ではなくとも「演劇ならではの真実」というものがあるのだと発言している。映画版では糞リアリズム的発想に押し切られてしまったということなのだろう。舞台的表現と映像的表現の違いということでもあるだろう。（この問題には、舞台の幕間に相当する休憩の位置が、映画では舞台と大幅に違うことも関係していると思うが、今はそのことを詳述している余裕がない。）

他にも舞台では二幕冒頭、つまり決闘の後に置かれている『心がときめく《アイ・フィール・プリティ》』がやはり同じ理由から決闘の前に置かれ、結果このナンバーの持つアイロニカルで悲痛な裏の効果が失われてしまった。それより問題なのは『トゥナイト』と『アメリカ』の位置を入れ替えたことで、音楽の流れが寸断されてしまい、『WSS』の特色である流動感が著しく損なわれていることであろう。トニーがポーランド移民の子であることも事前に分かってしまうので、バルコニー場面での劇的効果もそがれている。

製作から半世紀近く経って改めて観ると、映画版には色々と問題があるのだ。

テアトロ二〇〇七年五月号

『ウェスト・サイド・ストーリー』来日公演

『ウェスト・サイド・ストーリー』の来日公演を観た（Bunkamura オーチャードホール）。ジョーイ・マクニーリー演出・振付によるツアー・ヴァージョンである。マクニーリーは、拙訳で上演された青山劇場での公演（二〇〇四年七、八月）の際にも演出・振付を務めている。とは言え、『ウェスト・サイド・ストーリー』の場合、プロの公演では基本的にはジェローム・ロビンズのオリジナルの振付を踏襲しなければならない。『トゥナイト』や『アイ・フィール・プリティ』などの歌振りについては、ある程度個々の公演の振付師に委ねられている面もあるが、上演権を管理しているミュージカル・シアター・インターナショナル社には各公演の担当者用に『ウェスト・サイド・ストーリー』の振付に関するガイド・ブックがあり、そこには歌振りについてもかなり詳しい記述がある。

という訳で、演出家としては半世紀近く前に上演されたオリジナルを守りつつ、装置や衣裳、照明に新味を凝らして作品に現代の息吹を吹き込む作業に勤しむこととなる。今回も青山劇場の時と同様、全体をスピーディーに展開させ、かなり若い出演者たちから鬱積したパワーをうまく引き出していた。ちなみに上演時間は休憩を除けば正味二時間。これも青山劇場の時と同じ。『ウェスト・ストーリー』は、元々ブロードウェイ・ミュージカルの中でも特に台本の短いことで有名な作品だが、マクニーリーは、作品に内在するスピード感を表出することに成功していたと言えよう。但し、スピード負けして、細かいニュアンスが消し飛ばされてしまった場面もなくはない。

それと、ツアー・ヴァージョンという制約のせいだろうが、装置を省略し過ぎた嫌いがある。それを一番感じたのは第一幕第三場から第四場への転換の処理だ。ロビンズのオリジナルのステージングでは、ブライダル・ショップの照明が落ちると同時に、色とりどりの飾りリボンが次々に降りて来て、その前をヒロインのマリアがクルクルと回転しながら下手に退場する。それに合わせてシャーク団の女たちがやはり回転しながら登場。続いてジェット団の女たち、そしてシャーク、ジェット両方の男たちも現れ、飾りリボンが再び飛んで消えるとカット・チェンジで照明が体育館を照らし出す。これらの動きは、全てバーンスタインの音楽と見事に連動して、観ている方は思わずゾクゾクさせられてしまう。ところが、今回の演出では、マリアは照明の変化とともにただ退場してしまうし、飾りリボンも降りて来ない。初演の通りやれと言っているのではない。ただ、シャーク団の女たちがクルクルと現れるだけでは、明らかに音楽に対して舞台上の表現が不足している、音楽を視覚化し得ていない、音楽が描くドラマに対してステージングが拮抗し得ていないのである。

反対に、音楽に対して演出が過剰と思えたのが二幕の大詰め、トニーの死の場面。瀕死のトニーを抱きかかえてマリアは『どこかに』をアカペラで歌い出す。トニーも途中から苦しい息の下、歌うが、最後まで歌い切らずに息絶える。一瞬の静寂、そしてオーケストラが二人が歌うことの出来なかった最後の小節を奏でる。今回、演出家はこの一瞬の静寂の代わりに、マリアに悲痛な泣き叫びを上げさせた。しかし、そのせいで、後に続く音楽が余計な付け足しのように響いてしまった。しかも音楽だけに任せた方が、この場の痛ましさははるかに胸に迫って来る。

もう一つ気になったのは、一幕の終わりである。決闘でジェット団のリーダーのリフとシャーク団のリーダーのベルナルドがともに死に、双方の他のメンバーは全員逃げ去り、舞台には二人の死体だけが転がっている。そして、「遠くで時を告げる鐘の音が鳴り始める。幕が下りる」(台本ト書きより)。この鐘の音は、二人への沈鐘のようでもあり、決して後戻り出来ない時間の流れを冷厳に突きつけ、起きてしまったことの取り返しのつかなさを観客の心に深く刻み付ける。この鐘の音が今度の舞台ではカットされていた。全くの無音の中で幕は閉まる。素っ気ないほどだ。今、世界のあちこちで起きている紛争、テロ行為で多くの人々が日々命を落としている。死が——殺人が——日常生活の一部と化してしまった世界。そのことを演出家はこの場面に重ね合わせて訴えたかったのかもしれない。だとしても、この素っ気なさ、あっけなさからは命のかけがえのなさが見えて来ない。他の誰も代わることの出来ない個人の死、その重さが問われなければ、この場面は成立しない。他の誰でもないリフとベルナルドという個人の死、その重さが伝わって初めて彼らの死は、個人を越えた意味を持つ。作品によっては、あっけないほどの死こそが、その重さを伝えるということもあるだろう。だが、この場面について言えば、メロドラマ性を排除し過ぎることは、死を一般化してしまうことは、得策ではない。少なくとも僕にはそう思えた。

テアトロ　二〇〇六年一一月号

新しい『ウェスト・サイド・ストーリー』

『ウェスト・サイド・ストーリー』の新しいプロダクションが昨年（二〇〇九）の三月からブロードウェイのパレス劇場でロングランしている。初日から三十週間で初期投資額の千四百万ドルを回収したとのこと。長引く不況の影響で、ハリウッド・スターの出演作を除けば総じて興行面で厳しい状況の今のニューヨークでは、かなりヒットしていると言って良さそうだ。

僕は開幕直後と、そのほぼ一年後に計二回観た。ブロードウェイでこの作品を観るのは一九八〇年の再演以来だが、このときの再演が一九五七年の初演をほぼ忠実に再現したものだったのに比べ、台本を書いたアーサー・ローレンツが演出に当たった今回の舞台はかなり印象が違う。作者自身の演出の強みなのか、これまでプロの舞台では神聖不可侵といった扱いだったジェローム・ロビンズの振付にも若干の（しかし重大な）変更を加えているのをはじめ、台詞にも修正があり、細部にはっとするような斬新な解釈の演出が施されている。初演以来半世紀の間についてしまった垢を落とそう、つまり長年無反省になぞられて来た結果、紋切り型に堕してしまったステージングや解釈を徹底的に再吟味し、生々しいリアリティを作品に取り戻そうという演出家兼作家の意志が強烈に感じられる舞台である。（ちなみにローレンツは初日の時点で九十一歳。）

開幕に合わせるようにして出版された著書『主に演出について――ジプシー、ウェスト・サイド・ストーリー、およびその他のミュージカル――』の中で、ローレンツは一九九八年にロンドン入りを目指していた『ウェスト・サイド・ストーリー』の英国巡業公演にふれて、アメリカ人の振付師によって演出されたこの公演の「ダンスは間違ったやり方の典型だった。振付はジェローム・ロビンズと宣伝されていたが、そうではなかった――それは彼のステップでしかなかった。ステップの一つ一つが何を意味するのか、何故そのステップを踏むのか、ダンサーたちは一度も教えてもらってはいなかった。歌についても同じことが言えた」と述べ、すでに病魔に冒されていたロビンズに代わってこの演出にてこ入れをした経験から、『ウェスト・サイド・ストーリー』の「新たに制作される舞台にとって最も必要なことは、作品を新鮮かつ独創的な目で見ることだと学んだ」と書いている。今回の再演は正にその実践である。

オーケストラの最初の音とともに幕が上がると、ジェット団の団長リフが上体をやや右に傾がせた格好で、客席を冷たく見つめて舞台中央に立っている。やがてジェット団のメンバーたちが一人また一人と舞台に現れ、同じように客席を見据える。「お前らは失せろ」と言わんばかりに。初っ端から不穏で暴力的な雰囲気が舞台を覆う。こういう若者たちの欲求不満と苛立ち、敵意と憎悪が全篇にたちこめているのが今回の特色である。と書くのも変な話で、『ウェスト・サイド・ストーリー』とは本来そういう物語であった筈なのだ。

この後、ジェット団とシャーク団の抗争がダンスとマイムで表現されて行くが、もとの振付では相手の後姿目がけて唾を吐きかける振りだったのが、今回はジーンズの下に隠し持っていたナイフを投げつける。一幕の最後で起きる殺人は、その前のいつ何時起きてもおかしくはない状況なのだ。

乱闘を収めて、その場を去るときにクラプキー巡査は警棒でディーゼルを殴りつける。これにリフが反応すると、クラプキーはすかさず拳銃を抜いてリフに突きつける。

次の一幕二場は、ジェット団を最近抜けたトニーに今晩のダンス・パーティに来てくれとリフが誘う場面だが、トニーはリフの説得を聞いているうちに次第に抗し切れなくなって行く。単に弟分のリフの頼みに根負けするのではない。トニー自身もジェット団のメンバーでいることにまだかなりの未練があるのだ。更生しようとしているトニーにとって、ダンス・パーティに行くことは絶対に乗ってはならない誘惑だが、彼は行きたいのだ。「イエス」と言ってしまうのを懸命に堪えているトニーという今回の演出は、その葛藤をはっきり表現している。リフに「ジェット団は最高だ！」と言われたトニーは、二拍の間を取ってから「昔はな」とごく小さな声で答えるのである。

トニーはジェット団に「顔を出さなくなってもうひと月だ」とメンバーのアクションは言う。トニーにしてみれば「もう」ひと月ではなく、「まだ」ひと月なのだ。映画版のトニーはすっかり更生した好青年のようだったが、彼はほんのひと月前まではいつも飛び出しナイフを携行しているような危ない不良だったのだ。一幕六場で、決闘の危険性を回避させるためにトニーは一対一の素手の決闘を提案しはするが、今回の舞台では、その後のトニーはまるでジェット団の一員のような挑戦的な態度でシャーク団を見据えているし、直後に現れたシュランク刑事がジェット団を侮辱すると、彼らとともに指を鳴らしさえする。このフィンガー・スナップは手を出さないでいるための自制の行為であると同時に、明らかにシュランクへの威嚇行為でもある。この瞬間、トニーはジェット団の一員に戻っている。一幕の最後でトニーは怒りにまかせてベルナルドを衝動的に刺し殺してしまうが、それが今回ほどすんなりと納得出来たのは初めてだ。

一幕二場でもう一つ従来の演出と明確に違うのは、リフにはトニーに対する同性愛的な感情が潜在意識としてあることを描いていることだ。トニーに拒否されたリフは恋人に振られた傷心の男の子のように見える。作品に内在していながら今まで誰も気がつかなかった要素を抉り出した、正に「新鮮かつ独創的」にして説得力のある演出である。

トニーとマリアが出会うダンス・パーティの場は、ジェローム・ロビンズをはじめ全てのスタッフの才能がフルに発揮された演出で、いつ観ても見事だ。共同作業、総合芸術としてのミュージカルの特性が最良の形で結実した、ミュージカル史上屈指の名場面である。ここで二人の出会いが避けられない運命的なものなのだという印象を決定的にしておかないと、以後の二人があまりに状況認識の甘い、あまりに軽はずみな若者に見えすぎてしまい、観客の共感が得にくくなってしまう。

トニーのソロ・ナンバーである『マリア』は、舞台下手寄り前方で歌われ、その終わり近くで上手からマリアを乗せたバルコニーが押し出しで現れ、最後の「マリア」という歌詞はそのマリア本人に向かって消え入りそうな声で歌いかけられる。思わずため息がもれそうなほどの美しさである。

このロマンティックなことこの上ない演出の後で、バルコニーに上がったトニーとマリアは片時も離れたくないといった様子で何度も抱き合い、キスし合う。身体と身体が磁石と化して吸い付いてしまうかのようだ。『トゥナイト』のナンバーの間も同様である。こんなに激しく肉体的に求め合うトニーとマリアは初めて見たが、これほど説得力のあるバルコニー・シーンもこれまで見たことがない。天にも舞い上がりそうな場面に、絵空事でないリアリティを加味することに成功している。そうなのだ、二人は初めて恋を知った十代の若者なのだ。彼らが今感じている恋や愛とは、つまりは性欲以外の何ものでもない。今回の振付を担当している（ロビンズの振付を再現しつつ、ローレンツの意向に沿って改訂を施している）ジョーイ・マクニーリーが数年前に日本での翻訳上演の演出・振付で来日した際、翻訳・訳詞を担当した僕は彼から、一幕八場の五重唱でトニーが歌う「LOVE」という詞の意味するところはセックスであり、それが分かるように訳してほしいと注文をつけられた。それ以外の注文には全て応えてきたが、ここだけは「あなたの解釈には僕も全面的に賛成だが、原文のイメジャリーは出来るだけ尊重したい。原文を離れた露骨な表現は取りたくない。このLOVEがセックスだということは、訳詞ではなく演出で示してほしい」と言って断った。ローレンツの演出は、その僕の願いを余すところなく満たしてくれたと言える。詩情豊かな叙情性と大都会の酷薄な空気を同時に表現した照明（ハウエル・ビンクレイ）の力も大きい。

この場面では、舞台外からマリアの父親が「マルーカ！」と娘を呼ぶ声が聞こえる。最後に呼ぶときなど、なかなか戻らない娘に対する苛立ちが剥き出しになり、ほとんど怒声である。これによって単にトニーを去らせる作劇上のきっかけとしてだけでなく、二人の夢想の中に冷厳な現実が荒々しく侵入して来ることになった。昨年観た某劇団による日本語の上演では、ここはバスの美声を響かせて何やら和やかな雰囲気さえ醸し出してしまっていたが、それとは大違いだ。今回の舞台はこういう細部への目配りが徹底している。「神は細部に宿る」のである。

続く『アメリカ』には大きな変更がある。このナンバーはプエルト・リコを恋しがるロザリアとアメリカの方が良いと主張するアニータたちとの応酬から成り立っている。ロザリアが「好きな町はサン・ホワン」と言えば、アニータは「お帰りはボートで」と言い返し、「花が咲き乱れる」と言えば「人が入り乱れる」とまぜっかえすのである。ところが、アニータの歌詞の中に「アメリカでは何でも自由《フリー》」と歌った後に「わずかな報酬の代わりに」というアメリカをからかった表現が出て来る。明らかに矛盾しているので、拙訳ではジョーイの許可を取って「稼ぐならアメリカ」と肯定的な歌詞に変えた。何故こんなことになったのか。ローレンツの前掲書によれば、『アメリカ』はロビンズではなく共同振付のピーター・ジェナーロの振付によるナンバーであり、本来はアニータを中心にした親米の女性陣とベルナルド率いる反米の男性陣の応酬で作られていた（映画版ではそうなっている）のだが、稽古の過程でロビンズが女性だけのナンバーにしてしまったのだそうだ。問題の歌詞は、もとはベルナルドのアニータへのまぜっかえしであり、「落ち」としてのジョークだったのだが、ベルナルドが消えてしまったので、アニータが歌うことになったという。今回の舞台ではここをロザリアに歌わせている。それによって矛盾の解消のみならず、「ラテン・アメリカンの間の内部的な対立という側面」（ローレンツ）がより鮮明になった。ジョーイ・マクニーリーはオリジナルの振付を尊重しつつ改訂を加え、楽しめるダンス・ナンバーという以上にドラマ性もくっきりした。

しかし最大の変化は二幕一場の『どこかに（サムホエア）』である。このナンバーは『オクラホマ！』以降ミュージカルには付き物となったドリーム・バレエであり、トニーとマリアの見果てぬ夢を舞台外からのソプラノが歌う決まりになっていたのだが、今回は舞台上に現れた十歳くらいの少年がボーイ・ソプラノで歌う。この少年はオープニングの乱闘のときに舞台後方で眺めていて、退場際のシュランクに殴りかかろうとして追い払われた子供である。一幕ラストの決闘の場面でも、やはり舞台後方でエニボディーズと一緒に見ている。つまりこのいたいけな子供は未来のリフ、ジェット団の予備軍なのである。どこからとも知れない女声が歌うよりも、歌にこめられた祈りは一層強く観客の胸に響く。

『どこかに』にはもう一つの大きな変更がある。これまでは最後に、死んだリフとベルナルドが現れて再び惨劇が繰り返され、理想郷の夢が悪夢と化す構成だったのが、その部分が完全にカットされているのだ。その結果、このナンバーからいかにもダンスを見せていますという印象が払拭されたのは特筆すべきことだ。以前はドリーム・バレエというカテゴリーに拘った故か、完結した物語を持ったバレエの小品という趣だったが、今回は悲運の恋人たちの祈りそのものとなっている。おかげで前後のマリアの寝室とのつながりが格段に良くなった。

続く二幕二場の『ねえ、クラプキー巡査』は、二幕には観客の緊張をほぐすためのコメディ・リリーフが必要だと思ったローレンツが他のスタッフを説得して挿入したナンバーである。このナンバーの難しさは、その存在理由自体にある。ブラック・ユーモアにあふれているとはいえヴォードヴィル調のコミック・ナンバーが殺人の後に挿入されることにはリアリズムの観点からは抵抗感があるようで、映画版では前半の『クール』と差し替えられている。だが歌い踊るジェット団がかえって能天気に見えてしまい上手く行っていない。やはり舞台版の場所の方が良いのだが、扱いを一つ間違うと、前後の流れから浮き上がった笑いのための笑いのナンバーになりかねない危険性が常につきまとっていることも事実だ。今度の舞台はこの難問を見事に解決してみせた。

アクションを中心にジェット団全員で繰り広げられる構成を変え、Aラブとベイビー・ジョン（明らかに性同一性障害者として描いている）の二人は参加しないで、仲間たちのたがの外れた愚行を呆れた信じられない思いで批判的に見ているのだ。この視線が一種の異化効果を発揮して、このナンバーが内包している異常さがあらわになった。単に面白おかしい社会風刺にとどまらず、不良少年たちの行為のグロテスクさが顕在化したのである。しかも彼らはナイフで刺し合う真似までして、つい先ほどの殺人を冗談まじりに再現してみせる。彼らは事態をどこまで本当に感じているのだろうか。

こういう覚めた現実的な距離感が一番示されるのは二幕の大詰めである。初演の台本のト書きには、マリアの無言の促しに従って、ジェット団とシャーク団のメンバーがともにトニーの亡骸を担ぎ上げ、両グループのメンバーは男も女も全員が葬列を成して舞台を去って行き、後には大人たちが「頭を垂れ、なすすべもなく、その場に取り残される。」尊い犠牲の上に築かれる若者たちの和解、或いは少なくともその可能性。悲痛にして崇高なエンディングだが、原作である『ロミオとジュリエット』に引き摺られるあまり、突如リアリティを放棄してお伽噺になってしまった感は否めない。殺人犯まで含めた不良グループが死体をいずこかへ運び去るのを、駆けつけた警官たちがただ黙って見ているなんて、いくら芝居の嘘と言っても流石にあり得なかろう。拙訳の公演では、最後にシュランクがチノに手錠を掛けたが、あれもどうしてチノが犯人だと分かったのか不思議だった。

今回はそもそもこの場面にいる人間がぐっと少なくなっている。マリアとトニー、チノ、アクション、エニボディーズ、ビッグ・ディーゼル、ペペとコンスエラ、それにドク、シュランク、クラプキー。

これで全員である。マリアが手で指図するとビッグ・ディールがショールを拾ってマリアに掛けてやるが、両グループの関係の変化を暗示するものはこれだけであり、後は誰もじっと動かない中に幕が静かに降りて来る。

しかし、この新しい『ウェスト・サイド・ストーリー』で僕が何よりも心を揺さぶられたのは、一幕七場の『ひとつの手、ひとつの心』である。正直に告白すると、今まではどの公演を観てもこのナンバーは退屈だった。それが今回は観ているうちに涙があふれて来た。全く予想もしていなかった自分の反応にうろたえた。このナンバーの意味が初めて分かったと言っても良い。これは二人の演技、とりわけマリアを演じるホセフィーナ・スカリオーネの繊細にして大胆な演技のおかげである。マリアにとって、指輪もないこの結婚式の真似事は、この瞬間、本物なのだ。それでいて所詮はメイク・ビリーヴのごっこでしかないことを彼女は痛いほど感じている。そんな分かりきったことが今回はじめて腑に落ちた。いや、そこに書かれていることを本当に演じ切れば、それはかくもドラマティックな瞬間となりうるのだ。

その他の役もアニータ役のカレン・オリーヴォ（トニー賞受賞）を筆頭に誰もが極めてリアルな演技を見せる。殺人事件の捜査にやって来たシュランクが遺族であるマリアに見せる気の遣い方など実に自然で、こういう箇所でも紋切り型は周到に排除されている。

告白ついでにもう一つ。二幕四場で、アニータはマリアからの伝言をトニーに伝えようとドクのドラッグ・ストアへやって来るが、ジェット団のメンバーたちはプエルト・リコ人の彼女がトニーを助けようとする筈がないと頭から決めつけ、あまつさえ彼女を嘲りなぶり、ついには強姦しようとする。前掲書の中でローレンツが誇らしげに書いている通り、トニーの死を招くのはロミオの場合のような偶然ではなく、差別意識と偏見である。

出版されている拙訳巻末の解説で、僕はこの強姦場面の背後にはジュークボックスから流れて来る音楽（体育館でのマンボのメロディー）のみで、オーケストラによる生音はないと書いたが、実はこれは間違いとまでは言えなくとも、正確ではない。実際はジェット団の振る舞いが暴力的になるに連れてオケの音が被さって来て、ジュークボックスの音は消え、半ば振付けられたレイプがその中で展開される。しかし、ここでオケの音が入って来ると、この振付がいかにも振付然としてしまい、生々しさが殺がれるという気がいつもしていた。ジュークボックスの音のまま続けた方がずっと効果的なのにという思いがつい勇み足を踏ませたようなのだ。言い換えれば、僕なりの願望、理想的演出を書いてしまったらしい。後から気がついたときも、「なるほど、俺はやはり演出家であったか」と妙な納得の仕方をしてしまった。ところが今回の舞台では、この場面で音楽はオケの音に乗り代わらずに、ジュークボックスから流れる音楽がただ音量を上げるだけでそのまま続くのだ。おかげで、アニータが上げる悲鳴の、従来の公演とは比較にならないほどの生々しさと相俟って、不良少年たちの行為の空しさ、残酷さ、この場の荒涼とした不毛な空気がいっそう際立った。つまり僕の不正確な記述は、今回の公演のおかげで今や正確な記述となったのである。グラシアス。

さて、今回の再演の最大の変更点についてまだ書いていなかった。それはこれがバイリンガルの公演だということだ。プエルト・リカンの台詞や歌詞の多くがスペイン語なのである。これはローレンツの長年のパートナーのアイディアだったらしいが、ニューヨーク・タイムズの劇評（ベン・ブラントリー）が指摘している通り、スペイン語の台詞は「作品が要求している文化的な仲違いの感覚を効果的に強調している」。ただ歌詞（21世紀のニューヨークのプエルト・リカンたちラティーノを描いた『イン・

ザ・ハイツ』で一躍脚光を浴びたリン＝マニュエル・ミランダがソンドハイムの原詞をスペイン語に訳している）については、同じ劇評が作品を熟知している観客はともかく、そうでない英語しか解さない観客には二幕が分かりにくくなってしまうのではないかと懸念を述べていたのが的中したらしく、昨年の九月から『あんな男は』の大部分と『心がときめく（アイ・フィール・プリティ）』の若干の歌詞は英語に戻されている。

テアトロ二〇一〇年八月号

『メイキング・ミュージカルス』紹介

僕が初めてニューヨークを訪れた一九七八年当時、ミュージカルに関する研究書の類は、アメリカでも数えるほどしか出版されていなかった。それがこの二十年の間に、我が家の書棚からあふれるまでに点数が膨れ上がったのだから驚く。台詞劇に比べて一段、どころか数段低く看做されていたミュージカルというジャンルが、大衆文化、周辺文化への関心の高まりとともに、興業としてのみならず研究対象としても無視出来ない存在へと識者の意識が変わって行った歳月だったと言えるが、それはまた舞台で上演されるミュージカル自体の形態が様々に変貌し続けて行った歳月でもあった。

この未だに絶えず変化を続けるアミーバのような舞台芸術について考える際に、とても有益な本がまた一冊新たに出版された。副題に「ミュージカル演劇の世界への形式ばらない入門書」と記された『メイキング・ミュージカルス』（ライムライト・エディションズ刊）である。

著者は、ミュージカルでは世界最長のロングラン記録を更新中の『ファンタスティックス』の台本・作詞者トム・ジョーンズ。第一部では、ミュージカルの歴史を簡潔に、しかも透徹した視点からまとめ、第二部では自作の数々を俎上に乗せて創作の実践面を具体的に解説しつつ、第一部で述べたミュージカルの諸形式についてさらに詳述している。過去を振り返ることで現在を把握し、混沌の中から何とか将来への展望を開こうとする、まさに実作者の立場が全篇を貫いているのが大きな特色だ。

序論で先ず鮮明にされるのは、演劇人としての著者の志向（嗜好）、何故ミュージカルを選んだのか、である。四〇年代後半から五〇年代初頭にかけて、テキサス大学演劇科の学生だった著者は、何百という戯曲を教室で学んだが、その中にミュージカルはただの一作もなかった。それは当時あまりに軽佻浮薄なもの、真面目な考慮に値しないものと見られていたからだ。しかし、だからこそ、ミュージカルには禁断の果実のような抗いがたい魅力があったと言う。そして学生時代からすでに、二〇世紀前半の演劇に支配的な力を揮っていた写実的で再現的な演劇、散文的演劇よりも呈示的演劇、詩的演劇、つまりシェイクスピアやギリシア劇、ワイルダーやブレヒトの演劇に心惹かれていた著者は。それら反リアリズム演劇の特徴を次のように列挙する。

一、時空間を自在に飛び越える流動的な形式。二、日常会話よりも色彩感があり、躍動的でニュアンスと多様性に富んだ言葉。単に人物の考えや感情を伝えるだけでなく、音楽に於いて響きとリズムと旋律が感情を生み出すのと同様に、言葉そのものが感情を生み出す言葉。言語の魔術。三、登場人物が観客に直接語りかけたり、解説役を導入したり、音楽と踊りを盛り込んだりと、様々な芝居の約束事の自在な駆使。四、リアリズムの束縛を脱した純然たるシアトリカルな大仰さ、芝居がかり。

以上のような形態が現代の演劇で自然に受け入れられているのがミュージカルだったのである。

続く第一章では、アメリカのミュージカルの源流であるヴァラエティ、すなわちミンストレル・ショーに始まり、ヴォードヴィル、バーレスク、レヴューと枝分かれして行く大衆芸能を論じているが、作品全体を緩やかにではあれ統一する主題をもっていたレヴューはともあれ、それ以前の芸能についても、本質的には「組み合わせ」の芸術であるとし、その構成に着目しているのが面白いし、説得力がある。

第二章は、もう一つの源流、ヨーロッパからもたらされたオペレッタのアメリカでの受容と変容に割かれている。ヴィクター・ハーバート、ルドルフ・フリムル、シグマンド・ロンバーグの作品は、どれも浮世離れした物語をあくまでもヨーロッパ的な感性で描き、音楽は歌詞よりも重要であり、その二つは台本よりも重要だった。が、ロンバーグが他の二人と違って台本を重視した点を指摘して、次なる段階への一歩が踏み出されたことを示唆している。

お伽噺風でウィンナ・ワルツに象徴される異国風味に彩られたオペレッタに対して、同時代のアメリカを舞台に、ポピュラー音楽を用いて、歌が人物と状況から必然的に派生して来る新しいショーの創造を目指したジェローム・カーンたちの一九一五年に始まるプリンセス劇場での仕事を第三章で紹介し、第四章ではヴァラエティとオペレッタとを結びつけ、アメリカのミュージカルの「基準型《スタンダード》」を作り上げたとされるリチャード・ロジャーズとオスカー・ハマースタイン二世を論じる。台本こそ全ての基礎であり、諸要素は統合され、統一された全体像を形作らなければならない。

以後長らく手本とされたこの「基準型」にも、六〇年代には疑問が投げかけられ、人々はそれに替わる形式を模索し出す。その原因として著者は趣味の変化、飽き、政治状況の変化によってかつての独善的楽観主義が通用しなくなったこと、経済状況、若者の反逆とそれが惹き起したショー・ミュージックとポップ・ミュージックの乖離等を挙げている。

　第五章は「形式の破壊」と題して、模索と実験の結果（或いは過程）を、ダンス・ミュージカルと振付師の台頭、コンセプト・ミュージカル、ロック・ミュージカル、全篇歌《サング・スルー》で綴られるミュージカル、小型ミュージカルに分類して論じる。

　一見、先祖帰り的なはじめの二つを、ロジャーズ＆ハマースタイン型の要であった諸要素の統合のプロセスの延長線上に捉え、演出家兼劇作家のジョージ・アボットを「組み合わせ」の芸術家と呼び、この現象の嚆矢と位置付けているのは著者の慧眼である。四〇年代〜五〇年代に台本が占めていた役割は、先ず演出家兼振付師の存在に道を譲り、ついには演出家やデザイナーのみならず台本作家と作詞家、作曲家をも先導するような一つの上演様式、メタファー＝コンセプトに取って代わられる。ミュージカルも当然、演劇の世界的な動向と無縁ではいられなかったということだろう。

　ロック・ミュージカルを新しい血の導入と認めつつも、筋立てと人物造形をミュージカル創作のために極めて有用かつ本質的なものとする著者は、全篇歌で綴られるミュージカルについても、先行の諸形式を新しい一つの形式へと合成したのだから成功するのももっともとしながらも、その歌ナンバーの複雑化に警鐘を鳴らす。初期のミュージカルが筋立てと人物を蔑ろにして、恐竜の如く滅亡したように、最近のよりシリアスなミュージカルもヴォードヴィルの原理を無視した重々しさによって自滅する可能性があり、肝心なのはバランスなのだとする意見は、今まさに傾聴に値する。

　ミュージカル作家でもある著者が最も共感しているのは、やはり小型ミュージカル、オフ・ブロードウェイ・ミュージカルである。ブロードウェイの単なる縮小版ではない、全く新しいアプローチによる形式。演劇は語り言葉の最後の砦の一つであり、人々が集い、主に言葉の力によって生じる集団体験の場を提供してくれると主張する著者にしてみれば、マイクで増幅していない音、演技者と観客とのより人間的な交流を可能にしてくれる形式、ブロードウェイの大型ミュージカルとは異なるもう一つの形式への期待は当然だし、事実、著者が作曲家のハーヴィー・シュミットとのコンビで発表して来た（そして未だに発表しつつある）作品のほとんどがこの形式である。しかし、もちろん著者は他の形式を否定しているのではない。変化し続けるミュージカルが今後どこへ向かうのかは誰にも分からないし、おそらく多様な方向に進んで行くだろう、それこそが健全なのだというのが著者の基本的な姿勢だからだ。

個々の作品の解説等にはほとんど拘泥せず、「組み合わせ」「統合」をキーワードに、あくまでも大局的な観点から、ミュージカルを形成して来た要因に的を絞って歴史を記述するやり方は、類書の中でも実にすっきりと明快で、僕など迷妄を解かれることしきりであった。それでいて、時に本筋から脱線して、著者自身の思い出を語り出す。それがまた歴史的記述に生き生きとした相貌を与え、歴史をぐっと身近なものに感じさせてくれる。現役の演劇人ならではのウィットにあふれた皮肉と自嘲をこめて読者にウインクしてみせているような、軽妙にしてユーモアたっぷり、しかも明晰な語り口は、著者が第一級の語り手でもあることを遺憾なく証明している。読み物としての面白さも抜群なのである。

第六章からの第二部では、第一部での現状認識を踏まえた上で、実際にミュージカルを書こうとしている人たちのために、題材やパートナーの選び方、作曲家をはじめ他のスタッフとの作業の進め方、歌詞の役割とその書き方、作品を歌入り芝居ではなくミュージカルにするにはどうしたら良いのかといった問題が、ブロードウェイ、オフ・ブロードウェイ、さらに実験的なスタジオ活動までの豊富な体験談をもとに語られる。安易なハウトゥものと一線を画しているのは、「ミュージカルとは何か」という問いかけが底に一貫して流れているからで、極めて立派なミュージカル概論になっているところが見事だ。

同時に、僕のような、著者の作品をいくつも翻訳、訳詞、演出して来た者には、作者による自作の分析、解説としても読めて興味が尽きない。ブロードウェイの大劇場用に書かれた『I DO! I DO!』は、登場人物がわずか二名とオフ風に見えるかも知れないが、登場人物八名のオフ作品『ファンタスティックス』よりもずっと大きな書かれ方をしているのだと言うあたり、我が意を得たりと思わず膝を打った。

言葉と音楽とのどちらかが優先するのではなく、両者が拮抗することで互いを補完し合い、夫々の効果をいっそう高めて行く。ミュージカルのそんな理想的なあり方を改めて考えさせてくれる、絶対にお薦めの一冊である。

劇／ドラマ　第一五号（一九九八年三月）

追記　『メイキング・ミュージカルス』が刊行されてからすでに十五年の歳月が流れ去った。その間、ミュージカル関係の研究書はさらに加速して増え続けている。僕の如き怠け者にとっては、書斎の床につんどく状態の本が溜まる一方である。そんな中、『メイキング・ミュージカルス』は幸いにして版を重ね、今でも入手可能であり、その価値も変わらない。

が、再版されても改まっていない誤記がある。玉に傷といったところだが、これから同書を読もうという方のために、ここで指摘しておく。

著者は『砂漠の歌』（26年）の作曲家をルドルフ・フリムルとしているが、これはシグマンド・ロンバーグが正しい。また、一九四三年の時点でジェローム・カーンがすでに故人だったと書いているが、この『ショー・ボート』の作曲家がニューヨーク東五十七丁目の路上で倒れ、帰らぬ人となるのは一九四六年のことである。

『ロッキー・ホラー・ショー』のふるさと

両性具有の宇宙人フランケン・ファーターが造った人造人間ロッキー・ホラーは、自分が生を受けた実験室を見回して、こう言う、「この部屋は、僕にとってはお母さんの子宮なんだ」。

子供の頃、映画館の暗闇の中で、ポップコーンを片手に食い入るように観た二本立て怪奇映画やSF映画の数々。ほとんどが低予算で製作されたモノクロのB級プログラム・ピクチャーだったけれど、時には総天然色の豪華版や、画面から怪物や空飛ぶ円盤が飛び出して見える3D映画もあった。銀幕に展開されるスリルとサスペンスに何もかも忘れて夢中になったあの日。ことによると、あの映画館の暗闇こそ「お母さんの子宮」だったのかもしれない。

ミュージカル『ロッキー・ホラー・ショー』は、一九五〇年代前半から六〇年代前半に少年時代、青春時代を送り、アメリカの怪物映画に熱中したイギリスのロック世代が、そんなSF怪奇映画のスーパーヒーローたちに捧げたオマージュである。そして、そこに登場する極度に戯画化された小児病的キャラクターを思えば、『ロッキー・ホラー・ショー』自体が「お母さんの子宮」なのかもしれないという気もしてくる。ただ、英国初演の一九七三年という時代背景を考えれば、賑やかな表面の裏には当然、新旧の価値観の葛藤が仕組まれていることが分かる。

物語の原型は、言うまでもなく、ジェームズ・ホウェール監督、ボリス・カーロフ主演の名作『フランケンシュタイン』（31年）である。激しく稲妻の走る嵐の晩、人里離れた不気味な館を訪れた若い男女を先ず出迎えるのはせむしの下男であり、館の主は人造人間の製造実験にいそしむマッド・ドクター。その後、幾多の映画に繰り返し現れるパターンである。

ただし、映画化された『ロッキー・ホラー・ショー』（75年）では、ロッキー誕生の場面は、全身包帯巻きにされたロッキーが水槽に浮かんでいるなど、英国ハマー・フィルム製作の『フランケンシュタインの逆襲』（57年）に従っていた。また、フランケン・ファーターはミック・ジャガー、失敗作の人造人間エディーはエルヴィス・プレスリーのパロディでもあることは一目瞭然。映画版では、マジェンタの髪型が『フランケンシュタインの花嫁』（35年）のエルザ・ランチェスター（怪物の花嫁役）そっくりだったのもおかしかった。ちなみに、『ロッキー・ホラー・ショー』がロイヤル・コート劇場のシアター・アップステアーズで初演された一九七三年六月一六日の夜も、雷鳴轟き雨降り荒ぶ嵐の晩だったという。

さて、『ロッキー・ホラー・ショー』は、このフランケンシュタイン・テーマにSF映画お得意の侵略テーマを繋ぎ合せて出来上がっているが、他にも様々な映画の題名や映画人の名前が随所に盛り込まれている。幕開きのナンバー『SF映画二本立て』は、全曲そういう題名や人名、映画のストーリーを並べ立てたような歌で、訳詞には一苦労した。マイケル・レニー、クロード・レインズ、レオ・G・キャロル、ジョージ・パルといった人名は、フェイ・レイ（『キング・コング』（33年）でコングに恋されてしまう美女を演じ、その悲鳴とともに、その名を映画史上に永遠に残すことになった女優）以外は立く立くカットした。マニアックな点が『ロッキー・ホラー・ショー』の持ち味とは言え、日本の一般の観客の理解度を考えれば致し方ない。なお、このナンバーに出て来る映画には次のようなものがある。

『地球の静止する日』(51年)、『透明人間』(33年)、『キング・コング』、『それは外宇宙からやって来た』(53年、本邦劇場未公開)、『禁断の惑星』(56年)、『タランチュラの襲撃』(55年)、『人類SOS』(63年)、『地球最後の日』(51年)等々。

『スウィート・トランスヴェスタイト』のナンバーで、フランケン・ファーターがブラッドとジャネットに「何かヴィジュアルなもので、あんまりひどくないものがほしいなら、昔のスティーヴ・リーヴスの映画なんていいわ」と言うのは、ミスター・ユニヴァースの栄冠に輝く筋骨逞しい肉体美を売り物に、一九五〇年代から六〇年代に掛けて、イタリア映画で活躍したスティーヴ・リーヴス主演のスペクタクルな古代史劇のことである。ここも訳詞では、リーヴスの当たり役ヘラクレスにあやかって、「映画が良ければ、昔懐かしヘラクレスはどう?」としておいた。

『ロッキー・ホラー・ショー』公演プログラム一九八六年六月

『ラ・テンペスタ』覚え書き

『ラ・テンペスタ』は形式の面では「演劇という魔術についての演劇」、言わばメタシアターである。劇中で行われる魔術は全て先ず色彩感と躍動感に満ちた言葉、それと分かる演劇的仕掛け、そして音楽が生み出している。言い換えれば想像力が生み出している。演出的にはそこを強調したい。

またプロスペローの杖はその魔術の象徴だが、物語の中で魔術が表わしている功罪半ばするその力をプロスペローが折って魔術を捨て去ったその直後に、再び杖をもとに戻すのは、言わばそれまでの物語を一気にちゃらにしてしまうような挙に出るのは、物語の中の魔術の意味合いを越えて、演劇という魔術は決してなくならないという作者の宣言であり、まだまだ筆を折るつもりはないという作者の言外の目配せをも感じてしまう。

内容の面では「辛い現状から抜け出るための試練についての物語」だ。「魂の解放についての物語」と言っても良いだろう。「現在を呪縛する過去からの解放の物語」と見れば、ジョーンズの旧作『フィレモン』にもつながる作品だし、その解放をもたらすのが「許し」である。許すとは相手も自分もともに恨みの呪縛から解放することである。それに思い至れば、「復讐の連鎖を如何にして断ち切るか」、「如何にして怨讐を越えられるか」という今日的主題が見えて来る。許すという行為は全く主体的なものであって、相手が反省したから、謝ったから許すのではない。それは許しではない。相手がどうであろうと許すこと。それこそが許しなのであり、それはどこまでも許す側の問題なのだ。『フィレモン』の最後に主人公のコキアンがついに認識するように、「許しは誰にでも与えられるもの」なのだ。と同時に、視点を変えて言えば、謝ったからいいだろうとはならない。許す側と許される側が共に「私たちは皆同じ」だと、己れの不完全さを認識して初めて真の和解は生まれる。

「私たちは皆同じ」であり、その「私たち」は皆役者であり、「私たちは夢と同じ素材で作られている（我らは夢と同じ）」。許すことという主題と、人生は夢、世界は劇場という演劇としてのコンセプトが物語の終わりで重なる。

主人公プロスペローの心の葛藤を通して以上の主題が描かれる。アーサー・ミラーが『セールスマンの死』に当初つけていた仮題『彼の頭の中』を思わせる作りだ。

そしてもうひとつ、以上のシリアスな王位簒奪にまつわるプロットと並行して描かれる、キャリバンがステファーノを煽って企てるもう一つのコミカルな王位簒奪劇。ともにプロスペローを軸としたこの大小二つの王位簒奪劇が互いを照射して夫々の意味合いをより鮮明にし、かつ批評する、そのことを演出でどこまで明確に出来るか。こちらの方が意外に難しい。

いくつかの役について以下、思いつくままにノートを認めておく。

プロスペロー
「復讐すること」が彼の超課題ではない。彼の超課題は「この苦悶に満ちた心の牢獄から抜け出ること」である。
追放されて十二年、絶海の孤島で娘と二人だけで暮らす彼は、勿論自分をこんな状況に追い込んだ相手への復讐心を抱き続けていた。しかし、時に幸せや喜びを感じる瞬間もあった筈だ。幼い娘の成長を見守るうちに思わず微笑み、愛情に胸が一杯になることもあったろう。追放され、朽ちかけた小舟で流された時のことを原作のプロスペローは次のようにミランダに語っている。「お前は私の守護天使、私に生きる力を与えてくれたのだからな、私に向かって頬笑みかけるお前の笑顔、それは天の降し給うた勇気に満ち溢れておった—私は逆るからい涙で海の水かさを増し、背負うた重荷に喘ぎ呻くばかりであったが—そのお前の笑顔を見て、漸く腹が据わり、どんな苦しい目に遭おうと引き堪えて見せようという気になったのだ。」（福田恆存訳）
ミランダは彼の心の支えだった。そして次第に、時に支えや救いを越えて純粋な喜び、幸福を感じることもあったのではないか。しかも、もともと政治には関心を持たず、書物の世界に沈潜し、魔術の研究に没頭していた、つまり世俗から逃避した生活を送っていた彼はこの孤島にも次第に馴染んでいたとも考えられる。「子供の頃からの習慣で、書斎に閉じこもって書物ばかり読み耽っていた」彼は、妻のアンナから冗談めかして「私のことを愛しいとお思いですか」と良く訊かれたものだ。その妻がお産で死ぬと、彼はますます書斎に閉じこもり、魔術の研究に没頭した。それが救いだった。しかし、魔術の研究は所詮「心の迷宮をさまよう」ことでしかない。島に漂着してからも妻の亡霊を眼前に呼び出す魔術の力は彼に（偽りの）全能感をもたらし、束の間の癒しを与えてはくれた。そういう意味では魔術は彼の「心の支え」ではあった。しかし、魔術がもたらすのは所詮幻影であり、その幻が消えてしまった後に残るのは埋めようもない虚しさと徒労感だ。魔術は両刃の剣である。そんな魔術と比べて、この島の生活にはそれ以上のものがある、心の平安がある、どこかでそうも思えるようになっていたのではないのか。シェイクスピアが『テンペスト』を書く際に参考にしたことがほぼ確実視されているバミューダ諸島での海難事故とその奇跡的な生還（一六〇九年）の報告によれば、「当時、バミューダは悪魔の島と言われていたが、滞在してみるとその悪評を裏切ってあまりあることが判明。まさに天国の島。香しい気候、豊かな植生、役に立つ材木、豊富な魚、鳥、野豚」（アルデン・T・ヴォーン、ヴァージニア・メーソン・ヴォーン著『キャリバンの文化史』）に恵まれた島だった。プロスペローとミランダが漂着した島もそうだったと考えても不都合はない。「ここでお前と私が暮らす間、海は澄み切り、ただ一艘の船も我らを煩わせることはなかった」。こういう言い方は、彼が誰にも煩わされることのないこの島の生活に心の底では慣れ親しんでいたことを端なくも物語っていると見て良いだろう。

だとすれば、プロスペローの歌にある「不意に訪れる」─「巨大な黒雲」、「渦巻く波」、「荒れる嵐」、即ち復讐心は彼にとっても心を責め苛む災厄となっていた筈だ。そして過去十二年、一艘の船も現れなかったことを思えば、この島から出る希望も最早限りなくないだろう、つまりどれほど恨もうと復讐を成し遂げる望みはないと、ここ二、三年は半ば諦めかけてもいたのではないか。その彼の前に思いがけず仇たちが揃って現れる。この千載一遇の機会に収まりかけていた復讐心が再び激しく燃え上がり、彼の心を激しく掻き乱す、拷問のように。

だが、しかし、復讐を成し遂げればこの苦しみから逃れられるのだろうか。復讐は心の平安をもたらしてくれるのだろうか。この十二年間の生活が復讐心とともに、或いはそれとは裏腹に、彼の中に育てた思いが彼に問いかける。しかも最愛の娘は彼の境遇に同情と理解は寄せてくれても、復讐して仇敵を亡きものにすることにはどうやら反対しているようだ。さらにあろうことか、娘はナポリ王の息子と相思相愛の熱烈な恋に落ちてしまう。復讐か許しか、「決めねばならん、これからどうするか。」彼の心は激しく葛藤する。心の中を嵐が吹き荒れる。苛立ちを露わにし、感情の起伏が激しい、常とは違うその姿にミランダもエアリエルもとまどう。

どうして良いか決めかねたまま、しかし時は刻一刻と一日（昼）の終わりである午後六時に向かって行く。その間に、彼は己れの不完全さを、弱さを、悪意を、妬みを嫌というほど自覚する。言い換えれば、アントーニオやキャリバンが具現していると思える負の部分を自分もまた持っていることに気づくのである。

ミランダ
「この小さな島から外の広い世界に抜け出すこと」が彼女の超課題だ。

三歳のときから父親と二人きりで育って来た娘。父親から教育は受けてきたが、実際の外の世界は、父親が話してくれたことや、父親の書物の挿絵に描かれた物や人や情景から想像するしかなかった。父親の魔術は五感に働きかけて幻聴や幻覚を起こしたり、言わば強烈な暗示にかけて身体的な異変を引き起こしたりは出来るが、本当に何かを生み出すことは出来ない。本当のもの、外の世界には本当のものがあふれている筈だ。美しいもので満ちている筈だ。彼女の憧れは思春期を迎えてさらに募り、膨らんでいただろう。身体は大人の女へと変化して行き、心は不安定に揺れ動く。この狭い島の中には収まりきらない好奇心と憧れは飽和点に達していただろう。ことによると彼女は晴れ渡った空の下、穏やかな水平線の彼方から父の書物で見た船が現れないかとはかない期待を抱いて、海を見はらす崖へと毎日足を運んでいたかも知れない。けれど、そんな思いを父に話す訳には行かない。それは父を徒に苦しめるだけだろうから。

そんなある日、彼女は見たのだ、水平線の彼方に見事な船が帆に風をはらんで進んで行くのを。あの船がもしこの島に錨を降ろせば、外の世界へと私を連れて行ってくれるかも知れない。憧れが現実になる！　が、その船をたちまち激しい嵐が襲い、船は海に没する。この嵐は父が作った幻覚に違いない、しかし幻覚とは到底思えないリアルな惨状に、彼女は激しく動揺し、何故こんなことをしたのか父を問い詰める。

父の告白を聞き、彼女は心から父に同情するが、果たして船と人々が本当に無事なのか、無事だとしても父が彼らをこのまま放っておく筈もなく、彼女はそのことを心配する。奇跡のように現れた船は、彼女にとっては夢の、憧れの実現へと続く唯一の道であり、彼らの死は彼女の夢が潰えることと同じだと彼女の無意識は告げているからだ。それほど船を見たときの喜びと驚きは強烈だったのだ。

一瞬現れて消えて行った夢を思い、砂浜をそぞろ歩く彼女の前にファーディナンドが現れる。夢の実現のような、美しいファーディナンドが。

エアリエル

彼女の超課題は「解放されて自由になること」だ。

原作と違って、彼女はある日プロスペローが「水晶を太陽に向けてくるりと回すと」現れた。彼女は「日の光」と「光の屈折」から出来ている。彼女はプロスペローの想像力が生んだと言っても過言ではない。この島に流れ着いて間もなくのプロスペローの、自由と解放への渇望が生んだ存在なのだ。だが、その渇望はキャリバンのそれとは違ってどろどろしたものではなく、大気のように軽く、風のように舞い上がり、水晶のように透明感のある光のきらめきを思わせる、天空への憧れと形容したくなる類のものだ。エアリエルはそのきらめく美しさにプロスペローが魅せられて思わず手に取った水晶から現れた。即ちプロスペローの中の清らかなもの、純粋なものへの憧憬が形を取った存在でもあるのだ。

或いは彼女はユングの分析心理学で言うところのアニマなのである。アニマとは男性の無意識の奥に潜む元型の一つで、永遠の女性のイメージで現れる。原義はラテン語で魂、風、息吹の意味である。男性の中の女性的な側面であり、「現実の世界に適応しようとする男性に働きかけ、それを補完しようとするものである。アニマの働きによって、男性はそれまで生きてきたやり方がひっくり返されるような体験をするかもしれない。しかし、彼はそれを通じて「弱さ」（や「優しさ」）を知ることになり、その結果他者との真の関係を打ち立てることができるのだ」（山中康裕編著『心理学対決！　フロイトVSユング』）。人生に命を吹き込む魂の導き手であり、「アニマによって、男性は未発達なエロス的なものと合体して、やさしさやうるおいのある大きな人格に成長する」(秋山さと子著『ユング心理学へのいざない』)。無意識下のアニマは外部の女性にその存在を投影されるが、エアリエルはまさしくプロスペローのアニマが外在化したものなのだ。『夏の夜の夢』のパックのような小鬼ではない。

自由な空気の精である彼女がプロスペローの僕《しもべ》として使え、島の周囲から飛び出すことも出来ない状態は、勿論、プロスペロー本人がこの島から抜け出せないでいる現状の投影である。

解放してもらうために彼女はプロスペローの言いつけを実行に移すが、自由になりたいというその彼女の望みは勿論プロスペロー本人の望みでもある。彼女は初めはそのことに気がついていない。しかし、言いつけに従ってアロンゾーたちを翻弄しているうちに、彼女の中に彼らを哀れに思う気持ちが生まれて来る。初めは自分の行いを自慢し、面白がっていたエアリエルの中に、同情心が生まれて来るのだ。さらには、人は皆自分と同じように囚われているという認識も生まれて来る。そして誰よりも囚われているのは他ならぬプロスペローだとも気がつくのだ。彼女の中にはプロスペローへの気遣いや労りの思いさえ生まれて来る。先ず解放されるべきはプロスペローだと思うようにさえなる。(プロスペローの想像力から生まれた、言わば彼の善き分身でもあるエアリエルが本当に解放されるためには無論先ずプロスペロー自身が解放される必要がある。エアリエルはそこまでは理解していないが。)数時間のあいだに彼女は十代の少女から成熟した大人の女へと成長する。物語の最後でプロスペローはエアリエルを解放する。しかし、実はエアリエルこそプロスペローの解放者なのである。エアリエルが成長するのに伴ってプロスペローもまた成長すると言っても良いだろう。

キャリバン

「虐げられた今の状態から解放されること、自由になること」が彼の超課題である。

エアリエルが光と空気ならキャリバンは闇と泥（土）。エアリエルがプロスペローのアニマなら、キャリバンは彼の影（シャドー）である。影とはユング心理学の元型の一つで、自我にとって受け入れ難い人格を有するもう一人の自分であり、それ故意識によって抑圧され、無意識の領域に押し込められている。『ユング心理学辞典』によれば、「人格の否定的側面、隠したいと思う不愉快な性質すべて、人間本生に備わる劣等で無価値な原始的側面、自分の中の他者、自分自身の暗い側面」である。「これらのほとんどは否定的な情動――憎悪や怨恨、敵意、不安などを伴って無意識下に抑圧される傾向が強い」（大住誠『ユング』）。影はまた夢や神話などでは「邪悪な怪獣や動物、うす暗い沼のイメージをとることもある」（同書）という。

プロスペローにとって認め難いもう一人の自分、それがキャリバンだ。プロスペローが抱える激しい憎悪、復讐心、奪われた王国への執着、自分でも気がつかない娘への近親相姦的な想い等々、無意識の深く暗い底に押し込めたかったそれらの負の感情を一身に投影させたのがキャリバンなのだ。流砂に埋もれかかったところをプロスペローに助けられたことが意味しているのは、まさしくそのことであろう。意識下に押し込められていた負の感情が意識との闘に上がりかけて来たのがキャリバンという存在なのである。彼がプロスペローを呪って「殺せ！　殺せ！」と叫ぶのも、プロスペローのアントーニオに対する本音でもあろう。

内向的思考型であるプロスペローに対して影であるキャリバンは外交的感情型。しかし、物語が描く一日では、プロスペローは時に自分の中に抑え込んだキャリバン的な激情に駆られ、我を忘れる瞬間もある。こうしてプロスペローは、キャリバンをもう一人の自分であると次第に認めて行くのだ。つまり己の負の側面を認め、意識に取り入れ、統合して行くのである。キャリバンの視点に立てば、彼の本当の超課題は自分でも意識していないことながら、「プロスペローに自分の存在を受け入れてもらうこと」かも知れない。

二人はともに自分の王国を奪われ、ともに知識（魔術、言葉）への渇望を抱いている。しかし、魔術は二人に本当の喜びをもたらしてはくれない。魔術が与えてくれるのはただ幻影であり、後に残るのは空っぽになったような虚しさだけだ。そもそも魔術（知識）への耽溺がプロスペローに今のこの窮状をもたらしたのだ。それでもプロスペローは魔術を捨てられない。魔術が、その幻影が生きる支えでもあるからだ。

同じことがキャリバンにも言える。言葉がキャリバンにもたらしたのはさらなる知識への決して満たされることのない渇望と美しい女への決して満たされることのない憧れだけだった。彼は智恵の木の実をかじってしまったアダムとイヴ、楽園を失った存在なのだ。キャリバンは失った楽園を夢に見る。その楽園を取り戻そうとする。それは現実の物理的な世界であると言うよりは、満たされない渇望を知る以前の、安らかでかつ全能感をともなった彼の心の世界である。しかし、それでもキャリバンは言葉に、そして言葉が生む魔術に執着する。言葉は力であり、「言葉は魔術だ」からだ。キャリバンもまたプロスペローと同じく引き裂かれた自己であり、言葉（知識）への愛憎相半ばする想いは、そのままプロスペローへのアンビヴァレントな想いとなっている。プロスペローはそのキャリバンの姿を見て、それを通して、ついに魔術の本を捨て去る決意を固めるのである。キャリバンを解放することは自分を最終的に解放することであり、それは即ち己れの中の認め難いもう一人の自分を受け入れることである。

キャリバンは無知だ。だが決して愚かな馬鹿ものではない。ステファーノを神様だと思い込むのも生まれて初めて飲んだ酒と無知故で愚かだからではない。無知であることを自覚しているし、無知が今の状態に自分を追い込んだと認識もしている。だからこそ知識への激しい欲求に身を苛まれてもいるのである。

アントーニオ

「ナポリとの屈辱的な関係から、ナポリとの上下関係から抜け出すこと」が彼の超課題であり、そのために、この苦境を利用して政治権力をより強固で安定したものとしようとする。

どこまでも現実主義者であり、冷徹な政治家である彼は、人はその能力に応じて正当に評価され、相応の地位を得るべきだと信じている。またそうであるからこそ人は自分の能力をいっそう発揮も出来るのだし、それでこそ民も安心して暮らせる政治が出来るのだと。そんな彼から見たら政治家としては全く不適格な兄プロスペローがミラノの大公の地位にあるのは、許し難いことだった。兄の言わば摂政として実質的な大公職を遂行するうちにその不満はますます募って行った。彼の能力主義は、そうして次第に芽生えた野心を正当化する口実に、自分でも気がつかないうちに、いつの間にかなってしまっているのかも知れない。

ナポリ王を煽り、その支援を得てクーデターを起こし、兄を追放して名実ともにミラノの大公となった彼には、しかし、ミラノよりも上に立つナポリの王が君主として自分ほどの能力の持ち主とは思えなかった。彼の心の中には再び不満が、或いは野心が芽生える。しかし、相手は強国ナポリだ。ただ不満を抱きながら歳月は徒に過ぎて行った。

そんな彼にとってこの遭難は千載一遇のチャンスと思えた。初めは彼もまた絶望的な思いに囚われたが、ゴンザーローの話を聞くうちに「確かにそうだ、最近イギリスの植民船がバミューダ諸島で遭難したが、生き延びて無事にアメリカの植民地に辿り着いたそうだ。我々の船団も沈まずに残った船がある筈。そうならここで命をつなげば、そのうちに救援隊も駈けつけるだろう。王子も死んだ今、その間に上手く立ち回れば、長年の思いを叶えられるかも知れない。それに今のこのナポリ王を見てみろ。忠義者の爺さんの言葉にも耳を貸さず、ただただ息子の死を嘆き悲しむばかり。こんな男に一国の政《まつりごと》を任せておくなど狂気の沙汰だ」と考え始める。彼は即座に計画を立てる。「アロンゾーの弟のセバスチャン、こいつを計画に引き込み、共犯者に仕立てよう。こいつなら御すのは簡単だ。抜き差しならない立場に誘い込んでから俺の傀儡になってもらい、ゆくゆくはナポリとミラノの関係を逆転させてやる」と。

セバスチャン

彼の超課題は「この絶望的な状況から逃れること」である。

根は誰かに背中を押してもらわなければ何も出来ない小心者である彼には、この遭難は正しく絶望的な状況に思えている。あまりの辛さに苛立ちが募る。どこかに何とかして助かる手立てはないのか。ゴンザーローが王を励まそうとする言葉も彼にはますます苛立ちを掻き立てるたわごとにしか聞こえない。

その彼にアントーニオが王殺しによる王位簒奪をそそのかす。長年、心の奥底深く押し籠めて来た欲望が刺戟される。今の絶望的に思える状況で王位簒奪を計るなど普通なら狂気の沙汰としか思えないが、こんな状況だからこそ、こんな状況を生き抜くための一種の心の支えとして彼には効果を発揮する。「そうだ、俺は王になる。ナポリの国王になる。」そうなら、それはつまり彼が生きてナポリに帰れる保証のようにさえ今の彼には思えるのだ。

二〇一九年一〇月（未発表）

真に演劇を愛する観客のためのミュージカルを

日本の演劇界では今やミュージカルやそれに類した音楽劇が花盛りだ。日本に限らず、ミュージカルでは本家本元のアメリカでも事情は変わらない。過去半世紀の間に、アメリカの商業演劇のメッカであるニューヨークのブロードウェイに於ける台詞劇とミュージカルとの公演数の比率は完全に逆転してしまったようだ。かつて「疲れたビジネスマンのための娯楽」と軽んじられていたことを思えば、正しく隔世の感がある。

もっとも西洋演劇の源流である古代ギリシア劇の形式が、そして日本の芸能の始まりを示唆する天岩屋戸の神話が示すように、演劇にはその始原から歌舞音曲がつきものであり、今日のミュージカルの盛況も故なきことではない。

しかし、この数の上での隆盛が果たして本当に喜ばしきことなのかと問えば、答えは必ずしも楽観的なものではない。内容の軽薄さから観客のための一晩の息抜きとしか看做されていなかったミュージカルが、一九四〇年代以降、内容的にも音楽的にも深化し、発展し、疲れを忘れさせてくれる気晴らし、純粋な娯楽としての在り方だけでなく、時代の様相を映し出す鏡の役目をも果たす芸術としても確立されたことが、現在のミュージカルの興隆の基底にあることは間違いない。けれど、二〇世紀末以来のアメリカに於ける製作経費の増大は、その解決策として従来では考えられなかったほどの観客動員数を必要とするようになった。結果、ブロードウェイのミュージカルは、ニューヨーク近在の演劇ファンだけに頼っていては公演の維持は困難を極めることとなり、世界各国からの観光客も楽しめる作品作りが求められることになった。つまり台詞や歌詞の面白さが、つまりは文学性が欠如した作品が幅を利かせることになったのである。「疲れたビジネスマンのための娯楽」へと逆戻りを始めたとさえ言って言えないこともない。

また、莫大な製作費はミュージカルの上演をあまりにリスクの大きなビジネスへと変え、最初の作品が興行面で失敗すれば、その作者には二度と上演のチャンスが恵まれない不健康な環境をも生み出した。この傾向は、ミュージカルの場合、かつては実験的な作品や野心的な演出の場であったオフ・ブロードウェイにも今や残念ながら波及している。意欲的で実験的な新作が日の目を見る機会は昔に比べて著しく減少している。

話は新作に限らない。過去の傑作でも現在の商業的成功のレベルに達するには難しそうな作品はなかなか再演の機会に恵まれない。

翻訳ミュージカルに関する限り、この状況はそのまま我が国での上演作品に反映されている。作品的には問題のあるものでも、ブロードウェイの大劇場で上演されたものなら翻訳上演されても、そうでない秀作、傑作は人知れず埋もれて行く。今、日本でミュージカルの舞台に詰めかけている観客の多くは、出演者の若手スターを追いかける熱烈なファンかマニアではないかと思われる。それが言い過ぎなら、ミュージカルしか観ないファンかマニアではなかろうか。一見活況を呈しているようでも、その実態は実に脆弱な地盤の上に立っているのではと思わざるを得ない。

勿論、翻訳物でも日本人の手になるオリジナル物でも優れた作品の優れた上演があるのは言うまでもない。だが、大勢としては以上のような状態であろう。

さらに、日本の場合は、そもそも疲れたビジネスマンの足を先ず劇場に運ばせることこそ肝心なのだという根本的な問題をはらんでいる。彼らの疲れを癒しつつ、それ以上のものを提供したい。演劇が狭い演劇関係者の環やマニアの枠を越えて、多くの社会人のための楽しみとなること。せめて年に二、三回でも劇場に足を運び、満足してもらえる機会となること。娯楽としての満足は勿論必須条件だが、観た端から忘れ去られるような気晴らしだけの娯楽を越えて、観る人に感動を与え、生きる喜びをわずかでも感じてもらいたい。今の演劇状況の中に、観客の心に残る良質なミュージカルの居場所も作りたい。ショーであると同時にドラマとしても骨格のしっかりした成熟したミュージカルを。そう願ってこれまで長年に渡って数々のミュージカルを舞台にかけて来た。幸いそれらの多くが好評をもって迎えられ、微力ながら下地作りの一助にはなれたのではないかと自負もしている。ジョーンズ&シュミット(『日陰でも一一〇度』『I DO! I DO!』)、ダグラス・J・コーヘン(『殺しの接吻～レディを扱うやり方じゃない～』)、ハワード・マーレン(『ジェニーの肖像』)等、アメリカの作者たちと密接に連携し、ときに書き直しを含めての共同作業を行えたことも、私たちのささやかな誇りである。

ともあれ、長い年月をかけて、ささやかながら今やっと何事かをなし得ている手応えが感じられることの活動を、さらに発展させて行くための援助を切に乞う。

1、『ラ・テンペスタ』

『ラ・テンペスタ』は言わずと知れたシェイクスピア晩年の傑作『テンペスト』をミュージカル化したものである。

台本・詞のトム・ジョーンズは、何と言っても『ファンタスティックス』の作者として名高い。一九六〇年の開幕以来、二〇〇二年に幕を降ろすまで足掛け四三年の長きに渡って続演され、ミュージカルとしては世界最長ロングランを記録した同作は、今も世界のどこかで上演されていない時はないと言われるほどの、ミュージカル史に永遠に輝き続けるであろう名作だが、この『ファンタスティックス』がシェイクスピアへのオマージュにあふれていることは意外に知られていない。そもそも物語が『ロミオとジュリエット』のパロディであり、劇中にはシェイクスピアの様々な作品からの引用やほのめかしが多く使われ、また作品をまとめるためのイメジャリーの使い方などにも明らかにシェイクスピアの影響が認められる。トム・ジョーンズは「シェイクスピアは自分にとってのヒーローだ」と公言しており、『ファンタスティックス』にはジョーンズのシェイクスピアへの愛が満ちている。

『ファンタスティックス』はジョーンズが三二歳の時の作品である。それから五八年の歳月を経て、彼が真正面からシェイクスピアと取り組んだのが『ラ・テンペスタ』である。ジョーンズ自身は「これは私とシェイクスピアの共作だ」と語っている。『テンペスト』は（単独作としては）シェイクスピア最後の作品と言われている。現在九〇歳のジョーンズがそのミュージカル化に挑んだのも、彼の七〇年近い演劇人生の総決算の思いがあるのかも知れない。

演出の勝田安彦は、数年前にジョーンズから第一稿を見せてもらい、新進気鋭のアンドルー・ゲルレによる音楽を聴かせてもらった時から、日本での翻訳上演を熱望して来た。しかし、ジョーンズは作品の完成度を上げるために改稿を重ね、なかなか上演には至らなかった。それが昨年の夏、コネチカットのジョーンズ邸で、ジョーンズ、ゲルレ、勝田の三人による作品の完成のための最終的なミーティングの結果、世界初演を日本での翻訳上演とする許可がついに下りたのである。上演にあたってはジョーンズ、ゲルレの二人も来日を予定している。

流動的で変化に富んだ劇構成とダイナミックな人物像でミュージカルの原作には最適と思われながら、そのミュージカル化は実際には困難を極め、正攻法での脚色では『ロミオとジュリエット』を現代へと換骨奪胎した『ウェスト・サイド・ストーリー』の他は成功作と呼べる作品がほとんどないシェイクスピア戯曲。最も実験的、先駆的であることによって最も正統的な演劇を創り上げた二人の演劇人の、四百年の時を越えての「コラボレーション／共作」がその定説を覆すだろう。

一九八五年の『フィレモン』日本初演以来、数々のジョーンズ作品を手掛け、ジョーンズから「私の分身」と呼ばれる勝田安彦にはこれが十一作目のジョーンズ作品となる。三〇年を超える、言わば草の根的な日米演劇文化交流の最終的な成果として、この新作の世界初演を是非とも日本で実現させたいと思う。

2、『パン屋の女房（THE BAKER'S WIFE)』コンサート形式

ニューヨークやロンドンで評判になった話題作は我が国でも時をおかずに翻訳上演されることが多いが、それらの作品と同じくらい、いや、それ以上の出来の作品が陰になり、埋もれている。私たちはそ

れらの中から我が国の観客の嗜好に合い、日本のミュージカルの裾野を広げる働きをしてくれるであろう作品を掘り起こし、「上質の小品を」をモットーに上演を重ねて来た。それらの作品の中にはもともとオフ・ブロードウェイ等の小劇場で初演されたものもあるが、中にはロジャーズ&ハマースタインの『アレグロ』やジョーンズ&シュミットの『日陰でも一一〇度』『I DO! I DO!』、ソンドハイムの『口笛は誰でも吹ける』のようにブロードウェイの大劇場で初演されたものも多い。私たちは、演出の工夫により、それらの大劇場ミュージカルも小劇場で日本初演を敢行し、『日陰でも一一〇度』などは「この作品が小劇場でも立派に上演可能だと証明した」と作者本人から称賛された。

しかし、如何に演出面で工夫しても、登場人物の数も多いブロードウェイ・ミュージカルを小劇場で上演することには製作費の上での負担は大きい。そこで、より簡素な形で上演して製作費を抑え、上質なミュージカルを一作でも多く日本の観客に届けたいと考えて、私たちはコンサート形式での上演も一昨年から行って来た。

コンサート形式と言ってもミュージカル・ナンバーだけ取り出しての上演ではない。台詞も含め、全篇を上演する。但し、装置は椅子等の必要最小限のもののみに絞り込み、衣裳も本格的に凝ったものは使わず、大掛かりなダンスは小さな会場に合わせたステージングで代用する。演奏もピアノ一台にして、場合によっては日本全国津々浦々のどこの会場でも上演可能な形を模索している。

今回の『パン屋の女房』は、『マリウス』『ファニー』『セザール』のマルセイユ三部作の劇作家として名高いマルセル・パニョルが脚本と監督を兼ねた一九三〇年代の同題のフランス映画をミュージカル化した作品。音楽・詞のスティーヴン・シュウォーツは『ゴッドスペル』『ピピン』『ウィキッド』で、台本のジョーゼフ・スタインは『屋根の上のヴァイオリン弾き』『ゾルバ』で我が国でも知られているが、上記のような夫々の代表作と比べると、この『パン屋の女房』はぐっと小ぶりで親密な人情劇の味わいのある、ドラマ性も高い佳作だと言えよう。フランスの田舎町を舞台に、年の離れた夫婦の悲喜劇をシャンソンの風味を効かした美しいスコアが奏でるまさに大人のためのミュージカル。隠れた傑作である。『ウィキッド』や『ピピン』とは一味違うシュウォーツの知られざる魅力を我が国の観客に示してくれるだろう。

二〇一八年一〇月五日記す（未発表）

わが日録

一九九六年二月九日（金）　劇団俳優座四月公演エーリリヒ・マリア・レマルク作、ピーター・ストーン潤色『フル・サークル～ベルリン一九四五～』の装置に関する打ち合わせ。前日、ミュージカル『I DO! I DO!／結婚物語』の旅公演千秋楽を米子で終え帰京。ややバテ気味。ついに中年か。

『フル・サークル』は一昨年の暮れ、俳優座ラボ公演として同劇団稽古場で初演。その時、製作に大分無理を言って、稽古場公演とは思えぬ立派な装置を作ってもらい、今回も同じ装置を補修、一部新たな要素を加えて使うことにする。初演時に、リアリズムを基調にしつつ或る種の象徴性を伴った装置は考えられないものかと思案していた折、装置デザインの大沢佐智子さんが、資料として収集した四五年当時のベルリンの市街写真を何枚も見せてくれた。その中の一点に思わず目を見張った。とあるアパートの一、二階部分を表通りから撮った写真なのだが、その街路に面した壁がおそらくは空爆によって吹き飛ばされたか全くなくなっており、外から丸見えになった室内で住人たちが粗末な食事を摂っている。瓦礫のプロセニアムに囲まれた戦時下の人々を、崩れ落ちて正に見えない第四の壁越しに覗き見る。「これで行こう」という提案に大沢さんも乗ってくれ、装置の基調が決まった。

二月十九日（月）　午後、前橋へ。四月の東京公演（俳優座劇場）に先駆け、三月二十四日から三十日まで、前橋労演の主催で『フル・サークル』を八ステージ上演するため、劇場の下見。俳優座劇場より一回り大きい約四百五十席のホールである。再演の課題の一つは、もともと百席そこその稽古場で上演した作品を如何にしてより広い空間に移しかえるかだ。初演では、観客も主人公のアパートの一室にともに閉じ込められているかの如き臨場感が、狭い空間故に自ずと生まれた。演出の上でも映像的リアリズムを意図してみたが、再演ではそういった面は端からある程度は諦めねばなるまい。その分サスペンスドラマ、メロドラマの側面を強調し、緊迫感をさらに高め、エンターテインメント色をいっそう前面に押し出す必要がありそうだ。

前橋の舞台は準スラスト・ステージ。ミュージカルやシェイクスピア等、客席に向かって開かれた作品には打ってつけだが、舞台への強い凝集力を要求する『フル・サークル』のような作品にはかえって不利。前橋の公演ではこの点も考慮に入れる必要あり。

ホテルにてケルショー著『ヒトラー神話』を読了。夜は労演の方々と痛飲。すぐに酔っ払う。やはり中年か。

三月一日（金）　稽古初日。今日から三日間は読み合わせ。ストーンが潤色の拠りどころにしているのは『愛する時と死する時』であることを説明。特にラストの改変は、同書の「（共産党は）もう一つの全体主義的政府だ。おんなじ手段だ。自分の好きなことを考え、好きなことを言い、好きなことをする。これが人生において僕が望む一切だよ。ところが、右翼と左翼の救世主ができて以来、それは人殺しよりはるかに悪い罪悪になってるんだ」（山西英一訳）という主人公の述懐を敷衍したものと思われる。史実においても、ブーヘンヴァルト等の強制収容所は一九五〇年代までソ連の手で稼働しており、その囚人はナチスの戦犯のみならず、共産党に対してノーと言った社会民主党員も含まれていた。

三月十八日（月）　四回目の通し稽古。全体のテンポとリズム、緩急に留意する。集中力のわずかな弛みが致命的な結果を招きかねない。台詞の本来の意味伝達や効果を損なわない限り、被せて言える台詞は極力食って言ってみる。

稽古後、照明と音響の打ち合わせ。基本的には初演を踏襲するつもり。開幕の空襲の大音響は、邦正美著『ベルリン戦争』の記述に触発された結果。第一場は光と影のコントラストを明確にし、舞台上の場所によっては人物の表情も見分けられないような深い闇。カーテンの隙間から差し込む黄ばんだ夕日。第二場は冷え冷えとした酷薄な、透明感のある空気で舞台を包みたい。震災前の神戸で偶然見たワイエスの『海軍少尉候補生』の色彩がイメージにある。ワイエスの画集を改めてスタッフに見せる。

三月十九日（火）　ラスト近くで火を噴く自動小銃が予算の都合で使えなくなる。ガックリする。

三月二十一日（木）　明日から前橋入りとあって今日は稽古休み。全身がだるく、汗をぐっしょりかいて寝込む。疲れが一気に出たらしい。これはもう中年だ。

三月二十二日（金）　劇中では、ヒトラーの死を告げるラジオの臨時放送でワーグナーの『神々の黄昏』から「ジークフリートの葬送」が流れる。これが唯一の音楽である。初演では、もう一曲、終演後の客出しにマーラーの五番の葬送行進曲を使うことにした。演出家として、主人公たちにどうしてもこの曲を捧げたかったのだ。ところが、音響チームがそのテープだけ東京に置き忘れて来たことが判明。大慌てで駅前のレコード店に走る。

三月二十三日（土）最終舞台稽古。本番を観られない人々が二百人近く観に来る。おかげでほとんど初日のような雰囲気。予想以上に残響がきつい。台詞の速度を落とすしかなさそう。

三月二十四日（日）初日。ハロルド・クラーマンは、名著『ON DIRECTING』で、最善を尽くし努力した結果それでも舞台が失敗したのなら、自分を許そうと書いている。初日にはいつもそういう心境になる。しかし本当に最善を尽くし努力したか、そう自問しつつ客席に着く。

悲劇喜劇　一九九六年七月号

『フル・サークル』の再演を前にして思うこと

先日の国会答弁で安倍首相が自衛隊を「我が軍」と呼んだ。憲法改正を目論む首相の本音がはしなくも露呈したのであろう。僕個人は、自衛隊は軍隊以外の何ものでもないと思うし、それを軍隊と呼ばないのは昭和天皇に戦争責任はないとしたのと並ぶ、太平洋戦争敗戦後の日本の最大の欺瞞だと思っている。しかし、日本はいやしくも立憲主義の国家である。その政府の長たるものが立憲政治そのものを否定するような発言を国会でしたとなれば、これはもう次元の違う話であり、断じて許してはならない。福島第一原発事故の放射能は完璧にコントロールされていると、国際社会相手に大嘘をつける御仁であれば、もう少しうまく政治家必須の二枚舌を活用するかと思ったが、奢りか油断か、それとも無神経か、いずれにせよ政治家失格は間違いない。

と思うのだが、この件についてはマスコミもさして騒いでいる風でもない。ひと昔前ならヒステリックに騒ぎ立てたであろう新聞各社も、おざなりな批判で済ませているようだ。中には大分前から政府の御用新聞に成り下がったらしいところも何紙かあるし、以前にも麻生副総理が憲法改正にはナチスの手口を見習うのが良いなどとおよそ国際感覚が欠如した愚かな発言をして国益を損ねてもうやむやにしてしまったことを思えば、すでに国のマスコミ統制は充分浸透しているのであろう。予想通りの展開ではあるが、それでも薄気味悪いことこの上ない。いや、それよりも不気味なのは、そんな発言があったことを知らないのかとさえ思えてしまうほどの国民の無反応だ。一連の発言に違和感を覚えない感覚が蔓延しているのではないかと危惧を抱かざるを得ない。

その一方で、長引く不況を背景に排外主義的な言説やヘイトスピーチが巷にはあふれ、感情的なナショナリズムが公然と叫ばれてもいる。政府の経済政策の恩恵を受けているのは一部の大企業と富裕層のみ。世界を見渡しても、米中露の帝国主義の確執とイスラム原理主義過激派の国境を越えての拡大と、そのきな臭さには言いようのない不安を覚えてしまう。歴史は繰り返すと言うが、これでは嫌でも第二次世界大戦前夜を連想しないではいられない。

今、稽古している『フル・サークル――ベルリン一九四五――』（劇団俳優座公演）は、その第二次大戦末期、瓦礫の山と化したベルリンのアパートの一室を舞台にした政治スリラーである。幕切れ近く、ベルリンに侵攻して来たソ連軍の大尉が、主人公の政治犯に、世界社会主義の未来のためにソ連による戦後の政策に協力するよう求める、それがドイツのためにもなると。「ドイツのためになるのは一つだけ、自由だ」と反論する主人公に向かって大尉は言い放つ、「ドイツに最後に自由があった時、君たちが選んだのはアドルフ・ヒトラーだ」と。二十一年前、この芝居を初めて演出した時よりも、今の僕にはこの台詞はいっそう痛烈に響く。再演の依頼を引き受けたのは、この台詞を二〇一五年の観客に届けたかったからではないかとさえ思う。安倍首相をヒトラーに擬すつもりはない。そう思っている人もいるようだが、歴史にアナロジーを見るなら、ナチ政権誕生前後のドイツの政治家で安倍首相に近いのは、ヒトラーの力を見誤り、首相の座を明け渡してしまったパーペンだろう。だからこそ、目下の日本の事態はゆるがせには出来ないと思うのだ。

『フル・サークル』は、エーリヒ・マリア・レマルクが残した唯一の戯曲『終着駅』をアメリカの劇作家ピーター・ストーンが潤色した作品だ。言うまでもなく、レマルクは第一次大戦の戦場に一〇代で送り出された体験をもとに書いた『西部戦線異状なし』で世界的なベストセラー作家となった後、ナチ党が政権を握るのを見越してスイスに逃れ、やがてアメリカに亡命した。一九七〇年に没するまで小説を発表し続けたが、『凱旋門』や『愛する時と死する時』、遺作として死後出版された『楽園のかげり』に至るまで、戦後になっても執拗に第三帝国に翻弄された名もなき人々の運命を描き続けた。その底にあったのは何があったのかを決して忘れてはならないという思いであり、過去に真摯に向き合わなければ「歴史は繰り返す」という思いだったろう。今回の再演では、サスペンスに満ちたスリラー劇の面白さを損ねることなく、つまりテーマ主義の陥穽に落ち込むことなく、しかし観客に向けられた作者の心の底からの訴えを初演よりもさらに鮮明に届けたいと願っている。

僕がこれまでに演出した舞台で、戦争を背景にした作品がもう一つある。クラウス・マンの小説をアリアーヌ・ムヌーシュキンが舞台化した『メフィスト』である。ミュンヘン一揆からナチスの政権獲得までの一〇年間を、ハンブルクの劇団の変遷を通して描いた芝居。戦争そのものでなく、そこに至るまでの道程を冷徹な眼差しで追って行く。原作は時代の波に乗って出世して行く役者を主人公に、彼が実は時代の罠に絡めとられて行く姿を仮借なく描いているが、太陽劇団が初演した戯曲は何人もの劇団員たちにスポットライトを当て、過酷な状況の中での夫々の選択を、生き方を問う群像劇となっている。劇中の状況と今の僕たちを取り巻く状況とは、これまたかれこれ二十年前に上演したときよりも残念ながらいっそう似て来ている。改めて演出してみたい所以だ。

平和とは戦争と戦争の狭間だと言う人もいる。日本は敗戦以来七〇年戦争をして来なかった稀有な国である。僕たちはその狭間をさらに永久にまで近づける努力を続けるしかない。戦争を阻止、回避するために演劇には何が出来るのか。先の戦争を体験した世代が急速にいなくなって行く今こそ、戦争を知らない世代の理性を欠いた「理念」に歯止めをかけるための想像力が必要だ。それには、「忘れてはならないこと」を繰り返し人々に問いかけて行くしかない。たとえ微力であろうとも、演劇に出来ることはそれだろう。ジロドゥの『トロイ戦争は起こらないだろう』（これも今こそ再演すべき作品だ）のエクトールなみの覚悟を持って。

先日、長年の友人である俳優が「日本に、それも今の日本に生まれ育った幸運」と言っていた。その通りだと思う、少なくともこれまでは。演劇に果たして世界を変革する力があるのかどうか、僕には分からない。僕自身は演劇の最大の効用はカタルシスにあると考えている人間だ。けれど、「あの頃は良かった」と一〇年先に友人が言い直さずにすむように、演劇に出来ることを少しでも続けて行くのが僕たちの責務ではないのかと危機感を募らせている。

さんざん駄文を連ねてしまった。二〇世紀の激動のドイツを生き抜いた政治ジャーナリスト、セバスチャン・ハフナーの言葉（瀬野文教訳）を引用して筆を擱く。

「国家というのは一個人と違って、子孫とか自己の魂の救済とか、何らかの理想のためにみずからを犠牲にすることのできないものだ。一個人ならば命を捨てるに値する大いなる無分別が存在するかもしれない。しかし国家にはそのようなものは存在しない。個人は意義深いことのためにみずからを犠牲にすることができるかもしれない。しかし一つの国家が無分別な大冒険のためにみずからを犠牲にするとしたら、それがどんな崇高な目的のためであっても、それはただ無意味な犠牲でしかない。」「高度技術時代の中で規格化された大衆は、退屈のあまりいともたやすく、政治の舞台に興奮や逸脱や刺激を求めるようになり、それどころか自分の人生では見出せないような、極度の高揚や熱狂や飛躍を期待するのである。しかしそうした興奮や刺激は、個人の人生の中にこそ求めるべきもので、政治に求めてはならないのである。」

テアトロ　二〇一五年六月号

幼児から教わる演劇

「あなたは赤ちゃんを観察する。赤ちゃんはあなたに愉快なことを沢山教えてくれるわ。」

ジョーンズ＆シュミットのミュージカル『フィレモン』に出て来る台詞である。この台詞を訳したときには、そんなものなのだろうなとしか思わなかった。花の独身貴族、実感などある筈がない。

それから二十年近く経った二〇〇三年の暮れ、この作品を久しぶりに演出することになり、会場の新神戸オリエンタル劇場でのゲネ・プロでのこと。開幕早々、ファンファーレの音をミュージシャンが弾き間違えた。その途端に「大失敗！」という嬉しそうな叫び声が劇場中に響き渡った。声の主は当時三歳の我が息子。息子はただちに外へ連れ出され、ゲネは初めからやり直しになった。

その翌日、同じ劇場での本番終演間近のこと。『フィレモン』はラストで、磔になった主人公が胸をナイフで切り裂かれて殉教して行くのだが、小道具の切っ先に仕込まれた血糊が主演の立川三貴氏の胸を真っ赤に染めたのを見た息子は恐怖に慄き、隣りの僕に向かって震え声で囁いた。「血？」「そう。でもね、本物じゃないからね、大丈夫だよ。」一拍の間の後、息子は再び囁いた。「お絵描き？」

確かに子供は愉快なことを沢山教えてくれるが、時に演技の真髄を教えてくれることもある。

息子が一歳になり、初めて自分の足で歩いたときのこと。よろよろと二歩進んだ彼はいきなり「アアアアアー！」と歓声を上げながら二回連続のヒンズー・スクワットをやってみせた。呆気に取られた。

その二ヵ月後、すでに自由に歩き回れるようになった息子の最大の関心事は、ご多分に漏れず電話機であった。手にした小さな箱に向かって親が話したり笑ったり、場合によってはぺこぺこお辞儀をしたりしている様を見れば、あの箱の中身は何ぞやと興味が湧くのも無理はない。とは言え、勝手にいたずらされて長距離通話や国際通話の請求書が舞い込むのだけは御免である。いずこの家庭でも同じであろうが、こうして電話機をめぐる親子のいたちごっこがしばらく続くことになる。

ある日、ふと気がつくと息子が僕に背を向けたままそろりそろりと歩いている。二、三歩進んではほんの一瞬立ち止まり、頭をかすかに動かして背後の僕の様子をそっと伺い、またそろりそろりと歩き出す。目指すは言わずもがなの電話機である。辿り着くまで同じことを何度も繰り返しながら、長い時間をかけてひたすら向かって行くその集中力たるや、若い役者連中には是非とも見習ってほしいほどの見事さだ。ただし、そのエネルギーがあまりに過剰なので、傍から見ても何をしようとしているのか見えなのである。やがて電話機の前に立った息子は、最後にもう一度背後の気配を伺うと、懸命に背伸びをして受話器にそうっと手を伸ばした。ここまでの努力を思えば、親の情として忍びがたきものはあれど、請求書には代えられない。僕は小さな声で息子の名前を呼んだ。その途端、仰天した息子は僕に背を向けたまま万歳をするように両手を真っ直ぐ上に伸ばし、上半身を大きくのけ反らせた。正しく仰天、いわゆる海老反りというやつである。四十数年生きて来て、人がそんな大仰な驚き方をするのは初めて見た。いや、実生活では初めて見たと言うべきだろう。舞台の上、笑劇《ファルス》の登場人物なら似たような驚き方をするのを何度も見ている。だが、このときほど可笑しかったことはそうそうない。では、何故そんなに可笑しかったのか。答えははっきりしている。息子のやっていることがリアルだったからだ。

未だ社会的な抑圧のかかり切っていない幼児の場合、驚きも喜びも大人の目には恐ろしく誇張されたものと見えるほどの表現となって現れる。その動きは意表を突いたものでありながら、しかし勿論リアルなものでもあるからこそ可笑しいのである。その動きの大仰さ加減は、そこに至るまでの行動を支えるエネルギーの大きさに比例している。目的を目指してまっしぐらに突き進むエネルギーが大きければ大きいほど、その反動としての動きも大仰なものとなる。言い換えれば、誇張された大袈裟な表現を本当にリアルで面白おかしいものにするのは、そこに至るまでの目的意識の強烈さ、人並みはずれたエネルギーの大きさなのだ。その意味で、真剣に演じなければ笑いは取れないというのは真実なのである。

実際、笑劇の状況設定はなりふり構わず目的に邁進しなければならないような切羽詰ったものが普通である。目的意識は異常に高く、エネルギーもフラストレーションも雪だるま式に増大して行く。その中で、登場人物たちは子供のように真剣に大騒ぎを演じなければならないのだ。とまあ、赤ちゃんを観察していいるうちに僕はそんなことを教わった次第である。

この連載もこれで最終回。まだ話しておきたいこともあるのだが、最後くらいは「あとは沈黙」と気取ってみよう。

テアトロ　二〇〇七年六月号

僕は何故いまだに演劇の演出を続けているのか

演出の仕事を始めて早や二十二年になる。もっとも演出だけではとても食べては行けないので、果たして仕事と言えるのかどうかはなはだ心もとない「仕事」である。それでも僕の作る舞台が好きだと言う少数意見に支えられて、何とか今日まで演出家で通して来た。続けて行くのも才能のうちなら、才能はあるのだろうが、はたして自分に演出家としての適性があるのかとなると、正直なところかなり疑わしい。演出家には絶対に必要な論理的思考が苦手だし、細やかな観察眼に恵まれているとも到底思えない。独創的な発想という奴にも縁がない。ただ演劇的感受性だけは人並み以上にあるのではなかろうかとも思う。演劇的感受性などと言うと何やら偉そうだが、要は持って生まれた芝居がかった性質と旺盛な自己顕示欲のことである。僕がもう少し努力家だったら、演出家よりも俳優になっていた方が良かったかもしれない。少なくとも『ヘッダ・ガーブラー』のテスマンは誰よりもうまく演じられたであろう。惜しいことをした。

「勝田さんの演出する舞台には品がある」とは昔から良く言われる。そう言われれば悪い気はしないが、品の良さとは謙遜から生まれるというような意味のことをどこかで誰かが書いていた。謙遜とは自信のなさの裏返し。僕の演出の品の良さとは、自信のなさ故の大胆さの欠如の別名である。

僕にとってこの世で何よりも恐ろしいのは、稽古の初日だ。これから稽古する芝居について演出家である僕がどれほど浅薄な理解しかしていないかが俳優やスタッフにばれかねない運命の日だからである。稽古初日の朝には、フェリーニの『8½』のラストでマルチェロ・マストロヤンニ扮する映画監督が抵抗空しく無理矢理撮影所に引き摺られて行くあの姿が必ず目に浮かぶ。その恐怖心から少しでも逃れようと、稽古に入る前には出来る限りの下準備はする。演出とは所詮解釈だと思うし、解釈である限りは主観的にならざるを得ない。だが、その主観的な解釈に全く自信がない僕としては他力本願しかない。先人が演出した舞台の映像や映画があれば恥も外聞もなく観まくる。同じ作者の他の作品を読みまくり、その作品についてこれまで誰が何を言ってきたのか、手に入る限りの参考書を読みまくる。(大好きなシェイクスピアを僕がこれまでただの一作も手がけていないのは、この最後の課題が物理的に不可能だからかもしれない。)もっとも、それだけの準備をしても、その成果となるとこれまた怪しい。『三人姉妹』を演出したときには、中央公論社版のチェーホフ全集を二ヶ月かけて全巻読破したが、容量の少ない頭脳に詰め込み過ぎたか、どれがどれだか区別さえつかなくなり、結局は「この作家は怒っている」という漠然とした印象しか残らなかった。勿論、稽古初日には足が竦んだ。

そんな怖い思いをしてもまだ演出家をやめないのだから、これはやはり下手の横好き以外の何物でもないのである。

テアトロ　二〇〇八年一月号

僕は何故いまだに演劇の翻訳を続けているのか

先日、横浜の相鉄本多劇場で、舞台技術者育成のためのワークショップの一環として翻訳劇について話をした。主催者側が用意した演題は「翻訳劇に取り組むこととその意義について」。

これは難しい。翻訳劇の意義などと言い出したら、これはもう伝統演劇以外の日本演劇のあり方を語ることになってしまうのではなかろうか。時代が江戸から明治に変わり、鎖国という極めて特殊な環境の中で爛熟した歌舞伎をお上の肝いりで「近代化」しようとした明治半ばの演劇改良運動が、結局は歌舞伎座というハコモノを建てて尻すぼみに終わった後、伝統演劇に対する日本の新しい演劇の創造を目指して、同じ明治42年に活動を開始した自由劇場と文芸協会が、ともに翻訳劇から出発したことが象徴しているように、翻訳劇について考えることは、日本の近代劇を、そして現代劇を考えることに直結している。とてもじゃないが、僕如き一介のステージ・ストラック、浅学の手に負える話題《テーマ》ではない。一旦はお断りしようかとも思ったが、劇場の嶋恵子さんから「講演というより、主に体験談をこちらの質問に答えてお話し頂くトークショー形式で良いので」と言われ、生来の目立ちたがりも手伝って、うっかり引き受けてしまった。挙句に当日は二時間の筈が三時間も喋ってしまったのだから、我ながら好い気なものである。

という訳で、テアトロ誌から翻訳劇についての原稿を依頼されると、今度は二つ返事で引き受けた。横浜で話したことをかいつまんで書けば良いと高をくくったのである。

ところがだ。話の内容を思い出してみると、はたして文章にして残すほどのものかどうか、はなはだ覚束ない。畏れ多くもシェイクスピア劇の翻訳についてまで話したが、舞台の上で声を張り上げ、大見得を切っただけで、何の意味もありはしない。しかし、「参った」と音を上げて、地獄に落ちては堪らない。白痴のたわごとと謗られない程度には、何とか原稿用紙の升目を埋めてみよう。

芝居の翻訳と最初にかかわったのは学生時代、専攻は演劇だったが、英文科の戯曲講読の授業を取ったら、試験と称してやたらと翻訳をやらされた。テキストはニール・サイモンの『プラザ・スイート』。ある日、先生が前週の試験の講評で、「諸君はCOLLEGE GRADUATEを大学卒業生と訳しているが、一人だけ学士様と訳した生徒がいる。残念ながら英文科ではなく演劇の学生だが、翻訳とはこうでなければならない」と言ってくれたのを真に受けて、「良し、俺には才能がある」と誤解したのがそもそもの始まりである。

しかし所詮錯覚は錯覚で、その後は何を訳しても訳文の拙さ、表現力の乏しさばかりが目につく。それに我が拙訳はどうもだらだらと徒に長いんじゃないかという疑念にとりつかれる。演劇は時間芸術である。原語で二時間で上演出来る戯曲が翻訳したら三時間かかったというのでは、これはもう別の作品になってしまう。そんなこんなで、訳しながら絶えず自己嫌悪に襲われ、「芝居の翻訳なんて少数の選ばれた人たちのすることだということをつい忘れていました。僕如きの出る幕じゃありませんでした」と『かもめ』のトレープレフのような心境になる。

それでも性懲りもなく芝居の翻訳を続けているのはどういう訳かと自分でも不思議なのだが、ひとつ思い当たるのは、これは一種の代償行為なのではなかろうかということだ。父や叔父の書いた本を身近に見て育ったせいか、子供の頃からモノを書きたいという欲求は強かった。しかし哀しい哉、それこそ文才も詩才もなければ独創性や構成力とも縁がなく、書き出してはみても結局何一つモノにはならなかった。こうして心の奥底深く沈潜した欲求不満を翻訳の作業で晴らそうとしているのではないかと思うのだ。こういう不純な動機では上手く行く筈もない。

しかし、少なくともやっている間は落ち込まずにすむ翻訳もある。ミュージカルの訳詞である。訳詞の場合は音楽に心奪われ、台詞の訳に比べてそれほど劣等感を意識しないですむのかもしれない。それに訳詞ははじめから制約がきついことで、かえってどこか開き直れるような気もする。原詞の意味やイメジャリーをことごとく訳詞に移そうとしても、全ての音節に母音がついて回る日本語の性質上それは不可能である。僕の経験で言うと、キビキビと軽快に進むアップテンポのナンバーなら、時に工夫次第で九割近く原詞の意味を盛り込める場合もあるが、こんな僥倖は滅多になく、ましてや叙情的なバラードとなるとやはり五割か六割が精々である。何を捨てて何を残すか、或いは何と何を原詞にはない別の一つのイメジャリーにまとめるか。意訳超訳が当然必要になってくる。

しかもミュージカルの歌詞は、多くは台詞の延長だ。つまり歌詞を歌うことで演技が出来なければならない。心の動きを映した動ける言葉でなければならない。おまけにメロディによってその詞の感情表現はあらかじめほとんど決められているので、言葉と旋律がチグハグになることは決して許されない。原詞が意図的にそうなっているのでもない限り、音は上昇しているのに言葉は下降して行く訳にはいかない。意訳超訳と言っても、原詞で歌われていることを、訳詞でも極力同じ箇所で表現しなければならない。いや、そのための意訳超訳なのである。

かくして英和辞典と類語辞典を両脇に、オリジナル・キャストのCDを聴きながら、台本と譜面とにらめっこをしていると、頭は真っ赤にオーバーヒートして、自意識にとらわれている暇などほとんどない。

とは言え、訳し終えてみれば、やはり自己嫌悪がひたひたと迫って来る。ミュージカルの翻訳は、台本と歌詞を違う翻訳家が手がけることもあるが、僕のように一人でやっていると、劣等感も倍になるような気さえする。ただ、翻訳訳詞を兼ねることの利点もある。台詞と歌詞の相互関係に嫌でも目が行くことだ。

一例を挙げると、『キャバレー』の主題歌の一行目の詞は「独りぼっちで部屋に座っていて何が楽しいの？」だが、このナンバーは劇中のキャバレーで歌われる歌であると同時に、それを歌うヒロインの心情吐露でもあるという二重性を持っている。直前の場面で、彼女は恋人の作家から「そのうち君を座らせて新聞を読んでやらなくちゃな」と浮ついた生き方をたしなめられ、さらに彼女の反対を押し切って帰国しようとする彼に「座るんだ!!」と強制的に椅子に座らされ、部屋に取り残されてしまう。彼女は恋人とこのまま人生をともにすべきか、それとも別れるべきか悩む。つまり、この主題歌はキャバレーの歌手が歌うただの持ち歌でありながら、恋人への彼女自身の返答でもあるのだ。そうなると、彼女の人間像の表出ということをも含めて、一行目の「座る」という言葉は大袈裟に言うならこのミュージカルのキー・ワードの一つだろう。ところが、僕が観た夫々異なる翻訳による『キャバレー』の二つの公演では、ともに訳詞からは「座る」という言葉は省かれていた。翻訳と訳詞を分業で行った弊害かもしれない。あら探しのようだが、職業柄やはり気に掛かる。

訳詞ではもう一つ、押韻の問題がある。これは……あっ、だらだらと書いているうちにもうとっくに所定の枚数を超えているのではなかろうか。ああ、これだから俺は……

テアトロ　二〇一〇年五月号

道の半ばで立ち尽くす経験者が道の始まりで胸躍らせる若者に何を語れるか

十数年前に劇場文化・ドラマの会に招かれ、明治大学でミュージカルについて話をする機会があった。これをきっかけに桜美林大学でミュージカル論を講義する羽目になり、ここから僕の演劇教師生活が始まった。現在は大阪芸術大学と桐朋学園芸術短期大学で教鞭を取っている。本業の演出家では残念ながらとても食べては行けないし、持ち出しばかりで、そもそも「業」と言えるのかさえはなはだ怪しい。持ち出しをするためにも稼がねばならず、教える場があるのは有難いことではある。敬愛するヴェテランの女優さんから教えてばかりいるのは演出家としては良くないとも言われ、その弊害も日々実感してもいるのだが、如何ともし難い。

と言う訳で、動機からして僕は立派な教師とは到底言えない。それに演技実習のクラスなど受け持つと、果たして僕程度の人間が演技を教えるなどあまりに不遜な行為ではあるまいかと疑念に駆られる。大学では演劇学専攻だったが、「学」の一字が雄弁に物語るように、演技の実践教育は受けたことがない。「学」として「勉強」はした。スタニスラフスキーの山田肇訳『俳優修業』もとにかく読んだ。理解出来たとは言えず、千田是也訳の『俳優の仕事』も読み、解説書を読み漁った。中ではマガルシャックの書いた二冊がためになったし、英語で書かれた何冊かは今でも僕にとっての教科書になっている。（スタニスラフスキーの著書は日米ともに最近やっとロシア語からの完訳が出た。）が、「学」はあくまでも「学」である。

もっともそれを言い出せば、演出だって読書と観劇のみを通して学んだ全くの独学であり、これでプロと言えるのか、俺など所詮は永遠のディレッタントに過ぎないという思いがこの年齢になってもまだつきまとっている。しかし、裏を返せば、こういうコンプレックスは僕が如何に専門教育に重きを置いているかの証拠でもある。ならば劣等感をせめて少しでも抑え、後進の役に立たねばなどと殊勝な気持ちを無理矢理奮い起して、「勉強」だけはしているものの、日暮れて道遠しの思い一入である。

しかもこの数年、本を読まない、映画も観ないという学生が増えて来た気がする。戯曲も小説も読まずに俳優になりたい、演出家になりたいと真顔で言う学生に困惑することが多い。豊富なボキャブラリーは行動としての演技を明確にも、多彩にも、陰影を深くもしてくれるし、映像に残された過去の名優たちの姿はイメージの幅を広げてくれる。知識があってこそ想像力も培われる。目の前のごく狭い範囲のことにしか興味がないような学生たちの好奇心を掻き立てて、知識は俳優にとって必須の「技術」だと教えたい。それに現実の人生で経験出来ることなどたかが知れている。読書をはじめとする二次的な体験は演技者には絶対に必要だ。ささやかなことでも、仮想体験していたことを後から現実で追体験して、その意味をいっそう実感出来るということもある。演じるとは自分から出発し、役を経由して自分に戻って来る作業だ。その自分を豊かにしなければ演技が豊かになる筈がない。そのための勉強なら僕でも手伝えるのではないか、演技者としての戯曲の読み方くらいは教えられるのでは、そう思って勇んで向かった教室で、ミュージカル俳優志望の学生からジーン・ケリーって誰ですか、『マイ・フェア・レディ』知りませんと言われると、やはり「徒労」の二文字が脳裏に浮かぶ。俺の若い頃は知ったかぶりをしてから慌てて本屋や図書館に駆け込み、徹夜してでも学んだのになあ。今は昔の映画もDVDやブルーレイで簡単に観られるのになどと愚痴りたくなる。

何だか年寄りの繰り言めいて来たが、良く考えれば昔だって大勢は今と似たようなものだったのかも知れない。それに目下指導している桐朋学園の学生たちが卒業公演の装置、衣裳、小道具に至るまで自分たちで懸命に作っている姿を見ると、諦めてはいけないという思いも湧いて来る。しかし、そう思えば思ったで、道の半ばで途方に暮れているような僕に若い期待感に応えるだけの指導（公演のチラシには演出となっている。英語にしたら同じDIRECTIONだが、教育の現場では心構えからしても作業の実態からしても指導の方がふさわしい）が本当に出来るのかという疑念がまたもや頭をもたげて来るのだから困ったものだ。

今日と明日はその桐朋の卒業公演の仕込み、ゲネプロである。僕の部屋には二日毎に四字熟語が書かれた日めくりカレンダーがある。今朝めくってみたら現れた熟語は「暗中模索」。本番の二日間は何だと恐る恐るめくってみたら、「満身創痍」とあった。

テアトロ　二〇一三年四月号

僕の好きな劇場～ザムザ阿佐谷を中心に～

「じつのところ、劇場というものはそれぞれ、ただひとつの作品のために建てられております。」ジャン・ジロドゥの『オンディーヌ』で王立劇場の総監督が語る台詞（二木麻里訳）だ。勿論極論だが、理念としては良く分かる。芝居を観に行って、「ああ、こんな大きな（小さな）劇場でなければもっと面白かったろうに」とか、「いっそもっと無機質な（もう少し温もりのある）空間で上演していれば遥かに効果的だったろうな」とか思うことはしばしばある。反対に、「この芝居をこの劇場で観られて本当に良かった」と思うことも。芝居とそれが上演される空間との関係は、時に舞台成果に決定的な影響を及ぼす。演出家にとって劇場の選択を誤れば致命的な失敗につながりかねない。

だから、あらかじめ演目も劇場も決定された上で劇団やプロデューサーから演出を依頼された場合、躊躇してしまうこともなくはない。この戯曲はもう一回り小さい劇場でやりたいなどと言っても、集客数=製作予算であってみれば、そんな我が儘が通る筈もない。稽古しているうちに、いっそ劇場に移さずこのまま稽古場で公演してしまおうなどと妄想に駆られても、そんなことを口に出す勇気はない。いや、一度思い切って言ってみたら、冗談だと思われて一笑に付された。

僕の経験では、作品のイメージと劇場が理想的に重なったのは、ジョーンズ&シュミットのミュージカル『フィレモン』の初演、再演である。池袋文芸坐の地下の小劇場ル・ピリエでやりたいという僕の要求をこの時は製作が呑んでくれた。ル・ピリエが取り壊された後、この作品は他の劇場で三度演出しているが、やはりどうもしっくり来ない。

上演空間だけ決まっていて、そこにふさわしい作品を探して提案したこともある。俳優座の稽古場でのレマルク作『フル・サークル〜ベルリン一九四五〜』である。演技空間はたっぷり使い、その分客席は横三列で百人も入らなかったのではないか。観客も劇中の狭い部屋に登場人物とともに押し込められているような閉塞感を狙い、照明も暗い場面は徹底的に暗く、声も小さな声はぎりぎりまで潜ませた。この舞台は好評で、地方公演もあちこち回ったが、中には千人近い小屋もあったりして、「初演で僕がやるなと言ったことを全部やって下さい」と役者にお願いしたこともある。

結局、戯曲に適した劇場で上演するには自分で劇場を選ぶしかない。何のことはない、赤字覚悟の、いや赤字必定の自主公演を組むしかない。諸々の条件を考慮に入れれば、否応なしに小劇場になる。役者の息遣いまで客席に届く小劇場はもともと僕の好みでもある。そして、この十年ほど、気に入って何度か使っているのがザムザ阿佐谷だ。

ザムザと言えば、平凡なセールスマンがある朝目を覚ましたら巨大な虫に『変身』していたカフカの小説の主人公の名前である。演劇の本質的な魅力のひとつが変身にあるとすれば、なかなか奥深い劇場名だ。（まあ、こじつけですが。）

ＪＲ阿佐ヶ谷駅北口から徒歩二分、住宅街の一角に奇妙な形の四階建てのビルが建っている。ラピュタビルという名前も、蔦が這うビルの外観も、宮崎駿の『天空の城ラピュタ』から採ったのか、二階はラピュタ阿佐ヶ谷という小さな映画館。毎回個性的な特集を組んで日本映画の旧作を上映している。ザムザ阿佐谷は、その地下一階。階段を下りると、すぐに木製の古めかしく重そうな（実際重い）両開きの扉（ドアと呼ぶよりも感じが出る）がある。外観とこの扉だけでもちょっとワクワクするのだが、中に入ると、さらに古色蒼然としている。舞台の形式としてはエンド・ステージの変形といったところだが、壁面はくすんだ黄土色の土壁。舞台の床や舞台奥の壁の羽目板、柱等の材木は全てどこぞの廃屋を再利用したらしい古材で出来ている。小劇場にしては高い天井に吊るされたバトンも竹材という徹底ぶり。平床の舞台に面して、背凭れのないベンチ式の客席が階段状にそそり立つ。その客席（収容人数一二四とあるが、それだけ入れたら観客は酸欠でバタバタ倒れるのではなかろうか）の後方に覆いかぶさるようにやはり古材で出来た二階がせり出している。二階と言っても客席ではなく、照明と音響の卓を据えた操作スペース。

ともかく空間そのものがこれほど自己主張している劇場も滅多にない。劇場が初めから舞台装置だと言っても良い。全体的な印象としてはどこか不気味で、僕の怪奇趣味を大いに刺激してくれる。（劇場はどこか異界であってほしいという願望が僕にはあるらしいと、今書いていて気がついた。）エンド・

ステージとあって袖も全くないに等しいし、二階のくせに奈落《じごく》の竈かと思わせる暑さの操作スペース、忍者屋敷かと勘違いしそうな舞台裏の通路を含め、裏も表も使い勝手が良いとはお義理にも言えないが、僕などはかえって演出意欲をそそられる。

しかし、まさしく作品を選ぶ劇場でもある。空間自体の持つ魅力をそのまま活かせる戯曲と演出でなければ、ここでやる意味がない。これまでにザムザでは七回演出しているが、舞台美術はいつも無きに等しい。そもそも装置家にデザインを依頼したことも一回しかない。劇場空間がすでに舞台装置なのだから、後はほぼ何もない（？）空間を照明と音響で自在に変化させて行くことになる。

僕の場合は、やりたい作品があってここを選ぶというより、ここで芝居をやりたくて作品を選ぶことが多いように思う。やはり劇場が作品を選んでいるのだ。初めての公演は二〇〇二年の『九つの不気味な物語』。欧米の怪奇短編を脚色したオムニバス。装置と言えるのは木製のベンチ二脚と椅子四脚だけ。壁に投影される映像と効果音が劇場の雰囲気をさらに高めてくれた。客席右横に位置する例の趣きのある入り口の扉もどうしても使いたくなり、登退場に利用した。「面白かったけど、ここ以外ではやれないのでは」といった意見もあり、四年後の再演も勿論ザムザだった。次もやはり怪奇物で、二〇〇三年のクレイン・ジョンソン作『ドラキュラ』。この時初めて舞台下の奈落を使ってみた。三度目は流石に怪奇物ではなく、ジョン・ウェブスターのエリザベス朝流血悲劇『白い悪魔』。但し、主要登場人物はあらかた殺されてしまうし、内二人は幽霊となって現れる。装置は舞台奥に吊った両開きのカーテンのみ。覗き見、盗み聞きの横行するこの芝居、あとは劇場が表現してくれた。二〇〇五、二〇〇八年の『今宵は一幕劇を』と『シチリアのライム』はともにピランデッロの一幕劇集。絶望的な生と死、嫉妬と背信のたちこめる世界もカーテンだけの装置で済んだ。昨年末の『ボーンルーム』はオフ・ブロードウェイのミュージカルだが、舞台は博物館の地下の骨格標本製作室。舞台上のあちこちに置かれた人や動物の骨は、ザムザの空間にぴったりはまっていた。

なお、ラピュタビルの三、四階は山猫軒というフレンチのレストランになっている。阿佐ヶ谷在住の知人の話ではなかなか美味しい店とのことだが、一体どんな注文を出されるのか想像するだに恐ろしく、僕はまだ一度も入ったことがない。

テアトロ　二〇一三年六月号

小劇場と聞いて思いつくままに

演出を始めて今年で29年になる。その間に、公演プログラムや演劇雑誌などに書き散らした雑文の半分ほどを一冊にまとめて最近上梓し、その巻末にこれまでの演出記録を載せてみた。英米の翻訳劇やミュージカルがほとんどだが、劇場は一九八五年の『フィレモン』の、今はなき文芸坐ル・ピリエに始まって、昨秋の『殺しの接吻――レディを扱うやり方じゃない――』の恵比寿・エコー劇場まで、小劇場が圧倒的に多い。

舞台の仕上げをするのは観客である。舞台と客席との意識的、無意識的な交流がなければどんな芝居も成立しない。同じ舞台を観ていても、一人ひとりの観客は夫々違うものを観ている。そしてその一人ひとりの直接的、間接的な反応が他の一人ひとりの反応に影響し、さらには舞台上の俳優たちにも、いや舞台裏のスタッフにも意識的、無意識的に影響を及ぼして、同じものは二度とない一回限りの舞台が生まれる。根本的にはその都度何が起きるか分からない危うさを秘めているし、そこにこそライヴの醍醐味もある。そのこと自体には劇場が大きかろうと小さかろうと変わりはない。しかし、役者の顔の表情も見えにくいような大劇場よりも、彼らの息遣いまで聞こえて来そうな小劇場に僕はどうしても惹かれてしまうのだ。

先日、アメリカのヴェテラン演出家マーシャル・W・メイソンが自身の演出方法を綴った『舞台の上に人生《いのち》を創る』を読んだら、自分は俳優のための演出家だと書いていた。主にリアリズム演劇を演出して来た彼らしい発言だ。演出家が戯曲を解釈して導き出した物語を、これ見よがしに絵解きするのではなく、何よりも俳優の演技を通して観客に伝える。舞台美術も照明も、演出家の視覚的なコンセプトを明確に具体化しつつ、決して説明に堕すことなく、あくまでも俳優の行動を補完する手段としてある。それこそが演出だろうし、これまた劇場の大小には必ずしも関係ないが、最後列から見たら役者が米粒並みの大きさに見えてしまう大劇場ではどこまでそれが伝わるかとも思ってしまう。

二十数年前に観たRSCのビル・アレクサンダー演出『リチャード三世』の第三幕第一場で、リチャードに扮したアントニー・シャーは、王子たちの発言を聞きながら「この小僧ども、決して生かしてはおかないぞ」と殺意を固めるその心理を眼の表情の変化だけで見せた。いや、じっと動かぬ身体から次第に殺意がにじみ出て来たと言うべきか。ゾクゾクした。バービカンの大劇場の七列目だったが、もっと後ろの席だったらどう伝わったのか。或いはこれも二十年以上前に観たデボラ・ウォーナー演出『ヘッダ・ガーブラー』の第三幕、フィオナ・ショーのヘッダがレェーヴボルグが紛失した原稿を咄嗟に背後に隠してしまった後、目の前のレェーヴボルグに何度も返そうとしかけるもののその度に機会を逸し、やがて彼とエルヴステード夫人の話を聞いているうちに「決して返さない」と気持ちが変化して行く、その面白さ。ト書きは大胆に無視しているが、新しい環境に何とか合わせようとしながらも自らのプライドと周囲の状況によって身を滅ぼすヘッダの「悲劇」が説得力をもって胸に迫る演出だった。ウエスト・エンドの中劇場だったが、客席と舞台の距離が近いからこその演出である。

要は客席数の多少では必ずしもなく、舞台と客席とが近く感じられる造りの空間か否か、本当の意味での「劇場」かどうかが問題なのだという気がする。東京には、客席数三百であっても、中央の席ですら舞台が遠く感じられる劇場もある。

僕の場合、自主公演が多いので製作規模も小さく、経済的にも小劇場での公演にならざるを得ない事情もある。舞台稽古はほとんどが一日半、精々二日が限界で、ましてやミュージカルとなるととてもじゃないが時間が足りない。初日の昼間に最初にして最後の本番通りの通し稽古を無理やり強行し、客入れまでの二時間ほどで裏も表もあちこち手直しを加え、初日の公演はどこか運を天に任すといった有り様だ。一週間あるかないかの本番も日々手直しのプレヴューと化してしまう。これまた小劇場に限らぬ日本の公演状況の貧しさだが、いつの日か稽古場で充分稽古を積んだ作品を、自分の好きな小劇場で、一週間の舞台稽古をしてから初日を迎えたいなどと妄想に駆られる。見果てぬ夢か。

テアトロ　二〇一四年五月号

これまでとこれからの間

演劇学を専攻していた学生時代、神保町の古書店で戦前に発行されたテアトロのバックナンバーを見つけ、こんな昔から出ていたのかと驚いた。その日から、その「こんな昔」とほぼ同じくらいの歳月が流れた。その間に、はて自分は何をしていたのかとふと思う。

下宿の四畳半の一室で戯曲や小説、演劇書を読み漁り、喫茶店の片隅で友人たちと一杯の珈琲で何時間もねばっては、いま思えば愚にもつかない演劇論を得々と開陳し合った（戦わせたとは言い難い）あの頃。どんな仕事でも良いからとにかく演劇の現場に、劇場に関わりたいと思っていたあの頃。映画『グリニッチ・ビレッジの青春』に憧れて、絵に描いたような演劇的青春を、おそらく意識的に絵に描いていたあの頃。

幸い、と言って良いのだろう、今でも辛うじて演出家を名乗って、演劇界の片隅で若い学生相手に少しは有意義な（と思いたい）演劇論を得々と開陳している。四〇年近いその間に、自分は一体何をなしたと言えるのか。

父が亡くなる一週間ほど前、「俺は頭は大して良くもなかったが、勉強だけはしたなあ」と言うのを聞き、羨ましかった。死ぬときに僕はこんなことはとても言えないだろうと思ったからだ。努力家を演じる努力ばかりして、本当の努力はして来なかった、そう思った。遺伝したのは前半部だけだったようだ。

演劇は後に残らない。僕の世代だと、演出した舞台のかなり多くがビデオ映像として残っているが、舞台と観客の間に生まれる「演劇」がビデオに映る筈もなく、それらの映像はただこんな風にやっていたのだなという記録、残像でしかない。はっきり言えば演劇の残骸でしかない。ただの記録としてのビデオ映像よりも一枚の優れた舞台写真の方が、よほどその舞台を伝えていることがあるのも道理である。

その瞬間生まれ、そして生まれた端から消えて行く。演劇に限らず、それが生の上演芸術の宿命だ。いや、なべて人間の仕事は、ほとんどそういうものだろう。そうは思ってもやはり気にかかる。自分の人生には意味があったのか、あるのかと。

これはもうユングの言う中年の危機である。この二年間に新たに演出した四作のミュージカルは、どれもその中年の危機の、人生の半ばで生きている意味を見失い、葛藤する男たちの物語だった。そうと意識して選んだ演目ではないだけに、それに気がついたときは驚いたが、そういう作品を演出することで、僕は自分の人生を納得しようとしてもいるのだなと思う。そして本当の問題はこれまででもこれからでもなく、今このときだとも思えるようになった。そうだ、演劇とはそもそも永遠の現在ではないか。

この先、残り時間がどれだけあるかは分からないが、やれる限りは芝居を作って行こう。工場ではなく工房で、こつこつと。

テアトロ　二〇一五年二月号

やれなかった舞台、やりたい舞台

先日、ある戯曲の演出を頼まれた。二十数年前に是非とも手掛けてみたいと熱望し、配役までしていながら実現には至らなかった作品である。それを演出できるのだ、誰でも一も二もなく引き受けると思うだろう。が、断った。今の自分にはこれをどうしたら物語れるのか、その切り口が、演出の視点がどうにも見つからなかったからである。二十数年の間に、僕とこの戯曲との関係が、距離感が確実に変化していた。

三十数年前にブロードウェイで或るミュージカルの初演を観た。作品そのものには惹かれたが、演出は明らかに失敗していると思った。いつかやってみたいと思い続け、しかし物語を、そこで展開される人間関係をもっと生々しく肌で感じられなければこれは演出できないとも思い続けた。それが三年ほど前、台本を久しぶりに読み直し、初演版、再演版など数種類のCDを聴いているうちに、今なら絶対にやれるという想いがふつふつと湧いて来た。ところが、ニューヨークの上演権管理会社に問い合わせたところ、すでに他の団体による日本初演が決定していると判明し、諦めざるを得なかった。

同じ作詞作曲家による別のミュージカルをちょうど二十年前にブロードウェイで観た。友人から「君は絶対に気に入る筈だ」と観る前に言われていたが、その通りだった。一年後、某パーティ会場でこのミュージカルの台本作家にして初演の演出家に会った。共通の知人が、この作品を日本で上演するなら最適の演出家だと僕を紹介してくれた。だが、初演の舞台の印象が強烈過ぎて、そのイメージからどうにも抜け出せない。その後に観たロンドン初演の舞台（演出が違う）の方はほとんど記憶に残っていないのに。そうやって悶々としながら、たまに台本を読み返し、ピアノ・スコアを眺めたりしているうちに二十年経ち、或る日また台本を読んでいたら、突然、初演の舞台とは違うイメージが脳裏に浮かび、一旦浮かんだら後はあれよあれよと膨らんで行く。初演の衝撃が僕の中でようやく消化吸収されたということかも知れないが、今度もまた今なら絶対にやれるという想いがふつふつと、いや、今回はぐつぐつと煮立って来た。早速、ニューヨークに上演権の問い合わせをした。結果は、もう皆さんもご推察の通り、上演権はまたもやすでに他の団体に押さえられていた。僕はあまり胃腸の強い方ではないが、消化吸収に二十年はいささか時間がかかり過ぎたようだ。

勿論、これらのミュージカルを将来いつか演出する機会はまた巡って来るかも知れない。但し、その時にまたふつふつぐつぐつと意欲が掻き立てられるか、その時点での僕が抱えている思いと作品がうまく重なってくれるか、今と同じだけの情熱を持って作品と相対せるか、それは分からない。

台詞劇であれミュージカルであれ、僕の場合はどうも男女の出会いに似ているような気がする。ひと目惚れして一気にのぼせ上がることもあれば、出会って何年も経ってから相手が自分にとって本当に必要な存在だと悟ることもある。ストーカー的にいつまでも執着して追いかけ回しもすれば、どう話しかけたら良いか迷っているうちに当の相手はもはや手の届かない存在になっていることもある。熱を上げた相手に久しぶりに再会したら、ただの過去でしかなかった、そんなこともあるだろう。（「ただの過去」などというものが果たしてあればの話だが。）

芝居との関係も、それと同じで人生のタイミングに左右される。問題は対象への情熱をどこまで抱けるか、その芝居がそのときの自分にとってどこまで切実なものであり得るか、そこに掛っている。

数年前のこと、ふと気がついたら、過去に演出した作品を何作も続けざまに演出していた。初演とは違うプロダクションではあるものの、同じ作品を取り上げることが続いていたのである。何やら限られた少数のレパートリーだけ演出しているような錯覚に陥った。勿論どれも愛着のある作品だし、以前は見落としていた意味を発見し、それをきちんと舞台上に提示出来たときの喜びは格別である。しかし、このままでは日本演劇界のカルロス・クライバーと呼ばれる日も近いのではないかと怖くなり、以後、これまでやったことのない作品を意識して採り上げるようにしている。

そうやって上演を決めた『グロリアス・ワンズ――輝ける役者たち――』は、納得の行く配役が組めるまで公演時期を先延ばしした。マーシャル・W・メイソンはその著『舞台の上に人生《いのち》を創る』で、演出家の仕事の90％は配役だと書いている。どれほど心惹かれる作品に出会っても、適材適所の俳優に出会えなければ上演は出来ない。演劇とは様々な出会いの集積だとつくづく思う。

新しい出会いの中で今一番演出してみたいのは、『テンペスト』をトム・ジョーンズがミュージカル化した『ラ・テンペスタ』。アメリカでもまだ上演されていない新作だ。シェイクスピア劇は観るのも読むのも大好きで、だからこそ演出はしないと決めていた。趣味は趣味のままにしておきたいと。その禁を破る日も近い、となれば良いのだが。

テアトロ　二〇一四年一二月号

翻訳ミュージカルを三〇年演出してきて思うこと

去年の九月、神楽坂にあるアコースティック・ライヴ・ホール The Glee でミュージカル『ジェニーの肖像』を久々に演出した。僕の知る限り世界で最も美しいこのミュージカルは、アメリカではリチャード・ロジャーズ・プロダクション賞を受賞して一九八二年にニューヨークの小劇場でワークショップ的な公演が持たれたまま、その後は日の目を見ていない。（登場人物を五人に絞った別ヴァージョンはニューヨーク近郊の演劇祭で上演された。）

僕の演出で青山の草月ホールで一九八六年に翻訳上演された日本初演はミュージカル専門誌の年間ベスト・ワンに選ばれ、翌年に下北沢の本多劇場で再演。一九九〇年には新宿のスペース・ゼロで再々演された。それ以来の再演である。但し、今回の会場は客席数約七〇のライヴ・ハウスであり、本来は十一人編成のオーケストラによる伴奏もピアノ一台。台詞のみの役も出番でないときはコーラスに回ってもらうなどして出演者もほぼ半数の九名に削り、装置は一切なく、衣裳も黒、白、グレーで統一はしたもののほとんどが出演者の自前。照明もプロジェクションで若干の場面説明をした以外は会場に備えつけられた機材のみのごく簡素なもの。あまりのないない尽くしにチラシには「コンサート形式」と言い訳めいた添え書きを付して、それでも一応台詞も動きも含めて全篇上演した。

初演と再演で主人公の青年画家を演じた越智則英さんに、ほぼ三十年ぶりに同じ役を演じ歌ってもらうのが今回の公演の第一の構想《コンセプト》だった。それに合わせて他の出演者の平均年齢も青春の物語とは思えないほどぐっと上がってしまったが、海外ミュージカルに精通した方から「何度も息をのむ瞬間があり、コンサート形式とは思えないその成果に、ただただ感激」したとメールをもらい、ほっとした。何しろ完売しても赤字になるほど客席数が少ないために、製作から演出家の席はありませんと宣告されてしまった僕は、本番は会場とロビーを仕切る扉についた小さなガラス窓から腰を屈めて覗き見、扉の隙間から漏れ聞こえて来る台詞と歌に耳を澄ますしかなかったからだ。あまつさえ、超低予算の悲しさ、人員不足から舞台監督も兼ねた演出家は、出演者中ただ一人客席通路を使って登場するヒロインの登退場の度に、このやたらと重い扉を音楽に合わせた絶妙のタイミングで緩急自在に開けたり閉めたり。還暦近い腰痛持ちにはなかなか味わい深い現場だった。

公演を録画したビデオを観た作曲のハワード・マーレンさんからは「演出家が物質的にはほとんど何もない方法で実に多くのことを成し遂げるのにはいつも驚かされる。あなたの演出は想像力を大いに掻き立てて見事だ」とメールを貰ったが、幸い一般のお客様からも好評で、今年の三月にはキャストを若干入れ替えて、同じ会場で再演した。この時は、プロジェクションで投影される一九三〇年代のセントラル・パークや五番街、ケープコッド等の写真を、せめて主人公の画家が描いた風景画風にアレンジしたいと思ったけれど、またも超低予算の壁に阻まれ果たせなかった。それでも、今度は知人の翻訳家が「演劇とは想像力の賜物なのだと実感。演出と役者が良ければそれで充分なのだと再認識」したとメールをくれた。ミュージカルの上演は経済的にも負担が大きく、毎回これが最後かと思いながら演出している。それだけに、こういう言葉をもらうとお世辞半分などとは決して思わず、素直に受け止めて己れを励ますことにしている。

それにしても、初演した当時を想い起こすと、この三十年の間にミュージカルを取り巻く環境と観客の意識が如何に変化したか、それを痛感せずにはいられない。『ジェニーの肖像』では物語の最後でヒロインは大波に呑まれて海に消える。悲劇的な結末だが、幕切れでは観客に愛の永遠性を強く印象づける。それでも初演の際に、僕の父親の世代の或る演出家から「こういうのは駄目だ。ミュージカルはもっと明るく楽しくないと」とお叱りを受けた。日本ではミュージカル・コメディという言葉がまだ一部ではミュージカルの総称として通用していた頃の話である。シリアスな主題を持ち、主人公の死で終わる『ウェスト・サイド・ストーリー』のような作品は数的には日本で上演されることは稀れだったし、それについては実はアメリカでも事情はそう違わない時代だった。『レ・ミゼラブル』がロンドンで初演されたのは前年の八五年である。その世界的な大ヒットと、後続の『オペラ座の怪人』、『ミス・サイゴン』といったメロドラマ的メガミュージカルが、それまでミュージカルに関心のなかったであろう新たな観客層を掘り起こし、内容面でも興業の在り方に於いても、良くも悪くもミュージカルを様変わりさせたことは間違いない。事実、この春、現在教鞭を執っている大阪芸術大学のミュージカル・

コースの新入生たちに『マイ・フェア・レディ』や『プロデューサーズ』等の映画を観てもらいリポートを書かせたところ、「ミュージカルには明るく楽しい内容のものもあるのだと知って驚いた」と書いた学生が複数いた。僕も驚いたが、『ジェニーの肖像』を批判したあの演出家が読んだら憤死してしまうのではないかと心配だ。

僕自身は能天気なだけのミュージカル・コメディよりも、暗く重い内容をひと捻りして提示した（つまり暗く重いままではない）作品に惹かれてしまう傾向がある。と同時に、スペクタクル重視の大仕掛けなものよりも必要最小限の装置で観る者の想像力を刺激してくれる小劇場ミュージカルの方が好みでもある。マイヤーベーアのグランド・オペラにロックをまぶした如き重量級サングスルー・ミュージカルや、ユーモアもウィットも欠いたその下手な亜流の、いにしえのウィンナ・オペレッタと再配合したような作品が幅を利かせる日本の現状には危惧を抱かないでもない。後者など古い革袋に入れた、化学調味料で味をごまかした古い酒を飲まされたようで悪酔いしそうだ。学生のリポートを読んで、上演作品数が限られる東京以外の地方都市の場合はとりわけ事態は深刻だと改めて思った。

ミュージカルというジャンルは元来が雑種性が強い上に、現在では様々な様式の作品が併存し、その定義づけさえままならない。例えば、僕の机の上にある『アナザー・オープニング、アナザー・ショー』（アメリカの大学での演劇全般の教科書用に書かれたものだろう）の第二版（二〇〇五年刊）には「ミュージカルとは戯曲を演劇として上演したものであり、そこではテクストの全体あるいは一部が歌われ、また音楽とダンスとに結び合わされた視覚的なスペクタクルが物語を語ったり、登場人物の等身大以上の感情を表現したりする」とある。定義づけの性格上、内容にはふれず形式のみを扱っているが、それでもこの定義からこぼれてしまう作品がトニー賞の最優秀ミュージカルに選ばれた例もある。

著者たちも「これが私たちのなしうる最善の定義」とすぐさま白旗を掲げている有り様だ。

ミュージカルはブロードウェイという世界最大の商業演劇街で発達して来た。台詞劇以上に商業主義と密接な関係を持っている。今やあまりにビッグ・ビジネスと化したミュージカルは、実験的性格の作品はますます上演が困難になり、非営利組織が最初の受け皿となる状況が続いている。今後どんな変化を遂げるか予測はつかないが、この極東の島国で三十年以上翻訳ミュージカルの上演に携わって来た僕としては目先の作品だけでなく、もっと多様な作品の上演を通してミュージカルというジャンルの魅力と可能性を観客に認識してもらいたいと思っている。台詞劇には出来なくてもミュージカルになら出来る、そんなことがある筈だ。

戯曲中心主義で語られて来た演劇研究の主流がこの半世紀の間に、対抗文化と多文化主義の浸透にもよるのか、上演論へと軸足を移したのに伴って、長い間軽んじられていたミュージカルの研究が進んで来たのは喜ばしい。しかし、上演の現場では言葉の芸術としてのミュージカルの退潮も著しい。混沌とした状況の中、日本語に訳して上演すべき価値のある作品を一作でも多く舞台に乗せたいと念じているのだが。

テアトロ　二〇一六年七月号

コロナ禍の中でミュージカルを観た、演出した、書いた

この数年、劇場に足を運ぶ機会がめっきり減った。学生時代は学業などほったらかして劇場通いに憂

き身をやつしていたものだが、それも今は昔である。学生時代と言えば、演劇専攻の先生も芝居は滅多に観ないなどと言っていたなあと今になって思い出す。まだ現役の演劇人としてこれはあるまじき状態だ。一念発起して、またせっせと観劇をと思った途端に新型コロナ・ウイルスの蔓延である。これまで以上に劇場から足が遠のいた。

そんな中、先日久々に都心の劇場に行ってみた。ちょうど四〇年前にブロードウェイで初演を観て以来ずっと気になり続け、昨年、教鞭を執っている大学の学内公演として自分で訳して演出した、その同じミュージカルが演目だったからだ。海外で評判になった演出による公演であり、大いに期待して出掛けたものの、結果は失望以外の何ものでもなかった。演出のコンセプト自体が僕には疑問だったが、聞くところによるとコロナ禍の影響で演出家が来日出来ず、稽古は遠隔で行われたらしい。もし通常の稽古が出来ていれば、結果はもっと違っていたのではと思わずにはいられなかった。遠隔による稽古では、演出家も俳優も理屈は伝えられても熱は伝わらない。（これは対面を禁じられた遠隔授業でも同じことだ。）演技はZOOMには写らない。画面の向こうで本当には何が起きているのか見極めるのは不可能に近い。ましてや稽古場で俳優同士がマスクをかけて演じていたなら尚更のことだ。俳優と演出家の間のギヴ・アンド・テイクの関係も未消化のまま終わりかねない。演出と劇場空間が明らかにそぐわないのは制作側の判断ミスだろうが、それとて演出家と振付師が実際に劇場に身を置いていれば、改善策も少しは講じられたのではなかろうか。

しかし、他人のことばかり言ってもいられない。ほぼ同じ時期に僕もミュージカルの演出をしていたからだ。但し規模はずっと小さな小劇場公演、出演者も二人だけの『I DO! I DO!』である。ある夫婦の五〇年に渡る結婚生活の節目節目を描く「愛の成熟」についての物語。三年前に都内の他の小劇場で上演し、本誌の劇評でも誉めて頂いた舞台だ。本来は一年前に再演の予定だったのが、稽古開始の矢先、音楽監督兼ピアニストが病に倒れ、公演中止のやむなきに至った。今回もコロナ禍の中、はたして上演すべきかどうか大いに迷いながら公演に踏み切った。一四〇の客席数も感染予防のために五二席に減らした上に、緊急事態宣言の延長によってキャンセルも相次いだ。けれど、観てくれた方の多くに前回よりもずっと良かったと言ってもらい――「ずっと」には引っ掛かるが――ほっとした。懸案だった衣装もほぼ全て変更出来たし、再演の効能だろう、出演者二人も良い意味で前回よりも自由になり、ドラマとしての深みが出たと思う。その一方で、演出家としてはミュージカルとしての軽やかさに幾分欠けたのではないかとの反省もある。制約の多い稽古環境の故か、伴奏との摺り合わせが今一つ不足していたこともあるが、何よりも僕の精神状態がやはり演出の方向性に影を落としたのではないかとも思う。先の見えない閉塞感に包まれた現状への無意識の反応が、軽やかになることをどこかで抑えていたような気がする。こちらは俳優と直接相対して演出していたにも関わらず、やはりコロナに裏をかかれたらしい。という訳で、この作品はコロナが収束した暁には是非もう一度手掛けたいと思っている。

もう一度手掛けたいと言えば、長年思い続けていたことがもう一つある。ほぼ一〇年前に上梓した拙著『生と死と再生の舞台~ジョーンズ&シュミットの祝祭ミュージカル~』の改訂である。『I DO! I DO!』の作者であるトム・ジョーンズ（台本・詞）とハーヴィー・シュミット（音楽）の二人の全作品について書いている。出版されたときは、故青井陽治さんが悲劇喜劇誌の「二〇一二年演劇界の収穫」の演劇書に選んで下さり、「執拗と言っても良いニューヨークのクリエイターの仕事ぶりを、彼らを信奉する日本の演出家が執拗に解析する。楽しい！」と書いて下さった。瀬川昌久さんもミュージカル誌で「学校などのミュージカル研究会には最適の教科書、一般ファンにはミュージカルを一層楽しむ伴侶」と推奨して下さり、小田島恒志さんからは「これほど演劇の作者やテキストについて上演と一体となって書かれた本はなかったのではないかというほど臨場感にあふれている」と感想を寄せて頂いた。誉められた時はお世辞などと思わず素直に喜ぶのが健康の秘訣と定めている僕だが、拙著を読み直してみると明らかな間違いや舌足らずな、どころか書いた当人にも意味不明な箇所がいくつも見つかり、これはいつか絶対に改訂版をと心に期していた。今回幸いにもその機会に恵まれ、とりわけ小田島さんの言葉を励みに、旧版の出版以降の演出体験を活かして、より一層上演の現場に密着すべくかなりの分量の書き足しと書き直しを施した。

ミュージカルについては近年日本でも若い研究者が次々と現れ心強い限りだが、中にはいくら刺激的でも上演からは遊離した論のための論と思えるものもある。これはアメリカでも事情は同じだ。勿論、演劇は時代を描き、社会を映す。演劇研究へのアプローチにも社会の多様性に応じた様々な方法と切り口があるのは当然だ。演劇を論じるのに上演の現場に拘る謂われはない。けれど、学者でもない僕に書けるのはあくまでも上演論、いや論などとはおこがましい、上演のために調べ、準備し、稽古場で考え、劇場で出会ったことだけだ。拙著はジョーンズ&シュミットという、僕が十代の終わりに彼らの代表作『ファンタスティックス』と出会い、以後今日まで四五年に渡って拘って来たコンビの作品についてのみ書いているが、他の作家のミュージカルの上演にもどこかでヒントになって役立つよう心掛けたつもりだ。ミュージカルに関心をお持ちの方には是非ご一読をとお願いしておく。

旧版の執筆と出版の際には、ジョーンズ&シュミットの両氏から様々な貴重な資料の提供を受けた。シュミット氏は一九五〇年代には全米屈指のコマーシャル・アーティストだった経歴の持ち主で、拙著には表紙カバーをはじめシュミット氏のイラストやデザインを使いたいとお願いしたところ「私が描いたものなら何でも好きに使ってくれて構わない」と二つ返事で許可して下さった。氏は三年前に亡くなり、改訂版を手に取ってもらえないのが返す返すも残念だ。

テアトロ二〇二一年八月号

トライ・トゥ・リメンバーが結ぶトニー賞と本とウェブサイトの話

先月下旬（現地時間二〇二一年九月二六日夜）、アメリカ演劇界に於ける最大の賞であるアントワネット・ペリー賞（通称トニー賞）の授賞式が二年ぶりに行われた。しかも例年はその年度の演劇シーズンの総決算として六月に行われていたのが今回は九月という異例の式だった。これは言うまでもなくコロナ禍のために昨年の三月中旬にブロードウェイの全ての劇場が閉鎖され、以後今年の九月まで再開出来ずにいた異常事態を受けての措置だ。シーズン終了前に全ての公演が打ち切られ、候補作も二月一九日までに初日を迎えた公演のみとされたため、初日を迎えられずに終わった公演は勿論、それ以降に幕を開けた舞台も選から漏れ、イヴォ・ヴァン・ホーヴェの新演出、アンヌ・テレサ・ドゥ・ケースマイケルの新振付による『ウェスト・サイド・ストーリー』も候補にならず、ミュージカル部門の再演賞に至ってはこの賞が創設されて以来初の候補作なし。僕にはどうしても観たい舞台だったのだが、同公演は休演のまま打ち切られてしまった。とにかく何もかもがこれまでとは違う授賞式だった。

演劇は観客がいて初めて成立する。舞台と客席の間に生まれるエネルギーこそが演劇を演劇たらしめている。演劇は舞台の上にあるのではない。客席をも含めたその時その場限りの空間に演劇はある。或いは観客一人一人の感受性の中にある。トニー賞の授賞式も初めは昨年秋にオンラインで行うと発表されていたのが、度重なる再開時期の延期と、そして何よりも九月に再開が決定したからだろう、観客を劇場に入れての通常の形態の式となった。とは言え観客は全員マスクを着け、また式そのものも各賞の発表と授与に重点を置いた第一部と実力派の俳優たちが繰り広げるミュージカル・パフォーマンスを主にした第二部に分かれた、これまた異例の二部構成となり、やはりブロードウェイの復活を寿ぎ、演劇界の、さらにはアメリカ社会という共同体の再建を祈る祝祭の側面が強く打ち出された授賞式になった。

トニー賞は全米にテレビで生中継され、年に一度ブロードウェイ演劇をアメリカの津々浦々に遍く宣伝する絶好の機会ともなっている。日本でも以前はＮＨＫが、現在ではＷＯＷＯＷが同時中継でそのまま放送している。日本での同時中継の場合、問題となるのは現地でのコマーシャル・タイムである。ＮＨＫにしてもＷＯＷＯＷにしてもＣＭがないので、日本独自の工夫をしてこの時間を埋めねばならず、最近は候補作や候補者についての解説を主軸にした生番組を日本の視聴者向けにスタジオから放送している。僕も前回からコメンテイターとして参加しており、今回も出演依頼を受けたものの、コロナ禍のせいで候補作は一切観ていない。まさか観て来たような嘘をつく訳にも行かず、一旦はお断りしようかとも思ったのだが、良く考えたらこのコロナ禍下で候補作をほとんど観ている日本人など現地在住の方でもない限りそもそもそうはいないだろう。それなら初演再演の両ジャンルに渡って候補になっている戯曲や台本、劇評やＣＤを読める限り読んで聴いて、それに基づいて話をしようと腹をくくった。

さて、授賞式には毎年過去一年間に逝去した演劇人を偲ぶ追悼コーナーがある。今回は二年間の物故者となり、その分時間も例年より長めだった。ミュージカルの父祖と呼ばれ、ブロードウェイのど真ん中に銅像まで建っているジョージ・M・コーハンの名曲「ブロードウェイによろしく」が流れる中、舞台上には亡くなった演劇人の名前と遺影が次々と映し出されて行く。やがて曲が変わった。その途端、僕の胸にこみ上げるものがあった。その曲が「トライ・トゥ・リメンバー」だったからだ。危うく涙がこぼれかけ、今がアメリカの方の放送中であり、こちらは画面に映っていないことをつくづくありがたいと思った。と、実はここまでは噺の枕のつもりで書き始めたのだが、我ながらADHDの本領発揮で、枕だけですでに指定の字数の半分を越えてしまった。これでは読者も枕に頭を預けて寝入ってしまう。枕は投げ捨てて急いで本題に入る。

「トライ・トゥ・リメンバー」は、四二年間という、ミュージカルとしては世界最長ロングラン記録を持ち、日本でも様々なカンパニーにより度々上演されている『ファンタスティックス』の主題曲であり、作曲のハーヴィー・シュミットさんとは台本・作詞のトム・ジョーンズさん共々一九八八年に初めてお会いして以来、三年前に彼が八八歳で亡くなるまで親しくお付き合いさせて頂いた。そもそも僕がミュージカルにのめり込み、演出家になってしまったきっかけは『ファンタスティックス』の翻訳上演を観たことなのだ。

十八歳の時のその出会いと、その後のお二人との出会いから書き起こして、彼らの全作品について演出家の視点から解説した『生と死と再生の舞台〜ジョーンズ&シュミットの祝祭ミュージカル〜』を出版したのがほぼ十年前。その改訂増補版を九月にやっと出せた。明らかな間違いや曖昧な記述を書き直し、この十年間の演出経験を踏まえて書き足しをしているうちに旧版より百頁も厚くなり、書き直しを含めて百五〇頁は新たに書いた計算だ。書いてあるのは無論二人の作品についてのみだが、ミュージカル全般についても演出したり演じたりする際にヒントになるよう心掛けたつもりだ。とは言え、例えば人種を越えた配役に関する記述などはもっと突っ込んだ書き直しをすべきだったと早くも反省している。何しろ多様性という言葉がまだ今ほど取り沙汰されていなかった十年前の記述がもとになっている。しかし、そこにあまり踏み込むと拙著の本来の趣旨からは逸れ過ぎてしまう惧れもある。その辺りのことは目下執筆中の『ミュージカルとは何か』に譲ることにした。それでも二〇一九年に僕の演出で世界初演の幕を開けた『ラ・テンペスタ』の太平洋を越えての創作過程については後進のためにも詳細を記録しておくべきだったかも知れない。それと『ファンタスティックス』からの引用個所で「ほら」と訳すべきところを誤訳しているのにも印刷に回ってしまってから気がついた。小さな瑕疵だが僕には大きな心の重荷だ。

小さいとは言えない瑕疵もある。舞台上にその歌を歌う人物しかいないソロ・ナンバーの場合、その人物が歌いかけている対象にはいくつかパターンがある。自分自身、その場にいない他の登場人物、神様や運命などの人間を超えた存在、或いはそれこそジョーンズ&シュミットの『セレブレーション』の冒頭のように太陽や月などの自然現象、そして観客等々。歌の途中で歌いかける対象が変わる場合もある。それなのに旧版では自分自身か観客しかないような書き方をしていたのに最後の最後に気がつき慌てて書き直した、筈だった。ところが、パソコンを使って書き直した際に保存が上手く行かなかったのか何なのか、直す前の状態の原稿が印刷に回ってしまったらしい。校正刷りの段階で何故気がつかなかったのか、今度は慌てふためいたが最早後の祭り。心の重荷に潰されかかっている。

それでもオフ・ブロードウェイの小劇場ミュージカルを創始したと言っても過言ではないジョーンズ&シュミットについての、今のところは世界で唯一の本である。ミュージカルに興味をお持ちの方は是非ともご一読をと平身低頭お願いします。

そしてもしも拙著を読んで下さるなら、それと共に是非覗いてほしいウェブサイトがある。シュミットさんが遺した膨大な資料を秘書の方が二年がかりで整理し、それにジョーンズさんが新たに書き起こした覚え書きその他を足して作成された、言わばジョーンズ&シュミットの全仕事が一望出来る、僕などにとっては「開けゴマ」と言いたくなってしまうほどの宝の山のようなサイトである。世界各国の翻訳上演も含む舞台写真や貴重な音源に楽譜、さらには一九六〇年代から最後になった二〇一七年までの様々なインタビュー映像、ジョーンズ&シュミット自身による自作解説等々、せめてもうひと月早くこのサイトが完成していたら拙著にも反映させたかった情報が満載されている。中でも、コロナ禍を避けてコネティカットの山荘にこもった九三歳のジョーンズさんが椅子に座ったまま手ぶり身ぶりを交えて自作を語るヴィデオ映像、とりわけ初演以来自ら何度も演じている『ファンタスティックス』の老優ヘンリーを語る姿はほとんど落語の仕方噺を聞いているような面白さだ。https://jonesandschmidt.com。こちらも是非。

ではそろそろお後が宜しいようで。

テアトロ　二〇二一年一二月号

オールド・フレンズ

田中雅子

一九八五年から八八年にかけての四年間、僕が演出した『ジェニーの肖像』、『フィレモン』、『血とバラ』の、そして拙訳による『ザ・ミュージックマン』や『チャーリーはどこだ?』のヒロインとして、彼女の美しいソプラノは絶えず僕の傍らで鳴り響いていた。かなりの気恥かしさを堪えて敢えて言わせてもらえば、同世代の彼女は僕の演劇的青春の共犯者であり、戦友だった。そう、おそらくはその為なのだ、彼女についてのエピソードのひとつも思い浮かばないのは。僕たちは皆、恐ろしく真剣だった。稽古場に笑いはあったが、その笑いに余裕はなかった。視線はひたすら目前の舞台に注がれ、他を顧みるゆとりなど、どこにもなかったのだ。

そんな中で「端正な情熱」とでも呼ぼうか、撞着語法《オクシモロン》でも使わなければ表現出来ない彼女の佇まいは、ミュージカルよりもむしろ台詞劇『逢びき』の人妻役でこそひと際輝いていたように思う。けれど、長所はまた短所にも変わり得る。本物へのこだわりが頑なさに堕し、優しさが控え目がちな遠慮となり果ててしまうこともあったろう。

『血とバラ』の後、彼女は体調を崩し、しばらく舞台を遠ざかっていた。この『賢者の贈り物』が復帰第一作となる。実生活での試練が、そのまま舞台の上で昇華されるなどと鵜呑みに出来るほど楽観的にはなれないが、それでもやはり俳優修業の幾分かが是すなわち人生修業であるならば、彼女の舞台は何かしら変わっている筈だ。あのこだわりを捨てずに、如何にして自分の中の壁を突き崩すか、戦友に心からのエールを送る。

『賢者の贈り物』公演プログラム一九九〇年一二月

宮内理恵

宮内理恵は人一倍、いや人三倍の意欲と向上心の持ち主だ。その意欲は、時にただの厚かましさと見誤られることもある。そして、人の四分の一ほども細い神経の持ち主だ。その繊細さは、時にただの小心と見誤られることもある。それにしても、彼女が一作ごとに着実に演技力を充実させ、その舞台姿に華やかさを増してきたのも、そういう個性あってのことだ。役者にとって欠かせない感性には、羨ましいくらい恵まれている。後はどうしたらその感性に振り回されずに済むかをつかむことだ。

己の中の内省家に押し潰されてはいけない、けれどその内省家を押し潰してもいけない。本物の演技とは、おそらくその狭間にしかないのだから。

『スウィート・チャリティ』公演プログラム一九九二年一〇月

二瓶鮫一さんの怖さ

昔、今はなきオンシアター自由劇場が『リア王』を上演したときのこと。妾腹の息子エドマンドの奸計に乗り、嫡子のエドガーを追放してしまうグロスター伯に扮した二瓶さんは、拷問で両眼を抉り出される凄惨な場面で、己の愚を呪い、「エドガー!」と絶叫することになっていた。ところが、演技に没頭するあまり(?)息子の名前がどっちがどっちだったか一瞬混乱した二瓶さんは、ままよとばかり「エドマンガー!」と叫んだ。人伝に聞いた話なので真偽のほどは定かではないが——怖い。

やはり自由劇場が『ハムレット』を上演したときのこと。ポローニアスに扮した二瓶さんがオフィーリアにハムレットとの交際を諌める場面で、オフィーリア役の女優さんとの掛け合いの、そのテンポの良さ、絶妙の間合いに、小生は一観客として大笑いした。その後、『ハムレット』の舞台は何度も観ているが、あの場面で笑えたことはあれが最初で最後である。これは怖い。

『フランケンシュタイン』公演プログラム一九九七年一二月

宮本　充

宮本充君には、過去二回、主演男優として僕の演出の舞台に出てもらっている。つまり、僕のお気に入りの役者の一人である。宮本君などとえらそうに書いてしまったが、彼と僕とは同じ昭和三三年生まれ、演劇界の同期の桜である。彼の舞台から漂ってくる品の良さ、ナイーヴなひたむきさ、テンポの良い台詞回し、程の良いユーモアは、今日の舞台を御覧頂けば一目瞭然だろうから、ここでは一つだけ注文を書いておきたい。

若き日のリチャード・バートンがオールド・ヴィックでハムレットを演じた時、大のラグビー・ファンだったバートンは舞台本番中も試合の行方が気になって仕方なく、袖に引っ込んではラジオの実況中継に聴き入り、挙句の果てには他の出演者たちに試合の結果を舞台上でそっと耳打ちさせたそうだ。ここまで来てはいささか問題だが、これからの宮本君には思い切ってこれくらいの図太さを持ってほしい気もする。その時、彼は確実にもうひと回り器の大きい役者になる筈だ。

『夏の夜の夢』公演プログラム一九九一年五月

ジム・クラーク

ミュージカルの演出にあたって先ず頭を悩ますのは、振付家を誰にするかという問題だ。感性、技量、経験、知識、そして台本と音楽を的確に読みこなせる理解力、さらに演出家、音楽監督との二人三脚を楽しめる協調性、良い意味での融通無碍な精神。言うは易しで、これらの資質を兼ね備えた人材はなかなかいないのだ、日本には。我が国のミュージカルの歴史の浅さを思えば、これは無理からぬことなのだけれど、つまりショーダンスとシアターダンスの違いの分かる振付家を探すだけでもう大ごとなのである。勢い、難しいステップとはあまり関係のない歌振りなどは、僕の場合は自分で「振付」てしまうことも間々ある。某振付家から、あなたには振付家はいらないんじゃないのと皮肉を言われたこともある。

『ラヴ』の仕事でジム・クラークさんと出会った時は、だから僕には目の前にいきなりスーパーマンが現れたような気がしたものだ。個々のミュージカル・ナンバーについて演出上のイメージやアイディアを話すと、たちどころにそれを豊かに膨らませて返してくれる。撃てば響くこのキャッチボールの楽しさは、実に格別であった。

BMTからジムさんの薫陶を受けた優秀な演技者が数多く巣立つことを祈りつつ、やがては振付家をはじめとする多くの優れたスタッフもまた育ってくれんことを陰ながら期待している。

BMI第二回ミュージカル公演プログラム一九九六年九月

磯貝　誠

磯貝君には頭が上がらない。今年の春、彼は十三年ぶりに役者として舞台に立った僕の相手役を務めてくれた。九篇の西洋怪談から成るオムニバスの中の一篇で、ワーグナー愛好家とモーツァルトの幽霊がバイロイトの公園で束の間出会い、音楽談義に耽るという、上演時間七分ほどの二人芝居だったが、僕は自分のことで手一杯で、演出家としては役目放棄。肝心の場面でも、こんな風にやろうと注文を出したきり、僕の演じる愛好家は磯貝君の演じるモーツァルトに背を向けてしまうので、どんな芝居をしてくれているのか一度も見ていない有り様。それでも磯貝君は嫌な顔ひとつせず（かどうかは見ていないので分からないが）演じてくれた。

彼と初めて仕事をしたのはもうひと昔も前になる。朴訥で誠実そうな見てくれと冷静な演技の計算がうまく調和した嫌みのない芝居に好感を持った。但し、わざと意地の悪い見方をすれば、演技者としての存在が地味で、ひとつ間違えば淡泊で無個性ともなりかねない。ところが、『仮名手本ハムレット』あたりから、彼の演技にはしぶとさのようなものが加わって来た。時には、秘めた狂気のようなものまで仄見えて来る。

春の舞台ではモーツァルト以外にも何役も演じてもらったのだが、そのどれをも見事に演じ分けてくれた。無個性と見えたものはカメレオン的役者の苗床だったらしい。作家の菊池秀行氏はこの舞台を評して「そこはかとない、哀しみみたいなものを、しみじみと感じさせてくれる」と書いてくれた。僕の背後で、磯貝君はそういう芝居をしてくれていたらしい。

『人間万事漱石の自転車』公演プログラム二〇〇二年一一月

第三部　ニューヨーク、ニューヨーク

劇場街のレストラン

ブロードウェイの内幕を描いたミュージカル『アプローズ』（一九七〇年初演）は、日本でも劇団四季のレパートリーとしてすっかりお馴染みだが、劇中、俗にジプシーと呼ばれる若いダンサーたちがたむろしているとあるレストランが登場する。その店ではウェイターやウェイトレスも失業中の役者ばかり。全員で「生きているのは拍手のため。あの音を一度聞いたら、もうあなたもとりこ」と舞台への熱い思いを、切ないまでに力強く歌い踊る名場面である。店の名前はジョー・アレン亭。ニューヨーク西四六丁目、八番街と九番街の間に実在するレストランだ。

演劇の街、世界のショー・ビジネスの中心地ニューヨークには、この種の、演劇人たちの溜まり場のようなレストランやバーが少なからずある。ジョー・アレンはその中でも老舗格の一件であり、僕もニューヨーク滞在中には、必ず二、三回は足を運ぶ。定宿のエディソン・ホテルからは目と鼻の先だし、どの料理も値段が安い割には味も良い。僕などにはもってこいの気の置けない店である。それに時折、素顔のスターに接することが出来るのも楽しみのひとつ。ローレン・バコールやトニー・ランドール、エレン・バースティンが食事をしているのを（盗み）見たことがある。レンガ壁の店内は、アーチ状の仕切り壁で食堂とバーに分かれていて、両端の壁に掛った黒板がメニュー代わり。うっかり中央のテーブルに着いてしまうと、近眼の僕には何を注文しようか決めるのにえらく手間取ってしまうのが難点と言えば難点だ。

ところで、このジョー・アレンで何よりもふるっているのは壁一面にズラリと飾られたブロードウェイの芝居やミュージカルのポスターである。こう書くと何の変哲もないようだが、さにあらず、どのポスターもあまり聞いたことのないような作品ばかりなのだ。或る日、アメリカ人の友人がそれらのポスターを指さして教えてくれた。「これはね、どれもブロードウェイで当たらなくてたちまちポシャっちゃった作品なんだ。すごいジョークだよね。で、僕たちはこの壁をこう呼んでいる——ブロードウェイの墓場。」

ジョー・アレンが主に若い演劇人の集まる店なら、劇場街のど真ん中、西四四丁目にあるサーディーズは、大物プロデューサーやスターが立ち寄る高級レストラン。芝居の幕が開く前の夕食時には観劇客や関係者でごった返している。映画『女優志願』(59年)にも描かれていた通り、芝居の初日のパーティがよく開かれることでも有名な店で、そういう場合には、その夜の主演俳優が店内に現れるとお客は全員立ち上がって拍手を送るのが習わしになっている。いかにもブロードウェイの名物レストランらしい習慣ではないか。こちらの壁にはスターをはじめとする有名演劇人たちの似顔絵がところ狭しと飾ってある。

いわゆるピアノ・バーでも、ジョー・アレンの斜向かいにあるドント・テル・ママ(この店名はミュージカル『キャバレー』の中のナンバーから採っている)等、ミュージカルの曲を専門的にやっている所も何軒かあるのはさすがニューヨークだ。僕自身、グリニッチ・ヴィレッジのその手のバーで、ニューヨーク大学の学生たちと『ニューヨーク、ニューヨーク』を大合唱したことがある。酔った勢いである。

ヴィレッジにはミスター・ウィリアム・シェイクスピアというレストラン＝バーもあった。残念ながら数年前に店じまいしてしまったが、ここのメニューは思わず持ち帰りたくなってしまうほどの傑作だった。開くと、料理の名前は一品残らずシェイクスピアの戯曲や登場人物に引っ掛けてある。ハムレット風オムレット辺りはまだご愛敬だが、タイタス・アンドロニカス風パイとなると少々中身が心配になって来る。が、ご安心あれ、デザートの欄には勿論こうあった、「終わりよければ全てよし」。

ほんやく　第一二四号（一九八六年二月）

最近のブロードウェイ演劇を観て思うこと

初めてニューヨークへ芝居を観に行ったのは一九七八年の二月だから、かれこれ三十年の昔になる。以来、ほぼ毎年一回、多い時には年三回ほどの観劇旅行を続けて来た。ほっそりした十代の小僧っ子も体脂肪過多の五十近いおっさんに成り果てた。小生も激変したが、ニューヨークの芝居もかなり変わったのではないか。この春、彼の地のホテルで新聞の観劇案内欄に目を通しながら、ふとそう思った。とは言え、昔はひと月腰を据えて次から次へと観まくったこともあったが、最近は正味一週間の滞在が精々で、観られる舞台の数も八、九作。本数から言っても、正確な比較は出来ないが、ひと月居ても観たい舞台をいくつか観損ねた昔に比べ、今や一週間で観たいものはほぼ観てしまえる。これはやはりオン、オフ両ブロードウェイの衰退と言えるのではあるまいか。興行成績だけを問題にするなら空前の活況を呈している今のブロードウェイだが、作品の質となるとはたしてどんなものなのだろうか。そう問わずにはいられないのである。

今年度のピュリッツアー賞の演劇部門が該当作なしに終わったことが象徴的だが、どうもアメリカ作家の新作に勢いがない。目下ブロードウェイに掛かっている台詞劇で、これはという舞台は軒並み英国物だ。例えば、案の定今年のトニー賞最優秀作品賞に輝いた『ヒストリー・ボーイズ』。名門大学受験を目指す寄宿生たちの青春を、対照的な教育観を持つ二人の教師との関わり、学校との軋轢等々を通してユーモアたっぷりに描きつつ、教育とは何なのかという重く切実な主題を浮き彫りにするこの傑作の作者はアラン・ベネット。演出はニコラス・ハイトナー。出演者もそのままの英国ロイヤル・ナショナル・シアターからの引越し公演である。他にも『ウィー・トーマス』、『シャイニング・シティ』、『フェイス・ヒーラー』、どれも英国産だ。

勿論、過去にもブロードウェイを彩った優れた英国の作品、舞台には枚挙に暇がない。僕が観たものですぐに思い浮かぶだけでも、ピンターの『背信』、シェファーの『アマデウス』（ともにピーター・ホール演出）、C・P・テイラーの『グッド』、ハンプトンの『危険な関係』（ともにハワード・デイヴィス演出）、ハーウッドの『ドレッサー』、フリールの『ルナサの祭の日に』、変り種では四十二丁目の廃墟と化した劇場でフィオナ・ショウがエリオットの『荒地』を演じた（と言って良いだろう）舞台（デボラ・ウォーナー演出）などはいまだにありありと覚えている。自分が団菊爺のような気がしてきたのでここらでよすが、ともあれ、英国勢に比べアメリカ作品が劣勢だという議論は何も今に始まったことではない。過去二十数年に渡って、アメリカ人の手になる新作はじわじわと衰微して行った感がある。ただ今年はいくらなんでもひどすぎる気がするのだ。

今年観たアメリカ作品で心に染み入るような感動を与えてくれたのは、オデッツの『醒めて歌え！』くらい。言うまでもなく一九三五年初演の戯曲の再演である。ニール・サイモンの『おかしな二人』再演も、出来は可もなし不可もなしだが人気を呼んでいた。去年観た舞台で印象に残った『十二人の怒れる男』と『ヴァージニア・ウルフなんかこわくない』も再演物だ。製作費の高騰にともなって、安全パイである再演物に頼り、新作を避ける悪循環の傾向がいっそう顕著になって来たようだ。すでにロンドンで評価の高い英国物も安全パイのひとつだろう。また、『醒めて歌え！』はリンカーン・センター・シアター、『十二人の怒れる男』はラウンド・アバウト・シアターの製作である。他にも『ダウト』のマンハッタン・シアター・クラブ等、最近のブロードウェイで上質の舞台を作っているのが主に非営利団体である点は見逃せない。反対に従来の商業演劇としてのブロードウェイ演劇は、その商業主義の悪しき側面ばかりが露呈してきたかのようだ。

その徴候をひとつ挙げるなら、まだ舞台経験の乏しいスターを主役にした作品の上演である。これまでにもあったことだが、これまた最近はいくらなんでもひどすぎる。典型的なのがジュリア・ロバーツ主演の『雨の三日間』。十年近く前にオフで初演された傑作だが、初舞台のロバーツが新聞のインタビューに答えて、友人のチェリー・ジョーンズの『ダウト』の演技を普段のジョーンズとは別人のようですごかったなどと無邪気に語っているのを読むと、きっといい人なのだろうなとは思っても、はたしてこれであの芝居の主役が務まるのかと観る前から心配になってしまう。観客動員だけが問題であり、舞台成果は二の次という製作者の姿勢があまりに露骨だ。

舞台の周辺のことでも、客入りの良い公演の多くがプレミアム・チケットを出している。何と通常のチケット代の三倍くらいの値段で、確保した一番良い席を売っているのだ。日本円にすると一枚四万円は下るまい。そもそもはダフ屋対策で始まったように記憶しているが、これでは製作者が自らダフ屋をやっているのに等しい。それでも入る公演はどこも満員である。舞台成果とは必ずしも一致しなくても。一時間千ドルの精神科医の診療がいつも予約で一杯だという今のアメリカの世相を反映したような光景である。

翻って我が国の演劇状況を眺めれば、十代のアイドルが演じる『スウィート・チャリティ』や、主演の若手スターだけを見に押し寄せる少女たちにサム・シェパードの芝居を見せたりと、グローバリゼーションの波は確実に押し寄せているようである。

ミュージカルにふれる余裕がなくなってしまったが、またの機会に。

テアトロ　二〇〇六年八月号

ニューヨークの六日間、コネティカットの三日間、マサチューセッツの三時間

この九月にトム・ジョーンズ台本・作詞、ハーヴィー・シュミット作曲のミュージカル『コレット・コラージュ』を東京では十八年ぶりに再演する。装置の大田創、照明の佐藤壽晃の両氏は初演にも参加してくれたし、十七歳から八十一歳までのコレットを演じる主演の旺なつきさんも変わらない。が、博物館のような舞台を作るつもりは毛頭ない。初心に帰って新作のつもりで取り組むつもりだ。いや、実はそうせざるを得ない事情がある。

再演の話が持ち上がった去年の春、ニューヨークで作者のジョーンズ氏に会って直接上演許可を願い出たところ、快諾の返事はその場でもらえたのだが、再演するなら改訂版をやってくれと言われたのである。前回上演したヴァージョンもすでに何回かの改訂を経たもので、僕もこれで決定稿だと思っていたのだが、甘かった。一九六〇年初演の『ファンタスティックス』にさえいまだに加筆訂正を加え続けているジョーンズ氏には、おそらく決定稿という発想は初めからないのだろう。八十歳を過ぎてのこの

創作意欲というか、決して現状に満足しない姿勢にはつくづく頭が下がる。

すでに改訂版は八割方出来ているとのことで、数日後には一幕の終わりに新たに挿入される『エジプトの夢』の譜面と第一幕の改訂台本をもらった。『エジプトの夢』はコレットがミュージック・ホールで演じる無言劇の伴奏音楽である。演奏時間三分ほどの曲だが、台本に記された動きの指定と音楽とがどう連動しているのか、ジョーンズ氏は「ここでこうなって、ここではこんな風に」という具合に自らやって見せてくれた。「分かったか？」と訊かれたので、僕が無情にも「もう一回やってくれ」と頼むと、また三分間演じてくれた。老いてなお元気なのは良いことだ。

さて、その改訂版についての最終的（本当か？）な詰めもしたかったので、今年の三月にまたニューヨークに行ってジョーンズ氏と会うことにした。出発まであと十日という日の午後、教鞭を執っている大阪の大学から片道六時間かけてやっと我が家に帰り着いた直後、あの震災である。僕の住んでいるマンションは、俗に「はけ」と呼ばれる国分寺崖線上に建っており、地盤強固で滅多なことでは揺れもしないのだが、この時ばかりは大きく揺れた。これは只事ではないと、揺れが収まってからテレビのスイッチを入れた。それからのことは書かずもがなであろう。翌日にはジョーンズ氏をはじめニューヨークの友人知人たちから安否を気遣うメールが次々と届いた。「大丈夫か」と、そして「ニューヨークには来られそうか」と。

正直言ってどうしようか迷った。被災地の方々に比べたら何ほどのこともないのだが、どうにも気が滅入って仕方がない。精神科医の妹に言わせると僕は典型的なヒポコンデリーらしいが、今度ばかりは妹が正しいような気さえしてきた。しかし、だからこそ、ここは心機一転、あえてニューヨークに行って来ようと決心したら、家内が十歳になる息子も一緒に連れて行けと言う。家内は芝居の稽古で夜も留守かちになる。余震も心配だし、その間、息子を一人で家に置いておくのは怖い、放射能のことも気がかりだと言う。今の時期はドル安も手伝って航空運賃も高くないし、ホテル代は一人も二人も変わらない。ならば、と気楽な一人旅は冥府魔道の子連れ旅に一転、大喜びの息子の「お父さんの仕事の邪魔は絶対にしない、言いつけには何でも従う」という嘘を無理やり信じることにして、二人で機中の人となった。

出発の前に、息子を連れて行くことを電子メールでジョーンズ氏に知らせたところ、それなら是非二人でコネティカットの家に泊まりに来いとの返信があった。ニューヨークのような大都会とは違う豊かな自然に囲まれたアメリカも息子さんに見せたいと言う。ジョーンズ氏はマンハッタンのリヴァー・サイド・ドライヴにアパートメントも持っているが、コネティカット州の山中の二十八エーカーの土地にスキー・ロッジ風の大きな山荘を所有している。楡や樺の木立に囲まれた敷地内にはプールとテニス兼バスケット・コートもあり、平屋のゲスト・ハウスとジョーンズ氏が仕事場に使っている小屋も建っている。ここは一九六〇年代の末に、知り合いのプロデューサーから買ったそうだ。ジョーンズ氏は「初めてここに来た時、自分の中のケルトの血が騒いだ」というような発言をどこかでしていたと思う。僕は一九九八年の夏に一度お邪魔してゲスト・ハウスの方に一泊させて頂いたことがある。

今回は息子のことを気遣ってくれたのだと思うが、母屋の一部屋に二泊させて頂いた。ジョーンズ氏と三日間色々話が出来た訳で、『コレット・コラージュ』の演出プランを練る上でも、また現在書いているジョーンズ&シュミットのミュージカルについての本をまとめるためにも、この三日間は実に有意義だった。

ジョーンズ夫人のジャネットさんの運転するスズキの自動車に乗ってマンハッタンから二時間半、山荘に着くと三月の終わりにしては例年にない寒さで、地面にはまだ雪が残っていたが、息子は大喜びでその雪の上を走り回る。それを見ていたジョーンズ氏が近くの滝を見に行こうと言い出し、三人で登山靴に履き替え、今度はジョーンズ氏の運転で二十分ほど行った渓流沿いの斜面をえっちらおっちら、杖を頼りに歩くことになった。ここも足元にはまだ雪の残っている場所があり、登山靴に履き替えた理由が良く分かった。しかも良く見ればほとんど断崖に近いような細道である。ヒポコンデリーの血が騒ぐ。しかし先頭を行く八十三歳のジョーンズ氏は「滑るから気をつけて」と声をかけながら、結構慣れた足取りである。老いてなお元気なのは本当に良いことだ。

夜は母屋のキッチンでジャネットさんの手料理を御馳走になりつつ、ジョーンズ氏と芝居について話し合う。深閑としたコネティカットの山奥でほのかな電球の明かり一つで語り合ったこの晩は、ニューヨークの喧騒の中での打ち合わせとは全く違う濃密な時間の流れを感じた。ノーマン・ロックウェルの『シャッフルトンの床屋』がふと脳裏に浮かぶ。すでに明かりを落として店じまいした田舎の床屋、ストーヴの火が燃える暗い店内の奥の開けっ放しになったドアの向こうでは、おそらく店主も交えた老人たちが電灯の下でクラリネットやヴァイオリンを手に合奏の練習をしている姿が垣間見える。絵の情景と今のこの台所の情景が何故か重なり、そのことを口に出してみた。するとジョーンズ氏が、ロックウェルの住んでいたストックブリッジの町は自動車で一時間もかからない、彼の作品を集めた美術館もあるから明日観に行こうと言い出し、翌日はジャネットさんの運転でロックウェル美術館へ。

ストックブリッジはマサチューセッツ州の小さな田舎町。途中同じような町を一つ、二つ通り過ぎるが、どこも町の中心らしき広場に面して瀟洒な教会と時計台が、少し離れた山裾や丘の上には灰色の墓石が並ぶ、そっと静かな息遣いが聞こえて来そうな鄙びた町ばかり。いやでもワイルダーの『わが町』

を思い出す。

　美術館はニューイングランド地方のタウン・ホールを模した、白を基調にした美しい建物で、広々とした芝生の広野の一角に、鬱蒼とした林を背に建っていた。年代順に展示されたサタデイ・イーヴニング・ポスト誌の表紙を見ていると、まさに二十世紀アメリカ文化のイラストレイト、庶民の風俗史を見るようで楽しい。傍に原画が展示してあるのも良い。ただかなりの作品が目下西海岸の巡回展に出てしまっているとのことで、原画の展示は通常の三分の二くらい。ロックウェルのアトリエも敷地内に移築されていると聞いて期待していたのだが、こちらも巡回中だった。が、例の床屋の絵の実物を見られたので僕は満足。

　帰路、美術館の近くのマージ・チャンピオンの家に立ち寄る。このことを僕は全く聞かされていなかったので驚いた。MGMミュージカルの黄金時代、マージ&ガワー・チャンピオンはハリウッドきってのおしどりダンス・チームとして引く手あまたの存在だった。二人の妙技は『ショウ・ボート』のDVDで今ではすぐに確かめられる。ガワーが振付・演出に転身してからは、『ハロー、ドリー！』やジョーンズ&シュミットの『I DO! I DO!』等で夫の補佐を務めた。ブロードウェイでの単独振付作には『ステッピング・アウト』がある。ディズニーの『白雪姫』は、まだ十代だった彼女が演じる姿をフィルムに収め、それを元にアニメに起こした作品である。納屋を改造したという素敵なお宅で迎えてくれたマージさんは、身のこなしも声の張りも九十一歳とはとても信じられない若々しさで、山盛りのチーズとワインを楽しみながら、ハリウッド時代のエピソードから昨今の舞台の批評までたっぷり伺った。息子が突然彼女を写真に撮ったので叱ると、「だって笑顔があんまり可愛かったから」と生意気なことを言う。マージさんにそのまま告げて謝ると、本当に可愛い笑顔で「気にしないで。いきなり撮られることには昔から慣れてるから」と冗談めかして、流石は元映画スターと感心。「でも、どうせ撮るならもう一枚、眼鏡を外したのをお願い」と外した眼鏡の奥からは往年と少しも変わらないキラキラ輝く瞳が現れた。老いてなお元気なのは何と素晴らしいことか。帰り際には「これがアメリカ式なの」と息子を抱き締め、「いいこと、必ずまた会いに来るのよ」と約束させていた。マサチューセッツにいたのは精々三時間だが、何とも充実した三時間だった。

夜はジョーンズ夫妻が居間の暖炉に火を熾し、シャンデリアの蝋燭に火を灯して、僕の誕生日を数日早めに祝ってくれたのにも感激。お祝いに手渡された包みの中には本を書くのに必要な資料の数々、これまた何よりも嬉しい贈り物だった。

さて、都合六日いたニューヨークで観た舞台では「史上最高の製作費、史上最長のプレヴュー期間、史上最低の出来」と史上最づくしの『スパイダーマン』が――と書こうとしたら、もう指定の字数を超えていた。

テアトロ　二〇一一年六月号

オフ・ブロードウェイの舞台に立った――正確には座った――話

この春、カモミール社から『生と死と再生の舞台〜ジョーンズ&シュミットの祝祭ミュージカル〜』と題した本を出した。トム・ジョーンズ（台本・詞）とハーヴィー・シュミット（音楽）のミュージカル全作を彼らのキャリアを辿りつつ解説している。戯曲集の解説をはじめこれまであちこちに書いて来た拙文をまとめ、大幅に加筆訂正して再構成し、舞台写真や装置デザイン画、プログラムやポスター等の図版も九〇葉ほど載せてある。資料の収集にあたってはジョーンズ、シュミット両氏から全面的な協力をしてもらったし、類書はまだアメリカにもないので少しは自慢出来るかなとも思っている。何より両氏が健在のうちに出せたことが嬉しい。

シュミット氏は十年以上前に引退して故郷のテキサスに戻り、心臓のバイパス手術を受けたりと決して健康とは言えない状態なのが残念だが、ジョーンズ氏の方は健在どころか八〇代半ばにして自作の舞台に出演すると言う。今年の三月から五月にかけて、両氏とは因縁浅からぬヨーク・シアター・カンパニーが「トム・ジョーンズ・シリーズ」と題して、ジョーンズ&シュミットの作品を三作（『ショーは続く』『コレット・コラージュ』『ロードサイド』）、ジョーンズ氏が他の作曲家と組んだ作品を二作（『ハロルド&モード』『ゲーム・オブ・ラヴ』）リーディング形式で連続上演するフェスティヴァルを企画し、その第一弾の『ショーは続く』に自ら出演するというのだ。

『ショーは続く』はジョーンズ&シュミットの曲だけで構成されたレヴュー。伴奏はピアノ一台。一五年前の初演ではシュミット氏がそのピアノを弾き語り、ジョーンズ氏が数々のエピソードをまじえて二人のミュージカル作家としてのキャリアを語り、他の出演者三人とともに歌った。今回はシュミット氏が出演出来ない分、ジョーンズ氏の義姉であり、60〜70年代にはブロードウェイ最高の娘役と謳われたスーザン・ワトソンが出演する。昨年末にブロードウェイで再演されたソンドハイムの『フォリーズ』にも出演していたが、七〇歳を過ぎてなお少女のような初々しさを失わない素敵な女優さんだ。会場は初演と同じニューヨークの聖ペテロ教会劇場。ヨーク・シアター・カンパニーの根城である。

これを見逃してはならないと、早速ジョーンズ氏に観に行きますと電子メールを送ったところ、その返信に恐ろしいことが認めてあった。一八日のマチネの終演後に劇団の芸術監督であるジェームズ・モーガン氏とジョーンズ氏等によるパネルトークがあるのだが、僕が来ることを知ったモーガン氏がそれなら是非一緒に参加してほしいと言っているが出てもらえるかというのだ。僕の英会話能力ではパネルトークなんて無理、後でお客に「ミスター・もう一度言って下さい《アイ・ベッグ・ユア・パードン》」か「ミスター・何とおっしゃいました？《イクスキューズ・ミー》」と呼ばれるのが落ちだからと書いて一旦は断ろうとしたのだが、すぐに生来の目立ちたがり根性が頭をもたげ、「君の英語力なら大丈夫だから出てくれ」という第二信に、「じゃあ出ます」と君子豹変した。

パネルトークに参加するということは終演後の舞台に立つということだ。まさか五〇を過ぎてオフ・ブロードウェイの舞台にデビュー（？）することになろうとは思いもしなかった。

三月一七日の夜にニューヨーク着。翌日のお昼過ぎに、かなりの時差ボケのまま劇場へ向かう。聖ペテロ教会はレキシントン街と五四丁目の交差点の角にあるモダンなビルの地下にあり、外からちょっと見ただけでは教会だとは分からない。劇場は地下二階。エレヴェーターで降りると、客席数二百に満たない小劇場にしては広めのロビーがあり、通路になった部分の一方の壁にはヨーク・シアター・カンパニーのこれまでの公演のポスターが、反対側の壁には今回の企画に合わせて、ジョーンズ氏の作品のポスターや関連写真が展示されていた。中でもひときわ目立っていたのは僕が演出した『ゲーム・オブ・ラヴ』の初演時（一九九〇年）のポスター。少々面映ゆい。

『ショーは続く』の初演や『コレット・コラージュ』『ロードサイド』といったジョーンズ&シュミット作品の他にも、晩年のジェラルディン・ペイジが演じた『シャイヨの狂女』、フランク・ランジェラ主演の『ブース』、作品の再評価のきっかけになったソンドハイムの『メリリー・ウイ・ロール・アロンク』再演等々　ここで観たヨーク・シアターの数々の舞台が記憶の彼方から甦って来る。最近日本でも翻訳上演されて評判になった『スリル・ミー』もここで上演された。

さて、ジョーンズ氏からモーガン氏を紹介され、簡単に打ち合わせを行う。先ず他の出席者が舞台に並び、ジョーンズ氏が少し話した後で、客席にいる僕を司会役のモーガン氏が呼ぶ。拙著や僕が演出したジョーンズ作品について訊くから気楽に話してくれれば良いとのこと。モーガン氏は僕の名前を発音するのが苦手なようで、顔を合わせる度に何度も訊かれた。

気楽どころか極度の緊張状態のまま席に着く。場内は舞台が低い分、客席は階段状になっており、中央の通路で左右に分かれている。壁は黒く塗られて舞台に集中し易いし、どの席からも見易い空間だ。席は前から五列目の中央通路寄り。なるほど、ここなら呼ばれたらすぐに舞台に上がれる。

やがて客電が落ち、舞台が始まった。リーディング形式なので装置も簡素。役者は台本を持ち、キャスターの付いた譜面台を移動させながら演じる。

ジョーンズ氏は現在八四歳である。一五年前の初演と比べて歌声が出にくくなっていることは否めない。一人だけワイアレス・マイクを着けている。しかしそれ以外は元気はつらつ。軽妙な話術（台本は勿論ジョーンズ氏が書いている）で舞台を引っ張って行く。

僕が初演を観たのはその夜の公演が初日という日のマチネ、つまり最後のプレヴューだった。シュミット氏に小さな招き猫をプレゼントしたら、縁起をかついで「今夜はこれをピアノの横に置いて演奏する」と言っていたのを思い出す。あれから一五年もたったとはとても信じられない。

しかし、確かに時は過ぎ去って行く。第二幕の終わり近く、ジョーンズ氏は時代の変化を、その中での親しい友人や恋人、家族との別れに言及し、それが作品に影響したと語り、スーザン・ワトソンが

『コレット・コラージュ』から『部屋にはあなたの面影が』を歌う。日常生活のほんのささやかな事柄から今はもういない人を偲ぶバラードである。聴いているうちに目頭が熱くなり、涙がこぼれて来た。一五年前にはただしみじみと聴いていた筈なのだが、一五年の間にこの歌は僕にとっても切実なものに変わっていたのだ。特に先月、僕が演出家になる前からの知り合いで、最初の演出作『フィレモン』以来『ジェニーの肖像』『逢びき』『なごり雪』『血とバラ』等々僕の八〇年代の舞台には欠かせないヒロインであり、そして拙訳の『ザ・ミュージックマン』再演のヒロインを演じ、『コレット・コラージュ』初演にも出演していた田中雅子の死を知らされたばかりの僕にはかなり応えた。彼女の死のことはおそらく誰も書かないだろうから、あえてここに記しておく。

舞台上ではこの後、『グローヴァーズ・コーナーズ』の最終景をジョーンズ氏の語りでかいつまんで説明し、『時は過ぎて行く』と『さようなら、世界』の二曲が歌われる。永遠の時の流れと束の間の人の一生とをリリカルに、けれど決して安易な感傷に堕することなく歌い上げる。またまた涙ぐむ。気がつけば隣の女性もしきりに目の下に手をやり、鼻をすすっている。いや、場内が感動に包まれているのが分かる。だが、本当の感動はまだその先にあった。歌が終わり、照明が暗くなって行くと盛大な拍手が沸き起こった。これで終わりか？　やがて照明が再び明るくなるが、拍手は鳴りやまない。カーテンコールか？　するとジョーンズ氏は手で拍手を制して「まだタイトル・ソングを歌っていないからお終いにはなりません」とひと言。客席がどっと沸く。ジョーンズ氏はそのまま『ミレット』の主題歌『ショーは続く』を歌い出した。出演者が（最後にはピアニストまで）順繰りに歌に加わって行き、力強いコーラスになるこのナンバーは、「頭を上げろ。めそめそするな。（中略）知らないのか、ショーは続くのさ、タフなマラソンみたいにね。いい時は来るし、いい時は去って行く。そうとも、まるでこの世はサーカス！」（ちなみに僕の訳詞では「胸を張れ。嘆くな。（中略）ショーは続くよ、へこたれるなよ。人生は浮き沈み。この世は、そうさサーカス！」）と逆境を生き抜く意思と明日への希望が漲っている。暗から明、静から動、死から生への鮮やかな転換。それが一層の感動を呼ぶ。初演をライヴ録音したCDには『グローヴァーズ・コーナーズ』からの二曲が収録されていないので、残念ながらこの効果は分からない。やはりミュージカルは、と言うよりレヴューはと言うべきかも知れないが、構成が肝心なのである。そしてジョーンズ＆シュミットの作品は、このレヴューでさえ、生と死と再生の構造を備えていることを実感した。

しかし、このナンバーが終われば後は正真正銘のカーテンコール、つまりパネルトークは目前に迫っている。感動している場合ではなかった。

公演が終わると、舞台上にはさっそく数脚の椅子が並べられて準備完了。演出家のパメラ・ハントさん、スーザン・ワトソンさん、ジョーンズ氏、音楽監督（にして本公演のオーケストラ、とモーガン氏は紹介していた）のマイケル・ライス氏、一脚あけて（あそこが僕の席だな）モーガン氏が腰を下ろす。先ず、ジョーンズ氏がデイヴィッド・メリックとのエピソードを語って客席を笑いで和ませるが、僕は緊張のあまりほとんど聞いていない。いや、聞けない。

やがて気がつけば、モーガン氏が「今日は日本からわざわざこの舞台のためにやって来てくれた友人がいます。特別ゲストのカツタヤスヒコ（言えた！）さんです」とか何とか言っているではないか。もはやこれまでと覚悟を決める。とにかくこれぞ日本人という意味不明の愛想笑いを浮かべながら舞台に上がり、ついでに血圧と緊張感も頂点にまで上がる。そのくせ頭の片隅では、誰か写真を取っていてはくれないかな、などと考えているのだから始末が悪い。

精々悠然とした態度を装ってモーガン氏の隣の椅子に腰を下ろし、いよいよトークに参加である。ジョーンズ氏が「彼は日本で私の作品を九作も翻訳演出してくれている」と紹介。モーガン氏が引き取って、「『ファンタスティックス』は何度も演出していますね?」「いいえ、一回だけです。」「『I DO! I DO!』は何回か?」「いいえ、一回だけです。（客席から笑い。）でも僕の翻訳と訳詞は他でも何回も使われています。（客席から拍手。）」

『ファンタスティックス』との出会いと拙著の内容について簡単に話した後、「ジョーンズ作品、特に『ファンタスティックス』が日本で受ける理由はなんだと思いますか?」と質問されたので、待ってましたとばかりに自説を展開する。「『ファンタスティックス』に限らず、彼の作品には人種や文化を越えた普遍性があるからではないでしょうか。というのは――」生まれついての性癖とは恐ろしいもので、一旦喋り出したら止まらない。途中で遮られてもまた自分の話したい話題に強引に持って行く。確かに特別なゲストだ。途中で舌が回らなくなって初めて口の中がカラカラに乾いていることに気がついた。それでも喋る喋る。（なお話の内容である――の部分については是非とも拙著をお読み下さい。）

「この『ショーは続く』も日本で上演出来ると思いますか?」と訊かれたので、「勿論」と答えると、「でもトムの役は誰がやりますか?」とさらに訊かれた。すかさず「僕だね」と答えた。客席で笑いが起きる。受けた！　と、さもしい根性が目覚め、「だって他に誰がいます? 理想的な配役です」とさらに受けを狙ってしまう。笑いは起きたが、さっきよりは受けない。「僕だね」は絶妙のタイミングで放ったが、今度は意識し過ぎたなと反省する自分が情けない。僕の発言を受けてジョーンズ氏が、使っていない曲はまだ数えきれないくらいあるから作り直しても良いと言うと、モーガン氏が「『ショーは続きに続く』訳ですね」と面白い切り返しで笑いを取る。やられた。

いよいよ後半の観客との質疑応答。質問は当然ながら主にジョーンズ氏に集中した。「バーナデット・ピータースとマーティン・ショートで『I DO! I DO!』がブロードウェイで再演される話は実現しそうですか？」などという楽屋雀的な質問（どこから漏れた？）もあれば、上演権がらみのコアなものまで色々。「これまでに書いた作品は何作？」という質問には、ジョーンズ氏は一瞬考え込んでから「それなら私よりもカッタの方が詳しい」と僕にふられてしまう一幕もあった。

最後の方で「フロップ（失敗作）は何回経験しているか？」という不躾な質問もあったが、ジョーンズ氏はそれにも興行面での失敗と芸術面での失敗双方の視点から丁寧に答えていた。曰く、『ファンタスティックス』の初日の劇評は必ずしも良くなく一日で打ち切りになる可能性のあったこと、『日陰でも一一〇度』は概ね好評だったが、肝心のニューヨーク・タイムズ紙には酷評されたこと、『I DO! I DO!』も俳優と演出は賞讃されたが作者は叩かれたこと等々。ここでも僕は目立ちたがり精神を発揮して話に介入し、「僕の本の最後の章は『ファンタスティックス』の五〇周年記念の舞台について書いているが、もしもニューヨーク・タイムズ紙が翻訳して掲載してくれれば、目下の再演はさらに四二年は続く筈だ」と発言、客席から拍手をもらった。

客席にジョーンズ＆シュミットの『セレブレーション』（68年）に主演したマイケル・グレン－スミス氏がいた。モーガン氏に促されて客席から思い出を語ったが、「トムと初めて会った時には年齢は十八歳離れていた筈なのに、今じゃ同い年だ」と言っていたのがおかしかった。

客席にいたジョーンズ夫人のジャネット・ワトソンさんも途中から舞台上に。ヨーク・シアターの公演では『ショーは続く』の初演や『太平洋序曲』の振付を手掛け、スーザン・ワトソンの実の妹でもあるとモーガン氏が紹介。

あっという間に三〇分を越え、トーク終了。心底ほっとしつつも、まだ喋り足りないような思いも。ジョーンズ夫妻に誘われ、スーザン・ワトソンさんと四人で近くのチャイニーズ・レストランで軽い夕食をご馳走になり、夜の部も観劇。カーテンコールでは観客総立ちのスタンディング・オベーション。拙著に載せる舞台写真その他を提供してくれたダン・シャヒーン氏にも会い、一冊進呈した。

終演後にはささやかなパーティがあった。ヨーク・シアターが『ラヴ』を上演した（僕はそれ以前に本邦初演している）時の演出家であり、『リトル・ナイト・ミュージック』や『太平洋序曲』『グリース』のオリジナル振付師でもあるパトリシア・バーチさんと本当に久しぶりに再会したり、『屋根の上のヴァイオリン弾き』や『アップル・トゥリー』の作詞家シェルドン・ハーニック氏に紹介してもらったり、楽しいひと時だったが、『ハロルド&モード』の作曲家ジョー・サルキン氏に「トークはどうだった？」と訊かれて、あの異常な緊張ぶりなどどこ吹く風といった調子で「なかなか楽しかったよ」などとほざいている自分に呆れる。ただどうせ緊張するなら客席の暗がりでやきもきしている演出家より、ライトに照らされた舞台の上の役者の方が割がいいと思ったのも確かである。

二週間後には第二弾の『ロードサイド』が登場する。僕は二日目の三月三一日に観させてもらう予定だが、この日のマチネの後にもまたパネルトークがあるそうだ。僕の誕生日だし、記念にまた出させてもえないかとモーガン氏に頼んでみようか、などと不埒な考えが脳裏をよぎる。いや、やめた方が無難だろう。役者と乞食は三日やったらやめられないと言うしなあ。

テアトロ二〇一二年五月号

オフ・ブロードウェイの舞台に再び立った――正確には再び座った――話

役者と乞食は三日やったらやめられない。では二日ならどうなのか。

別に役者をやった訳ではないが、ニューヨークはオフ・ブロードウェイの公演終了後のパネルトークに参加して、聖ペテロ教会劇場の舞台に立った話を先月号に書かせてもらった。ニューヨークには二週間ほど滞在していたが、着いた翌日にトークに参加し、その直後に宿泊先のホテルで書いた文章なので、その後のことには当然ふれていない。他にも何か書きたいことがあったら書いてみろと編集部からのお達しである。ある。先月号の戯文の最後にもう一度パネルトークに参加してみようかなと書いたのだが、実は参加してしまった。ニューヨークの舞台に再び立ったのである。もっとも今回は立たされたと言った方が正しい。では、その顚末を――

ミュージカル作家トム・ジョーンズ氏の作品を五作、リーディング形式で連続上演する企画の第一弾『ジョーは続く』のパネルトークに参加した翌日、当のジョーンズ氏と夫人のジャネットさんと一緒に西四八丁目のレストランで夕食をとった。その席でジョーンズ氏が第二弾の『ロードサイド』の稽古を見てみないかと誘ってくれた。

僕はまがりなりにもプロの演出家として仕事を始めて今年で二七年になるが、学生演劇の延長でそのままプロになってしまったために、どこかの劇団に所属したこともなければ、他の演出家の稽古を見たこともほとんどない。演出は学生時代に読んだハロルド・クラーマン著『演出について』(ON DIRECTING) を教科書に、現場で試行錯誤を繰り返しながら実地に学んで来たようなものである。自分以外の演出家がどんな稽古をしているのか、見られるチャンスがあるなら喜んで見せてもらいたい。但し、今回は本格的な公演ではないリーディングの舞台だ。出演者を拘束出来るのは本番三日間五ステージを含めて正味一週間。つまり稽古期間はわずか四日半。いくら台本を片手に持って演じる公演とは言え、通常の舞台と変わらないステージングが施されるし、ミュージカルとなればリーディングとは言え振付だってそれなりに付けなければならない。歌稽古だってある。通常の稽古なら五、六週間はかかる。時間を一瞬も無駄に出来ない稽古になりそうだ。

稽古開始までの一週間は、出来る限り他の舞台を観て回ることにした。しかし、年齢のせいか時差ボケがなかなか抜けず、これには閉口した。どんなに面白い芝居を観ていても、マチネはともかく、夜の公演となると二幕の中盤くらいから強烈な睡魔に襲われて、気がついた時には最終景なんてことが毎晩続く。評判の高いフィリップ・シーモア・ホフマン主演の『セールスマンの死』も、マイク・ニコルズの老練な演出に感心して観ていた筈が、セールスマンが死ぬ前にこっちが先に死んでしまったし、これまた評判のデイヴィッド・アイヴス作『毛皮のヴィーナス』も戯曲を読んで下調べして行ったにも拘わらず、どう解釈して演出しているのか一番確認したかった最後の件でぐっすり寝込み、はっと目を覚ました時には照明が消える瞬間だった。

もっとも僕の睡魔は年齢のせいともあながち言い切れない。三十年くらい前に『アマデウス』のブロードウェイ初演を観た時にも、二幕の中盤まではわくわくして観ていたのに、そこからぷっつり意識が途切れ、気がついたらイアン・マッケランのサリエリが「凡庸なる全ての人々よ――今いる者も、やがて生まれくる者も――私はお前たち全てを赦そう。アーメン」（江守徹訳）と最後の台詞を喋っていた。サリエリはモーツァルトを殺したのか殺さなかったのか、僕には分からないまま幕が下りてしまい、どうしても気になって翌日また同じ芝居を観る羽目になった。時差ボケは高くつく。

閑話休題。三月二六日月曜日午前十時半。公演会場である聖ペテロ教会劇場の客席に出演者とスタッフが集合。ロビーからの入り口の横に大きめのテーブルが置かれ、上にマフィンとベーグルが山盛りになったお皿と、スターバックスの大きなコーヒー容器と紙コップが用意されていた。皆楽しそうにコーヒーをすすり、マフィンを頬張っている。誰が連れて来たのかビーグルの老犬が一匹、客席と舞台をウロウロしている。

やがてヨーク・シアター代表のジェームズ・モーガン氏が舞台（と言っても低いので客席にいるのとほとんど変わらない）に立って顔寄せ開始。誰が決めた訳でもないが、出演者は客席の最前列に居並び、スタッフは好き勝手に思い思いの席に陣取っている。形式張らないのが好ましい。僕はジョーンズ氏の隣に座る。

出演者、続いてスタッフの自己紹介が始まる。ここで初めておやと思う。『ロードサイド』の登場人物は女性二名、男性七名の筈なのに出演者が七人しかいない。男女各一人ずつ足りないのだ、と気になっているうちにジョーンズ氏の番になり、ジョーンズ氏はついでに僕の紹介もしてくれた。「彼は日本の演出家で、私の作品を九作翻訳演出してくれているし、最近ジョーンズ＆シュミットのミュージカルについての本まで書いてくれた。この『ロードサイド』は西部劇《ウェスタン》であり、日本で上演するにはあまり適さない作品かも知れないが、今日の稽古を見てもらって、彼の十作目のジョーンズ作品にしてもらおうと思って連れて来た。（一同、笑う。）」

全員の自己紹介が終わると、健康状態のためにテキサスの家を離れられず、この場を欠席した作曲のハーヴィー・シュミット氏からのメッセージをジョーンズ&シュミットの右腕であるダン・シャヒーン氏が皆に伝える。次に演出家のデイヴィッド・グレン・アームストロング氏が抱負を述べ、最後にモーガン氏に促されてジョーンズ氏がひと言。『ロードサイド』の原作はリン・リッグスの同名戯曲であり、同じ作者の『ライラックは緑に繁る』(『オクラホマ!』の原作)の姉妹篇だが、『ライラック』が開拓時代の西部を脱して新しい共同体を作って行く人々を描いていたのに対し、『ロードサイド』は過去にこだわり、時代に取り残されて行く人々を描いている、つまり同じ開拓時代の変化を全く正反対の視点から捉えていること。そして作品の時代背景、そこでの登場人物たちのものの見方、考え方について述べた。話し終えたら、あのビーグル犬がいつの間にかジョーンズ氏の横の客席通路に寝そべっていた。するとジョーンズ氏がもう一言だけと言って、「登場人物のイメージを捕まえたいなら、この犬を見てくれ。この犬の目を。この犬は税金の心配も、保険料の心配もしていない。ただ、今目の前に見えるものだけを見ている。『ロードサイド』の登場人物もそういう人々だ。」

ここで製作助手の女の子からチケットのことを始め諸々の伝達事項があり、いよいよ稽古開始。楽屋の横にアップライトのピアノが備えられたグリーンルームがあり、先ずはそこで出演者全員での歌稽古。音楽監督兼本番ピアニストのクリストファー・マクガヴァン氏は、この後の数日間、僕が知る限りでは笑顔しか記憶にないほどほがらかで人好きのする好漢。当たり前だが、スコアの隅々まで明確なイメージを持っているので、言うことは実に的確。シュミット氏の曲は実際に歌ってみるとかなり難しいのだが、見事に役者たちを導いて行く。主役の男女(テキサスとハニー)の掛け合い『あんたとはおしまい』はシュミット氏の曲に特徴的な変拍子の、テンポも速いナンバーで、役者はリズムを取るのに四苦八苦。そこでメロディーはやめて先にリズムだけ正確に押さえて歌うことになった。ほとんどラップである。これを何回か繰り返したらメロディーを歌ってもリズムは狂わなくなった。さすがプロ。

『ロードサイド』には、物語をコミカルに彩りながら展開させて行く双子のように良く似た従兄弟のコンビが登場する。この二人を演じる男優が本来は保守的な市民の男女二人というもう一組のコミカルなコンビが歌う筈のナンバーをファルセットで歌い出したのでびっくり。今回は市民のコンビをともに女役に変え、それを従兄弟役の二人に女形で演じさせる演出らしい。出演者の数が足りなかったのはこのためだったのだ。物語の背景である一九世紀末から二〇世紀初頭には、この種の女装は英米の舞台で人気を博していた趣向でもあり、なるほどうまいことを思いついたものだと納得。まだ少年のような面影を宿した男優と髭面のマッチョな男優の二人組が驚くほど良く響くファルセットで歌うと、もうそれだけで愉快だし楽しい。その場にいた全員が噴き出す。マクガヴァン氏もピアノを弾きながら声を出して笑っている。ジョーンズ氏も実に嬉しそうだ。（本番の舞台では、従兄弟の衣裳のまま、頭に被ったお揃いのカンカン帽だけをボンネットに替える演出になっていた。）

食事休憩の昼休み一時間をはさんで、後半は引き続き歌稽古と舞台上でのステージングとを同時進行で行う。役者はグリーンルームと舞台を行ったり来たり。僕も一緒に行ったり来たり。ミュージカル・ナンバーだけで二〇曲。芝居の部分は勿論、これらのナンバーの振付もある。始める前に演出のアームストロング氏と少し話をしたが、一曲を平均二〇〜三〇分で振付、ステージングしなければならないと言っていた。こんな神業を実行するには事前の準備をよほど綿密にしておく必要がある。アームストロング氏もホームワークが大変だと語っていた。

初演にあった昔のテント・ショーという枠組みを今回は省いているので、本来の幕開けである『アンクル・ビリーの旅のファミリー・ショー』はカットされ、ステージングは次のナンバー『ロードサイド』から始まった。リーディング形式なので装置らしい装置はなく、背もたれのないベンチ三脚にスツール二脚を色々な形に組み合わせたり配置したりして、幌馬車にしたり牢獄にしたりと場面の変化を表現するのは作品本来の呈示的様式にも良く合っている。演出家は手際よく次々と役者に動きを付けて行く。一旦ステージングが済むと細かい訂正をしながら二度三度と繰り返して、発展させながら動きを定着させて行く。勿論、出演者のアイディアも積極的に取り入れる。振付ではないが、第二幕の冒頭で牢獄に鎖で繋がれた主人公テキサスをヒロインの父親(演じているのは『キャッツ』『スーシカル』のヴェテラン、エリック・ディヴァイン)が訪ねてウィスキーのボトルを差し入れし、娘のハニーが他の男と結婚するつもりだと告げる場面がある。それを聞いた主人公は「まさか! 嘘だろ!」と嘆く。この場面を二度目に返した時、テキサス役のエドワード・ワッツは喇叭飲みしたウィスキーをプーッと噴き出してから「まさか!」と台詞を続けた。顔にウィスキーを浴びた父親役は無言でそれを拭った。「ちょっとやり過ぎかな?」と訊くワッツに演出家は「いや、やってくれ」と答えたのだが、次に返した時には噴かなかったので、演出家が駄目を出し、ワッツもまた噴いた。すると今度は父親役がただ拭うだけでなく、拭って手に着いたウィスキーをもの惜しげに舐めたのだ。リアリティーに裏打ちされた人間臭い笑いを呼ぶ演技になった。演出家も大喜びでこの所作を採用した。

稽古を見学させてもらいながら、僕よりはるかに能率的だし才能もあるけれど、やっていることは基本的には同じだなと思っていたのだが、そのうち思わぬことで彼我の違いを痛感させられた。例のビーグル君が客席どころか稽古中の舞台に上がり、ウロウロし始めたのである。これが日本なら、僕のような狭量な演出家や一部の神経質な俳優たちが「邪魔だ! その犬をつまみ出せ!」と騒ぎ出すのは必定なのだが、ここではそんな動物虐待的言辞を弄する者は一人もいない。それどころか出演者は台詞を言いながらビーグル君の頭を撫でたり、去り際にはついて来いと手ぶりで促したり、まるで犬も物語の一部であるかのように、共演者であるかのように扱うのだ。闖入者である犬もまた「与えられた環境」の一つだと看做して受け入れていたと言っても良い。人間関係の、そして俳優としての成熟度の彼我の差を目の当たりにしたような気がした。とは言っても、また客席に戻ってまどろんでいたビーグル君が、出演者の一人が台本の指定通り舞台袖で犬の遠吠えを真似して吠えた途端に目を覚まし、ワンワン吠えながら客席通路を駆け抜けてそのまま舞台に飛び乗って袖に消えた時には、流石に一同爆笑となりました。

この日の稽古は午後五時半で終了。ジョーンズ氏と夕食を取る。その席で、齢八四のジョーンズ氏は、現在創作中の『ラ・テンペスタ』（シェイクスピアの『テンペスト』のミュージカル版）を仕上げた後、「死ぬまでにまだ二、三年時間があれば、書きたい作品がいくつかある」と語り、川端康成の『雪国』のミュージカル化、そしてチャイコフスキーの『くるみ割り人形』に歌詞をつけて音楽劇にしてみたいと語っていた。『雪国』の二人のヒロインに重ねられた白い雪と紅蓮の炎の対比は確かにジョーンズ氏好みのイメジャリーである。僕はここ数年演出の現場からやや遠ざかっているせいか、どうも人生を逆算で考える癖がつき、あと何作演出の機会があるかなあなどと消極的になっていたのだが、ジョーンズ氏の言葉を聞いてそんな自分を大いに恥じた。まだまだ頑張らねば。お楽しみはこれからである。

演出のアームストロング氏からいつでも見学に来て下さいと言ってもらったので、稽古場にはその後も二回ほどお邪魔した。二度目に行った時、保安官役のニック・ワイマン氏と話した。彼はジョーンズ

&シュミットの『フィレモン』のワークショップでの司令官役がニューヨークに来て最初の仕事だったそうだが、目下、俳優組合（Actors' Equity）の会長という要職にある六〇代半ばと思しき現役の俳優さん。稽古初日にジョーンズ氏から紹介してもらった時から、ことによったらと思っていたことを尋ねてみた。「もし間違えていたら御免なさい。でも、ひょっとして『マイ・フェア・レディ』のフレディを演じたことはありませんか?」「ありますよ。もう三〇年以上前になるけれど、レックス・ハリソン主演の再演で。」「ということは『オペラ座の怪人』のブロードウェイ初演で劇場支配人の役もやってらっしゃいましたよね?」「ええ。」「僕、両方とも観てます。」「ほんとですか!!」と大いに盛り上がったが、「では『レ・ミゼラブル』は?」「御免なさい、それは見逃しました……」

初日の前日はオケとの音合わせ。オリジナル通りの四人編成の楽団が舞台上手端に押しくら饅頭さながらギュッと固まっている。アームストロング氏の話では、予算の関係でミュージシャンは初め三人しか使えなかったので、ジョーンズ氏の許可を取って出演者を一人節約し、その分のギャラをミュージシャンに回してオリジナルのオーケストレイションを再現出来たとのこと。このこだわりと現実的な解決法をきちんと提示出来ることは演出家に必須の条件だ。しかも、その解決法である演出上の工夫が舞台をより生き生きとしたものにしている。僕も見習わなければ。

ダン・シャヒーン氏が楽団の演奏を聞きながら、「まさしくカントリー・ウェスタン。ハーヴィーの曲とは思えないだろ?」と言う。しかし、今回は同じスコア同じ編成であるにも関わらず、初演に比べてはるかにハーヴィーの「歌」が聞こえて来る。これは何と言っても音楽監督の手腕の賜物だと思う。ビーグル君が今日もまた舞台をウロウロ。舞台奥の紗幕の後ろを悠然と横切って行く。

僕は二日目の昼夜二公演を観させてもらうつもりだったが、ここまで稽古に付き合ったからには初日を観ない訳にも行かないと思い、結局三回観た。回を重ねるごとに役者も乗って来るし、客席の反応も尻上がりに良くなって行った。

その二日目のマチネの終演後にジョーンズ氏と演出家、出演者総出のパネルトークが催された。司会は『ショーは続く』の時と同じくヨーク・シアター・カンパニー代表のジェームズ・モーガン氏。『ショーは続く』のトークには僕も参加が決まっていたので、舞台に呼ばれるまでは緊張のし通しだったが、今回はただの観客なので気楽なものだ。

舞台上に椅子が並べられ、モーガン氏は装置としても使ったベンチの端に座る。ベンチにはあと一人は優に座れる空間が。ふと嫌な予感。まさかな。しかしトークはつつがなく進み、僕も余裕をこいて聞いていた。今回の改訂で『ロードサイド』の女性の登場人物は一人になってしまったことをモーガン氏が指摘、『ファンタスティックス』もそうだと出演者の誰かが言うと、モーガン氏は『セレブレーション』もそうですね、とジョーンズ氏にふる。ジョーンズ氏は「いや、『セレブレーション』はヒロインの他にも女性の小さな役ならある。例えばデビル・ガールズだが、友人のカツタが日本で上演した舞台写真を見たら、この役のメイキャップがとても興味深いものなんだ。どんな風かと言うと――。」またもや嫌な予感。ジョーンズ氏はひとしきりメイクの説明をすると、「カツタは今日この客席にいる筈だ。カツタ、どこにいる？」予感は確信に変わる。だと思ったよ。

ジョーンズ、モーガン両氏に促されて、二週間前と同じ意味不明の愛想笑いを浮かべながら舞台に上がる。前回は血圧も一緒に上がったが、今回はどこか落ち着いている。慣れか？　客席からの登場はジョーンズ&シュミット作品の反リアリズム的様式にふさわしいなどと考えながらベンチのモーガン氏の隣（やはりな）に座る。

ジョーンズ氏が稽古初日とほぼ同じ調子で観客に僕を紹介。但し、今回はもう一言おまけがついていた。「今日は彼の誕生日でもあります。」その途端、舞台袖から演出助手の女の子が一本だけ蝋燭の灯った小さなケーキを持って現れた。ジョーンズ氏が音頭を取って舞台上の全員が、そして客席の全員が「ハッピー・バースデイ・トゥー・ユー」と歌い出した。驚いた。心底驚いた。そして少々つむじ曲がりの僕にしては珍しく心底感謝した。まさしく有り難いことである。オフ・ブロードウェイの舞台の上で誕生日を祝ってもらった日本人なんて滅多に、いや他にいるだろうか。

ともあれ昂奮冷めやらぬままトークに加わる。『ロードサイド』はきついテキサス訛りや西部に特有の言い回しにあふれ、しかも、その訛りが生み出すリズムが作品の魅力ともなっているので、アメリカ人でも出身地の違う俳優にはこなすのに骨が折れるという話題から、そういう作品を日本で翻訳上演することは出来ると思うかと質問される。不可能ではないが、どこで上演するか、劇場空間は勿論のこと劇場の立地条件が鍵になると思う。どんな作品でもそうだが、『ロードサイド』の場合は上演の場が西部の雰囲気をまとっていることがとりわけ重要だからと答える。アームストロング氏は深々と頷いている。「そんなところが日本にありますか？」と司会のモーガン氏。「ある」と僕。「どこです？」「東京ディズニーランドのウェスタンランド。」場内大笑い。今回も受けました。

受けたとなるともっと受けたくなる我が哀しき性をぐっと堪え、あとは歌の発声、特に男性と女性のファルセットの違い等々の真面目な話題を謹聴。前回同様あっという間に三〇分以上が過ぎ去り、パネルトークは無事終了。

舞台の上で衆人環視の中、ライトを浴びる緊張感と快感はやはりちょっと癖になりそうで怖い。これて二回目、三日やったらやめられなくなるとしたら、この辺りでやめておいた方が賢明だろう。だが、しかし……。

トーク終了後、モーガン氏と立ち話をしていて、今回の連続上演の最後の演目『ゲーム・オブ・ラヴ』の話になった。シュニッツラーの原作をジョーンズ氏が脚色し、オッフェンバックのオペレッタの音楽を利用して歌詞をつけたこのミュージカルは一九六〇年にエリス・ラッブとローズマリー・ハリスのA・P・Aによって初演され、その後一九六五年に改訂版がミルウォーキー・レパートリー・シアターで上演されているが、ニューヨークでは今回の舞台が初演となる。しかし、僕は一九九〇、一九九二、二〇〇九年と三回手掛け、この秋にも演出する予定だ。モーガン氏はこう言った、「あなたはこの作品については隅々まで熟知しているし、五月にこの作品のトークに出てもらえたら本当は一番良かったのだが……」

二度あることは三度ある？

テアトロ二〇一二年六月号

第四部　翻訳解説

『キャバレー』解説

「この芝居が問いかけているのは、〝あなたならどうする？〟ということだ。これは生き残ることについての芝居であり、英雄でもない一般の人々が、生き残るために見てみぬふりをしたことについての芝居だ。」

『キャバレー』再演の稽古初日（一九八七年一月二六日）に、演出家のハロルド・プリンスが出演者に語った言葉である。プリンスは、二一年前の初演の稽古の際にも出演者たちに見せた一枚の写真を、今回の出演者たちにも見せた。だらしのない身なりの若者たちが抗議運動を行なっている写真。一九五〇年代の半ばに、アーカンサス州リトル・ロックで、それまでの人種差別主義を撤廃した高校に、黒人の学生が入学するのを阻止しようとする白人の若者たちの写真だ。

『キャバレー』が初演（一九六六年一一月二〇日、ブロードハースト劇場）された六〇年代半ばのアメリカは、ケネディ大統領の暗殺が国民の多くに衝撃を与える一方、黒人の人種差別反対運動、公民権運動の高まりとともに、それへの反動も勢いを増し、全米各地で暴力沙汰、暴動へとエスカレートして行った時代である。マルコムXが暗殺されたのは六五年。キング牧師の暗殺は、初演の翌々年の六八年だ。ベトナム戦争は泥沼化の様相を呈し、大規模な反戦運動が展開される。社会全体の矛盾が噴出し、価値観が大きく変動した時代だ。後世の立場から俯瞰すれば、そういうことになる。が、その渦中に於いては、世の中の流れがはたしてどう転がって行くのか、全く予断を許さない状況である。

「当時（一九三〇年代）ベルリンで起きたことは、今ここで起きてもおかしくない。」初演の稽古場で、プリンスはそう語っている。彼は、クリストファー・イシャーウッドがベルリンでの体験を基に書いた小説『ベルリン物語』（『ノリス氏の最後』と『さらばベルリン』の二作で構成されている）を原作にしたジョン・ヴァン・ドルーテンの戯曲『私はカメラだ』のミュージカル化に初めから関心を持っていた訳ではない。グウェン・ヴァードンやタミー・グライムズといったスター女優のための作品として構想されている内は、それはプリンスにとって縁遠い企画だった。自伝によれば、彼を惹きつけたのは、ヒロインのサリー・ボウルズではなく、「一九二〇年代のドイツの精神的破産と、一九六〇年代の我々の国との類似性」だった。『キャバレー』の主役は時代そのもの、転落の淵に瀕した危機的状況そのものなのである。冒頭に引用したプリンスの発言を言い換えれば、『キャバレー』は、歴史の大きな転回点に居合わせた人々が、生きるために夫々何をどう選択したか、どう振る舞ったかについてのミュージカルだ。その根底にあるのは、「それはいつどこででも起こりうることだ」という認識である。

初演の舞台では、装置のボリス・アロンソンは舞台中央奥に巨大な鏡を吊って、そういう視点を鮮明に表現した。観客が劇場に入って先ず目にするのは、彼ら自身の顔である。これはあなた方の話なんですよ、という訴えかけである。一九九八年のブロードウェイ再々演の舞台では、観客席そのものをキャバレーのテーブル席やソファー席にして、劇場自体をキャバレーに変えてしまった。現実の観客は、同時に一九三〇年のベルリンのキット・カット・クラブの顧客でもあるという趣向によって、過去と現在を一つに結び合わせてみせたのだ。

物語の主な背景は一九三〇年のベルリン。一九二八年に行なわれた総選挙では、得票率二・六パーセント、獲得議席数一二席に過ぎなかったナチ党が、ニューヨークのウォール街に端を発した経済恐慌を追い風に、この年の九月の総選挙では得票率一八・三パーセント、獲得議席数一〇七へと大躍進した時期である。巷には再び失業者があふれ、ワイマール共和国の束の間の安定期が終わる、まさにその渦中である。そして一九三二年の総選挙では、ナチスはついに第一党に躍り出て、共和国は崩壊する。

この切迫した不安な時代に押し流され、潰えて行くのがフロイライン・シュナイダーとヘル・シュルツの老いらくの恋だ。初演の舞台では、本来は脇筋の担い手であるこの初老のカップルの方が、主筋のクリフとサリーの二人より目立ったと言う。時代の荒波をもろに被るのがこの二人であることを思えば、時代の状況を描くことに主眼を置くという作者たちの創作意図からいって、それも当然かも知れない。（シュナイダーとシュルツは、初演でこの二つの役を演じたロッテ・レーニアとジャック・ギルフォードを初めから念頭において書かれた、一種の当て書きである。レーニアはクルト・ヴァイルの未亡人で、『三文オペラ』初演のジェニー。ギルフォードはヴォードヴィル出身のベテラン喜劇人。彼らの役が主役を食ってしまった理由には、彼らのスター性もあっただろう。）

シュナイダーとシュルツのロマンスは、原作にも『私はカメラだ』にもないミュージカル独自の創意である。そもそもこの二人は原作にもドルーテンの戯曲にも登場しない。原作では下宿の大家は、フロイライン・シュローダーといい、シュナイダーとは明らかに違うキャラクターだ。戯曲の大家は、フロイライン・シュナイダーと名前こそ同じだが、下品一歩手前の言動を繰り返すもっとさばけた印象の人物だし、反ユダヤ感情を持った中産階級の典型に描かれている。これまたほとんど別人である。

ミュージカルのシュナイダーは、いついかなる時でも、何よりも体裁を重んじるオールドミスだが、その実いざとなれば金銭が全てに優先する現実主義者だ。その体裁と本音のズレが様々な場面で笑いを誘う。生き延びるために、これまでずっと現実と妥協し、折り合いをつけて来た。この世はなるようにしかならない。やれやれ。それなら、理想に拘ってくよくよ悩んでも仕方がない。来るものは拒まず、長いものには巻かれよう。『だから何？』は、彼女のそんな人生哲学をユーモアたっぷりに開陳したナンバーだ。

彼女とシュルツのカップルは、少なくとも物語の途中まではコミカルで微笑ましい温もりを作品に与えてくれる。それが一気に暗転するのは一幕の終わり、二人の婚約披露パーティである。下宿人の娼婦コスト――貧困にあえぎ、ナチスに希望を見出す下層階級の象徴――の一言（それが意図的なものか偶然かは解釈次第だが）が引き金となって、隣近所の人たちのほとんどがナチのシンパだと知ったシュナイダーは、先行きへの不安からシュルツとの婚約を解消する。思い直すように忠告するクリフに向かって歌う『あなたならどうする？』は、『だから何？』と同じ哲学を歌ったものだが、もはやかつてのユーモアもなければ自信もない悲痛なトーンに終始する。スコット・ミラーが『暗殺者からウェスト・サイド・ストーリーまで』で言うように、「今や愛を知ってしまった彼女には、ただ生き延びるだけではもはや充分ではない」からである。

ドイツで生まれ育ったシュルツには、自分はユダヤ人であると同時にドイツ人でもあるという固い信念がある。ユダヤ人であるよりもドイツ人であろうと努めてきたのかもしれない。（再演でシュルツを演じたヴェルナー・クレンペラーは、この役のユダヤ的特徴よりもむしろドイツ的特徴を強調したそうであり、ハワード・キッセルは「重大かつ深く心を揺さぶる選択」と評価している。）しかし、時代は彼の常識も楽観主義も根こそぎにして猛威を振るう。店のショーウインドウに煉瓦が投げ込まれても、「子供のいたずら」だと強弁するシュルツの自己欺瞞は、ナチスによる迫害も「いつかは終わりますよ――請合います」という誤った状況判断へと導く。だが、これが当時ドイツにいたユダヤ人の大多数の考えでもあったのだろう。せっかく一旦ドイツの外へ出ながら、「そうひどいことにはなりそうもない」

と思って戻ってしまったユダヤ人も大勢いたくらいなのだから。ドイツに留まることを選んだシュルツを待ち構えているのは、アウシュヴィッツのガス室である。

シュナイダーは、自分が言う通り生き延びることが出来ただろうか。僕にはそうは思えない。やがて度重なる空襲によってベルリンの街が紅蓮の炎に包まれ、瓦礫の山と化すとき、彼女のアパートもまた彼女ともども燃え上がり、崩れ落ちて行ったのではなかろうか。

なお、シュナイダーを演じたロッテ・レーニア自身はアーリア人だが、夫のクルト・ヴァイルはユダヤ人である。シュナイダーとシュルツが直面した問題は、彼ら自身の問題でもあった。勿論、彼らは劇中の二人とは正反対の選択をして、アメリカへ亡命した訳だが、『キャバレー』の作者たちが、彼女の存在を作品にとって錨のようなものと見なしていたのももっともである。

サリーは、政治や社会の動きには一切関心を持たず、「あたしたちと政治と何の関係があるの?」と開き直る。ましてや、イギリス人である彼女にとってドイツの政治状況など全くの他人事だ。彼女にとってベルリンでの日々は、いつまでも続くパーティでしかない。取りあえず今が楽しければそれで良い。その場限りの享楽を絶えず追い求める刹那的な生き方。それは勿論、現実逃避である。「神秘的で魅惑的な誰か」を無様に演じ続けながら、いつの日かスターに、「本物の女優」になることを夢見ているサリーは、しかし、そんな日が来ることなど絶対にありえないことを心の底では知ってもいる。当時の常識からは大きく外れた風変わりな女を、才能にあふれたセクシーで衝撃的なファム・ファタールを気取ってはいても、現実には世間にいくらでもいるフラッパー・ガールの一人に過ぎず、つき合った男たちからぼろきれのように捨てられて来たのがサリーだ。三流のキャバレーの三流の歌手、それが彼女の本当の姿である。そんな現実の自分を決して認めまいとして、それから目を逸らすために、彼女は演じ続ける。人一倍傷つきやすい魂を懸命に隠して。自己劇化とは自己欺瞞に他ならない。一幕六場で、口を閉ざしてしまったクリフの機嫌をとろうと、彼女は弁解じみた口調で、「人間は人間」であり、「どんなことだって言い訳する必要なんてない」と言う。人間はありのままで良いのだ、誰でも自分の好きなように生きる権利があるのだと。これは彼女の本音だろう。だが、そういう彼女自身、ありのままに生きている訳では必ずしもないのである。

原作では、サリーはランカシャーの工場主の娘であり、どういう経緯で女優になり、ベルリンまでやって来たのかも語られるし、『私はカメラだ』では、彼女の母親まで実際に舞台に登場する。それとは対照的に、『キャバレー』では彼女の背景は一切謎のままだ。話がそのことに及ぶと、サリーは「あたしに質問は駄目。何か話したくなったら、こっちから話すわ」と言ったきり口を固く閉ざしてしまう。観客としては、そういう態度と「子供の頃は他人のふりをするのが大好きだった」という台詞から、彼女の現実逃避の根の深さを推し量り、おそらくは幸せとは言えなかったであろうその生い立ちを想像するだけである。

実際、『キャバレー』のサリーは、原作や戯曲版のサリーと比べてはるかに破滅型の人間であり、悲劇的といっても構わないような陰影がある。彼女が求めているのは、絶対的な愛なのだろう。彼女の存在を全面的に受け容れてくれるような大きな愛。おそらく子供時代に満たされなかった無償の愛。スターになりたいという願望の深奥にあるのもそれだろう。そんな愛を（少なくともその可能性を）彼女はクリフの中に見出す。今度こそ本当の幸せがつかめるかも知れないと。二人して同じ夢を見て、「ぐっすりと眠り込んで」いる内はそれで良かった。けれど、刻一刻と悪化して行く社会情勢が、サリーとクリフの間に横たわる深い溝を次第に浮かび上がらせる。彼らは所詮水と油だ。じっとしていられないサリーと、そんな彼女を椅子に「座らせて新聞を読んで」やり、周囲の現実に気づかせようとするクリフ。溝は深まる一方だ。サリーは愚かではあっても、馬鹿ではない。しかし、彼女が選んだ対処法は、相変わらずの現実逃避でしかない。溝から目を逸らし、無視しようとする。クリフとの生活という現実に行き詰った彼女は、再びキット・カット・クラブという虚構の空間に逃げ込もうとする。そして、クリフが彼女の意向など全く省みず、自分一人の意見を押しつけてきたとき、サリーはクリフの部屋を去って行く。(この二幕四場の後半は、一幕六場のマックスとの別れ話の場面と見事な相似形になっている。)

クリフから現実の自分の姿を突きつけられたサリーは、キット・カット・クラブの舞台に立ち、「独り部屋に座って何が楽しいの?この世はキャバレー、そうよ、おいでよキャバレー」と歌う。クリフでさえ自分を幸せに出来ないなら、自分には幸せなど縁がないのだ。彼女は現実から完全に逃避して、虚構の世界を選び取る。それが負の選択であることは百も承知の上で。キャバレーが虚構の世界であることは百も承知の上で。「この世はキャバレー」であったとしても、その逆もまた真なりではないことは百も承知の上で。そこに彼女の悲劇性がある。

クリフは、第一作を書いた後、二作目を書きあぐね、題材を求めてヨーロッパをさまよい、ベルリンまでやって来た二〇代後半のアメリカ人の貧乏作家。内省的な、それでいて人好きのする青年だ。ベルリンへ向かう汽車の中でドイツ人のエルンストと知り合ったクリフは、その紹介でシュナイダーの下宿人となり、キット・カット・クラブでサリーと知り合う。下宿に転がり込んで来たサリーと同棲を始めたクリフは、ベルリンの享楽的生活に呑み込まれて行く。

『キャバレー』には、この他人に対してなかなかノーと言えない、騙されやすい青年の苦渋に満ちた成長の物語という側面もある。クリフは、サリーに引っ張りまわされての夜毎の馬鹿騒ぎを評してこう言う。「この街の何もかもが気に入ってる。けばけばしくて、とんでもなくて、しかも誰もが最高に楽しんでる。部屋で遊んでる子供たちみたいだ――どんどんはしゃぎぶりがひどくなる――いつなんどき親が帰って来るかもしれないと知ってるのにね。」破局がすぐそこまで迫っていることに薄々感づいていながら、いや、だからこそ一夜の夢に身を任せ、酒と音楽とセックスに酔い痴れる現実逃避的人々。クリフはそんな人々を客観的に観察しているつもりかもしれないが、勿論今や彼自身その中の一人である。クリフは彼らを子供にたとえるが、無意識ながらそれこそが彼の自己イメージだということだ。

すでにいい年をした大人であるにも拘らず、彼は金に困ると遠い故郷の母親に無心する。今に始まったことではあるまい。ヨーロッパを経巡りながら、経済的にいよいよ逼迫する度に、彼は「ママのお情けにすがって」来たのだろう。その都度、自責の念と自己嫌悪を覚えながら。いつまでたっても親の庇護の下から抜け出せない自分に苛立ちながらも、そんな状況に甘んじてもいるクリフ。息子を馬鹿可愛がりすることで、むしろいつまでも自立の道を阻んでいるかの如き慈愛深き抑圧的母親。クリフにとって小説を書くという行為は、そんな親からの自立の意味を含んでいる。第一作が「子供時代のことを書いた」作品だったというのも頷ける。その後、題材探しに行き詰っているのも。（第二作を書くためには、彼は自分のセクシュアリティ――当時アメリカやイギリスでは同性愛は犯罪だった――にも向き合わねばならないだろう。）

サリーが妊娠し、自分が父親かもしれないと知ったとき、同性愛者として生きて来たクリフにとって、それは自立への千載一遇のチャンスだと思えたのかもしれない。自分自身が人の親になることで、根無し草のようなとりとめのない生活を脱して、地に足のついた自立した生活をものにする。それこそ彼がずっと追い求めてきたものではないか。「赤ん坊が生まれれば、全てが変わる」、彼はそう思う。昼は仕事をし、帰ってきたら赤ん坊の世話を焼き、深夜に小説を書き……熱に浮かされたように将来を語るクリフだが、それがもう一つの夢のような暮らし、肝心の経済的基盤を欠いた、絵に描いた餅であることには気がついていない。失業者だらけの社会を、彼はまだ傍観しているに過ぎないのだ。

エルンストからパリへ行ってくれないかと頼まれたクリフは、夢の生活の実現のため、金のために引き受ける。運ぶ品物が、おそらくは不法な政治資金、それもナチスのものだと半ば知りながら。彼は己れの良心に蓋をし、見てみぬふりをして、悪魔に魂を売り渡す。彼の自立願望は、自己欺瞞を促すほど強いものだったということだ。サリーがお腹の子供を堕胎することで、いわばクリフの母親代わりの役目を拒否したとき、二人の関係に終止符が打たれるのも当然だろう。

急速に悪化して行く危機的状況を目の辺りにして、クリフはついに目覚め、何とかしなければと焦る。けれど、シュナイダーの「あなたならどうします?」という問いかけに己れの無力を自覚した彼は、サリーがはっきりと指摘するように、あまりに醜悪、あまりに危険な場所と化したベルリンを離れ、「アメリカへ逃げる」しかない。「逃げるんじゃない。帰るんだ」と自分を欺いて、母親の待つ安全地帯へと。

苦い後悔と未練と挫折感に囚われつつ、一度は「美しい」と思ったドイツを去って行く汽車の中で、しかし、クリフは小説を書き出す。「世界の果て」である「ドイツという国のベルリンという街」について。そこで出会ったサリーたちについて、そして自分自身について。彼はついに「本当の自分に目を向ける」。とうとう書くべき題材を見つけ、そして書くことによってこの危機的状況に異議申し立てを行い、作家として「行動」する道を見つけたのだ。自立と成熟への第一歩を踏み出すのである。言うまでもなく、その結果がつまりこの『キャバレー』という物語である。

原作の私（クリストファー・イシャーウッド）は、冒頭部分の「私はカメラだ、シャッターは開いたまま、全くの受身で、記録する。考えたりしないで」という一節からも伺えるように、基本的には客観的な姿勢を崩さない。ドルーテンの戯曲でもそうである。そもそも原作並びに『私はカメラだ』では、クリスとサリーの関係は奇妙な友人同士とでも呼ぶべきものであって、恋人ではない。（戯曲では、二人の間の恋愛感情をほのめかして、大詰めの別れ際の台詞で、互いの愛を告白させてはいる。但し、そのために芝居としては甚だしく画竜点睛を欠く結果となっている。）しかし、客観的で受身のままでは、芝居の主人公としては弱いし、舞台上で影の薄い存在であるのは否めない。ミュージカル化にあたって、英国人クリストファー・イシャーウッドはアメリカ人クリフォード・ブラッドショウという名前は、もう一人のクリスと言っても良い『ノリス氏の最後』の語り手ウィリアム・ブラッドショウから取っているが、そもそもブラッドショウはイシャーウッドのミドルネイムである）に変わり、ついでにサリーとの関係にも大幅な変更がなされた。わざと意地の悪い見方をするなら、クリスからクリフに変身することで、彼はブロードウェイ・ミュージカルのヒロインを支えるありふれたヒーローになったということだ。少なくとも初演に於いては。（一幕の楽屋の場面で、サリーがクリフをクリスと言い間違えるのは、これぞまさしく楽屋落ちか？）

現在までに、ブロードウェイでの『キャバレー』の再演は、一九八七年、一九九八年の二回行なわれており、その度に大きな改訂がいくつか施されている。中でも一番顕著な変更が、クリフのセクシュアリティの問題である。本書に収められた翻訳は、九八年の再々演の上演台本である。この台本では、一読してお分かりのように、クリフはホモセクシュアル若しくはバイセクシュアルとして描かれているが、初演の台本ではそうではなかった。クリフはストレートの男性であり、従ってサリーとの恋も現行の台本のような屈折したものではない、ごくありきたりな男女の恋愛劇である。

実は原作者のイシャーウッドは、同性愛者であり、原作と『私はカメラだ』のクリスがサリーと友人関係である本当の理由もそこにある。ただ、原作が出版された一九三〇年代は言うに及ばず、ドルーテンの戯曲が初演された五〇年代の初頭でも、同性愛者を——しかも主人公として——舞台に上げるなど、およそ考えられないことだった。

事情は『キャバレー』の初演時でも同じだった。プリンスたちには、クリフを同性愛者として描きたい思いもあったのだが、結局はまだ時機尚早と判断せざるを得なかった。第二次大戦後のアメリカでホモセクシュアルを正面から描いた芝居が初めて上演されるのは、僅か二年後の一九六八年、オフ・ブロードウェイでの『真夜中のパーティ』だが、ブロードウェイ・ミュージカルとなると、『コーラスライン』（75年）あるいは『ラ・カージュ・オ・フォール』（83年）まで待たねばならない。

クリフが本来のセクシュアリティを回復したのは、八七年の再演からだ。ハロルド・プリンスの演出は、基本的には初演を踏襲していたが、時代の変化を考慮し、いくつかの改訂が行なわれた。エルンストも、初演ではそのセクシュアリティはぼかされていたが、クリフともども同性愛者であることが明確にされた。クリフへの片思い的心情を秘めることで、初演版のただ物語を先に進めるために便利な人物というだけでない人間的な陰影が加わったと言える。ついでながら、ナチ党員の同性愛者エルンストと聞けば、いやでも連想してしまうのは突撃隊長レームである。作者たちがそれを意識していなかったとは考えにくい。とすれば、このエルンストもまた、一九三四年六月三〇日未明に粛清される運命だと想像してもあながち的外れではあるまい。

『僕の目で見れば』は、初演のプレヴュー中に、最後の歌詞「ユダヤ人には見えないさ」に対して、ユダヤ人団体から「ユダヤ人女性に対する侮辱だ」と強硬な抗議が殺到し、「ミスカイトには見えないさ」と変更せざるを得なかったナンバーである。作詞のフレッド・エッブが稽古中に見た奇妙な夢（司会者《エムシー》役のジョエル・グレイが『ハロー・ドーリー！』の張り出し舞台の上をチュチュを着たゴリラと歩き回る）をもとに、三〇年代のドイツに於ける反ユダヤ主義の浸透と六〇年代のアメリカに於ける人種差別を、鮮やかな異化効果で訴えかけるその手法も、ブロードウェイの一般観客に理解してもらうには、ほんの少し早過ぎたのである。代わりに使われた「ミスカイト」とは、イディッシュ語で醜いという意味であり、初演にはシュルツが歌う同名のナンバーがあったのだが、ジャック・ギルフォード以外にこの歌の面白さを引き出せる者はいないとの理由で、再演からはカットされた。逆に初演の稽古中にカットされた『どうでもいいわ』が司会者のナンバーとして復活した。またその司会者の歌う『優雅な暮らし《シッティング・プリティ》』は、映画版（71年）のために書かれた『マネー、マネー』と抱き合わせる格好で、『金《かね》』に生まれ変わった。

しかし、最大の変更は、サム・メンデスとロブ・マーシャルの共同演出による九八年の再々演によってもたらされた。初演以来の司会者像を一新したのである。それを何よりも端的に表しているのは、ラストの強制収容所の囚人服に身を包んだ司会者の姿である。

だが、司会者の変貌について語るには、先ずその前に、このミュージカルの形式について語る必要がある。

「視覚面では、初演の影響力はすごいものだった。当時、私たちの舞台は斬新だった。ブレヒトとヴァイルの仕事を勘定に入れなければの話だが。」再演の稽古場で、ハロルド・プリンスはこう語った。『キャバレー』の場合、視覚面での斬新さは形式の斬新さと同一視しても良い。では、その斬新さとは何だったのか。

マーティン・ゴットフリードを始め、『キャバレー』を「分裂病的」ミュージカルと評する評論家は多い。サリーとクリフ、シュナイダーとシュルツの恋物語は、ロジャーズ&ハマースタインの『オクラホマ!』（43年）で確立された、物語性を重視し、全ての基礎を台本に置くブック・ミュージカルの公式に則って作られている。ともに無残な結果に終わるとは言え、主筋のロマンティックなカップル、脇筋の喜劇的カップルという図式までそのままである。ミュージカル・ナンバーも当然台詞の延長として人物の思いを歌う。形式的には、あくまでもリアリズムに根ざした従来のブロードウェイ・ミュージカルである。それに対して、司会者が傍若無人に振舞うキット・カット・クラブのショー場面は、物語性を持っていない。夫々独立したキャバレーの演し物だ。そこで繰り広げられるのは、一九三〇年のベルリンの退廃的風俗と政治状況の風刺である。まさに「この世はキャバレー」であり、キャバレーは当時のドイツの縮図に他ならない。ドイツの隠喩としてキャバレーを描き、万華鏡のように時代の様相を映し出す。ショー場面はそのためにある。物語性を重視したこれまで通りのリアルな場面と、これらレヴューまがいのショー場面の二つに分かれていること。「分裂病的」とはそれを指す。『キャバレー』は、様式の異なる二つのミュージカルを内包しているのだと。「ある部分は血肉の通った心理的リアリズムを目指した通常のブック・ミュージカルであるが、ある部分は皮肉のきいたブレヒト風の教育劇であり、またある部分はブロードウェイ的なお涙頂戴であり、またある部分はゲオルグ・グロスばりの風刺であるというように、『キャバレー』の焦点は分裂している」（フォスター・ハーシュ）とも言える。ともあれ、『キャバレー』は、このキット・カット・クラブのショー場面という虚構の世界が、主人公たちが生きる現実の世界を取り囲む枠組みとして機能する構造を持っている。

トライアウト寸前の通し稽古に呼ばれ、意見を求められたジェローム・ロビンズは、キット・カット・クラブのショー以外のダンスは全部カットした方が良いと助言した。98年版からはすでにカットされているが、初演の第一幕にはキャバレー・ガールズの客引きをコミカルな歌と踊りで見せる『テレフォン・ソング』、そして婚約披露パーティでの、シュナイダーと水兵たちを中心に客たちが浮かれ騒ぐ大きなダンス・ナンバーがあった。従来のブック・ミュージカルの公式通りの、物語の流れに即してはいるものの本筋にはさほど影響しない、観客のお楽しみのためのナンバーだ。ロビンズはこれを切ることで、二つに分かれた部分の違いを逆にもっと際立たせた方が、かえって作品を引き立たせ、画期的なものになると見抜いたのだろう。結局、ロビンズの意見は容れられなかったが、一九七一年の映画版では、監督のボブ・フォッシーはロビンズの示した方向へさらに過激に歩を進め、台詞の延長として歌われるブック・ソングをことごとくカットしてしまった。残ったのはキット・カット・クラブで歌われるキャバレー・ソングだけである。その結果、作品に統一感を与えることに成功している。但し、フォッシー本人も認めているように、映画『キャバレー』はミュージカルというより「音楽つきのドラマ」と呼んだ方がふさわしい構造の作品になってしまったことは否めない。また、ライザ・ミネリのサリーは、演技は申し分ないが、ショー・ナンバーになると歌の上手さとスター性が際立つあまり、映画のリアリズムを逸脱してしまう憾みなしとしない。

ハロルド・プリンスも、一九三〇年代のドイツと一九六〇年代のアメリカを相似形で描くという辛口のコンセプトを口当りの良いものにするために、観客の嗜好に合わせて公式通りの感傷的な恋物語を入れてしまったことを後悔し、自分たちの芸術的野心に見合ったもっと大胆な選択をするべきだったと反省している。その思いが、やがて作詞作曲家のスティーヴン・ソンドハイムと組んで次々と世に問うた『カンパニー』(70年)『フォリーズ』(71年)『太平洋序曲』(76年)等のコンセプト・ミュージカルへとつながって行く。物語はあくまで二義的なものに過ぎず、あるメッセージなりイメージなりを上演の中心に置き、それを具体化することに主眼を置いたこれら一連の作品は、『キャバレー』にあった「分裂」を解消し、『コーラスライン』を始めその後のミュージカルに決定的な影響を与えることになる。『キャバレー』は、そのコンセプト・ミュージカルの嚆矢、但し半分だけの嚆矢というのが定説になっている。(言葉――戯曲――主導の演劇に行き詰まりを感じ、その閉塞感を打破せんと、サーカスやパントマイム、大道芸等の多種多様な芸能の諸要素を演劇に導入しようとした世界的な動きと、プリンスは連動していたのである。ちなみに彼が戯曲中心主義から脱却する契機となったのは、『キャバレー』をどう具体化するか悩んでいた時にモスクワで観たタガンカ劇場の『世界を震撼させた十日間』だ。)

しかしだ、二つの異なる部分に分かれていることは間違いなくとも、この作品が「分裂病的」と言われるほどその統合に失敗しているとは、僕には思えない。司会者が演じ歌い踊るショー場面のナンバーは、基本的にはその直前の物語部分の内容を批評する役目を果たしているからだ。物語部分で登場人物の間に起きたことを、社会化し、普遍化してみせるのだ。これは明らかにブレヒトが『三文オペラ』で使ったソングの手法である。(プリンスは、自分はブレヒトのファンではないと公言しているが、彼の以後の演出作品である『スウィーニー・トッド』（79年）や『エヴィータ』（78年）を観ても、ブレヒトの影響は否定出来ない。）

歌の種類で言えば、『キャバレー』に含まれるナンバーは三つに分類出来る。物語部分で台詞の延長として歌われるブック・ソング、ショー場面で司会者が歌を歌として歌う、批評性を持ったコメント・ソングとしてのキャバレー・ソング、キット・カット・クラブの演し物として歌われるが、同時にそれを歌うサリーの性格の説明や心理描写にもなっている『ママには言わないで』『マイン・ヘア』『キャバレー』のナンバー（便宜上これもキャバレー・ソングと呼んでおく）の三つだ。サリーの歌うナンバーが、ブック・ソングとコメント・ソングの橋渡しをしている感もある。初演では、サリーのキャバレー・ソングは舞台上に設えられたテーブル席に座るキット・カット・クラブの客たちの前で演じられた。つまり、まだ物語の中のリアルな世界で演じられていた。しかし、司会者のコメント・ソングのいくつかは、前と奥を区切るように舞台中央に垂らされた銀色のレイン・カーテンの前で歌われ、そこが現実ではない虚構の世界であることを明確にした。プリンスはその空間を「中間の場所《リンボー》」と名づけ、「ドイツ人の心の変化を描く」場所とした。非現実の空間でありつつ、そこには舞台の外の現実が入り込んでいることを意識しての命名だろう。サリーが最後に『キャバレー』を歌うとき、彼女は初め現実のクラブの舞台で歌い出すが、途中から「中間の場所」に進み出て歌う。彼女の現実が虚構の、非現実の世界についに侵蝕されてしまう瞬間である。

分裂どころか、こういう侵蝕作用は二つの部分で絶えず起きている。特に九八年版にそれが顕著だ。（ちなみに九八年版は、一九九三年にロンドンの小劇場ドンマー・ウェアハウスで上演されたメンデス単独演出の舞台が元になっている。）

例えば、『トゥー・レイディーズ』。元来は司会者とキャバレー・ガール二人で演じられるナンバーだったが、九八年版ではキャバレー・ガールの片方をボビーにすることで、単にベルリンの退廃的な性風俗を描くだけでなく、サリーと同棲する裏でボビーとも密会を続けるクリフの姿をも浮き彫りにする。ブック・ナンバーの『結婚』にまで、女性歌手が侵入し、シュルツたちのロマンスを相対化してしまう。シュルツの店に煉瓦を投げ込むのは、何気ない顔で音もなく近づいて来る司会者だ。台本には書き込まれていないが、一幕十場の『今度こそ《メイビー・ディズ・タイム》』の演出は、照明が変化し、サリーが椅子から立ち上がって舞台前方に進み出ると、客席通路を通って司会者がスタンド・マイクを舞台に運び、サリーはマイクに向かって歌い出すというものだった。平凡な家庭の幸せを望みつつも、心の底ではキャバレーの生活を、スターになる夢を捨て切れないサリーの、本人も気がついていない矛盾を描いて余すところがない。

現実がキャバレーに侵食されるだけではない。キャバレーの演し物の内容も、次第に悪化する現実の社会に侵蝕されて行く。明らかにユダヤ音楽を思わせる『金』のメロディーは、揶揄されている金持ちが主にユダヤ人だと暗示している。キャバレーの演し物に、外の現実の人種差別が入り込んで来る瞬間である。

キャバレーと現実のグロテスクなまでの相互侵蝕は、司会者の「ありがとう」の一言で、クリフがマックスたちに殴り倒される様まで見世物化されてしまうとき頂点に達する。（初演の台本のト書きには「司会者が現れる――殴り合いがあたかもフロア・ショーの一部だったかの如く――ヒステリックに笑いながら」とある。）その必然的帰結が初演では、ナチの制服に身を包み、鉤十字の腕章をして現れるキャバレー・ガールズたちだった。サム・メンデス演出のラスト・シーンは、囚人服を着てなすすべもなく立ち竦む司会者の姿によって、それをさらに衝撃的と言っても過言ではないほどに増幅してみせる。二幕五場でタイトル・ソングを歌うサリーは、舞台上の現実を取り囲むキャバレーの虚構の闇に呑み込まれる。その虚構の世界を最後に現実の闇が飲み込んでしまうのだ。もはや「この世はキャバレー」ではないからである。

「見た目にも異様な小男――口紅と頬紅をべったりと塗り、てかてかに光る髪を真ん中から分けている」と初演台本のト書きで描写されている司会者は、朝鮮戦争の頃、徴兵されてドイツに配属されていたプリンスが、シュツットガルトのナイトクラブで見た小人の司会者が発想の源になっている。この異形の人物の姿に、時代の歪みが投影されているであろうことは想像に難くない。プリンスは、司会者は「大恐慌の隠喩《メタファー》だ。初めは哀れな、自己欺瞞にとらわれた芸人だが、次第にナチの精神の象徴へと変わって行く」と述べ、キャロル・イルソンは、プリンスの評伝で、「ショーが先へ進むにつれて、司会者は変化する。彼は国家社会主義を通して己れの力を発見する、道徳的には腐敗堕落して行くが」と書いている。芝居の最後で、彼はヒトラーその人に成り変わっているとさえ思える。ダーシー・デンカートは、近著『素敵なロマンス』で、司会者の役をトーマス・マンの『マリオと魔術師《ファシスト》』の催眠術で客を自在に操る手品師の直系と位置づけているが、それほど、初演、映画版、再演とこの役を演じたジョエル・グレイの司会者は、小柄で猿を思わせる機敏な動き、毒々しい哄笑と不気味な微笑みが圧倒的な印象を与え、人間離れした悪魔性に満ち満ちている。先に引用した発言でも、プリンスは劇中での司会者の変化を指摘しているが、オープニングの『ヴィルコメイン』からして「ここでは人生は美しい……女の子たちは美しい」と偽りの甘言で人々を現実逃避的夢（すぐに悪夢と化す）へとハーメルンの笛吹き男のように誘う司会者は、初めから非人間的存在のように思える。時代の底に渦巻く憎悪、嫉妬、不平不満、欲望、その他ありとあらゆる負の感情の化身のように。

ジョエル・グレイの演じた司会者の両性具有的な歪んだ官能性を、九〇年代の感性で顕在化させたのがメンデス/マーシャル版のアラン・カミングの司会者である。しかし、カミングの司会者は、グレイのそれよりももっと人間的な感じのする作りになっていた。燕尾服を着込んだグレイと違って、上半身裸の彼の腕には麻薬の注射の跡がいくつもある。彼には、グレイのような狂騒的な演戯の下に隠された冷ややかな自信は見当たらない。むしろ、人を食ったような態度とは裏腹に、いつもどこか怯えたような印象を与える。ナチスを愚弄するかと思えば、おもねり、積極的に加担しもする。そうしながら、彼の態度はいっそう不安定なものになって行く。何かから逃げようとしているかの如く、麻薬への耽溺もさらに深みにはまって行くようだ。『どうでもいいわ』は、サリーの心情を代弁し、虚実二つの空間が融け合うナンバーだが、カミングの歌を聴いていると、もはや二進も三進も行かなくなった司会者自身の絶望をも歌っているような気がしてくる。そして最終景、ガス室を連想させる「何もない白い空間」と化した舞台に、あらゆる「劣等人種」「反社会分子」の印を胸につけた強制収容所の囚人服を着て佇む姿で終わる。

スコット・ミラーは、「司会者は、退廃と誘惑と抑制されていないセックスの擬人化だ。一九九〇年代のアメリカでは、彼は映画産業であり、レコード産業であり、テレビ産業であり、大衆向けの俗っぽいジャーナリズムである。彼は不道徳なものを、魅力的で楽しげな誘惑的なものにしてしまう」と書いている。この解釈を敷衍すると、メンデス/マーシャル版の司会者像が鮮明に浮かび上がるのではなかろうか。時代を先取りしているつもりで時代に流され、体制を批判しているつもりでたちまちそれにしっぽを振り、大衆を煽動しているつもりで迎合している低俗なマスコミ。右から左へいつの間にか平然と主張を変える厚顔無恥。その挙句に自分で自分の首を絞めて終わるマスコミ、それが九八年版の司会者が象徴するものだろう。

『キャバレー』に登場するキット・カット・クラブは、一九二〇年代の実際のキャバレー（カバレット）の様相を反映していない、本当のキャバレーはあんなものではなかったという批判も頻繁になされる。作者たちに当時のベルリンのキャバレーがどんなものだったかという知識が不足していたことは否めない。作曲のジョン・カンダーと作詞のフレッド・エッブは、時代の雰囲気を出すために、当時のドイツのジャズ、そしてヴォードヴィルで歌われた唄のレコードを聴きまくったそうだが、ドイツ語を解さない彼らには、それは文字通り雰囲気をつかみ、無意識の影響を受けるという域を出なかった。歴史上のキャバレーは、二〇世紀初頭のヴェデキントから二〇年代のブレヒトやケストナーたちに至るまで、はるかに文学的、攻撃的であり、反戦的内容とともにいつも時代の前衛であり続けた。ロッテ・レーニアは、『キャバレー』の中で本当のキャバレーに最も近いのは、第二幕の幕開けで女装の司会者が先導するキック・ラインがナチスの行進へと変化するナンバーだと述べている。ところが、キット・カット・クラブのショーには、反ユダヤ的なものも含まれている。キャバレーの本質からいえば、これはおかしなことだ。しかし、これまで累々述べて来たように、作者たちの意図は歴史上のキャバレーの忠実な再現にあったのではなく、ある時代の象徴としてキャバレーを利用することだった。「劇中のキット・カット・クラブは、舞台奥の鏡と同じように、一九三〇年代のベルリンに共存するあらゆるものを、ただ映し出す空間として構築されている」（リンダ・ミツェジュウスキイ）のであり、本物のキャバレーとの違いを責めるのは筋違いだ。

最後に、この作品に流れている時間の矛盾について述べておきたい。一九二九年の大晦日にクリフと出会ったエルンストが、翌日の元旦にはもう英語のレッスンを受けているのも変と言えば変だが、一幕十場でサリーが妊娠に気づき、父親はマックスかもしれないと思うのも、一幕八場が四月に設定されていることを考えると、やはり辻褄が合わない。第二幕は、第一幕の最終場の翌日から始まり、精々数日間の出来事である。とすれば、サリーの出産予定日が一一月で、しかも「まだ少なくとも数ヶ月はクラブで働ける」なら、最後の二幕七場は六月辺りだ。けれど、『キャバレー』の季節は、何故かいつも冬のような気がしてならないのは、僕だけだろうか。九八年版の舞台の印象が強いせいかもしれないが、やはりこの作品は、ナチスが台頭する冬の時代を描いているからだ。時間的な矛盾も、実際の舞台を観ている間は全く気にならない筈だ。『キャバレー』の時間は、演劇的には最初から最後まで冬に囚われている。『オセロー』ではないが、この作品には異なる二つの時間が流れていると見るのが妥当だろう。

本書に収められた拙訳は、もともとは東京アナウンス学院のミュージカル・ゼミの授業で使うために訳したものである。その後、東京グローブ座での公演（二〇〇四年一〇月。グレン・ウォルフォード演出、錦織一清、真矢みき、岡本健一、上条恒彦、今陽子出演）にも使われたが、このときは基本的には初演台本に従ったので、細部を訳し直したり、クリフのソロ・ナンバーで八七年の再演でカットされた『目覚めたくない』を新たに訳詞したりと、かなり違うものになっている。

翻訳の底本には、CABARET : the illustrated book and the lyrics（1999, Newmark Press）を使用

した。明らかな誤植や思い違いと思われる個所については、初演の台本（1997、Random House）及び九八年公演のオリジナル・キャストによる録音ＣＤを参照して適宜訂正をしておいた。

『キャバレー』の日本初演は、渡辺浩子訳・演出、小池一子訳詞により一九八二年に東京銀座の博品館劇場で行われ、以後同劇場で何回か再演されている。その都度友人知人が出演していたこともあり、僕も三回ほど観ている。そのため特に訳詞については、無意識のうちに影響を受けている個所もあるかも知れないことをお断りしておく。

解説を書くにあたって主に参照したのは以下の文献（順不同）である。

Keith Garebian ; THE MAKING OF CABARET, 1999, Mosaic Press

Hal Prince ; CONTRADICTIONS : Notes on Twenty-six Years in the Theatre, 1974, Dodd'Mead & Company

Carol Ilson ; HAROLD PRINCE : from Pajama Game to Phantom of the Opera, 1989, U・M・I Research Press

Foster Hirsch ; HAROLD PRINCE AND THE AMERICAN MUSICAL THEATRE, 2005, Applause

Scott Miller ; FROM ASSASSINS TO WEST SIDE STORY, 1996, Heinemann

John Kander and Fred Ebb ; COLORED LIGHTS : Forty Years of Words and Music, Show Biz, Collaboration, and All That Jazz, 2003, Faber and Faber Inc.

Linda Mizejewski ; DIVINE DECADANCE : Fascism, Female, Spectacle'and the Makings of Sally Bowles, 1992, Princeton University Press

Otis L. Guernsey ed. ; BROADWAYSONG & STORY : Playwrights/Lyricists/Composers Discuss Their Hits, 1985, Dodd'Mead & Company
Darcie Denkert ; FINE ROMANCE, 2005, Watson-Guptill Publications
Martin Gottfried ; BROADWAY MUSUCALS, 1979, Harry N.Abrams, Inc. Publishers
Christopher Isherwood ; THE BERLIN STORIES, 1963, A New Directions Paperbook
John van Druten ; I AM A CAMERA, 1952, Dramatists Play Service Inc.

先月、ニューヨークで途方に暮れていた訳者に対し、本書の出版を快諾して下さった台本のジョー・マスタロフ氏、同氏への仲介の労を取ってくれた友人の作曲家ハワード・マーレンのお二人に心から感謝したい。

カモミール社刊『キャバレー』（二〇〇六年）

『ウェスト・サイド・ストーリー』解説

ミュージカルを演じる俳優は、歌って踊って演技してと三拍子揃っていなければならないとは良く言われる。しかし、少なくとも一九六〇年代の初め頃までは、ブロードウェイでさえ実態はそうでもなかった。主役を演じるスター俳優で、本当の意味で踊れる者はほとんどいなかった。例えば、『オクラホマ！』（43年）の一幕の幕切れで踊られる『ドリーム・バレエ』。その名の通り、ヒロインの見る夢をバレエで描いたナンバーであり、物語の進行と密接かつ有機的にからまった史上初のダンス場面としても名高いが、ここでも夢の始まりとともに、ヒロインとヒーローは夢の中での彼らの分身と交代して退場し、以後のダンスはその分身たちが踊る。早い話が、歌えるが踊れない俳優の代わりに本職のダンサーがその場の主役を演じたのである。

主役クラスばかりではない。アンサンブルについても、歌専門のコーラス隊と踊り専門のダンサーたちとが分業で演じることが多かった。同じ村人でも踊りが得意な村人と歌が得意な村人とに分かれていたのである。今日の目で見れば、呆れ返るほど大勢のアンサンブルが舞台にひしめいていたことになる。理由は色々あるだろうが、一つにはまだ小型のワイヤレス・マイクが開発される以前（拾いのマイクは、すでに三〇年代の末頃――一説には四〇年代の初頭――に導入されている）であり、従って歌いながら踊って舞台の横や奥を向かれたら、声のバランスが崩れ、客席に届かないという純粋に物理的なこともあっただろう。それ故、歌と踊りをともに上手にこなす演者が育たなかったということもあるだろう。人件費が今とは比べ物にならないくらい安かったので、分業にしても経済的に余裕があったということもあろう。

そんな状況を一変させたのが、『ウェスト・サイド・ストーリー』の登場（一九五七年九月二六日初演、ウィンター・ガーデン劇場）である。この作品には、そもそも従来の意味でのアンサンブルは存在しない。個々の名前を持たない大勢の水兵だの舞踏会の招待客だのといった十把一絡げの人々は登場しない。ジェット団にせよシャーク団にせよ、どのメンバーにも全員名前があるし、劇中で一度も言及されないメンバーでさえ、登場人物表には名前が記載されている。つまり、彼らにも夫々他のメンバーの誰とも異なる個性の表出が求められているのである。言い換えれば、アンサンブルは従来のように場面に応じて一人で無名の何役をも演じ分ける何でも屋ではなく、作品を通してひと役を演じる立派な登場人物となることを要求されたのである。演技力がなくては務まる筈がない。歌と踊りについても、極めて高度な技量が要求されるナンバーばかりだ。

主役たちについても同様である。『ウェスト・サイド・ストーリー』以前のミュージカルなら、主役は踊るにしてもその多くはフェイク・ダンスだった。実際にはほとんど踊っていないのに、如何にも踊っているように見える振りを付けてもらっていたのである。（勿論、『パル・ジョーイ』のジーン・ケリーを始め例外はある。）他の役と比べれば、主役のトニーとマリアはダンスを要求される度合は低いが、それでも『どこかに《サムホウェア》』（『ウェスト・サイド・ストーリー』のドリーム・バレエ）を踊るにはバレエの技術が絶対に必要である。事実、初演でトニーとマリアを演じたラリー・カートとキャロル・ローレンスは、それまでの経歴から言えばともにダンサーである。

演出兼振付のジェローム・ロビンズは、この作品の配役に実に半年間かけたそうである。キャロル・ローレンスは、マリア役を手に入れるまでに十三回ものオーディションを受けたと語っている。柄、演技力、歌唱力、ダンスの技量全てが揃った出演者を見つけるのはそれほど難しかったということでもあるだろう。しかも作者たちが探していたのはスターではない無名の若者たちだった。スラム街を我が物顔に闊歩する十代の不良少年そのものに見えなければならず、それにはスター・ヴァリューはかえって邪魔だったからだ。ともあれ、この作品以降、ミュージカルに出演するなら歌って踊って演技してが常識となってしまった。『ウェスト・サイド・ストーリー』は多くの点で画期的な作品だが、ミュージカル俳優に要求されるハードルを一気に上げてしまったことも間違いなくその一つに数えられるだろう。

ただ、『ウェスト・サイド・ストーリー』で求められていた歌声は、正規の訓練を受けたオペラ的発声ではなく、劇中の不良少年たちにふさわしい荒っぽくザラザラしたリアルなものだった。音楽面ではかなり難易度の高いマリア役でさえ、キャロル・ローレンスの回想によれば、作者たちはオペラ的な声ではなく「とても若々しくて、学校的でなく、ピュアな声」を探していた。作曲のレナード・バーンスタインは、ローレンスに「心の奥底から歌ってよ。僕は真珠のように磨かれた音色は望んでいないんだ」と言い、「しゃべるように歌うこと」を教えたという。

彼はまた、一九五七年七月八日の日誌に、これまでまともに歌ったことのない四十人の若者たちが、稽古場で『トウナィト』の五重唱を見事に歌ったことに感激し、「いわゆる〝歌手〟を配役しなかったのは正解だったと思う。もっとプロフェッショナルな声だったら、もっと経験を積んでいるように聞こえてしまうのは避けられないし、そうなったら〝若者《キッド》〟らしい質感は消え失せてしまっただろう。災い転じて福となすの好例だ」と書いている。

ジェローム・ロビンズも「演技が常に自発的でリアルであることを求めていた」とローレンスは述べている。いかにも達者な演技ではなく、十代の本物の不良が舞台に立っていると思わせるような存在感。要するに、作者たちにとって、この作品に絶対に必要なものは、生々しいほどのリアリティだったのだ。シェイクスピアの『ロミオとジュリエット』を基にした美しくも悲劇的な、詩情あふれるミュージカルを一九五〇年代のニューヨークを舞台に成立させるには、それはなくてはならないものだった。

『ロミオとジュリエット』の背景を現代のニューヨークに移して、ミュージカルにしようと思いついたのはジェローム・ロビンズだった。『オン・ザ・タウン』（44年）や『ハイ・ボタン・シューズ』（47年）でブロードウェイ・ミュージカルの振付師として注目を集めていたロビンズは、演出にも意欲を見せ、演出法を学ぶべく一九四八年にアクターズ・スタジオの俳優教室に参加する。そこでクラスメート（にして恋人）のモンゴメリー・クリフトからロミオ役をもっと積極的、現代的に演じるにはどうすれば良いか相談を受けた。これがヒントになって、『ロミオとジュリエット』の現代版ミュージカルの発想が生まれたのだ。

一九四九年に、彼はバーンスタインと劇作家のアーサー・ローレンツにこの企画を持ちかける。ロビンズとバーンスタインは、長年の間、「ミュージカル・コメディの言葉を使って、深い主題を持った悲劇的物語をオペラのようにならずに語ることは可能だろうか」（スタンリー・グリーン）と話し合って来た。それに見合う題材がやっと見つかったのだ。

この時点では、物語の骨子となるのはアイルランド系またはイタリア系のカトリックの少年とユダヤ人の少女の許されざる恋だった。原作のモンタギュー、キャピュレット両家の不和を宗教上の対立に置き換えた訳であり、舞台もニューヨークの東部地区《ロウアー・イースト・サイド》。よって題名も『イースト・サイド・ストーリー』とされていた。ローレンツは、何場面かラフな下書きを書いたものの、設定そのものが古臭いように感じられ、三人のスケジュールも詰まっていたために、企画はそれ以上進まなかった。しかし、彼らは諦めなかった。

一九五五年六月七日付けのバーンスタインの日誌には、「ジェリー（ロビンズ）はまだ諦めていない。六年間の延期も彼には何でもない。僕もまだワクワクしている。アーサーもだ」とある。そしてその年の夏、別々の仕事でハリウッドに来ていたバーンスタインとローレンツがビヴァリー・ヒルズ・ホテルのプール・サイドでばったり出くわし、しばし話し込む。話題が『イースト・サイド・ストーリー』に及んだとき、傍のデッキ・チェアの上にあったロサンゼルス・タイムズの記事が目に留まる。ロスのメキシコ人地区でのメキシコ系の不良グループと白人の不良グループの抗争に関する記事だった。有色人種の移民の若者と白人の若者のぶつかり合いは、当時、アメリカ中の大都市で問題化していた。勿論、ニューヨークでも。これだ、とひらめくものがあった。宗教上の対立から人種的偏見に根差した対立への転換。ニューヨークに戻った二人から、このアイディアを聞いたロビンズは興奮した。正しく今日の目の前の問題を背景にして、古典的な愛の物語を奏でることが出来る。一九五〇年代には毎週二千人単位でプエルト・リコ人が米本土、それもほとんどがニューヨークに移住し始め、大きな社会問題となっていた。このプエルト・リコ人の不良グループと雑多な白人の不良グループの対立を中心に据えることに決まり、題名もそれに合わせて『ウェスト・サイド・ストーリー』に変わった。（最終的にこの題名に落ち着くまでには、『ギャングウェイ！』と題されていた時期もある。もしもそのまま上演されていたら、この作品の持つ都会の神話めいたリリシズムは、それだけで半減していたかもしれない。）

当初は、作詞もバーンスタインが手掛けるつもりだった。ところが、構想が具体化するにつれ、劇中のバレエ音楽の作曲編曲等々、作曲家としての仕事が予想をはるかに上回り、おまけに『キャンディード』（56年）の作曲も抱えていたので、一人では無理だとなった。（ついでながら、『ひとつの手、ひとつの心』と『ねえ、クラプキ巡査』の二曲は、『キャンディード』のために書かれた音楽を流用している。）バーンスタインは、『オン・ザ・タウン』（44年）『ワンダフル・タウン』（53年）でも組んだベティー・コムデンとアドルフ・グリーンに頼もうとしたのだが、彼らは映画の仕事につかまっていて駄目。結果的にはそれがむしろ幸いした。一九五五年一一月一四日付けの日誌に、バーンスタインは次のように書いている。「スティーヴン・ソンドハイムという名前の若い作詞家が今日やって来て、僕たちに自作の歌をいくつか歌ってくれた。すごい才能だ！彼は今度のプロジェクトには打ってつけだ、僕たち皆がそう思っている。」

ソンドハイムは、ローレンツの推薦で参加することになった。しかし、自分のことを作詞家ではなく、作詞も兼ねる作曲家だと見なしていたソンドハイムは、実のところそれほど乗り気だった訳ではない。そんな彼を「これだけの才能豊かなプロが集まる作品なんだ、得るものは大きい筈だし、世間の注目度も高い、デヴュー作としては理想的だ」と言って説得したのは、ソンドハイムにとっては父親代わりにして師でもあったオスカー・ハマースタイン二世だった。『ショウ・ボート』（27年）から『南太平洋』（49年）を経て『サウンド・オブ・ミュージック』（59年）に至るまで、ミュージカルを軽い単純な娯楽からもっと深い主題を持つ芸術へと変えようとしたハマースタインが、彼が作り上げたミュージカルの形式の言わば総決算にして、しかも次の時代への大きな一歩でもある『ウェスト・サイド・ストーリー』の成立に一役買っているのには、感慨深いものがある。

こうして創作活動は軌道に乗った。発案者のロビンズを中心に、「そこは音楽はやめよう、台詞で言った方が上手く行く。それは歌にするのはよそう、ダンスにした方が上手く行く」（ロビンズ）といった具合に完璧な共同作業が展開した。創作に没頭すると他者への思いやりなど眼中に入らなくなってしまうロビンズは、必ずしも付き合いやすい相手ではなかったろうが、「何か新しいものを、これまで誰も思い描いたことのないような何かを創り出すために」（バーンスタイン）全員が全力を尽くした。

しかし、肝心のプロデューサーを見つけるのは至難の業だった。一幕の終わりで舞台上に死体が二つ転がり、二幕の終わりには主人公まで死んでしまうミュージカルは、当時の常識では、やはり相当な抵抗感があったのだ。ミュージカルと言えば、それは即ちミュージカル・コメディのことであり、ミュージカル・プレイという言葉でさえほとんど使われていない時代の話である。ミュージカルとは「疲れた会社員のための娯楽」というのが観客は勿論、大多数のプロデューサーの認識だったのだ。

上手く行くわけがないという誹謗中傷や嘲りや同情の中、やっと引き受けてくれたチェリル・クローフォードも結局出資者を集められず、稽古入りを目前にして手を引いてしまう。共同プロデューサーのロジャー・スティーヴンスは残ってくれたものの、企画は暗礁に乗り上げてしまった。ピンチを救ったのはソンドハイムだった。彼は旧知のハロルド・プリンスに電話で窮状を訴えた。プリンスと相棒のロバート・グリフィスは全編のナンバーを聴き、製作の肩代わりを申し出てくれた。

ところが、これでいよいよ稽古開始となったところで、今度はロビンズが、負担が大き過ぎるので振付はハーバート・ロスに任せて、自分は演出に専念したいと言い出した。流石に唖然としたプリンスが「我々がこの作品をやりたいと思った理由のひとつは、君が天才的な振付師でもあるからだ。君が振付をしないなら我々も手を引く」と脅して、ロビンズはしぶしぶ振付も兼ねることになったが、その代わりにロビンズは八週間の稽古期間を要求する。当時はミュージカルといえども四週間の稽古が普通であり、何とその倍である。要求したロビンズもすごい（ひどい？）が、それを呑んだプリンスたちも只者ではない。

稽古場では、ロビンズはアクターズ・スタジオの流儀に倣って、出演者に「役になりきる」ことを要求した。キャロル・ローレンスは、「台詞は、背後に隠された意味をきちんと把握し、俳優自身の生活に根差したものにして、一言一句に至るまで正当化しなければならなかった」と言っている。そのための補助手段として、出演者は稽古場は勿論、私生活でも役名で呼び合うように指示され、ジェット団とシャーク団のメンバーは互いの敵意を助長するために、昼食も別々にとらされた。体育館でダンスを競い合う場面の振付は、ロビンズがジェット団を振り付けている間に、共同振付のピーター・ジェナーロが別の稽古場でシャーク団を振り付け、しかも出演者はお互いに相手側がどんなことをしているのか知らず、この場の音楽でさえ全体を通して聴かせてはもらえないという徹底ぶりだった。エニボディ役の女優（後にアメリカン・ダンス・マシーンを設立するリー・セオドア）などは、誰とも仲良くすることを許されず、食事も独りぼっちでとるよう強制されたという。もっとも、アニータ役のチタ・リヴェラのように公演中にジェット団のメンバーを演じていた俳優と結婚してしまう者もいたくらいなので、稽古場はともかく私生活ではどこまでこの規律が守られていたかは疑問だが、ロビンズの狙いが従来のミュージカル・コメディの演技とは一線を画す、あくまでも本物の感情から湧き出るリアルな演技だったことは間違いない。

ロビンズはまた、稽古場の掲示板に不良グループの抗争に関連した新聞記事の切り抜きを張り出し、皆に読ませていた。殺し合いの犠牲者の写真が貼られ、その上にはロビンズの手書きで「読め。これが君たちの人生だ」とあったそうである。

八週間という異例の稽古期間のおかげで、作品の手直しも順調に進んだ。後にソンドハイムが、トライアウト中にこれほど直しの少ない作品は『スウィーニー・トッド』（79年）までなかったと言っているくらいである。しかし、ついに解決出来なかった問題もある。

作者たちは、最後の場面で、原作のジュリエットと同じようにマリアも死なせるつもりでいた。ロビンズは、原作通りマリアに睡眠薬を飲ませたいと思っていたらしいし、ブライダル・ショップで「トニーのいない世界でなんか生きていたくない」と情熱的に歌い、裁縫鋏で腹を刺して後を追うなんて案まであったらしい。が、どうも上手く行かない。（そりゃそうだろう。）それが現行の形に収まったのは、意見を求められたリチャード・ロジャーズの「彼女はもう死んでいるよ、あんなことがあった後では」という一言だった。かくしてマリアは生き延び、ある意味では死ぬより辛い運命に面と向かうことになる。社会状況が生み出す悲劇としては、この方が正解だった。

ところが、生き残ったマリアが大詰めで、トニーの死体を前に、居並ぶジェット団とシャーク団や大人たちに拳銃を突きつけて浴びせる怒りと絶望と悲しみの台詞をどうしても歌にすることが出来ない。『ウェスト・サイド・ストーリー』の場合、先ず台詞だけで書かれたアーサー・ローレンツの台本を検討し、歌やダンスにするのにふさわしい箇所を見つけて変えて行くという方法を採っていた。このラスト・シーンのためにも、最初にローレンツがマリアの思いを台詞にした。あくまでも歌にするための仮の歌詞かスケッチのつもりで。これを基に、バーンスタインはハードボイルド調のものからプッチーニのアリアまがいのものまで、何曲も書いてみたが、ひとつとしてしっくり来ない。結局、歌にすることは諦め、ローレンツの書いた台詞をそのまま使うことになったのだ。バーンスタインは、クライマックスを歌に出来なかったことを後々まで遺憾に思っていたし、それに共感する研究者も多い。けれど僕などは、観客に感じるだけでなく考えることをも促すこの場面は、音楽にするより現状のように台詞だけで表現した方が効果的ではないかと思ってしまう。ここが歌になっていたら、ミュージカル『ウェスト・サイド・ストーリー』は、もっとメロドラマかオペラに傾斜してしまったのではなかろうか。

何故歌に出来なかったのか、その原因を考えてみることはミュージカルに於ける歌がどういう風に作られ、どんな役割を果たしているのか考えることにつながる。スコット・ミラーは、『暗殺者たちからウェスト・サイド・ストーリーまで』で、リチャード・ロジャーズがいみじくも言ったようにマリアの内面がすでに死んでいることを問題にし、「彼女が歌えないのは、トニーこそ彼女の音楽だったからだ。彼女はトニーと出会うまでは歌っていない。そして今や彼は死んでしまったのだ」と指摘している。卓見だとは思うが、それだけでは、例えばベルナルドを殺されたアニータがその怒りと悲しみを『あんな男は』で表現していることが逆に説明出来なくなってしまう。

ロジャーズ＆ハマースタイン型のブック・ミュージカルでは、台詞から歌への移行は感情の高まりによるというのが一応建て前になっている。歌は、喜怒哀楽いずれにせよ、強い感情の発露である場合が多い。（とは言え、歌はあくまでも観客に聴かせるものでもある訳で、その感情の表現はむしろ叙事的な形を取る。）特に激しい怒りや悲しみを表現した歌は、観客に感情移入を強い、その場の状況に観客を巻き込む。マリアの最後の台詞を歌にしていたら、やはりそうなっていた筈だ。ところがこの場面では、先に述べたように、観客はマリアに感情移入して痛ましさを感じるだけでなく、何故こんなことになってしまったのかその原因を考えるよう促されもする。少なくとも、この台詞を書いたときのローレンツには、そういう意識があったことは先ず間違いないと思う。バーンスタインの邪魔をしたのは、その「意識」だったのではなかろうか。音楽は聴く者の感情に強く訴えかける分、時に思考を麻痺させる。マリアが最後に歌えなかった理由は、おそらくそこにある。

歌えないと言えば、『ウェスト・サイド・ストーリー』で歌い踊るのは若者ばかりで、大人の役は誰一人として歌いもしなければ踊りもしない。彼ら大人たちは、シュランクのように端から偏見に凝り固まった、職務をこなすだけの腐敗した人間か、さもなければグラッドハンドのような事なかれ主義者、ドクのように若者たちの身の上を心配してくれる人間でも、出来合いの良識でものを言うしかない。彼らが口にするのは、ほとんど理屈ばかり。彼らは、歌い踊るべき熱い想いをすでに失っているのだ。歌う若者たちと歌わない大人たち。世代間のギャップという内容を作品の形式に反映させた、優れた工夫だと思う。

スコット・ミラーは、前掲書の中で「人間の集団の間に違いがある限り、持てる者と持たざる者がいる限り、敵意と憎悪はつきまとう。認めるのがどれほど辛かろうと、『ウェスト・サイド・ストーリー』はいつまでも時代遅れにはならないだろう」と書いている。その通りだろう。しかも、『ウェスト・サイド・ストーリー』の場合、持たざる者シャーク団から見たら持てる者であるジェット団も、白人社会の中では持たざる者に過ぎない。ジェット団を作ったトニーは、最下層のポーランド移民の子供である。差別される者同士の反目。アメリカ社会の「誰もが誰かを差別して自分のステイタスを確認したがる」（立花隆）悪しき構図が浮き彫りにされる。

「ジェット団もシャーク団も、自分たちは無力で役立たずだと感じている。自分で自分の人生を左右出来ないし、親と同じ惨めな人生を生きるように定められているのだと。金もコネもない彼らが力を手に入れるための方法はただ一つ、暴力しかない」（ミラー）。そんな彼らの鬱屈した想いを表現するには、言葉より身体表現の方が向いている。言葉で表現するのが不得手な不良たちは、ダンスや喧嘩を通して、「溜まった気持ち」を発散するのだ。従来のミュージカルでは歌が果たしてきた機能を、ここでは歌だけでなくダンスもまた果たしている。彼らのダンスは、彼らのキャラクターと不可分な関係を持ち、物語の重要な局面のいくつかはダンスによって表現される。この点でも『ウェスト・ストーリー』は画期的だった。

ミュージカル・コメディに於けるダンスは、初めにも述べたように、一九四三年の『オクラホマ！』までは物語の進行と有機的にからまってはいなかった。物語の展開から遊離してはいないまでも、あくまでも観客の目を楽しませるためだけの気晴らし、絢爛豪華なお楽しみといった態のものであり、物語にとって無くてはならない存在ではなかった。言い換えれば、ダンス・ナンバーを省いても、物語の進行には何の差しさわりもなかったのである。（誤解のないように付け加えておくが、差しさわりがないのは物語の進行にとってのみであり、ダンスを省けばどんな作品の魅力も著しく減少する。）

勿論、例外はある。一九三六年に初演された『オン・ユア・トウズ』の大詰めで踊られる『十番街の殺人』がそれだ。ジョージ・バランシン振付によるこのジャズ・バレエは、一種の劇中劇である。題名が示す通り、このバレエでは最後に主役が撃ち殺されて終わる。ところが、その主役を踊るダンサーを本物の殺し屋が狙っており、幕切れの設定を使って本当に撃ち殺そうとする。途中でそれに気づいたダンサーは、殺されないためにいつまでも踊り続けねばならなくなる。踊るという行為が物語の展開と抜き差しならない関係を築いている点で、このダンス場面はそれまでのミュージカルのダンスとは一線を劃すものとなった。とは言え、所詮劇中劇であり、バレエの内容そのものは『オン・ユア・トウズ』の物語とは直接の関係はない。

それに対して『オクラホマ！』の『ドリーム・バレエ』の内容は、ヒロインの潜在意識を描いたものであり、この夢の結末が目覚めてからの彼女の行動に決定的な影響を及ぼすことになる。このダンスは、物語の流れを先に進めるために重要な位置を占めているのであり、作品全体の中で必要不可欠な部分なのだ。しかし、『オクラホマ！』のその他のダンス場面について言えば、物語の状況の説明になっていたり、そこから無理なく派生しているものがほとんどとは言え、この夢のバレエほど展開に食い込んだナンバーはない。全てのダンス・ナンバーが物語の流れと不可分の関係を持つのみならず、それを踊る人物の個性そのものとなり、さらにはダンスが物語自体を語るまでになるには『ウェスト・サイド・ストーリー』の登場まで待たねばならない。

例えば、冒頭のプロローグ。この街が自分たちのものであることを謳歌するジェット団、そこに外からやって来るシャーク団。偏見が反目を生み、やがて暴力的な縄張り争いへとエスカレートして行く。過去数ヶ月にわたるこれだけの出来事（作品全体の前提状況）を、時間にして四分強のダンスとムーヴメントだけで描き出してしまうのだ。このプロローグによって、作品が描く世界が、その背景と状況が、開幕と同時に観客に鮮明に印象づけられる。見事なのは、こういうダンス・ナンバーがいかにも踊り然として始まらず、リアルな裏づけを有していることだ。

序曲もなく幕が上がると、ジェット団の面々が指を鳴らし出す。このごく自然なしぐさから始まった動きは、次第にテクニックを駆使したダンスへと変化して行き、観客はいつの間にかダンスで表現される世界へと引き込まれてしまう。「どこで動き《アクション》が終わり、どこからダンスが始まったのか正確には判別出来ない」（デニー・マーティン・フリン）。これは、リチャード・ロジャーズとオスカー・ハマースタイン二世が台詞から歌への滑らかで自然な、それでいて鮮やかな移行を達成した技巧と本質的には同じ工夫だと言っても良いだろう。つまりロビンズは、その場面の状況をダンスのテクニックを使って（あるいはダンスのテクニックに当てはめて）構成するという手段を採らず、その人物にふさわしいリアルな動作を基本にした上で、そこに様式性を加味してダンスへと発展させるという方法を選んだのだ。その結果、これまで一度も試みられたことのないものが、「バレエでもなければ従来のミュージカル・コメディのダンスでもない、振り付けられた動きとでも呼ぶべきもの」（スコット・ミラー）が生まれたのである。ただ、一つ注意しておきたいのは、これらの動きは台本のト書きでは「半ばダンス、半ばマイム」と記されていることだ。言い換えれば、それは台詞を動きに置き換えているということである。彼らの思いを描くには、確かに言葉よりダンスの方がふさわしい。しかし、このプロローグだけ抜き出してみれば、喜志哲雄氏がつとに指摘している通り、ミュージカルのバレエへの先祖がえりという側面は否定出来ない。

そういう印象を払拭しているのは、『ウェスト・サイド・ストーリー』のダンス場面の多彩さである。一幕四場の体育館でのダンス・パーティ。プロローグとは異なり、ここではジェット団とシャーク団はダンスをダンスとして踊っているが、それは両者の鬱積したエネルギーのはけ口であることによって彼らのキャラクターの表出であり、かつダンスによる競い合いであることによってお互いの敵意と対抗心の表現でもある。もっと言えば、ジェット団とシャーク団に共通した大人に対する反抗、敵愾心の発露にもなっている。ジルバからプロムナードへ、そしてマンボへと変化して行く音楽と相俟って、ここでのダンスは圧倒的なドラマを描き出す。

だが、ダンスによる表現もさることながら、『ウェスト・サイド・ストーリー』の最大の魅力は言葉と音楽とダンス（動き）、さらには装置や照明、衣裳といった舞台デザインが渾然一体となって一つの表現へと高められていることである。マーク・ステインが『ブロードウェイ・ベイビーはおやすみなさいと告げる〜ミュージカル今昔〜』で言っているように、「ロビンズの最高の仕事に於いては、（どこが台詞でどこが歌でどこがダンスかといった）区別は無意味だ。台本と歌とステージングは一つに溶け合って全体を形作っている。」ダンス・パーティのマンボの直後のトニーとマリアの出会いの場面はその好例だ。

ジェット団とシャーク団が「ゴー、マンボ！」と叫びながらダンスを競い合う喧騒の中で、舞台の両端にいたトニーとマリアが互いに相手に目を留めると、音楽はそれまでの激しさから一転、繊細なチャチャに変化し、周囲の若者たちも三組のカップルを残して消え失せる。照明も暗くなり、トニーとマリアが浮かび上がる。チャチャの旋律は、この後にトニーが歌う『マリア』と同じもの。「トニーはたった今彼女を見かけたばかりだが、すでに彼女の名前が彼に歌いかけている」（ミラー）のである。四組のカップルは、じっと見つめ合ったまま指を鳴らし、ステップを踏む。やがて動きは止まり、音楽も旋律はそのままでリズムが変わるとトニーとマリアは口を開く。二人の会話は、謎めいたと言っても良いほどそれまでの台詞とは違った響きを持つ。束の間、時間が止まったかのようだ。この場に関わるあらゆる表現媒体がこぞって二人がどれほど周囲から孤絶しているかを描き出す。それでいながら、背後の三組のカップルの存在が二人の愛の陶酔を普遍化しつつ、周囲から完全に逃れることは出来ないことをも暗示してみせる。二人の想いはついに言葉を越え、トニーとマリアはゆっくりと顔を近づけて行き口づけを交わす。それに合わせるようにして、プロムナードの音楽が徐々に戻って来、他の人々も再び舞台に戻る。止まっていた時間が再び動き出す。照明もまた明るい元の明かりに戻り、二人がキスしているのに気づいたベルナルドが二人を引き離す。

この後もトニーのソロの『マリア』から『トゥナイト』が歌われる『バルコニー・シーン』まで、舞台上の出来事は音楽を伴いつつ一瞬も途切れることなく展開して行く。ソンドハイムは、「観客の詩的想像力に訴える、流れるように進む作品」と言い、映画の影響を受けていたとも発言している。この流動感を実現出来たのは、オリヴァー・スミスの装置によるところが大きい。舞台上の切り込みを伝って次々と現れる装置のおかげで、煩わしい暗転処理や幕前芝居を排除し、これぞミュージカルと言うべきスピード感を生み出した。今日では当たり前の技術だが、初演時にはこれまた画期的なことだった。バーンスタインの音楽を視覚的に表現する上でも、装置（そしてジーン・ローゼンタールの照明）が果たした功績はいくら評価してもし足りないほどである。

ロンドン初演（一九五八年）の劇評で、ケネス・タイナンが「プッチーニとストラヴィンスキーがジェットコースターに乗ってモダン・ジャズの領域に踏み込んでしまったかの如き」と形容した『ウェスト・サイド・ストーリー』の音楽は、オペラ調のものからモダン・ジャズ、ラテン、ロックンロール、ヴォードヴィルまで多種多様なジャンルの音楽を駆使しつつ、驚くべき統一性を保っている。

バーンスタインは、三全音やヘミオラ、変則的なリズム型を多用し、作品全体に渡って不安定で緊張したムードと落ち着きのなさをかもし出している。音楽に詳しくない観客にもすぐに分かるのは、ワーグナーの影響の下にライトモチーフ（人物や状況や抽象的概念を表す短い動機）の手法を広く活用して効果を上げている点だろう。『ショウ・ボート』以後、ライトモチーフをこれだけ駆使したミュージカルはなかった。

先にも書いたが、トニーとマリアの出会いの場面で流れるチャチャは『マリア』の旋律だが、それより前の『何かがやって来る』にも『マリア』の旋律は忍び込んでいる。二人が出会う以前に、マリアはトニーを呼び求め、トニーはその声を聞いている。或いはマリアとの出会いが、トニーの期待と憧れを表す旋律に「マリア」という名前を与えると言っても良い。いずれにせよ『ウェスト・サイド・ストーリー』は社会状況が生む悲劇であると同時に、『ロミオとジュリエット』に負けない運命悲劇でもあるのだ。

『どこかに』の動機も、このナンバーが歌われる以前からそこかしこに顔を出している。『バルコニー・シーン』の終わりにオーケストラが奏でるのは『どこかに』の旋律であり、トニーとマリアの天にも駆け上りそうな愛は、まさにこの地上には居場所のないものなのだと暗に告げているかのようだ。また、この旋律は作品の締めくくりとして最後にも流れ、ここではない「どこか」を希求して終わる。言わば、結末を未来へと開かれた形にしているのである。他にも、『クール』のダンスに入るフーガの箇所で、『どこかに』の第一動機が使われ、その数小節後では第三動機をやや変形して使っている。ジョフリー・ブロックは、『魅惑の宵～ショウ・ボートからソンドハイムまでのブロードウェイ・ミュージカル～』で、このオーケストラの働きを死の前兆だと解釈している。第一動機は、『あたしには愛がある』でもリズムを変えて現れる。二人の愛は所詮ここではない「どこか」でしか成就されないのだ。

ライトモチーフの繊細にして巧妙な手法は、バーンスタインがソングライターではなく作曲家だったことを証している一方、音楽劇という座標の中で『ウェスト・サイド・ストーリー』がミュージカルからオペラへと一歩近づいている証しでもある。僕は『ウェスト・サイド・ストーリー』こそロジャーズ

&ハマースタイン型のブック・ミュージカルの頂点だと思っているが、だからこそ、『プロローグ』のバレエ化現象といい、そこには早くもブック・ミュージカルの崩壊（が言い過ぎなら変質）の兆しが見えている。『ウェスト・サイド・ストーリー』以後、台本、作詞、作曲を手掛ける作者が主体となっての作品作りは影を潜め、代わって演出家兼振付師が創造の中心となって行く。世界的な規模での演出家の時代の到来と呼応した動きが、ブロードウェイ・ミュージカルの世界でも始まるのである。その動きはミュージカルの変容にいっそうの拍車をかけることになる訳だが、それについてはまた別の機会に譲るとしよう。ただ一つだけ言っておきたいのは、これまで誰も思い描いたことのないような何かを創り出したいというバーンスタインたちの目的は確実にかなえられたということだ。だからこそ、五七－五八年度のトニー賞は、ロビンズの振付賞以外ほとんどの賞を、『ウェスト・サイド・ストーリー』と比べてはるかにオーソドックスな『ザ・ミュージックマン』に持って行かれてしまったのだろう。

二幕四場で、アニータがジェット団の面々に嘲弄され、ほとんどレイプされてしまう場面（「嘲りの場面」）での音楽の使い方には、いつ観ても感心させられてしまう。ここでは初めの台詞のやり取りの間はオーケストラによる生演奏は使われていない。聞こえて来るのは、ドラッグ・ストアに置かれたジュークボックスから流れる録音だ。曲は体育館でのダンスで演奏されていたマンボ。あのとき緊張感をはらみながらも生命力に満ち溢れて聞こえた同じ音楽が、今や眼前の荒涼とした不毛な行為にふさわしく何と寒々と聞こえることか。この曲を生き生きと踊っていたリフとベルナルドの死とともに、音楽もまた死んでしまったかのようだ。生演奏と録音の違いが、起きてしまったことの取り返しのつかなさを痛切に、無情に突きつけて来る見事な工夫である。さらに半ば様式化（ダンス化）されたレイプの始まりと共に音楽はオーケストラの演奏へと乗り替わるが、聞こえて来るのは他ならぬアニータが第一幕でアメリカでの暮らしを讃えて歌った『アメリカ』の旋律である。アメリカの夢が所詮は夢でしか、幻想でしかない現実を無残に突きつけて来る、ミュージカルならではの工夫である。

『ウェスト・サイド・ストーリー』の名を一躍世界中に広めたのは、一九六一年製作の映画版である。公開時、大評判を呼び、作品賞を含めアカデミー賞を一〇部門で獲得した作品だが、今観ると、僕などは何かちぐはぐな感じがしてしまう。ニューヨークの実際のウェスト・サイドでロケしたプロローグで、当然のことながらあまりにリアルな表通りで踊るジェット団にはどうも違和感を覚えてしまうのだ。そのことがかえって『ウェスト・サイド・ストーリー』の魅力の核心は、リアリズムと様式性の類まれな融合にあることを教えてくれる。そして、それこそがミュージカルという舞台芸術の本質だということも。

本書に収められた拙訳は、青山劇場での公演（二〇〇四年七、八月。ジョーイ・マクニーリー演出・振付。東山紀之、錦織一清、植草克秀、島田歌穂、高寿たつき他出演）のために訳した上演台本に、さらに手を入れたものである。上演に際しては、演出家とともに台詞も歌詞も一行一行原文と照らし合わせて改稿を重ねた。とりわけ歌詞については、ロビンズのオリジナルの振付を踏襲する必要から、出演者が振付された動きが無理なく出来るよう、稽古を見ながら改訳した個所もかなりある。

翻訳の底本にはWEST SIDE STORY　A MUSICAL（1958, Random House）を使用した。但し、『ジェット・ソング』でリフの「みんなバシッと決めて来いよ」という台詞の後でジェット団の歌う四行ほどの歌詞は、出版されている台本にはない。上演でもカットされるのが普通だ。が、市販されているヴォーカル・スコアにはこの部分の譜面も収められているので、本書ではあえて訳出しておいた。

この解説を書くにあたっては、主に以下の文献（順不同）を参照した。

W. W. バートン編、山田治生訳『バーンスタインの思い出』1997, 音楽之友社
日本ペンクラブ編、常盤新平選『ニューヨーク読本Ⅰニューヨークを知る』1986, 福武書店
Keith Grebian ; THE MAKING OF WEST SIDE STORY, 1995, ECW Press
Scott Miller ; FROM ASSASSINS TO WEST SIDE STORY, 1996, Heinemann
Mary E. Williams ed. ; READING ON WEST SIDE STORY, 2001, Greenhaven Press, Inc.
Denny Martin Flinn ; MUSICAL! A GROUND TOUR, 1997, Schirmer Books
Robert Emmet Long ; BROADWAY, THE GOLDEN YEARS : Jerom Robins and the Great Choreographer-Directors 1940 to the Present, 2002, Continuum
Geoffrey Block ; ENCHANTED EVENINGS : The Broadway Musical from Show Boatto Sondheim, 1997, Oxford University Press
Otis L. Guernsey ; BROADWAY SONG & STORY : Playwrights/Lyricists/Composers Discuss Their Hits, 1985, Dodd,Mead & Company
Mark Steyn ; BROADWAY BABIES SAY GOODNIGHT : Musicals Then & Now, 1999, Routledge
Deborah Jowitt ; JEROME ROBBINS : His Life, His Theatre, His Dance, 2004, Simon & Schuster
Ethan Morden ; COMING UP ROSES : The Broadway Musicals in the 1950s, 1998, Oxford

University Press
Stanley Green ; THE WORLD OF MUSICAL COMEDY : revised and enlarged fourth edition, 1980, A. S. Barnes & Company, Inc.
Mark N. Grant ; THE RISE AND FALL OF THE BROADWAY MUSICAL, 2004, Nort-heastern University Press

カモミール社刊『ウェスト・サイド・ストーリー』（二〇〇六年）

『恋のたわむれ～ゲーム・オブ・ラヴ～』解説

「ここには何らの社会的なメッセージも、〝大いなる目的〟もありません。ただお楽しみがあるばかり――一杯の美味なるワインのような。」一九九〇年に『恋のたわむれ』を翻訳上演した折に、作者のトム・ジョーンズが演出の僕宛にくれた手紙の一節である。

やがてうたかたと消える束の間の繁栄をワインとワルツに酔い痴れて享受していた世紀転換期の「黄昏のウィーン」を舞台に、そこで繰り広げられる男と女の恋のかけひき、嘘と真が交錯する言わば仮面舞踏会のような恋のゆくえをオッフェンバックの音楽に乗せて描いたミュージカルである。原題は『ザ・ゲーム・オブ・ラヴ』。直訳すれば恋愛遊戯。少しくだいて意訳すれば恋のたわむれ。「若きウィーン派」の雄アルトゥア・シュニッツラー（一八六二～一九三一）の代表作『恋愛三昧』を思わせる題名だが、原作はその同じシュニッツラーの『アナトール』。一八八八年から九一年にかけて書き進められ、翌九二年に上梓された全七篇からなる一幕劇の連作である。ジョーンズはそこから四篇を選び、さらに原作者の死後、遺稿として発表された『アナトールの誇大妄想』と題する一篇を最終景の原作に加えて、全部で五場（『エピソード』『別れの晩餐』『クリスマスの贈り物』『結婚式の朝』『アナトールの襟飾り』）から成る音楽劇に脚色した。原作と比べると、確かにいっそう喜劇味と甘さが増し、感傷的な側面が強調されて娯楽色が強まっているのはミュージカルとして妥当な処理だが、作者の言とは裏腹に、原作の陰影の深い持ち味も決しておろそかにされていない見事な脚色である。

シュニッツラーは、代表作である『輪舞』の印象（それも極めて一面的な）が強いせいであろう、日本では（いや欧米でも）愛と死（エロスとタナトス）を官能的に描く作家といった通俗的なイメージが先行しているようである。セックスを介して、職業も階級も違う十人の男女が次々と関係して行き、最終景でぐるりと一巡りする構成を持った『輪舞』は、一八九七年に脱稿されたものの公的に出版されたのは世紀を越えた一九〇三年。しかもベルリンでは翌年に発禁処分となり、完全な上演にいたっては一九二〇年のベルリン小劇場の公演まで待たねばならなかった。その初演も当局による上演禁止処置を無視して強行されたものだった。翌年には禁止令が解除され、ウィーンでも上演されたが激しい非難や攻撃にさらされ、以後、作品が誤解されることを危惧した作者自らの手によって半世紀以上もの間、舞台化が封印されてしまう。巷に児童ポルノまで氾濫する現代から見たら、まさに隔世の感がある。

現象面のみ捉えてほとんどポルノ扱いされ、スキャンダルにまみれた『輪舞』だが、作品の眼目は性行為に到るまでの、そしてことが済んだ後の男女のやり取りを通して、そこにあぶりだされて来る人間心理を冷徹な視線で抉り出すことにあったと思われる。十九世紀から二十世紀への世紀転換期のウィーンの風俗にどっぷりと浸かりながら、そこには普遍的な人間の心理と行動が空恐ろしくなるほどくっきりと描き出されている。シュニツラーは生涯に渡って、世紀転換期のウィーンにこだわり続け、その社会と人間の実像を典型的な姿に凝縮して描き出した。その姿は百年後のもうひとつの世紀転換期に生きる僕たち自身の姿と瓜二つである。特殊に徹することによってかえって普遍に達するという芸術の逆説、表現の真理がここにも伺える。

では、その姿とは如何なるものか。岩淵達治氏は『輪舞』を評して、「性愛を扱ったこの作品に純粋な愛情が一切描かれていないことは事実であるが、それをあるかのように存在させるために用いられる自己欺瞞と他人に対する欺瞞は余すところなく書きつくされている」と言っている。このことは、『アナトール』についても、ミュージカル『恋のたわむれ』についてもほぼそのまま当てはまる。

シュニツラーは、ウィーンが大きく変貌して行く時代に思春期を送っている。一八五七年、皇帝フランツ・ヨーゼフはウィーン市の拡張を布告した。市を取り囲んでいた中世以来の城壁が取り壊され、跡には広壮な環状道路（リングシュトラーセ）が作られる。その大通りに沿って、市庁舎、大学、王立劇場、歌劇場、国会議事堂等々の壮麗な公共施設がゴシックから新古典主義まで、ヨーロッパの歴史上の様々な建築様式で次々と建てられて行った。一八七〇年代、ハプスブルク帝国の首都たる威容を内外に示すが如き環状道路は完成し、ウィーンは高度経済成長に沸き返る。土建屋が我が物顔に闊歩し、にわか成金が続々と誕生する。のちに「泡沫会社時代」と呼ばれた、どこかの国のいつかの時代を彷彿とさせるバブリーな時代である。だが、その華やかさの裏では、急激な人口増加のあおりで失業者があふれ、リングシュトラーセの外側の下層階級の居住区は貧民窟と呼ぶのがふさわしいような有様でもあった。

ラインハルト・ウルバッハは、その著『アルトゥア・シュニツラー』で、「それは対外的には平穏に見えても、内部では緊張が高まり、かろうじて均衡を保っているといった時代だった」と言い、リングシュトラーセはそういう社会の生活様式の象徴だと言っている。つまり、リングシュトラーセとは、「まやかしと虚偽と偽善をおおい隠した豪華に飾り立てられたけばけばしい豊饒さ」であり、「コンクリートで塗り固めた嘘」である。「それは帝国がすでに失くしてしまった威信を見せかけ、過去の様々な建築様式の仮面を被ることで、石から創り出された幻影をあたかも現実の如く差し出していたのであり、人々もそれを喜んで受け入れていた」のである。多くの識者が指摘するように、現実のドナウ川は濁った茶色の川であっても、ウィーンの人々はそれを青く美しいと謳ったワルツに乗って踊り興じていたのである。

ウルバッハは、そんな世紀末ウィーンの人々の生活様式もまた仮面を被ることだったと見る。つまり「役を演じること」、演戯が彼らの生き方だった。そこでは恋愛もまたゲームでしかない。「愛情は欲望に、貞節は戯れに、結婚は火遊びに取って代わられ」、「中身のある会話は空ろなお喋りに、一途な思いは倦怠に、自然さは決まりきった型に、理想は社交に変わる」のである。

アナトールは愛の陶酔を、その無上の喜びを語るが、その喜びも陶酔も決して長続きはしない。バラの花は瞬く間にしおれて塵と化し、至高の愛はたちまち一篇の「エピソード」と成り果てる。そもそも愛に陶酔している瞬間でさえ、アナトールの意識は本当に酔い痴れている訳ではない。恋人を傍らにピアノを弾いたアナトールは、彼女が足もとにいたために「ペダルが踏めなかった」ことを、「右手には彼女の唇が押しつけられて」いたので「左手一本で弾か」ねばならず、「苦労した」ことを覚えているのだ。

至上の愛は、彼の幻想の中にしか存在しない。錯覚の中にしか存在しない。「永遠の愛」はしょせん束の間の幻影でしかなく、永遠とは永続性のことではなく、その場限りの、その瞬間の永遠性のことでしかない。だからこそ、アナトールの心が満たされることは決してないのである。虚しさを抱えたまま、その空ろな心を満たそうと、一瞬の喜びをもたらしてくれる「恋に恋して」、彼は次々と相手を変えながら「始めもなければ終わりもない」ワルツをいつまでも「ただクルクルと回るだけ」だ。確かに彼は「哀れなアナトール」なのである。

『クリスマスの贈り物』（原作では『クリスマスの買い物』）では、アナトールは小さな部屋で彼の帰りを待っている純情可憐な下町娘の話をするが、この場の最後に到ってそんな娘は実はどこにも存在しないことが分かり、アナトールの心の虚しさが強調されている。（もっとも、原作ではこの娘は実在しているとも取れるので、これはミュージカル化に際してよりセンチメンタルでメロドラマ的な幕切れに脚色された結果ではある。勿論、原作においても、その娘が本当にアナトールの言う通りの娘かどうかはかなり疑わしい。彼の錯覚と自己欺瞞により大幅に潤色された女かもしれないのだ。ちなみにこの場面で話題になる「大きな世界」とは上流社会を、「小さな世界」とは下層社会を指す。）

永遠の愛が虚構であることを彼は心のどこかではははっきりと自覚していながら、しかしそれを絶対に認めようとはしない。『別れの晩餐』の踊り子アニーとの一件で示される通り、彼の誓う「永遠の愛」がその刹那の陶酔感でしかなく、真に未来永劫を意味している訳ではないことを、彼にとって愛はゲームとしてでしか存在しないことを決して認めない。彼は見事なほどの自己欺瞞におちいっている。それは、俳優が舞台上での自分の行動が演技でしかないことを自覚していながら、その一瞬一瞬の行動の真実性を信じているのと良く似ている。自分の行動が演技でしかないことをはっきりと意識してしまったとたん、彼の演技は演技としても破綻してしまうが故に、俳優がその瞬間に演じていることの虚構性を認めないように、アナトールもまた自分の行為が演戯でしかないことを認めようとはしないのである。池内紀氏が言うように、アナトールは結局「欲望と享楽の間で、投げては返される恋のボールを手にとって、そのボール遊びを遊んでいるにすぎない。この恋愛劇に恋愛はなく、「恋愛三昧」があるばかりだ。春のさなかに秋がこっそり忍び入っている」のだ。

だが、恋愛とは畢竟ひとときのアヴァンチュール、ゲームでしかないと割り切り、それを当然のことと見做す女たちによって、アナトールの自己欺瞞は時に手ひどいしっぺ返しを蒙りもする。彼自身は因縁の品々を頼りに過去の恋人たちを思い出しているくせに、相手は自分のことを無条件に覚えている筈だと決めてかかれば、彼もまた彼女にとってはその他大勢の男の一人に過ぎないことを思い知らされたり、当のアナトール本人が決めたゲームの規則を遵守しようとする相手によって、彼の幻想は自尊心ともども粉々に打ち砕かれてしまうという何とも皮肉な結末を見ることにもなる。

『恋のたわむれ』の最終景で、彼は恋をあえて成就させないことによって、永遠の愛の存在を逆説的に証明しようとする。こうなると、最早あっぱれ虚仮《こけ》の一念、自己欺瞞もここに極まれりであろう。

「ある決定的な状況において、演技者《プレイヤー》はそれまで拒否してきた真実に直面する」とウルバッハは言う。プレイヤーがゲームの規則を逸脱し、仮面が外れかかる瞬間である。

先に挙げたしっぺ返しもその例だが、他にも、クリスマスの夕暮れ、久しぶりに再会した人妻とアナトールとの間に交わされる会話は、皮肉と当てこすりに満ちた言葉による鍔迫り合いであり、ここでは言葉は思いを伝えるためではなく、本心を隠すために使われている。まさしく言葉によるゲームが繰り広げられるのだが、その言葉の端々に、時にかすかに本音が垣間見える。そしてついに本音そのものがこぼれ出たとたん、規則違反のゲームは打ち切られてしまう。

或いは『結婚式の朝』（原作では『アナトールの結婚式の朝』）のヒロインである女優のイローナは、登場した瞬間からまるでアナトールの家の女主人のように振る舞い、男たちに有無を言わさぬ態度で臨む。今度こそアナトールをしっかりつかんで離したくない彼女は、出かけようとする彼を引き止めるために、ことさら女主人を演じてみせているかのようだ。だが、マックスが去り、アナトールと二人きりになった彼女の口からは「行かないで」と本音がもれる。

『クリスマスの贈り物』と同様、ヒロインの仮面が外れるこの部分が情趣豊かな歌として表現される。『クリスマスの贈り物』では、『ホフマン物語』の『舟歌』の旋律を使っているが、歌い終わったときには劇中の状況は一変している。音楽の力を駆使した、ミュージカルならではの鮮やかな効果が最大限に発揮された見事な展開である。『結婚式の朝』でも、音楽（ナンシー・フォードのオリジナル曲）の力によって、歌の間に状況は大きく変わるのだが、歌が終わると同時にアナトールは我に返り、状況は一瞬で元に戻ってしまう。こちらはその急激な逆転が笑いを誘う仕掛けになっている。この後、騙されていたことを知ったイローナの怒りが爆発するが、この怒りの方がむしろ芝居がかっているのが面白い。女優という設定が活きているのだ。一種の劇中劇として歌われる『愛に敵うものなし』（元歌は『ペリコール』の『スペイン男とインディオ娘』）が、最後にもう一度、今度は現実の復讐心の発露として歌われると、彼女の演技と本心を区別するのはかなり難しくなってくる。現実と虚構の境界線が曖昧になってくるのである。

『別れの晩餐』と『結婚式の朝』では、この女優（芸人）という設定がミュージカルへの変換に上手に利用されている点も見逃せない。歌や踊りを劇中に挿入する方法として、登場人物を芸人にして、その舞台姿を見せるのは、ミュージカルではごく初歩的な手法であり、何故歌うのか踊るのかの理由付けとしてもいささか安易な手法だ。しかし、『結婚式の朝』の『愛に敵うものなし』では、何も知らない女が得意になって歌う歌の虚構の内容（裏切られた女の復讐劇）がアナトールたちを震え上がらせるという捻りを効かせて、喜劇的効果を上げ、アナトールが置かれている現実の苦境をくっきりと浮かび上がらせることに成功している。また、イローナの立場からすれば、このナンバーは一種のドラマティック・アイロニーにもなっている。

『別れの晩餐』冒頭のアニーのショー場面は、踊りの少ない『恋のたわむれ』のハイライトになっているし、「オッフェンバックいくらかましよ」といった楽屋落ちの歌詞も楽しい。トム・ジョーンズの脚色は、各篇ともミュージカル・ナンバーを挿入するために台詞のやり取りを刈り込み、短縮してはいるが、要となる台詞は出来る限りそのまま残されており、原作に極めて忠実だが、このショー場面のような原作にはない場面を創作することによってミュージカルとしての華やかさを盛り込むことも怠りないのである。

ショー場面に続く『火遊びはおしまい』（元歌は『中央市場の奥さんたち』の『ラフラフラのクプレ』）も原作にはない場面だが、このナンバーはこの景が何についての物語であるかを最初に明確にし、かつ舞台上の本物の楽士を登場人物として劇中に引っ張り込むことで、演劇ならではの面白さも倍増される仕組みになっている。この楽士の存在は、豪華な食事との別れを惜しむアニーと、アニーとの別れを惜しむ給仕たちとのナンバー『オイスター・ワルツ』（元歌は『地獄のオルフェ』の『協奏曲の二重唱』）の狂騒的な馬鹿馬鹿しさに満ちた可笑しさをいっそう際立たせてもいる。（楽士がヴァイオリン奏者であるのは、元歌の設定の巧みな流用である。）このナンバーは、この景の幕切れに「寄席用の小さな巻上げ式の背景幕の前」でもう一度歌われる。装置を転換するための工夫ではあるが、それと同時に、ここでも現実と虚構の境目が意図的に曖昧にされているのである。

これらの景は、台詞劇をミュージカル化する際のお手本と言っても過言ではないだろう。

シュニッツラーの自伝を読むと、アナトールには多分に若き日のシュニッツラー本人の姿が投影されているらしいことが分かる。後年、フロイトをして「ついに妬みを覚えるにいたりました」と言わしめた、医師としての冷静な観察眼と詩人としての鋭い感受性を兼ね備えていたシュニッツラーは、世紀転換期のウィーンの社会と、そこに生きる人々に向けた情け容赦のない視線を誰よりも己れ自身に向けていたのである。

アナトールのプロンプターを自認し、ときに辛辣な批評を口にする友人のマックスにもまた原作者自身の姿が伺える。ミュージカル版では卜書きに「医者か作家のようである」とあり、彼がシュニッツラーの似姿であることを明示している。アナトールが若き日のシュニッツラーなら、マックスは後年のより成熟したシュニッツラーということだろうか。『恋のたわむれ』では、マックスには作品全体の狂言回しの役割も任されているので、原作者の分身のイメージはますます強まっている。『ファンタスティックス』のエル・ガヨを思わせる設定だが、ジョーンズの訳者宛の手紙によれば、『アナトール』をミュージカルに脚色するにあたってインスピレーションの源となったのは、『輪舞』を基にマックス・オフュルスが軽妙洒脱に監督した同名のフランス映画（一九五〇）だったそうであり、マックスに狂言回しを兼ねさせたのは、この映画のアントン・ウォルブルック演ずるナレーター役に触発された結果かもしれない。

仮面舞踏会、甘くセンチメンタルなワルツの調べ、世慣れた紳士とおぼこ娘の恋、降りしきる雪の中を駆ける馬車、揺らめくロウソクの灯りにシャンペン・グラス。世紀転換期のウィーンと聞いて人が思い浮かべる通俗的イメージ、ヴィリー・フォルスト監督の映画『たそがれの維納』（一九三四）に描かれたあのウィーンのイメージを活用しながら、そこにフランス風の香辛料をまぶした脚色とでも言えようか。しかし、原作の『アナトール』がもともとフランスの笑劇《ファルス》を念頭において書かれたことを鑑みれば、これは極めて適切なアプローチだとも言える。

初めに述べたように、ミュージカル・ナンバーのほとんどがオッフェンバックの数々のオペレッタから拝借したメロディーで構成されているのも、フランス風を意識した上での選択であろう。しかも、オッフェンバックの作品がウィンナ・オペレッタ興隆の起爆剤となった歴史的事実を思い起こせば、この選択は如何にも題材にふさわしい。

実際に十九世紀から二十世紀への世紀転換期を生きたシュニッツラーにとって「ウィーンは世界を映し出す鏡」（ウルバッハ）だったが、一九二八年生まれのアメリカ人であるトム・ジョーンズには、ウィーンは「半ばお芝居、半ば思い出――遠い昔に消えてしまった世界の思い出」を呼び起こす装置、即ち演劇的想像力を喚起するための仕掛けである。『恋のたわむれ』は、ノスタルジックな興趣をたっぷりとたたえた作品だが、そのノスタルジーは言わば幻想としての、虚構としてのノスタルジーであり、ミュージカル版独自の主題を浮き彫りにするための仕掛けなのである。

その主題とは「時の流れ」である。人を変え、或いは置き去りにし、社会の相貌を変えながら、ただひたすら流れ続けて行く時の流れである。永遠の時の流れの中の、瞬きする間の如き人の生。二度とない、かけがえのない人生を呑み込んで、回転木馬のように未来永劫回り続ける時間という摂理。生と死の永劫回帰。『ファンタスティックス』から『グローヴァーズ・コーナーズ』まで、ジョーンズの作品には欠かすことの出来ない主題のひとつである時の流れが、この『恋のたわむれ』でもクローズアップされているのだ。最終景に通常の『結婚式の朝』ではなく、二十年後のアナトールを描いた『アナトールの襟飾り』（『アナトールの誇大妄想』を相当大胆に脚色している）を持って来たのもそのためだろう。マックスの語りは、迫り来る第一次世界大戦の足音を遠雷のように響かせ、忍び寄る老いの影とわずか数年後に待ち受けているハプスブルク帝国の崩壊、昨日の世界の崩壊を重ね合わせて、時の流れを強く印象づけている。（この崩壊の予感が、オッフェンバックの音楽と相俟って、『恋のたわむれ』をミュージカルよりもむしろオペレッタに近い肌合いの音楽劇としていることも確かである。幕切れのタイトル・ソングにカールマンの『チャールダッシュの女王』で歌われる『ヨイ・ママン』の遠い木霊を聞くのは僕一人ではあるまい。）

ミュージカル版独自のと言えば、作品のスタイルの点でも、先述したナレーターの使用といい、現実とお芝居の意識的な混淆といい、あくまでも近代写実主義の枠内で書かれている原作とは大きく異なっている。マックスが撒く紙吹雪は、いやでも『ファンタスティックス』の同様の表現法を連想させるし、手法的には、如何にもジョーンズ好みの反リアリズムで書かれている。物語的にはシュニッツラーの原作に忠実な脚色を施しつつ、『恋のたわむれ』が紛うかたなきトム・ジョーンズ・ミュージカルになっている所以だ。（トム・ジョーンズの経歴とその作品の特色については、拙著『生と死と再生の舞台〜ジョーンズ&シュミットの祝祭ミュージカル〜』に詳しいので、興味のある方は是非そちらをお読み頂きたい。）

ジョーンズは、「オッフェンバックはコンビを組むには最高の相手だ。何しろ著作権料の分け前を一切要求して来ないからね」と言っているが、『恋のたわむれ』にはもう一人作曲家が参加している。ナンシー・フォード（一九三五〜）である。残念ながらこちらには著作権料の分け前を払わない訳には行かないだろう。

フォードは、学生時代からのコンビであるグレッチェン・クライヤー（台本・作詞家）と組んで、社会性の高いミュージカルの佳作をいくつも世に送り出している。中でも自立しようと苦闘する現代女性のジレンマを主題にした『旅立て女たち』（一九七八）は、女性客からの圧倒的な支持を得て、オフ・

ブロードウェイでロングランし、日本でも翻訳上演された。リリカルなソフト・ロックが持ち味のフォードだが、『恋のたわむれ』に提供した三曲は、他のオッフェンバックの曲としっくり溶け合い、見事に世紀転換期のムードをかもし出している。

『恋のたわむれ』は、トム・ジョーンズがハーヴィー・シュミット以外の作曲家と組んだほとんど唯一の例だが、フォードとジョーンズとの接点は、彼女がサリヴァン・ストリート・プレイハウスでの『ファンタスティックス』公演にピアニストとして参加したことである。『旅立て女たち』の演出家は、『ファンタスティックス』のワード・ベイカーだし、クライヤーは女優としてジョーンズ&シュミットの『日陰でも一一〇度』のブロードウェイ初演に出演しているし、クライヤー&フォードとジョーンズ&シュミットの縁は意外と深いようだ。（これは余談だが、フォードの夫君はジョーンズ&シュミットの『セレブレーション』初演でナレーターのポチョムキン役を演じたキース・チャールズである。）

とは言え、フォードは『アナトール』のミュージカル化に当初から参加していた訳ではない。そもそもこのミュージカルの出発点は、エリス・ラッブとローズマリー・ハリスが率いていた演劇グループA・P・Aによって一九六〇年に上演されたミュージカル『アナトール』である。但し、このときは曲数わずかに六曲、勿論ナンシー・フォードによる追加曲は全く含まれていなかった。その後、題名を『ザ・ゲーム・オブ・ラヴ』に変え、曲数を増やし、加筆訂正を施し、アメリカの地域劇団で上演されたのが『恋のたわむれ』なのである。

実は冒頭に述べた一九九〇年の翻訳上演は、この改訂版にさらに徹底的に筆を加えた決定版の世界初演、となる筈だった。

初演の千秋楽から二、三日たった頃、演出も担当した訳者は、当時たまたま来日していて二回ほど観劇してくれた作者のトム・ジョーンズと長時間話し合う機会に恵まれた。作品について演出家としての忌憚のないところを聞かせてほしいというジョーンズ氏の希望と、作者として演出をどう思ったかというこちらの質問から話が発展し、共通の見解として第一部に問題ありという結論に達した。初演の台本では、第一幕はシュニッツラーの原作通り『質問はしないで』（原作では『運命の問い』）で幕が開く。アナトールが恋人を催眠術にかけて真実を探ろうとする含蓄のある一篇ではあるのだが、「一杯の美味なるワインのような」という脚色意図に沿って作られたミュージカル・エンターテインメントの幕開けにしては、やや文学性が勝ち過ぎ、これから始まる舞台が基本的には喜劇だとすんなり観客に受け取ってもらえないのではなかろうか、という訳である。その結果、一九九二年の再演では、第一部を本書に収録した『エピソード』と差し替えることになった。

　差し替えの理由はもうひとつある。第一部から第五部まで、各景のヒロインは夫々違う五人の女優によって演じられるが、これを全て一人の女優によって演じ分けさせたら、というアイディアがジョーンズにはあった。それには障害になりそうな要素がひとつあった。『質問はしないで』のヒロイン、コーラが催眠状態で歌う『催眠術ソング』である。元歌は『ホフマン物語』の機械人形オランピアの歌、つまりコロラトゥーラ・ソプラノの技巧を凝らした難曲である。これを歌いこなし、かつ他の役を全部一人で演じられる女優を探すのは至難の業だろうと危惧したのだ。結局、再演でも五人の女優によって演じることにはなったのだが、いつの日か一人五役で上演してみたいと思っている。（ちなみに原作者のシュニッツラー自身も、演出家のオットー・ブラームに宛てた一九〇九年八月十四日付けの手紙で、全ヒロインを一人の女優に演じさせるというアイディアに言及している。）

初演、再演ともに邦題は原題をそのままカタカナ表記にした『ゲーム・オブ・ラヴ』とし、副題とし

て『恋のたわむれ』と添えた。もともとは副題を正規の邦題とするつもりでいたのが、初演の少し前に同じシュニツラーの『恋愛三昧』が『恋のたわむれ』と題して翻訳上演されてしまい、この公演との混同を避けるために急遽、邦題を変更したのである。今回、出版に際して本来の邦題に戻し、原題を副題とした次第である。

翻訳には、上演権を管理しているミュージック・シアター・インターナショナル社所有の上演台本を底本として使用した。但し、前述の理由から、第一部のみ作者から送られて来たタイプ打ちの原稿から直接訳した。訳詞についても、同社が管理するヴォーカル・スコアを使用した。

解説を書く上で主に参照した文献は以下の通り（順不同）。

Reinhard Urbach, translated by Donald Daviau ; ARTHUR SCHNITZLER, 1973, Frederick Ungar Publishing Co.

Artuur Schnitzler, translated by Frank Marcus ; ANATOL, 1982, Methun

Stanley Green ; THE WORLD OF MUSICAL COMEDY, revised and enlarged fourth edition, 1980, A. S. Barnes & Company, Inc.

岩淵達治著『シュニツラー』1994, 清水書院

池内紀著『ウィーンの世紀末』1981, 白水社

A・シュニツラー著、田尻三千夫訳『ウィーンの青春～ある自伝的回想～』1989, みすず書房

シュニツラー著、岩淵達治訳『輪舞』1997, 現代思潮社

なお右の二冊以外で比較的簡単に手に入るシュニツラーの作品の邦訳は以下の通り。

森鷗外訳『恋愛三昧　他三篇』（世界名作翻訳全集9）2004, ゆまに書房
森鷗外訳『みれん』（岩波文庫）
池内紀・武村知子訳『夢小説・闇への逃走　他一篇』（岩波文庫）
尾崎宏次訳『夢がたり』（ハヤカワ文庫）
藤本直秀訳『シュニッツラー短編集』1982, 三修社
金井英一・小林俊明訳『カサノヴァの帰還』1992, 集英社

本書は本来なら四月には出版の予定だった。本文の校正刷りはとうに出来上がっていたにも拘わらず、雑事に追われてなかなか解説が書けず、出版を快諾して下さったトム・ジョーンズ氏、そしてカモミール社の皆さんをやきもきさせてしまった。この場を借りてお詫びしたい。

カモミール社刊『恋のたわむれ～ゲーム・オブ・ラヴ～』（二〇〇七年）

追記　シュニツラー作品の邦訳には、その後、岩波文庫に番匠谷英一・山本有三訳『花・死人に口なし他七篇』が加わった。また『カサノヴァの帰還』は集英社文庫に収められている。

『我らが祖国のために』解説

本書に収めた拙訳は、もともとは劇団俳優座第二五二回公演（平成十二年七月十九日〜三十日／於俳優座劇場）のための上演台本として訳したものである。その際、演出を兼ねていたこともあり、製作サイドから頼まれて劇団の機関紙や公演プログラムに作品についての短い文章を三篇ほど書いた。重複する箇所もあるが、執筆順に再録してみる。

昨年の秋、『我らが祖国のために』が十年ぶりにロンドンで再演された折の劇評にいくつか目を通してみたら、「現代の古典」「二十世紀の古典」「一九八〇年代の里程標的戯曲」といった評言が散見された。ローレンス・オリヴィエ賞のベスト・プレイに輝いた作品の評価が、すでにはっきりと定まったということだろう。

『シンドラーのリスト』で名高いトーマス・キニーリーの小説『プレイメイカー』を基に、劇作家ティンバーレイク・ワーテンベイカーは「演劇の力」そのものを主題に据えた。人間の精神を解放し、癒し、変革する演劇の根源的な力である。

英国の流刑地だった十八世紀末のオーストラリア。食料が枯渇し、軍人も囚人もともに飢え渇き、今にも暴動が起こりかねない極限状況の中で、芝居の稽古を始める囚人たち。その稽古が、死と暴力が日常と化した社会のどん底に生きる囚人たちに希望を与え、連帯感を芽生えさせ、「明日」という言葉に、彼らがこれまで夢にも思わなかった（思えなかった）全く違う響きをもたらす。最終景で、ベートーヴェンの交響曲第五番（第四楽章）が高らかに鳴り渡る瞬間は、現代戯曲の中でも屈指の感動的場面であろう。第五番は十九世紀の、即ち囚人たちにとっては未だ存在しない明日の音楽なのだ。

演劇の存在価値の再認識を演劇そのものによって迫るこの作品の上演こそ、我々演劇人の使命であると信じる。

（コメディアン　一九九九年十二月一日号）

最近相次ぐ少年犯罪の凶悪化の報道に接する度に、もうすぐ稽古に入る『我らが祖国のために』のことを考えてしまう。マスコミの表面的な報道から判断するだけでも、事件を起こした少年少女の中には、演劇でもやっていればこんな事件は起こさなかったのではなかろうかと思われるケースが散見されるからだ。

勿論、様々な背景をもつ事件をひと括りにしてしまうのは乱暴すぎるし危険でもあろうが、続発する少年犯罪の底辺には、バブル期以降あまりに顕著な価値観の単一化といった現象が見え隠れして仕方がない。能力の平等と権利の平等をお為ごかしにないまぜ、曖昧にしておきながら、その一方で偏差値教育に象徴される切捨て主義に終始した戦後五十年の欺瞞のつけが、今、居場所を失い、行き場をなくし、歪みとなって噴出している、そんな気がする。

我が身を顧みるに、小中学校時代、学業成績は科目によっては学年最下位、一歩間違えば暴力沙汰を起こしかねないような、自分でも訳の分からぬ衝動にしょっちゅう取り憑かれていた小生が、目下曲がりなりにも社会生活を営めているのは、クラブ活動を通して出会った演劇のおかげだと言っても過言ではない。演劇という集団作業を通して、教師の愚劣さ、己れの卑劣さ、いくつもの理不尽な出来事をはっきりと意識化出来たことで、子供なりにそれらを客観視し、上演という目標のために自己をコントロールすることを学んだように思う。

しかし、演劇から学んだ最大のものは、この世の価値観は決して一つではない、それは無数と言っても良いほど存在しているのだという認識である。言い換えれば、それは稽古場での共演者との協調と対立を通して、そして役という他者を演じることを通して、自分を受け容れ、他人を受け容れ、自分の拠り所を見つけ出すことだった。

演劇の本質は垂れ流しの自己表現にあるのではなく、人と人とが出会い、ふれあう、その関係性にこそあることを学んだのである。

『我らが祖国のために』は、十八世紀末、生まれ故郷の英国から、当時全くの未知の大陸だったオーストラリアへ言わば島流しにされた囚人たちが流刑地のシドニーで芝居を上演した史実に基づいて、演劇が人間性の回復に如何に多大な寄与をなしうるかを描いた戯曲である。

一部では演劇教育の効用と必要が叫ばれ続けながら、芝居など女子供の慰みごとといったあまりに浅薄な、しかし根強い亡国的偏見に阻まれて久しいこの文化果つる商人国家で、演劇の存在価値の再認識を演劇そのものによって訴えるこの作品の上演こそ、我々演劇人の使命であると心に念じ、たとえ小さくとも確かな問題提起とならんことを願ってやまない。

（コメディアン　二〇〇〇年六月十日号）

『我らが祖国のために』（原題“OUR COUNTRY'S GOOD”）の翻訳に取り組んでいた間、いつも念頭を去らなかったテレビ番組がある。三年前の冬、日曜深夜に放送されている『ＣＢＳドキュメント』（原題『60分』）で紹介された、アメリカの或る地方都市での『ウェスト・サイド・ストーリー』のアマチュアによる上演を追ったリポートである。

アマチュアと言っても、素人の演劇愛好家なんぞではない。傷害や暴行、麻薬や売春等々、様々な罪を犯した前科者の若者たちである。彼らに40年前の不良少年たちを演じさせることで、社会復帰の一助にさせようという地方自治体肝いりの試みなのである。おまけに、劇中の憎まれ役の刑事に扮するのは、こちらは本物の素人演劇愛好家の地元の警察署長なのだから驚く。

だがもっと驚いたのは、初めのうちは大してやる気もなさそうに見えた若者たちが、稽古が進むにつれ次第に演じることに熱中し、そこに一つの小さなコミュニティが出来上がって行ったことである。公演当日、観客の拍手喝采を浴びてカーテンコールに立った若者の何人かはニューヨークに出て俳優修行をしたいと抱負を語り、その内の一人が今でも警察は信用しないが、あの署長とは話が出来ると言っていたのが印象的だった。

演劇は彼らの中の何かを確かに変えたのである。目的を目指す意欲をかきたて、その結果を、自分の行動を、存在を人に認めてもらう喜びを教えたのである。そのためには、先ず彼らを見る周囲の視線そのものが変わらなければならない。

『我らが祖国のために』を訳しながら、僕はこのテレビ・ドキュメンタリーを思い、「歴史劇とは現在について書くための極めて婉曲的な方法なのだ」という作者ティンバーレイク・ワーテンベイカーの言葉を思い出していた。

十八世紀末、祖国イギリスから、当時は全くの未知未開の辺境の地であったオーストラリアに「追放」された囚人たち。そこは植民地という名の流刑地である。ロバート・ヒューズ著『運命の渚』の一節を借りれば、「前人未踏の大陸が牢獄となる。その周囲の空間が、まさしく大気と海原が、南太平洋という透明な迷宮が一万四千マイルの厚さの壁となる。」そこを支配するのは鞭打ちに象徴される残酷な暴力であり、囚人たちは人間性を否定され、アイデンティティを奪われ、死が日常と化した絶望をただ生きる。『我らが祖国のために』は、そんな囚人たちが芝居の上演という目的を持つことで、守るべきものを持つことで協調精神に目覚め、他人の存在を認め、思いやり、人間性を回復して行く物語である。逆境を乗り越えて行く、人間の可能性を引き出す演劇の力についての物語である。

視点を少しずらせば、演劇の力を通して、教育の本質とは何かを訴えかけている物語だとも言えるし、竹内敏晴氏流に言うなら、刑罰という名の拷問、脅迫によって「他人のためのからだ」と化してしまった身体を「自分のためのからだ」へと取り戻して行く物語だとも言えようか。

罰か教育か？　罰と教育か？　罰が即ち教育か？　祖国の利益のために（FOR OUR COUNTRY'S GOOD）祖国英国を追われた囚人たち。英国にとっては悪しき邪魔者（OUR COUNTRY'S BAD）でしかない彼らが、やがて新天地オーストラリアを第二の祖国とし、その善き礎（OUR COUNTRY'S GOOD）たらんと決意する歴史劇が問いかけているのは、まさに現在の日本の問題なのである。

それだけでなく、英国人が持ち込んだ天然痘によって免疫のない先住民族《アボリジニ》が次々と斃れて行った史実を織り込むことで、開拓とは侵略であり、文明による野生の啓蒙が、一方では文明によるもう一つの文明の破壊にもつながることを明示して、二元論に陥りがちな展開に多元的な次元を与え、すぐれて今日的な奥行きの深さを獲得している点にも注目して良いだろう。

初演は一九八八年、戦後の英国演劇界で果敢な異議申し立てを行ない続けたロイヤル・コート劇場で行われた。演出は、当時同劇場の芸術監督を務めていたマックス・スタッフォード＝クラーク。「ある面においては、この芝居は舞台裏を描いた喜劇《バックステージ・コメディ》であり、また別の一面においては、残忍な仕打ちを受けている人々の正確な描写でもあります。実にうきうきした瞬間もあれば、またときには実に痛ましい瞬間もあるのです。」初日を二週間後に控え、稽古も佳境に入った今、彼のこの言葉の的確さと難しさを噛み締めながら、己れに鞭打つ日々である。

（『我らが祖国のために』公演プログラム）

こうして並べてみると、舌足らずのわりに饒舌で、悪文の見本のようだが、この戯曲を訳して日本の舞台にかけたいと思った、当時のその意欲だけは伝わっているのではなかろうかという気がする。そこで、あとは枚数の都合で書けなかったことをいくつか記して解説の代わりとしたい。

オーストラリアの作家トーマス・キニーリーが一九八七年に発表した小説『プレイメイカー』は、一七八九年に、流刑地だったシドニーで、囚人たちがジョージ・ファーカーの王政復古期の風習喜劇『新兵募集将校』（日本では従来『徴募兵』と訳されているが、劇中のメグ・ロングの台詞との兼ね合いと、耳で聞いて意味がすぐに伝わるようこう訳した）を上演し、これがオーストラリア初の演劇上演となった史実を元に、空想の翼を縦横に広げて描き上げたものである。この小説を舞台化しようと思いついたのが演出家のマックス・スタッフォード＝クラークだった。彼は脚色をワーテンベイカーに依頼するが、彼が選んだ創作の形態は、一九七〇年代にジョイント・ストック劇団で、デイヴィッド・ヘアやキャリル・チャーチルといった劇作家とともに培ったワークショップ方式に基づくものだった。

先ず、演出家の主導の下、出演者たちは個々に原作の『プレイメイカー』、及びオーストラリアへの囚人の移送そして入植時代の歴史を克明に記したロバート・ヒューズ著『運命の渚』を読み、他にも当時の海兵隊員の日誌や十八世紀末の英国とオーストラリアに関する歴史書を何冊も読破して時代背景や当時の監獄の状態、首吊りなど刑罰の実態まで調査した。さらに現代の軍関係者や実際の囚人など様々な人々に会ってインタビューし、題材と現代との接点を探り、その成果を稽古場に持ち寄ったのである。その上で、劇作家も参加し、演出家の指導の下、原作や『運命の渚』のある個所を即興で演じたり、一連のエチュードを通して場面を作ってみたり、シアターゲームによって登場人物の置かれている環境や動機、心情、上下関係などを探ってみる。以上の作業に二週間を費やして、出演者たちも劇作家も演出家も、誰もが知的にも具体的にも作品の歴史的社会的背景や主題や人物への理解を深めた後、その結果を踏まえて、今度は劇作家が戯曲を書き出す。但し、稽古場で具体化したことのどこをどう使うか、あるいは全く使わないかは劇作家の自由裁量に任される。こうして劇作家が二ヶ月かけて一人で書き上げて来た第一稿を稽古場で実際に演じてみて、さらに何度も改訂を重ねて上演台本の完成となる。まさにワークショップから生まれた作品なのだが、勿論、最終的に出来上がった戯曲は、劇作家個人のオリジナルな作品である。スタッフォード＝クラークはそもそもこの「ワークショップの目的は作家を刺激することだ。副産物は俳優たちをも様々に刺激し熱中させて行くことだ」と語っている。創り上げて行く作品への理解だけでなく、舞台にとって必要不可欠な俳優間のアンサンブルをも形成して行く助けになる。

かくして完成した戯曲『我らが祖国のために』は、キニーリーの原作とはかなり趣きの違う作品になった。そもそも原作では、逆境の中で芝居を上演しようと悪戦苦闘する人々の姿を通して浮かび上がってくるのは、白人によるオーストラリアの建国である。焦点はそこに絞られており、芝居の上演はメイン・プロットではあっても、あくまでもそのために描かれているのに対し、『我らが祖国のために』

は演劇の力、人を癒し再生させる演劇の力そのものに重点が置かれている。スタッフォード＝クラークから『プレイメイカー』の劇化を依頼されて原作を読んだワーテンベイカーは、脚色するにあたって「書きたかったのは、演劇が人間を人間らしくして行く側面」だったと語っている。演出家も俳優たちも、いや劇作家自身も後に現実の囚人たちが刑務所内で演じる芝居の上演を実際に観、そして囚人たちと語らい、この主題の正しさを実感し、確信することになる。

第一幕第六場では軍人たちによって、第二幕第七場では囚人たちによって演劇論まで展開される。『我らが祖国のために』は演劇についての演劇＝メタシアターなのである。この根本的な相違の他にも、登場人物の性格や関係性にも大なり小なり違いがあるし、物語の展開にも開きがある。同じ題材を扱った違う二つの作品とさえ言えるかもしれない。『我らが祖国のために』は、『プレイメイカー』に触発されて書かれた独自の作品だと言っても良いだろう。長短様々なエピソードを連ねて構成された叙事劇はブレヒト劇を想い起させもする。各場の頭に付されたその場の要約や状況の説明もブレヒトを思わせるが、こちらはむしろ十七、十八世紀のヨーロッパの小説の各章の冒頭に付された同様の短文を意識したものかも知れない。

原作との相違をもう一つ挙げると、原作ではイギリス人によって捕われた（アーサー・フィリップ総督は「救助された」と看做している）アボリジニが登場し、教育され「文明化」された彼を通してアボリジニと植民者との関係が丹念に描かれている。『我らが祖国のために』でも一人のアボリジニが登場するが、他の登場人物と係わることなく、植民者たちの様子を離れた場所から観察して、時おり夢の時代《ドリームタイム》という彼ら独自の宗教的世界観に根差した独白を述べるだけである。しかし、俳優座のプログラムの拙文でも示唆しておいたように、このアボリジニの存在は極めて大きい。それが生かされるか否かは演出次第であろう。彼を絶えず舞台上にいさせて、植民者たちの行動を全て相対化させる演出もあり得る。今年（二〇一五年）、イギリスの国立劇場での新演出（ナディア・フォール）による公演では、鳥のように片足を膝から折り曲げて一本足で立つアボリジニ特有の姿を冒頭で印象づけ、さらに彼に鳥の鳴き声のような叫びを上げさせてから第一幕第三場の鳥の銃猟の場面につなげることで、英国によるオーストラリアの植民地化を文字通りの侵略行為として鮮明に示していた。

演劇による再生の力、癒しの力は、言うまでもなく芝居を稽古する過程における囚人たちの変化によって表現される。ソフィー・ブッシュが二〇一三年出版の『ティンバーレイク・ワーテンベイカーの演劇』で指摘している通り、このことは囚人たちが自分の言葉を回復して行く、或いは言葉への信頼を獲得して行く過程として描かれる。作者自身も戯曲選集第一巻の序文で「この芝居で私が探求したかったのは、沈黙を強いられて来た人々にとって演劇が、芸術が持つ救いの力だった」と書いている。

そのことが如実に表れているのは、第一幕第一場と第二幕第十一場（最終場）に於ける囚人たちの描かれ方の違いである。第一場では囚人船の船底の獄舎で三人の囚人たちが夫々ばらばらに、深い孤独の裡に内心の思いを独白する。彼らが語るのは恐怖と望郷と空しく求め続ける慰めであり、飢餓であり、自責と後悔である。どれも以後、劇中にずっと流れ続けるモチーフだ。言葉も断片的であり、己れ自身の内に沈潜して、他の囚人に届くことはない。それが最終場は芝居の本番直前の舞台裏であり、ここで囚人たちが交わすのは紛れもない「会話」である。浮き立つようなテンポの中に思いやりと仲間意識が、期待と興奮がにじみ出る。この場の最後に流れるのはベートーヴェンの第五番の最終楽章。「苦悩を通じての歓喜」の主題が、囚人たちを寿ぐように高らかに鳴り響く。オープニングとエンディングの、明と暗の見事な対比。
しかし、すでに俳優座のプログラムでもふれておいたように、最終場の冒頭には植民者によって持ち込まれた天然痘で倒れて行くアボリジニの姿が描かれている。囚人たちはそのことが芝居に悪い影響を与えなければ良いがと心配するばかりで、囚人同士が培ったような同情心をアボリジニにも抱くことはない。それが現実だろう。アボリジニの存在は、歓喜に満ちたラスト・シーンに両義的な暗い影を落とす。

作者自身は『我らが祖国のために』は「笑い《ジョーク》も入った暗い芝居」であり、創作時に「何かを寿ぎたかったのは間違いないけれど、楽しい《ハッピー》芝居ではない。取りあえずはめでたしで終わるものの、そこには疑問がつきまとう。現実に於いては、それはハッピー・エンドではない」と言っている。しかし、別の機会には「最後は高揚した調子で終わるのは、登場人物たちが（演劇の価値を）自分たち自身で見つけたからだ」とも語っている。ともにその通りだと思う。この両義性をどう観客席に届けるかは演出家の手腕にかかってもいれば、観客一人ひとりの感性にもかかっているだろう。

囚人たちの中でもその変容ぶりが特に際立つのはメアリー・ブレナムとリズ・モーデンの二人だ。非人間的な虐待を受けて来た囚人たちの多くは（演劇の才能を売り込もうと弁舌を揮うサイドウェイのような囚人もいるが）そもそも口数が少ない。彼らの言葉は抑圧され、奪われている。それにしてもこの二人は初めのうち本当に無口だ。

メアリーは第一幕第一場では「分からない、どうしてあんなことをしてしまったのか。愛、多分」と短い独白があるきりだし、二度目に登場する同第五場ではほとんど語らない。台詞はたった五つ、しかも内三つは『新兵募集将校』の台詞の朗読であり、彼女自身の言葉は「はい」と「いいえ」だけ。それも「聞き取れないような小声で」というト書きつきだ。彼女はもう一人の女囚ダビー・ブライアントが代弁（?）するのに任せて沈黙の中に身を隠す。彼女の沈黙の理由は次に登場する同第八場で分かる。囚人船の中で彼女は生きるためにダビーの誘いを断り切れず、自分の弱さから船員に身体を売った。流刑の原因となった犯罪のみならず、そのことへの羞恥心と自己嫌悪に彼女は縛りつけられている。「シルヴィアなんて出来ないわ、あたしには。彼女は勇敢だし、強い。あたしみたいな真似はしない筈よ」と自分を責め、ダビーに「彼女のふりは出来んだろ」と言われても、「駄目よ。彼女にならなくちゃ」と答える。しかし、芝居の稽古が進むに連れて、彼女は次第に自分自身の言葉を回復して行く。話すことに、つまり己れの存在に自信を回復して行き、第二幕第七場では「あたしはシルヴィアをやってて楽しいわ。大胆だし、愛する大尉のためなら規則だって破る、自分を恥たりしないし」とまで言う。人間性の回復は言葉の回復として表現される。さらに、ソフィー・ブッシュが前掲書で指摘しているように、第一幕第五場ではダビーに代弁されていた彼女が、最終場では口ごもる仲間のワイズハマーのために代弁してやるのだ。メアリーの変化をこれほどさり気なく、しかも鮮やかに描いた作者に脱帽する。

メアリーの流刑が何の咎によるものかは劇中でははっきりとは描かれていない。先に引用した第一幕第一場の独白、及び同第八場でのダビーとのやり取りから、それが恋人に係わること、恐らくはろくでもない男にひっかかって犯罪に手を染めてしまったらしいことは推測される。戯曲としてはそれで充分だし、あとはメアリーを演じる俳優の想像力に委ねられている。それより肝心なのは彼女が罪を犯してしまったことには後悔と自責の念を募らせても、その動機が「愛」だったことは頑ななまでに譲らない点だろう。愛は彼女にとって最後の砦である。シルヴィアという役を演じることを通して、彼女はラルフ・クラーク少尉への愛に目覚め、芝居の上演のために彼に献身的に尽くすことを通して、喪っていた自信を取り戻し、最後にはシルヴィアの台詞は彼女自身の言葉と化す。彼女はシルヴィアになる。彼女はこの「世界の中に或る場所を占める権利」（ブッシュ）を獲得するのだ。

なお原作の『プレイメイカー』には、メアリーの背景は詳細に描かれている。同書は翻訳がないので、『我らが祖国のために』を上演したいという方のために、あくまでも参考として概略だけ記しておこう。メアリーの祖父は地方貴族の信頼厚い下僕であり、彼女の父は貴族の配慮で教育も受けさせてもらえた。その父の影響でメアリーも幼い頃は学校にも通ったが、父は彼女が十歳のとき病死し、残された母は彼女を連れてロンドンに出る。母は裕福な家の料理女兼家政婦として娘を育て、メアリー自身もやがて女中の職を得る。当時、労働者階級の女にとって女中は願ってもない良い仕事である。そんな彼女の前にアンドルー・ヒルトン（A・H）という美貌の悪党が現れ、甘い言葉で彼女をそそのかし、彼女はこの初めての男に言われるがまま、主人の家から三九シリング相当の衣服を盗んで逮捕される。つまり彼女は劣悪な環境に生まれ育ち、生きるために悪事に走った他の囚人とは違う。教育も善悪の判断も分別も、手に職さえあったのだ。だからこそ、彼女は自分は他の囚人よりも罪深いと感じているし、他の女囚たちにも違和感を覚えてしまう。ワイズハマーには自分と同種の人間だという親しみは感じるが、そのしつこさにはやや困り果てている。

さて、もう一人のリズ・モーデンは原作には登場せず、史実にも名前がない。つまり戯曲独自の登場人物である。ワークショップの一環として実施された、現在は演劇活動を行っている元女囚へのインタビューに触発されて創られた役である。リズ（エリザベス）は十八世紀の労働者階級の女性に多かった名前であり、モーデンは死を連想させる名前だ。

リズもメアリー同様、初めは無口であり、必要最小限のことしか言わない。しかし、メアリーが喋らないのは自責の念と恥辱感による自己否定が原因だったのに対し、リズの場合は、これまたブッシュが的確に述べている通り、「メアリーのように話す自信がないのではなく、話すということ自体を信用していない。自分が生きている社会と状況の中での言葉というものに価値を見出していない」からだ。為政者や軍人たちお偉方には自分の言葉は通じない。言葉は何も変えはしない。黙っていれば死刑という立場になっても、彼女は口を開かない。真実を話しても「どうせおんなじだから」だ。だが、彼女の中には語るべき言葉が実は満ち溢れている。第二幕第一場の冒頭の長台詞はそれを雄弁に物語っている。ここで彼女はともに獄につながれた囚人たちに向かって自分の悲惨な半生と、今正についえようとしている希望を語る。ト書きには「鎖につながれている」としかないが、ナディア・フォールの新演出では、ジョディ・マクニー演じるこの場のリズは両手を縛られて宙吊りにされ、その状態のまま、この長台詞を泣き叫ぶような強い口調で語った。この瞬間を生き延びるために、この絶望に呑み込まれてしまわないために、ただひたすら思いの丈をほとばしらせる。そんな演技であり、演出だった。そこには諦念など微塵もなく、むしろ生きたいという思いが切実に、鮮烈に伝わって来た。その分、後の場面で軍人たちの前では黙して語らない彼女の姿に、根深い不信と絶望と、その底に渦巻く生への渇仰がはっきりと感じ取れた。

言葉に対する彼女のそんな不信感を変えるきっかけを作るのも芝居の稽古である。第一幕第十一場、リズは耳で聞いて丸暗記した台詞を懸命に喋る。まだ言い終わらぬうちにラルフに台詞の先を飛ばされてしまった彼女は「まだあたしの台詞よ！」と抗議する、いや、恐らくは食ってかかる。それに対するラルフの反応は、彼女にとって心底思いもよらないものだった。相手は軍人である。ラルフは囚人たちに多少見くびられているとは言え、文句をつけるなど、ひとつ間違えれば、反対に叱責どころか鞭打ちにされても当然だ。少なくとも、これまではいつでもそうだったろう。蔑ろにされたことが我慢出来ず、思わず食ってかかってしまったリズも、言ってしまった途端に後悔したかも知れない。ところが、ラルフは「そうだ、モーデン、許してくれ」と謝るのだ。リズには天地がひっくり返るほどの驚きだったろう。これは暴力的なリズの剣幕にラルフが恐れをなしただけのことかも知れない。第一幕第四場では、ラルフはロス少佐がリズの生意気な口のきき方に対して鞭打ちを命じたことについて「伍長は手を抜かず、徹底的に打ちのめし、僕も胸のすく思いだった……あの女には当然の報いと言うべきだろう」と日誌に記しているのだから。だが、たとえそうであったとしても、囚人仲間にさえ敬遠されている彼女を、ラルフが結果的には対等の人間として遇してくれたことには違いない。彼女も「そんな、許してくれだなんて、少尉さん。あたしはただ――いいんだよ、別に、台詞なんて」と当惑する。社会のどん底に生まれ、それでも洗濯女をやって堅気に生きようとしていたリズ。そんな彼女を実の父親が裏切る。己れの罪を娘になすりつけ、兄は兄で彼女に娼婦になれと勧める。ラルフに「許してくれ」と言われたとき、彼女は自分の言葉を聞いてくれる、受け止めてくれる人間に初めて出会ったのだ。それは芝居の稽古という「小さな共和国のような」場だからこそ起き得たことだとも言える。絞首刑と決まった彼女が最後の最後に、刑が執行された後に「あたしは食べ物を盗んじゃいない」とラルフに伝えてくれとハリーに頼むのも、またそれがきっかけとなって再尋問となり、「芝居のために」真実を話してくれという総督の言葉がついに彼女の口を開かせるのも、信じたものにことごとく裏切られ、もはや期待をすることも、希望を持つことも頑なに拒んでいた彼女にとって、芝居だけが、芝居の稽古だけが、その瞬間の人間関係だけが信じられるものだったからだ。演劇だけが彼女を生きることにつなぎ止めていたからだ。彼女は演劇の価値を知り、演劇の中での自分の価値を知る。

勿論、囚人の誰もかれもが演劇に明日への生きる希望を託せる訳ではない。生まれ故郷への望郷の念の止む方ないダビー・ブライアントは、芝居の上演を利用して脱走を目論む。芝居に参加すればその分だけ強制労働を免れる。それが芝居に参加したダビーのそもそもの動機だろう。ところが、そんな彼女でさえ第二幕第七場では自分の稽古時間が短いとラルフに文句をつけ、最終場では自分たちの舞台の成功を幻視するのだ。（ついでに記しておこう。歴史上の実在のダビーは、辻強盗で死刑宣告の後、流刑に減刑されてシドニーに送られたが、一七九一年に総督の釣り用のボートを盗んで家族や仲間の囚人とともに脱走。オランダ領東インド諸島まで行き、そこからケープ・タウン行きの船に乗るが、シドニーでの軍務を終えて帰還途中の海軍軍人がたまたま同乗しており、見咎められて逮捕、英国に送還されてしまう。ところが、「ボタニー湾から戻った女」として評判になり、流行り歌《バラッド》にまで謡われた彼女は、恩赦を受けて故郷に帰り、そこで余生を送った。）


では軍人たちの方は演劇をどう捉えていたのか。演劇は彼らにも影響を与え、彼らもまた変化するのだろうか。

演劇に対する彼ら個々の態度は、第一幕第六場「権力者たちは演劇の功罪について議論する」で端的に示されている。この宴の場で、軍人たちは階級差を越えて互いをファーストネイムで呼び合い、囚人による芝居の上演の賛否を議論する。彼らの基本的な立場は勿論大きくは賛成か反対かの二つに分けられるものの、演劇の持つ力の可能性に賭けて上演を推進しようとする総督と、演劇を危険視して真っ向から異議を唱えるロス少佐を両極に、賛成派も反対派も一枚岩ではなく、夫々の動機も熱意も様々だ。

芝居などその場しのぎの娯楽に過ぎず、労働力の損失にもなると現実一点張りの功利的観点から反対するテンチ大尉。ラルフと個人的にそりが合わないことが反対の理由のファッディ少尉もいる。賛成派のデイヴィッド・コリンズ大尉も演劇の上演が囚人に及ぼす影響、教育的効果に関心は持つが、あくまでも一種の実験と看做しての客観的な好奇心が動機だし、さらにその底にはロス少佐やテンチ大尉への反感という本音も隠されているようだ。戯曲の内容にのみこだわり、囚人の道徳観に害を及ぼさないならと曖昧な態度に終始するジョンソン牧師に至っては、第二幕で総督に「あの牧師はただの馬鹿だ」と決めつけられてしまう。天文学に熱中して芝居には全くの無関心、観なくてもいいならと限定的に賛成に回るドーズ中尉もいる。これらの立場の多様さがこの場にリアリティーを与えてもいる。

演劇に対するこの千差万別の反応は、ロイヤル・コート劇場での初演時の、芸術に対する公的助成への疑義とその結果としての演劇活動への助成額の大幅な削減に集約される保守党のサッチャー政権下に於ける演劇を取り巻く環境を、その背後に渦巻く様々な意見を間違いなく反映している。いや、洋の東西も昔も今も問わない、演劇の上演がいつも直面する状況を描き出していると言うべきか。劇中でワイズハマーも言っているし、俳優座のプログラムにも作者の言葉を引用しておいたが、歴史劇は現在をより分かりやすく描くための方法だし、傑作はその現在に永遠を刻みつける。この場での「演劇は文明の発露だ。（中略）そして我々は、この植民地の数百人はそれを見守り、その二、三時間はもはや蔑まれた囚人でも、忌み嫌われた看守でもなくなる。ともに笑い、感動し、少しものを考えることさえするかもしれない」という総督の台詞には、デジタルに支配された現代社会に於けるアナログな演劇の存在意義が凝縮されている。（この台詞に、僕はアーサー・ミラーの言葉、「劇作家には、心情だけでなく頭脳をも使って（観客を）楽しませる権利があるし、またそのことをはっきりと示さなければならない」

——イプセン作『民衆の敵』の翻案への序文——の木霊を聞く。）それに対するロス少佐の「芝居は秩序を無秩序に変えてしまう。芝居は人を危険な考えに導く」という反論もまた、いつの世でも変わらない演劇の意義を逆説的に論証している。あえて皮肉な見方をするなら、ある意味では、ロスは他の多くの軍人たちよりも演劇の力を認識しているとも言える。

ロスの演劇への敵意を理解するには、しかし、十八世紀の英国で演劇が置かれていた状況も考慮する必要がある。イギリスでは十八世紀の前半から実に一九六八年までの長きに渡って、演劇の上演には宮内大臣による事前の検閲が法的に課せられていた。この検閲が施行されるきっかけとなったのは、ヘンリー・フィールディングらが自作他作を次々と舞台にかけては、時のウォルポール政権や王室を諷刺し、激しい批判さえ浴びせたことである。舞台は政府攻撃の演台でもあったのだ。さらに言うなら、イギリスに於ける社会と演劇の関係の根底には、演劇に対する清教徒の激しい反感がある。一六四二年の清教徒革命の折には全ての劇場が閉鎖され、その状態は十八年後の王政復古まで続いた。

その王政復古期に、イギリスの舞台にはエリザベス朝の少年俳優に代わって女優が登場する。最初期に活躍した女優の一人ネル・グインは国王チャールズ二世の愛人となり、後世に名を残した。女優と娼婦を同一視する風潮の源もまた正に初めからあったのだ。

ともあれ、軍人たちの中で演劇の上演を通して一番変化するのはやはり、この群像劇の主人公と呼ぶのはためらわれるが、少なくともプロット進行上の中心人物とは呼べば呼べるラルフ・クラーク少尉だ。初めは昇進の手段としてのみ芝居を捉えていたラルフは、たちまち芝居作りに夢中になって行く。但し、その変化の底にはメアリーへの恋愛感情（或いは抑圧された性欲）があることを見逃してはならない。ロス少佐からの妨害に一度は上演から手を引きかけたラルフを思いとどまらせるのも、演劇への本物の情熱というよりは、総督が彼に寄せる信頼感に対する感動のようだ。しかし、彼が稽古の過程で演劇の真の力を認識し、囚人たちへの偏見を克服し、人生には昇進以上に価値のあるものがあることを悟り、言わばもっとリベラルな人間へと己れを解放して行くことは間違いない。彼もまた多くの囚人たち同様、演劇を通して変化するのだ。役の台詞に自身の心情を重ね、ついに共に服を脱ぎ捨ててメアリーと向かい合う第二幕第九場に、そのことはくっきりと描かれている。とは言え、メアリーとの間に生まれて来る子供に愛妻ベッツィ・アリシアの名前をつけようとするなど、生来の無神経さは最後まで変わらない。(作者はラルフの長所だけでなく、こういう無神経さや身勝手さ、優柔不断さなどもしっかり書き込んでいる。その点では、イギリスの国立劇場に於けるナディア・フォールの新演出のラルフ(ジェイソン・ヒューズ)は描かれ方が単層的で彫りが浅く、僕には物足りなかった。)

演劇を通して変わるとまでは言えなくても、演劇の持つ力への思いが深まるもう一人の軍人は、総督のアーサー・フィリップその人である。囚人たちによる芝居の上演はもともとこの啓蒙主義者の発案だし、演劇が囚人の更生に果たす教育的価値には初めから大きな期待を寄せている。ロスたち反対派の攻勢に対しても「私はこの両手に反乱の火種を握っているのかもしれん」と認識している。けれど、彼の信頼に感動したラルフが「いざという時は(芝居の上演に)一命をなげうつ覚悟であります」と宣言すると、やや当惑気味に「そこまですることもないと思うが」と忠告する。その彼が第二幕第十場でリズから黙秘を続けていた理由を聞いた後、兵隊の言葉を信じず囚人の言葉を信じるなら「反乱になるぞ、総督」と脅すロス少佐に向かって「かもしれん、だが先ずは芝居を観よう」と断言する。この瞬間、彼にとって演劇の上演は己れの人道主義的思想を立証する手段以上の意味を持ったと言える。演劇の果たすべき役割を、自分の使命を、頭ではなく全身で実感したのだ。

もう一人、演劇によって変化するのは最も意外な人物キャンベル大尉だ。演劇反対の急先鋒ロス少佐の腹心として稽古の邪魔をして来た彼だが、日々稽古を観ているうちに演劇の面白さに目覚めてしまい、コリンズ大尉に「キャンベル、お前もか？」と『ジュリアス・シーザー』の名台詞にひっかけてからかわれる。だが、ここでも重要なのはそれまではロスの言葉をほとんど鸚鵡返しのように語るか、断片的言葉しか喋らなかった彼が、芝居の感想を初めて自分の言葉で語るということだ。ビル・ネイスミスが指摘するように、キャンベルは「軍人として経験した極めて狭い範囲を越えて考えることが出来ない。」その彼が訊かれもしないのに芝居の面白さを楽しげに語り出す。稽古に参加せず、ただ観ていた（見張っていた）キャンベルにまで演劇はその力を揮うのだ。

劇中に登場する軍人で、第一幕第六場の議論にただ一人参加していないのがハリー・ブルーワー見習士官である。第六場は将校たちの宴の場であり、ハリーは身分の上からも参加出来ない。ハリーは芝居の上演には係わらないが、総督が芝居をやりたがっていると教えてラルフと演劇の橋渡しをするのは彼である。しかし、ラルフとメアリーの恋愛が芝居の稽古の進展に合わせて深まり広がって行くのと対照的に、ハリーと親子ほど年の離れた女囚ダックリングのいびつなラヴ・ストーリーは、囚人と看守という立場の違いからついに抜け出せない。ハリーは嫉妬心から絶えずダックリングを見張り、彼の監視範囲から彼女が逃げ出せないようにしている。ダックリングはそれに耐えられず、また過去の経験から、ハリーに愛を告げたら彼の態度が変わって見捨てられるかも知れないと恐れている。お互いの想いがすれ違い、空回りしながら袋小路へと追い詰められて行く二人。第一幕第七場でダックリングに芝居への参加を勧めるのは、ハリーにしてみれば行き詰った関係を何とか打開しようとの精一杯の試みであり、ダックリングが承知するのはハリーの視線から逃れるためでもあれば彼の望みに、好意に応えるためでもある。そのダックリングにハリーが「稽古を観に行くよ」と告げる一言は痛ましく、残酷で、そして滑稽だ。ラルフが最後には抑圧された性を解放するのに対し、ハリーはついには自らを性から疎外してしまう。二つのラヴ・ストーリーはともに『我らが祖国のために』のプロットを先に進める役割を担いつつ、結末ははっきりと明暗を分ける。ハリーとダックリングの関係は『我らが祖国のために』の錘《おもり》となって、作品にリアリティーを保証しているとも言える。

ハリーの場合もメアリーと同様、俳優は戯曲中で与えられている情報からだけでもその人物像を創れるだろうが、原作には彼の背景についての詳細な記述があり、演じる俳優には助けになると思うので、やはりその概略だけでも記しておこう。

ハリーはロンドンの建築設計事務所で製図工兼簿記係として働いていた。ポケットに金を入れ、どこのパブでどんな娘に出会って夜を過ごすか、それを人生無上の楽しみにして、あたら青春をソーホーの女たち相手に使い果たした。彼は建築の契約の際の入札で、煉瓦や窓枠の値段を実際よりも高めに申告し、契約が成立するとその差額を着服し、夜遊びの小遣い銭にしていた、十四年間も。或る晩、ハリーは犯罪者の巣窟のようなパブで娼婦と洒落た紳士然とした数人の泥棒と飲んでいた。朦朧とした頭で、彼は自分がただの簿記ではないことを示したくなり、彼らに長年の横領のことを吹聴してしまう。そうしながら、ハリーは顔は微笑みながらも、心の底で怯えていた。横領は単に己れの自堕落な生活を維持するためだけのものだと思っていたのが、今や犯罪者としての自尊心まで持ってしまっていることに気がついたからである。面白半分に犯罪に手を染め、ちょいと裏街道を覗いてみただけの人間では最早なく、犯罪者の国の立派な一員となってしまった自分に気がついたのである。そしてすぐさま盗賊たちの元締めの所へ半ば強制的に出向かされ、誓いを立てさせられ、横領金の一部を上納させられる羽目になる。そうして四年後、ハリーの行為に疑いの目を向けた事務所が帳簿を調べようとした時、三十九歳のハリーは治外法権の海軍に入隊し、アーサー・フィリップ艦長の軍艦の船員となった。周りの見習士官は皆、彼よりはるかに若い十代の子供たちである。不憫に思った艦長はハリーに目をかけ、二人は友人となる。艦長との友情だけが仲間内の軽蔑から彼を救っていた。しかし、己れの横領という重罪に比べればずっと軽微な窃盗で絞首刑になって行く者たちを見続けながら、彼は罪の意識に責め苛まれて行く。「俺は奴ら（コリンズやワトキン）とは違う人種の一人だ。俺と囚人たちとの間には髪の毛一本の距離しかない。俺は連中の一人だし、連中もそれを臭いで嗅ぎつける」（『プレイメイカー』第九章）。『我らが祖国のために』の冒頭では、その良心の呵責は彼の心身をすでに蝕み、幻聴幻覚に恐れ戦いている。病状は芝居が進むに連れて進行する。ダックリングは初め彼にとって不安からの逃げ場であったとも言える。しかし、その彼女の存在自体が嫉妬に駆られた彼には新たな不安の種となってしまう。彼には良心の呵責と嫉妬心とはダックリングを介して背中合わせになっている。海軍に逃げ、酒と女（セックス）に逃げ、そして現実的な逃げ場を失った彼はさらに病気に、狂気に逃げ、ついには究極の逃げ場、死へと逃げるのである。

アーサー・フィリップ大佐が率いる第一次流刑船団がポーツマス港を出帆したのは一七八七年五月十三日。六隻の囚人船に旗艦、砲艦などその他五隻の軍用艦が七三六名の囚人（内訳は男性五四八、女性一八八、平均年齢は二十七歳）と海兵隊とその家族、その他のスタッフを含め総勢一〇三〇名の旅団であった。ケープ・タウンを経由してボタニー湾に投錨したのが翌年一月二十日、シドニー・コーヴに全員が上陸したのは一月二十六日である。

記録によれば囚人たちは高さ約一三七センチの空間に押し込められ、寝床も幅約九十センチの棚を二人で共有していた。平均身長が今日よりずっと低かったことを考慮しても、背の低い女囚でさえ身を屈めなければならない。さらに鼠やノミ、シラミが跋扈する非衛生的、いや非人間的なまでに劣悪な環境である。

植民地への流刑という発想を生んだのは、イギリス国内の監獄が満杯状態になっていたことである。その原因は、当時のイギリスの刑罰がヨーロッパ中で最も過酷な厳罰主義に貫かれていたからだ。重罪は全て絞首刑、しかしその重罪には今なら軽犯罪でしかない時計の窃盗なども含まれ、十歳の子供まで処刑された。「十八世紀の刑法の背後にある考え方は、取るに足らぬ犯罪に残酷な判決を下すことが、犯罪を引き起こさぬようにさせる歯止めの役を果たし、しかも警察力がないので法と秩序を維持するために必要だというのであった」（ブリジェット・ヒル）。「罪を犯した者、あるいは監獄に捕われた者の更生などというのは夢物語、ありえないことと考え、初犯の者でさえ、再犯者とおなじ重罰に処せられることが多かった」（クリストファー・ヒバート）という。より軽微な犯罪をなした者たちで監獄が膨れ上がるのも無理はない。その解決法が流刑、つまり中世から続く追放の概念に結びついた島流しだったのだ。初めは北米大陸がその受け入れ先だった。しかし、一七七六年にアメリカは独立宣言を公布。イギリス本国との激戦の果てに一七八八年のパリ条約で独立は正式に承認される。そこで新たな流刑地として浮上したのが一七七〇年にキャプテン・クックによって東岸部の英王室による領有が宣言されていたオーストラリアだったのである。

ところで、島流しという事情は、囚人のみならず実は軍人たちの一部にとっても同じだった。劇中でロス少佐が「我々軍人がこんな所に放り込まれたのも、アメリカでの戦さに敗れたせいだ」と嘆くが、英国政府はアメリカ独立戦争の敗北に不満を募らせる一部の軍人たちの処遇に手を焼き、そういう将校たちを率先して未開の新植民地に派遣したらしい。不満分子の体の良い厄介払いという側面があったようだ。演劇を頑なに認めないロス少佐のいらだちの背後には、自分たちもまた祖国から所払いにされたという意識があるのだ。アーサー・フィリップのような、すでに隠退していたベテランが総督に任命されたのも、ただでさえ難しい状況をさらに厄介なものにしている不満分子たちを抑え、植民地の堅実かつ円滑な舵取りを期待されてのことであろう。（ちなみに囚人たちが『新兵募集将校』を上演したのと同じ一七八九年にはフランス革命が勃発している。）

ロイヤル・コートでの初演の舞台では、十人の俳優で全ての役を演じた。つまり一人の俳優が囚人役と軍人役を一人二役（人によっては一人三役）で、時には性別を越えて演じたということである。劇中でも『新兵募集将校』の出演者が足りなくなって一人で何役かやる羽目になり、それをワイズハマーが「客が混乱するぞ」と批判する。「注意して観ていれば分かる」と反論するラルフに、ワイズハマーも「俺たちの観客にそんな洞察力はないぜ」と譲らない。劇中劇の配役と現実に今眼の前で展開されている『我らが祖国のために』の配役とが重なり、さらには劇中で話題になっている観客と現実の観客とが重なる。正にメタシアターの面目躍如のやり取りで、観客は大いに笑う筈だ。しかし、この仕掛けは単にそれだけのことではなく、また製作費の節約というだけでもなく（ということはつまり当時のサッチャー政権の演劇政策への遠回しの批判というだけでなく）、作品の主題にも深く関わっていた。「野蛮人が野蛮人なのは野蛮な振る舞いをするからだ。他のことを期待するのは馬鹿げてる」と断言するテンチ大尉を演じる俳優がアボリジニを演じ、「囚人だ、暇つぶしの穀つぶしだ」と管を巻くキャンベル大尉を演じる俳優が、舞台袖で彼に鞭打たれるアースコットをも演じる。「芝居はこの植民地に災難をもたらす」と主張するロス少佐役の俳優は、ケッチになって「役者になりてえんです」と宣言する。このことによって、彼らの発言はことごとく相対化される。犯罪者は「ほとんどがそういう風に生まれついているとしか思えんね。血だよ」というテンチの発言に観客は疑いを抱き、総督の「我々だって芸術を愛することを学んだんだ、子供の時分や若い頃にそれにふれる機会があったればこそ。生まれついての文化人などおらんよ」という言葉を思い出す。環境が入れ替わっていれば、囚人と軍人の人生もまた入れ替わっていたのではないかと考え始める。そして教育の価値について、教育環境の、労働環境の重要性、意義について思いをはせる。

ワーテンベイカーはニューヨーク・タイムズ紙の記事（一九九〇年九月三〇日付日曜版）の中でこう語っている。「劇場を後にして外へ出て、革命を起こせるとは思いません。そういうのは一九七〇年代の素朴な考え方です。でも人を変えることは出来ると思う。たとえほんの少しでも。疑問を抱かせたり、好奇心を掻きたてたり、消えることのないイメージを与えたりすることで。その小さな変化がもっと大きな変化につながることもある。望めるのはそれだけです。それと、劇作家は答を持っているべきだとも思いません。芝居は裁判のようなものです。判事の前に、観客の前に出て、後は彼らが決めるのです――その人間が好きか嫌いか、賛成か反対か。答を持っているのなら、作家ではなく政治家になるべきです。」

囚人と軍人を一人の俳優に兼ねさせるという決定は、こういう考えに裏打ちされていたのである。初演以降、トニー賞最優秀作品賞の候補になったブロードウェイ公演（一九九一年、マーク・ラモス演出）をはじめ各国での公演でも、組み合わせこそ違う場合はあっても、この一人二役は踏襲されている。（但し、今年の英国国立劇場の上演では最低限度にまで抑えられていた。）

一人二役と言えば、初演のロイヤル・コートでは、劇中劇の『新兵募集将校』とのレパートリー制による同時公演という珍しい形態が取られ、『我らが祖国のために』の出演者は劇中劇で演じる役と同じ役を『新兵募集将校』でも演じた。そもそも『我らが祖国のために』は、スタッフォード＝クラークがたまたま『プレイメイカー』を読み、これを劇化し、同じ俳優を使って『新兵募集将校』と交互に上演したら面白いのではとひらめいたことが始まりなのだ。

『我らが祖国のために』の稽古場面は、もともとシアトリカルな面白さにあふれている。両方の舞台を観た観客にはその面白さも倍増されたのではないかと想像される。また、劇中で引用される『新兵募集将校』の台詞は、どれも『我らが祖国のために』の内容と呼応して二重の意味を持つように良く考えて選び抜かれているが、特に第二幕第五場、同第九場など、その場の状況を反映したスリリングな意味合いを帯び、感動的でさえある。前者では『新兵募集将校』の台詞に託して、サイドウェイとリズがロス少佐の執拗な精神的虐待に精一杯の抵抗を試みる。後者ではメアリーとラルフが夫々の役の台詞に自分たち自身の思いを重ね、愛を語りながら己れをくびきから解き放つ。そのことは『新兵募集将校』を知らなくても充分味わえるが、知っていればいっそう効果的ではあろう。残念ながら『新兵募集将校』は、僕の知る限りでは、我が国では未だ上演されておらず、翻訳もない。が、ブレヒトが改作した『太鼓とらっぱ（鳴物入り）』には故岩淵達治氏の訳業があり、こちらは上演もされている。興味のある方は、『ブレヒト戯曲全集』（未来社）の別巻をお読み頂きたい。

初演から三十年近い歳月が流れ、本作が二十世紀の英国演劇を代表する傑作の一つであるという評価は、ほぼ揺るぎのないものとなった。すでに述べたように、イギリスの国立劇場の今シーズンのレパートリーに選ばれたこともその証しだろう。作品論も賛否ともに様々な観点から次々と書かれている。一例を挙げると、ピーター・バスは、その著『ドラマ＋理論――現代英国演劇への批評的アプローチ――』で、ポスト・コロニアリズムの視点からサイードの言説を援用して第一幕第三場を論じ、動植物に命名する行為を「新大陸を所有する方法、即ち言語による植民地化」と見なす。しかも、その当の鳥たちを銃猟しながら命名しているという事実がそのことをいっそう効果的に印象づけているとして、『我らが祖国のために』は「帝国主義の暴力と直接結びついた文化的実践を考察している」と説く。劇中の『新兵募集将校』の上演もその同一線上にある。演劇は軍人たちという権威が上から囚人たちに押しつけた文化面での帝国主義的、植民地主義的なものである。しかし最終景は「気持ちの良い結末を作るために、文化と帝国主義とのつながりを曖昧にしてしまっている」し、作品全体としては「植民地化のもっと残酷な側面は、演劇の賛美のうちに忘れ去られてしまう」と批判している。同様の批判はすでに一九九一年にアン・ウィルソンも行っているが、ブッシュは、前出の著書の中で、戯曲中の囚人たちの多くがもともと演劇に親しんでいた事実を挙げ、作品に即してこれらの批判に反駁を加えている。

これからも様々な作品論が現れることは確実だと思われる。それだけ懐の深い戯曲なのだ。だがそれだけにいざ上演するとなると、（当たり前の話だが）演出家の立場を、視点を、いや生きる姿勢を明らかにすることをとりわけ強く迫って来る戯曲でもある。

原文は十八世紀の俗語隠語にあふれ、翻訳にはやや骨を折った。翻訳の途中で手に入れたMethuen

student edition のビル・ネイスミスの注釈がとても助けになったことを記しておきたい。当然説明的に意訳した箇所もあるが、二、三説明を加えておいた方が良かろうと思うことがある。

先ずケッチ・フリーマンの名前だ。彼の本名はジェームズの筈だが、周りからはケッチと呼ばれ、それをとても嫌がっている。ケッチとは、首吊り役人一般を指す当時の俗語であり、由来は十七世紀の悪名高き首切り役人ジャック・ケッチである。斬首の際に不手際が続き、以後の死刑執行人にもこの男の名前が蔑称として使われるようになった。フリーマンが嫌がるのももっともなのである。第一幕第八場で、ケッチはリズから「お前に吊るされて踊り狂うよかましさ」と罵られる。この台詞は直訳すれば「お前の腕の中でパディントン・フリスクを踊るよりまし」となる。タイバーン処刑場はパディントン教区にあった。フリスクは跳ね回ること、浮かれ騒ぐことである。第二幕第六場でも言及されているが、下手な死刑執行人の手に掛ると、首を吊るされてもすぐには死ねず、宙吊りのまま激しく全身を痙攣させ、もがき苦しんで死んで行くことになる。その様を踊りに譬えた訳である。これまたケッチへの侮蔑の言葉だ。

第一幕第十一場でリズがダビーに「ケツの穴はちゃんと締めときな」と言うが、原文を直訳すると「ケツに新しい皺があるのはあんただけじゃない」となる。これは「秘密の知識を持っているのはあんた一人じゃない」という意味であり、つまりリズはケーブルとアースコットが脱走したことを自分も知っているとほのめかし、ダビーに余計なことを言わないようにと釘を刺しているのである。

作者のティンバーレイク・ワーテンベイカーについて簡単に紹介しておきたい。（伝記的な部分についてはソフィー・ブッシュの前掲書の記述に多くを負っている。）

正確な生年は詳らかにされていないが、ともにジャーナリストの両親のもとに一九四〇年代の半ばにニューヨークで生まれた。生後間もなくフランスのバスク地方の村に一家で移住する。後にワーテンベイカーは自分がバスク人ではないと知ったときの衝撃を語っている。それほどこの自然豊かな、口承文化の土地で子供時代を過ごしたことは言葉に対する感受性を高め、将来の劇作家に影響を及ぼした。バスク地方の言語と文化がフランス政府によって抑圧され、破壊されている様を実地に目撃したこともまた言葉に対する意識を目覚めさせ、異なる文化への抑圧的政策への恐怖と批判を植えつけたと思われる。

一九五五年に父親が病死し、一家は再びニューヨークに移る。田舎の生活から大都会へ。読み書きする言葉もフランス語から英語へ。思春期のワーテンベイカーには、この移転は極めて居心地の悪いものだったようだ。バスク人ではないと知ったときの驚きとともに、この「異邦人」性、自分の居場所から切り離されている感覚は後の作品の多くに伺われる特徴のひとつとなる。

幼い頃から戯曲を読むのには慣れ親しんでいたようだ。しかし、このニューヨークで観たジュネの『死刑囚監視』の仏語上演にすっかり魅了されたことが、劇作家への道を準備した。

アナポリスのセント・ジョンズ・カレッジに入学し、ここでプラトンの哲学と出会う。『我らが祖国のために』にもその影響はダイレクトに現れている。（第二幕第二場で弱音を吐くラルフを諌めるのに総督はプラトンの『メノン』を引用する。また、総督は第一幕第六場では演劇の上演に反対する将校たちに反論する際にジャン＝ジャック・ルソーも引用するが、第二幕第十一場でのラルフの「演劇は小さな共和国のようなものだ、全体のために個人的な犠牲を払うこともある」という台詞などは明らかにルソーの思想を反映している。）

卒業後にジョージタウン大学の修士課程でロシア語を学ぶが「時間の無駄」と見切りをつけてニューヨークに戻り、大手出版社のキャプション・ライターとなる。成功を保証された生活だったが、ここも自分の居場所ではないと感じて三〇歳を目前にして辞職。サマーセットの厩舎で働いた後、ギリシアのスペッツェス島に渡り、フランス語を教えて生計を立てながら文筆活動に入り、初期の戯曲を完成させ、かの地で上演もされた。ワーテンベイカーはその語学力を生かしてマリヴォーやラシーヌなどのフランス古典劇、そしてソフォクレスやエウリピデスのギリシア悲劇の翻訳もあるが、自身の劇作品にもギリシア神話を背景にしたものがあり、神話的背景は彼女の劇作品の特色のひとつでもある。

一九七九年にロンドンに本格的に居を構え、イギリスの劇作家として活動も本格化する。この頃、彼女が書いたものの中に『元女囚たち／クローゼットから出て舞台へ』と題する記事があり、『我らが祖国のために』は長い関心の結果だと偲ばれる。

以後の代表作には『メアリー・トラヴァースの恩寵』（一九八五）、『ナイチンゲールの愛』（一九八九）、『野に降り立つ三羽の鳥』（一九九二）、『ダーウィンの後』（一九九八）、『灰の娘』（二〇〇〇）、『信用のおける証人』（二〇〇一）、『我らのアイアス』（二〇一三）、『ジェファーソンの庭』（二〇一五）等がある。ブリティッシュ・カウンシルのサイトでピーター・バスは、ワーテンベイカーの戯曲には二つの相争う力が存在していると指摘している。それは決して希望を失くさないユートピアン的な衝動と強烈な風刺性である。バスは、この普通なら両立し難い二つの傾向の混淆にワーテンベイカーのドラマトゥルギーの特徴を見ている。それは『我らが祖国のために』でも明らかだろう。

翻訳の底本には、TIMBERLAK WERTENBAKER : PLAYS 1（faber and faber, 1996）所収のテク

ストを使用したが、Methuen Modern Plays版のテクストを参照して、明らかに誤植と思われる個所を訂正した。なお、聖書からの引用は日本聖書協会発行の文語訳聖書を使用した。

最後に拙訳による劇団俳優座の公演の主なスタッフと出演者を記して筆を擱く。

演出・翻訳　勝田安彦／美術　大沢佐智子／照明　森脇清治／衣裳　出川淳子／音響　小山田昭／舞台監督　川口浩三／製作　山崎菊雄、鎌田中人／出演　可知靖之、森一、星野元信、志村要、島英臣、小山力也、田中茂弘、須田真魚、石田大、鶉野樹理、田野聖子、安藤麻吹、安藤みどり。

追記　以上は二〇〇六年にこの拙訳を出版した際の解説に大幅に加筆訂正を施したものである。正直に告白すると、初版の訳文にはケアレス・ミスによるかなりの脱落があり、誤訳も散見される。表現を訂正したと思い込んでいてそのまま印刷に回してしまった個所もいくつかある。今、この原稿はパソコンで書いているが、「しょはん」を漢字変換したら先ず初犯と出た。実はその方が正しいとさえ思いたくなる不完全な翻訳だった。原作に対して申し訳なく、また買って頂いた読者の方々にも顔向け出来ないといつも心のどこかで重荷となっていた。僕もいつかもう一度演出したいという思いもあるが、それよりもアマチュアを含め、日本の多くの劇団でもっと上演してもらいたい戯曲である。このままではまずい、当該個所を全て訂正して出版し直したいと思いつつ、気がつけば十年近い歳月が過ぎていた。
この夏、イギリスへ行き、国立劇場で『我らが祖国のために』の新演出を観る機会に恵まれた。一九八八年の初演は勿論、同じマックス・スタッフォード＝クラーク演出による再演も見逃している僕には、演出こそ違え、嬉しい観劇だった。けれど、それ以上に嬉しかったのは、その客席で作者のティンバーレイク・ワーテンベイカーさんに偶然お目にかかれたことだ。プレヴューの二日目であり、おそらく作者も観客席のどこかにいるだろうとは思ったが、何せ大劇場のオリヴィエであり、いくらミーハーの僕でも探そうとまでは思っていなかったのだが、休憩時間にロビーですれ違った女性を思わず振り返ってしまった。十数年前に出版された戯曲集の裏表紙に載っている著者近影よりは齢を重ねているものの、その如何にも理知的な風貌と、すっかり白くなってはいても豊かな縮れ毛はワーテンベイカーその人に間違いない。声をかけようかと思ったが、僕は生来極度の人見知りだし、すでに二幕開始の直前でもあり、諦めて席に戻った。ところが、ふと振り返ると、ほんの三列後ろの最後列に彼女が座っているではないか。終演と同時に、意を決して、開演前に劇場内の書店で買った『我らが祖国のために』の原書を片手に彼女の傍に近寄り、「人違いだったらすみません、ことによるとワーテンベイカーさんではありませんか?」と話しかけてみた。「ええ、そうです」と笑顔で返って来た声音も物腰も、その知的な風貌からは意外なほど柔和で人懐こい。自己紹介をして、しばらく立ち話をさせてもらったら、『我らが祖国のために』の日本初演の演出家（つまり僕）が、彼女がロイヤル・シェイクスピア・カンパニーのために翻訳したムヌーシュキンの『メフィスト』も日本で重訳して演出していることまで知っていた。サインしてもらいたいと原書を出すと、「あなたの名前を書きたいからもう一度教えて」と言われ、「カッタへ、感謝をこめて、ご幸運を」とサインしてくれた。しかし、これだけで退きさがってはミーハーの名がすたる。最後に一緒に写真まで撮らせてもらい、さらに少し話をして別れた。僕にはとても嬉しい Brief Encounter であったが、こうして作者本人にまで会ってしまうと、間違いだらけの拙訳がいよいよ重く心にのしかかって来る。雀一羽落ちるのにも神の摂理が働いているなら、これは訂正した改訳版を早く出せとの天の声かも知れぬ。という訳で、ハムレットなみにぐずぐずと先延ばしにしていた改訂をようやく上梓することになった。旧版では心ならずも割愛していた作者の序文並びに作者への囚人たちからの書簡も訳して掲載出来た。しかし、まだどこかに誤訳その他の瑕疵がないとは言い切れない。願わくは、この拙訳が再犯とはならず、再版を重ねることが出来ますように。

作品についてさらに知りたいと思う読者のために、この解説を書く上で主に参照した文献を以下に記しておく。（順不同。）

Timberlake Wertenbaker ; OUR CONNTRY'S GOOD with Commentary and Notes by Bill Naismith, 1995, Methuen Drama

Timberlake Wertenbaker ; PLAYS 1, 1996, faber and faber

Timberlake Wertenbaker ; PLAYS 2, 2001, faber and faber

Thomas Keneally ; THE PLAYMAKER, 1987, A Touchstone Book

Max Stafford-Clark ; LETTERS TO GEORGE :The account of a rehearsal, 1989, Nick Hern Books

Max Stafford-Clark with Maeve McKeown ; TIMBERLAKE WERTENBAKER'S OUR COUNTRY'S GOOD : A study guide , 2010, Nick Hern Books

Phillip Roberts and Max Stafford-Clark ; TAKING STOCK : The Theatre of Max Stafford-Clark, 2007, Nick Hern Books

Gillian King ; OUR COUNTRY'S GOOD WORKPACK, 1998, National Museum of the Performing Arts

Sophie Bush ; THE THEATRE OF TIMBERLAKE WERTENBAKER, 2013, Bloomsbury

Robert Hughes ; THE FATAL SHORE : The epic of Australia's founding, 1989, Alfred A. Knopf,Inc.

Peter Buse ; DRAMA + THEORY : Critical Approaches to Modern British Drama, 2001, Manchester University Press

Ann Wilson ; OUR COUNTRY'S GOOD : Theatre,Colony and Nation in Wertenbaker's Adaptation of The Playmaker, Modern Drama, Vol.34, No.1, 1991

THE THEATER ESSAYS OF ARTHUR MILLER edited and with an introduction by Robert A.Martin, 1978, The Viking Press

クリストファー・ヒバート著、山本雅男訳『倫敦路地裏犯科帳——イギリス裏社会と怪盗ジャック・シェパード——』1997, 東洋書林

ブリジェット・ヒル著、福田良子訳『女性たちの十八世紀——イギリスの場合——』1990, みすず書房

松山利夫著『精霊たちのメッセージ——現代アボリジニの神話世界——』1996, 角川書店

北大路弘信、北大路百合子著『オセアニア現代史——オーストラリア・太平洋諸島——』1982, 山川出版社

中山夏織著『演劇と社会／英国演劇社会史』2003, 美学出版

二〇一五年一〇月九日記す

補記　以上の解説の書き直しをしてから二年以上の月日が流れた。諸般の事情で出版が大幅に遅れ、この解説も出し遅れの証文めいてしまった。さらに書き足したいこともあるのだが、切りがないので最小

限に抑え、印刷に回すことにした。この戯曲が一人でも多くの読者に、そして一人でも多くの観客に届くことを切に願う。

カモミール社刊『我らが祖国のために』（二〇一八年）

幕が下りる前に――あとがきに代えて――

生まれて初めて芝居の演出らしきことをしたのは、小学六年生のときだった。クラブ活動で演劇部に入ったら、顧問の先生から部長に指名され、あまつさえ自分で台本を探して演出もしなさいと言い渡された。演出の何たるかも良くは分かっていなかったが、映画の監督のようなものであろうと漠然と認識していたのではなかろうか。装置を決め、配役をして、こんな風にやるんだよと出演者に指示を出しながら舞台をまとめる役割。その程度の理解はしていたと思う。まあ、そう的外れでもなかった訳だ。

本音は演じる方に回りたかったのに、何故そう言い出せなかったのか。覚えていないが、大方、目立ちたがりのくせに極端にシャイな性質が災いしたのだろう。しかし、それが将来の職業にまで繋がるとは、今となっては災いどころか呪いのような気さえする。

図書館に何冊かあった児童劇集を読み、その中から『見えない星』という作品を選んだ。稽古は毎日昼休みに、本番と同じ講堂の舞台で行った。ヒロインを演じた同級生の女の子に、そこはそうじゃなくてこうしろ、ああしろと結果を押しつける「演出」をしていたら、その子がとうとう泣き出してしまい、大いに慌てた。僕が今、役者の自主性を尊重する演出家として通っているのは、このときの苦い経験が骨身に応えているからである。

中学時代も演劇部に所属した。さすがに演出（らしきもの）は顧問の教師が担当し、最初に振られた役は『ヴェニスの商人』のアントーニオだった。今考えればタイトル・ロールである。が、原作の冒頭と、あとは箱選びに法廷の場だけで構成された短縮版だと、アントーニオは全く影の薄い役にしか思えず、僕は稽古途中でシャイロック役に替えてくれと教師に迫った。ことによると、シャイロックがタイトル・ロールだと勘違いしていたのかも知れない。シャイロック役の生徒もいたのだから、これはどう考えても無理無体な要求だ。が、何故か通り、僕は県大会でシャイロックを演じた。講評では「上手だが、こまっしゃくれていて子供らしい良さがない」と言われた。僕が今、役者の我が儘に対しては厳しい演出家として通っているのは、このときの反省を忘れていないからである。

演劇部の顧問に引率されて、新劇の舞台を初めて観たのもこの頃だ。小田原の市民会館で俳優座が上演した『ハムレット』。その少し前に観たローレンス・オリヴィエ監督・主演の映画版の方が面白かった。

ついでに書いておくと、僕が演劇部に入ったと知った父はスタニスラフスキーの『俳優修業』（当時は六分冊だった）を近くの本屋で買って来てくれた。十二歳の子供には理解し難い内容だったが、あの頃は地方都市の、さして大きくもない本屋にもそれなりに演劇書が置いてあったのだ。演劇を志す人間も本を読んだのである。

高校に入って、演劇からは足を洗った、つもりでいた。同級生の女の子（またもや。が、勿論泣かせた子とは別人）に誘われるまま合唱部に入った。ところが、入ってみれば合唱部とは名ばかりで、実態は青少年のためのオペラ上演部だった。どういう訳だか、ここでも演出を任されてしまった。志願したのではない、お前がやれと先輩に強要されたのである。ところが、台本を読み、良く分かりもしない譜面を見ながら作品の内容を捉え、どうしたらそれを立体化出来るかとあれこれやっているうちに、その作業の面白さに目覚めてしまったのだ。戯曲に（ミュージカルなら台本とスコアに）書かれている物語を掘り起こし、それを一番面白い形で観客に物語ること。演出の原点はそこにある。一番面白いというのは、勿論観客にとってだが、演出家が観客代表なら、結局は自分にとってということになる。この一枚フィルターのかかった自己表現が妙にしっくり来たのである。

この部活動を通して、音楽劇にも興味を抱くようになった。新聞の劇評欄を読んで面白そうだと思ったミュージカルの日曜マチネの公演を、小田急線に乗って東京まで観に行くようになったのも高校時代だ。（ミュージカルへの興味を決定的なものにしたのは一八歳のときに観た『ファンタスティックス』だが、このことは他でも書いたのでここでは繰り返さない。）

大学でも演劇を専攻した。『俳優修業』の訳者、山田肇の授業を受けてみたいという思いもあった。父は僕に向かっては一度も口に出したことはないが、六年前の親心をさぞかし後悔していたのではなかろうか。それとも、あの『俳優修業』は、医師会の余興の歌舞伎（と言っても装置も衣裳も国立劇場から借りた本格的なものだった）で女形をやるような父の無意識の願望の現れだったのだろうか。今となっては確かめようもない。

学生演劇で何作か演出はしたが、そのうち、僕のような凡人に出来る仕事ではないと遅ればせながら気がついた。しかし、演劇には何とか関わっていたいと思っていたら、ある偶然から製作の仕事を手伝うようになり、さらには公演のプログラムに演劇評論家と偽って文章まで書くようになった。こうして演劇の現場にちょこちょこ顔を出しているうちに、演出をしてみないかと某プロデューサーに声を掛けられた。才能のなさを承知で、この悪魔の囁きに乗ってしまってから今年で二十八年になる。続けられるのも才能のうちと言う。曲がりなりにもここまで続くと、ないと思っていた才能もその程度にはあるのかなと錯覚し始めた自分が怖い。

第一部は、僕が演出した舞台のプログラムに書いた拙文から選んだ。こういう文章は大概四〇〇字詰めの原稿用紙で四、五枚が通例で、たまに一〇枚を超えるものもあったりするが、短いものだと二枚ということもある。内容も演出ノートのようなものから作品に合わせたエッセイ風のものまで様々だ。舞台は観客が夫々の想いで観て判断し、膨らませて(時には凋ませて)くれれば良い。幕が開く前の演出家の言葉など、舞台成果に――と言っては役者や他のスタッフに失礼だから、演出にと言い直しておく――自信がない故の言い訳みたいなものかも知れないが、僕の場合、稽古の途中でこういう文章を書くと、稽古場での試行錯誤で思考錯誤を来たした頭を整理し、作品への視点を改めて確認出来るという利点もある。それと、舞台というその場限りで消えてしまう一期一会の芸術に携わっているくせに、そのことに心のどこかで不安や不満を抱いている自分を鎮める作用もあるのだろう。

数から言えば一番多く演出しているトム・ジョーンズ&ハーヴィー・シュミットのミュージカルについての文章が少ないのは、それらのほとんどを拙著『生と死と再生の舞台~ジョーンズ&シュミットの祝祭ミュージカル~』(カモミール社刊)に流用しているためである。

第二部は演劇雑誌や舞台のプログラムに書いた雑文を収めた。第一部と同じく末尾に初出を記しておいたが、雑誌掲載時とは題名を変えたものもある。

第三部は演劇の街ニューヨークにまつわる文章を集めた。観劇記のようなあまりに時事的な文章は一点だけに絞り、その他もなるべく最近のものにした。これも初出は末尾に記した。

第四部は拙訳のミュージカル台本や戯曲の単行本の解説である。『ウェスト・サイド・ストーリー』などすでに入手困難になってしまった本もあるので、再録するのも少しは意味があるかと思う。

二〇代半ばから四半世紀以上に渡って書いたものからおよそ半分ほどを選んだ。明らかな思い違い、事実誤認は訂正し、初出の際にページ数の都合で割愛した個所を復活させたものもある。久しぶりに読み直してみると、自分がほとんど進歩していないのが良く分かる。人間そうそう変わるものではないが、僕は進歩どころか退歩しているのではとさえ思った。こんなぼやきを誰が読んでくれるのかと不安だが、演出家として先に進むにはこの辺で一度自分のこれまでの足跡、いやその痕跡をまとめておくのも悪くないかと、森林破壊に手を貸すことにした。

このあとがき、「幕が下りる前に」と題したが、どうやらまだ幕は下ろせないようだ。いや、そもそも幕は開いているのか、いないのか。それが問題だ。

二〇一三年七月七日記す

増補改訂版のための付記——本書の旧版を上梓してからすでに十年近い時が経過した。その後に書いたものから選んで増補し、以前のものも改めて読み直し、さらに気がついた明らかな間違いは正し、説明不足と思えるものについては時に大幅な書き足しを施した。

本書のあちこちで書いているように、演劇はライヴでなければ存在しない。舞台を録画した映像は、それがどれほど見事な仕上がりであったとしても、言うまでもなく演劇そのものではない。しかし、コロナ禍の中、舞台の配信が奨励され、それにまつわる一部の言説を見聞きしていると、はたしてこの先演劇がどうなって行くのか、不安を覚えないでもない。レコードやＣＤが、そしてネット配信が音楽に及ぼした聴衆の意識の変化、音楽の在り方の変化と同じようなことが演劇にも起きるのではないか。代替物であった筈のものにライヴが文字通り取って代られる。映画が誕生した時以上の意識の変化が今起きつつあるのではなかろうか。そんなことを思いつつ、僕自身はますますアナログ人間と化しつつある。

もともとが細々と続けて来た演出家稼業ではあるものの、この十年ほどは演出家としてはプロの舞台は年に一作程度の仕事しかしておらず、ほとんどの時間を大学での教えに割いて来た。僕のような浅学菲才の身で一体何を教えられるのかと、長年忸怩たる思いで教壇に立って来たが、その間に教えることは教わることでもあり、ソクラテスの昔から教育の本質は対話であると痛感した。拙著もまた読者との対話の場となってくれることを祈りたい。まあ取りとめのない雑談ではあるけれど。

二〇二二年一月一〇日

勝田安彦

著者演出記録

1985・6　『フィレモン』
台本・詞＝トム・ジョーンズ、音楽＝ハーヴィー・シュミット、翻訳＝勝田安彦、訳詞＝勝田安彦、山内あゆ子、製作＝平井事務所、出演＝藤田修平、池田鴻、後藤加代、逢坂秀実、本間仁、湖東美歌、田中雅子、阿知波悟美、萩原かおり。於＝文芸坐ル・ピリエ。

1985・10　『恋のメモランダム』
作＝ジャン＝クロード・カリエール、翻訳＝浜文敏、製作＝グループワンセイエ、出演＝杉田明夫、五葉一重。於＝千本桜ホール。

1986・3　『ジェニーの肖像』
台本＝イーニド・ファッターマン、デニス・ローザ、詞＝イーニド・ファッターマン、翻訳＝勝田安彦、訳詞＝山内あゆ子、製作＝平井事務所、出演＝越智則英、田中雅子、ジェリー伊藤、西本裕行、應蘭芳、久世龍之介、斎藤豊治　他。於＝草月ホール他。

1986・9　『川の見える6DK』
作＝ボブ・ランドール、翻訳＝山内あゆ子、製作＝劇団NLT、出演＝岩田博行、阿知波悟美、川端槙二、渡部真美子　他。於＝劇団NLTアトリエ。

1986・10　『逢びき』
作＝ノエル・カワード、翻訳＝沼澤洽治、脚色＝勝田安彦、製作＝勝田演劇事務所、出演＝田中雅子、逢坂秀実　他。於＝文芸坐ル・ピリエ。

1987・1　『ジェニーの肖像』

製作＝勝田演劇事務所。於＝本多劇場。

1987・5〜6　『フィレモン』

製作＝むうぶ・おん、出演＝大島宇三郎、瑳川哲朗、大方斐紗子、二瓶鮫一、渡辺成樹、田中雅子、松本真季。於＝文芸坐ル・ピリエ。

1987・10　『なごり雪』

作＝ジェーン・チェンバース、翻訳＝勝田安彦、製作＝勝田演劇事務所、出演＝麻志奈純子、應蘭芳、久保田民絵、渡部真美子、田中雅子。於＝新宿シアター・モリエール。

1988・1　『恋人』

作＝ハロルド・ピンター、翻訳＝喜志哲雄、製作＝劇団ＮＬＴ、出演＝川端槙二、阿知波悟美、山中臨在。於＝劇団ＮＬＴアトリエ。

1988・5　『熊』『創立記念祭』

作＝アントン・チェーホフ、翻訳＝神西清、原卓也、製作＝勝田演劇事務所、出演＝川端槙二、永田博丈、山田敦彦、田中雅子、中村万里、堺淳子。於＝文芸坐ル・ピリエ。

1988・10　『血とバラ』

台本＝ウィルフォード・リーチ、音楽＝ベン・ジョンストン、翻訳＝山内あゆ子、出演＝田中雅子、石富由美子、阿知波悟美、伴真純、徳川龍峰、大森誠。於＝ベニサン・ピット。

1989・2　『ラヴ』

台本＝ジェフリー・スウィート、音楽＝ハワード・マーレン、詞＝スーザン・バーケンヘッド、翻訳・訳詞＝勝田安彦、製作＝P＆P、出演＝栗田貫一、大島宇三郎、阿知波悟美。於＝シアターVアカサカ。

1989・3 『川の見える3DK』
作＝ボブ・ランドール、翻訳・潤色＝山内あゆ子、企画＝駅前劇場、出演＝田中健三、早野ゆかり、阿曽靖子 他。於＝下北沢駅前劇場。

1989・12 『WHITE LIARS〜無邪気な嘘つき〜』
作＝ピーター・シェファー、翻訳＝松田隆美・美作子、製作＝オフィス・サエ、出演＝佐山礼子、宮本充、下元史朗。
於＝スタジオ・バリオ。

1990・2〜3 『ゲーム・オブ・ラヴ』
台本・詞＝トム・ジョーンズ、音楽＝ジャック・オッフェンバック、ナンシー・フォード、翻訳・訳詞＝勝田安彦、製作＝勝田演劇事務所、出演＝村國守平、徳川龍峰、花山佳子、宮内理恵、早野ゆかり、古坂るみ子、堂ノ脇恭子、二瓶鮫一、渋谷智也、久我しげき、蒲地克彦。於＝シアターVアカサカ。

1990・3〜4 『私のあしながおじさん』
台本・詞＝船越由里、音楽＝山口琇也、製作＝IMAGINE、出演＝高岡早紀、沖田浩之、山中堂司他。於＝中野サンプラザ他。

1990・5 『ジェニーの肖像』
製作＝P&P添田事務所、出演＝福井貴一、毬谷友子、ジェリー伊藤、有馬昌彦、阿部百合子、北

川勝博　他。於＝スペース・ゼロ。
1990・7〜8　『私のあしながおじさん』
出演＝里中茶美、団時朗、木村多江　他。於＝後楽園アイスパレス劇場。
1991・4　『川の見える4ＤＫ』
製作＝勝田演劇事務所、出演＝宮本充、早野ゆかり、下元史朗、阿曽靖子　他。於＝シアターＶアカサカ。
1991・7〜9　『トラップ一家物語』
台本・詞＝山内あゆ子、音楽＝山口琇也、製作＝IMAGINE、出演＝長山洋子、堂ノ脇恭子、山内賢、はせさん治　他。於＝後楽園アイスパレス劇場。
1992・2　『ウィーンの作曲家たち』
台本＝江久里ばん、製作＝東海旅客鉄道株式会社、出演＝戸田恵子、中川真主美、藤井多恵子、蔵田雅之、山本隆則。於＝電気文化会館。
1992・5　『ゲーム・オブ・ラヴ』
製作＝スペース・ゼロ、木山事務所、勝田演劇事務所、出演＝村國守平、山内賢、旺なつき、春風ひとみ、田中雅子、堂ノ脇恭子、雑賀みか、はせさん治、宮内良、鹿志村篤臣、川井康弘。於＝スペース・ゼロ。
1992・9　『コレット・コラージュ』
台本・詞＝トム・ジョーンズ、音楽＝ハーヴィー・シュミット、翻訳・訳詞＝勝田安彦、製作＝勝田演劇事務所、出演＝旺なつき、瑳川哲朗、大方斐紗子、二瓶鮫一、宮内良、村國守平、松田辰彦、駒田はじめ、田中雅子、早野ゆかり、堂ノ脇恭子。於＝シアターＶアカサカ。
1993・2『**炎の柱**』
作＝レイ・ブラッドベリ、翻訳＝勝田安彦、製作＝シアトリカル・ベース・ワンスモア、出演＝夏夕介、下元史朗、磯貝誠、川井康弘、武田竹美　他。於＝下北沢ザ・スズナリ。
1993・3『**WHITE LIARS～無邪気な嘘つき～**』
出演＝関弘子、高杉紘平、下元史朗。於＝シアターＶアカサカ。
1993・4『**未熟なWOMAN**』
作＝ＫＡＹＡＮＯ、製作＝アーイズ、主催＝テレビ東京、出演＝小牧彩里、沢田里沙。於＝シアターＶアカサカ。
1993・6『**ジェニーの肖像**』
台本・詞＝イーニド・ファターマン、音楽＝ハワード・マーレン、製作＝木山事務所、出演＝宮内良、堂ノ脇恭子、瑳川哲朗、堀内美希、石山毅。於＝シアターサンモール。
1993・7『**嵐が丘**』
作＝河野多恵子（原作　エミリー・ブロンテ、田中西二郎訳に準じて）、桐朋学園短期大学部専攻科演劇専攻一年試演会。於＝桐朋学園小劇場。
1993・10～11『**コレット・コラージュ**』
製作＝シアターＶアカサカ。於＝シアターＶアカサカ。
1993・12『**OFF LIMITS－米軍キャンプ行新宿甲州口・六時半－**』
作＝猪俣良樹、製作＝OFF LIMITS／Ucreation、出演＝財津一郎、栗田貫一、村國守平、園山

晴子、宮内理恵、中野ブラザーズ　他。於＝スペース・ゼロ。
1994・3　『ラヴ』
製作＝松竹株式会社、出演＝鳳蘭、西城秀樹、市村正親。於＝サンシャイン劇場他。
1994・4　『TOO MUCH PAIN』
作＝ＫＡＹＡＮＯ、製作＝アーイズ、出演＝小牧彩里、沢田里沙、あさいゆきの。於＝シアターVアカサカ。
1994・4　『コレット・コラージュ』
於＝シアター・ドラマシティ。
1994・5　『庭を持たない女たち』
原作＝ダグラス・ダン、台本＝筒井ともみ、製作＝ひょうご舞台芸術、出演＝岡田茉莉子、藤村志保、樹木希林。於＝新神戸オリエンタル劇場　他。
1994・12　『フル・サークル〜ベルリン一九四五〜』
作＝エーリヒ・マリア・レマルク、潤色＝ピーター・ストーン、翻訳＝勝田安彦、製作＝劇団俳優座、出演＝中野今日子、志村要、堀越大史、可知靖之、竹田彩子、小山力也、内田夕夜、矢野宣、田上道人。於＝劇団俳優座稽古場。
1995・1　『オーロラ・リーさん呼んできてよ』
作＝木島始、製作・出演＝大方斐紗子。於＝下北沢ＯＦＦ・ＯＦＦシアター。
1995・3　『リトル・ショップ・オブ・ホラーズ』
台本・詞＝ハワード・アシュマン、音楽＝アラン・メンケン、翻訳・訳詞＝勝田安彦、製作＝翔企画、出演＝岸田智史、日向薫、瑳川哲朗、今村ねずみ　他。於＝博品館劇場他。

1995・5　『ボディ・ランゲージ』
作＝アラン・エイクボーン、翻訳＝出戸一幸、製作＝テアトル・エコー、出演＝旺なつき、田辺静江、納谷悟朗、牧野和子、山内賢、沢りつお、田村三郎、後藤敦　他。於＝俳優座劇場。

1995・10　『乾杯！モンテカルロ』
台本・詞＝リン・アーリンズ、音楽＝スティーヴン・フラハーティ、翻訳＝川本庸子、勝田安彦、訳詞＝勝田安彦、製作＝シアター・ドラマシティ、出演＝曽我泰久、島田歌穂、中丸忠雄、旺なつき、今村ねずみ、村國守平、山中堂司、高橋義則、山下清美、宮内理恵。於＝シアター・ドラマシティ、東京芸術劇場中ホール。

1995・12　『エドガーさんは行方不明』
作＝ジャック・シャーキー、翻訳＝山内あゆ子、製作＝勝田演劇事務所、出演＝川井康弘、早野ゆかり、二瓶鮫一、宮内理恵、内田夕夜、武田竹美、竹田彩子。於＝シアターVアカサカ。

1996・1　『I DO! I DO!／結婚物語』
台本・詞＝トム・ジョーンズ、音楽＝ハーヴィー・シュミット、翻訳・訳詞＝勝田安彦、製作＝翔企画、出演＝夏夕介、春風ひとみ。
於＝シアター・アプル　他。

1996・1〜2　『ラヴ』
於＝サンシャイン劇場他。

1996・4　『フル・サークル～ベルリン一九四五～』
於＝俳優座劇場他。
1996・8　『私のあしながおじさん』
出演＝早見優、宮内良。全国公演。
1997・4　『バッファローの月』
作＝ケン・ラドウィッグ、翻訳＝勝田安彦、製作＝ひょうご舞台芸術、出演＝加藤武、藤村志保、鮎ゆうき、野村昭子、松田洋治、宮本充、香坂千晶、中康治。於＝新神戸オリエンタル劇場、アートスフィア（現銀河劇場）。
1997・9　『ダイヤルMを廻せ！』
作＝フレデリック・ノット、翻訳＝福田美環子、製作＝シアター・ドラマシティ、出演＝安寿ミラ、大谷亮介、升毅、岡森諦、壌晴彦　他。於＝アートスフィア（現銀河劇場）、シアター・ドラマシティ。
1997・11　『メフィスト』
作＝アリアーヌ・ムヌーシュキン、英訳＝ティンバーレイク・ワーテンベイカー、翻訳＝勝田安彦、製作＝劇団俳優座、出演＝堀越大史、可知靖之、志村要、森一、庄司肇、小山力也、内田夕夜、中寛三、鵜野樹理、中野今日子、田野聖子、早野ゆかり、瑞木和加子、青山眉子、安藤麻吹他。於＝劇団俳優座稽古場。
1998・7　『未熟なWOMAN』（改訂版）
製作＝イングス、出演＝小牧かやの、野村忍。於＝六本木アトリエフォンティーヌ。

1998・8　**『トラップ一家物語』**
出演＝柏原芳恵、大和田伸也、辺見マリ　他。全国公演。

1999・5　**『ファンタスティックス』**
台本・詞＝トム・ジョーンズ、音楽＝ハーヴィー・シュミット、翻訳・訳詞＝山内あゆ子、製作＝パグポイント、出演＝立川三貴、中山昇、山崎直子、旗照夫、山内賢、西本裕行、平光琢也、岩淵憲昭。於＝シアタートラム。

1999・5～6　**『三人姉妹』**
作＝アントン・チェーホフ、英訳＝マイケル・フレイン、翻訳＝小田島雄志、製作＝木山事務所、出演＝松浦佐知子、村松恭子、広瀬彩、外山誠二、納谷悟朗、林次樹、水野ゆふ　他。於＝俳優座劇場。

1999・11　**『ワルツが聞こえる？』**
台本＝アーサー・ローレンツ、音楽＝リチャード・ロジャーズ、詞＝スティーヴン・ソンドハイム、翻訳・訳詞＝福田美環子、製作＝栗東芸術文化会館、出演＝大浦みずき、草刈正雄、大原ますみ、園岡新太郎、福麻むつ美、吉野圭吾　他。於＝アートスフィア（現銀河劇場）他。

2000・7　**『我らが祖国のために』**
作＝ティンバーレイク・ワーテンベイカー、翻訳＝勝田安彦、製作＝劇団俳優座、出演＝星野元信、可知靖之、森一、志村要、小山力也、鶉野樹理、田野聖子、安藤麻吹　他。於＝俳優座劇場。

2000・8～9　**『チンプス』**
作＝サイモン・ブロック、翻訳＝福田美環子、製作＝テアトル・エコー、出演＝溝口敦、南風佳子、納谷悟朗、根本泰彦。於＝恵比寿・エコー劇場。
2000・10『マリリンとアインシュタイン』
作＝テリー・ジョンソン、翻訳＝勝田安彦、製作＝勝田演劇事務所、出演＝外山誠二、村松恭子、黒沼弘巳、北川勝博。於＝下北沢「劇」小劇場。
2000・11『SPICY NIGHT〜秋の辛い夜〜』
作＝KAYANO、製作＝イングス、出演＝小牧かやの、石井ひとみ、鈴木省吾　他。於＝ウッディシアター中目黒。
2001・8『ミレット』
台本・詞＝トム・ジョーンズ、音楽＝ハーヴィー・シュミット、翻訳・訳詞＝勝田安彦、製作＝木山事務所、出演＝三倉茉奈、三倉佳奈、福井貴一、旺なつき、堀内美希、福沢良一、村國守平、宮内理恵、福島桂子、笠之坊晃、盛田裕之。於＝東京グローブ座　他。
2001・11『華氏四五一度』
作＝レイ・ブラッドベリ、翻訳＝名和由里、勝田安彦、製作＝木山事務所、出演＝宮本充、池田勝、金久美子、可知靖之、堀内美希、広瀬彩、林次樹　他。於＝俳優座劇場。
2002・4『九つの不気味な物語』
構成・脚色＝勝田安彦、製作＝勝田演劇事務所、出演＝村松恭子、石井ひとみ、宮内理恵、舞山裕子、内田夕夜、磯貝誠、小長谷勝彦、千田ひろし　他。於＝ザムザ阿佐谷。
2003・2〜3『チャーリーはどこだ？』
台本＝ジョージ・アボット、音楽・詞＝フランク・レッサー、翻訳＝勝田安彦、訳詞＝山内あゆ子、製作＝タチ・ワールド、出演＝岡幸二郎、安崎求、シルビア・グラブ、井料瑠美、浜畑賢吉、旺なつき、園岡新太郎　他。於＝東京芸術劇場中ホール。

2003・4　『ドラキュラ』
作＝クレイン・ジョンソン、翻訳＝名和由里、製作＝勝田演劇事務所、出演＝近藤弐吉、村松恭子、中原和宏、橋本千佳子、中島忍、棚橋幸代、舞山裕子、角田紗里、井上直美。於＝ザムザ阿佐谷。

2003・10　『チャーチ家の肖像』
作＝ティナ・ハウ、翻訳＝福田美環子、製作＝木山事務所、出演＝内田稔、松下砂稚子、水野ゆふ。於＝俳優座劇場。

2003・10〜11　『ドアをあけると…』
作＝アラン・エイクボーン、翻訳＝出戸一幸、製作＝テアトル・エコー、出演＝火野カチコ、杉村理加、南風佳子、根本泰彦、多田野曜平、田村三郎。於＝紀伊国屋サザン・シアター。

2003・11〜12　『フィレモン』
製作＝（財）兵庫県芸術文化協会、出演＝立川三貴、川口竜也、高橋健二、吉村祐樹、平井久美子、土佐倫代、千田訓子。於＝新神戸オリエンタル劇場、ピッコロ・シアター。

2004・2　『エドガーさんは行方不明』
製作＝フジテレビ、出演＝佐藤アツヒロ、生田斗馬、桜井淳子、宮本真希、阿知波悟美、升毅。於＝新東京グローブ座。

2004・5　『白い悪魔』
作＝ジョン・ウェブスター、翻訳＝小田島雄志、製作＝勝田演劇事務所、出演＝村松恭子、鶉野樹理、南風佳子、近藤弐吉、下元史朗、森一、磯貝誠、中嶋忍、高杉勇次　他。於＝ザムザ阿佐谷。

2005・7　『今宵は一幕劇を～ピランデッロ一幕劇集～』（『万力』『花をくわえた男』『これは夢、それとも……』）
作＝ルイージ・ピランデッロ、翻訳＝勝田安彦、福田美環子、製作＝勝田演劇事務所、出演＝猪又太一、磯貝誠、高杉勇次、中島忍、村松恭子、吉村恵美子、舞山裕子、萩乃朋嘩、増本絵美　他。
於＝ザムザ阿佐谷。

2005・7　『トラップ一家物語』
出演＝麻乃佳世、石橋俊二、神保美喜　他。於＝前進座劇場　他。

2005・12　『スケリグ～肩甲骨は翼のなごり～』
作＝デイヴィッド・アーモンド、翻訳＝山内あゆ子、製作＝アートスフィア、劇書房、出演＝森山開次、東海孝之助、保泉沙耶、鷲生功、竹下明子、中原和宏、田村三郎、橋本千佳子、伊藤聖子、西田幸雄。於＝スフィアメックス。

2006・2　『ハリウッド物語』
作＝クリストファー・ハンプトン、翻訳＝勝田安彦、製作＝木山事務所、出演＝宮本充、内田稔、可知靖之、林次樹、北川勝博、村松恭子、広瀬彩　他。於＝俳優座劇場。

2006・3　『スケリグ～肩甲骨は翼のなごり～』
於＝スフィアメックス。

2006・10　『九つの不気味な物語』
出演＝中原和宏、磯貝誠、中島忍、水野ゆふ、吉村恵美子、萩乃朋嘩、増本絵美　他。於＝ザムザ阿佐谷。

2007・9　『ハロルド&モード』
台本・詞＝トム・ジョーンズ、音楽＝ジョーゼフ・サルキン、翻訳・訳詞＝勝田安彦、製作＝としま未来文化財団、出演＝大方斐紗子、三浦涼介、旺なつき、立川三貴、杉村理加　他。於＝あうるすぽっと。

2008・4　『シチリアのライム～ピランデッロ一幕劇集2～』（『シチリアのライム』『**花をくわえた男**』『**もう一人の息子**』）
作＝ルイージ・ピランデッロ、翻訳＝勝田安彦、製作＝勝田演劇事務所、出演＝大橋芳枝、中原和宏、村松恭子、内田龍磨、高杉勇次、中島忍、吉村恵美子、澤純子、萩乃朋嘩、増本絵美。

2008・4　『魔笛』
台本＝シカネーダー、音楽＝W・A・モーツァルト、指揮＝小松一彦、大阪芸術大学演奏学科学外公演。於＝アルカイック・ホール。

2008・7　『日陰でも一一〇度』
台本＝N・リチャード・ナッシュ、詞＝トム・ジョーンズ、音楽＝ハーヴィー・シュミット、翻訳・訳詞＝勝田安彦、大阪芸術大学舞台芸術学科定期公演。於＝シアター・ドラマシティ、東京芸術劇場中ホール。

2009・1　『フィレモン』
製作＝日本芸能マネージメント事業者協会、出演＝立川三貴、寺泉憲、星野貴紀、梶野稔、杉村理加、ささいけい子、田口愛。於＝あうるすぽっと。
2009・5　『ゲーム・オブ・ラヴ』
製作＝キョードー東京、タチ・ワールド、出演＝岡幸二郎、今井清隆、寿ひずる、彩輝なお、紫城るい、菊地美香、小笠原一葉、治田敦、日比野啓一、鎌田誠樹、楢原潤也。於＝シアター1010他。
2009・7　『アレグロ』
台本・詞＝オスカー・ハマースタイン二世、音楽＝リチャード・ロジャーズ、翻訳・訳詞＝勝田安彦、大阪芸術大学舞台芸術学科定期公演。於＝シアター・ドラマシティ、東京国際フォーラムCホール。
2010・7　『セレブレーション』
台本・詞＝トム・ジョーンズ、音楽＝ハーヴィー・シュミット、翻訳・訳詞＝勝田安彦、大阪芸術大学舞台芸術学科定期公演。於＝シアター・ドラマシティ、東京国際フォーラムCホール。
2011・9　『コレット・コラージュ』
製作＝シルバー・ライニング、出演＝旺なつき、立川三貴、諏訪マリー、石鍋多加史、香取新一、田中裕悟、本田崇、杉村理加、宮内理恵、三井奈々。於＝あうるすぽっと。
2012・4　『フィガロの結婚』
台本＝ダ・ポンテ、音楽＝W・A・モーツァルト、指揮＝藤川敏男、大阪芸術大学演奏学科学外公演。於＝大阪芸術大学芸術劇場。

2012・12『ボーンルーム〜骨格標本室〜』
台本・詞＝トム・ジョーンズ、音楽＝ハーヴィー・シュミット、翻訳・訳詞＝勝田安彦、製作＝勝田演劇事務所、出演＝宮内良、福沢良一、宮内理恵。於＝ザムザ阿佐谷。

2013・2『セレブレーション』
桐朋学園芸術短期大学演劇専攻卒業公演。於＝俳優座劇場。

2013・3『SHOWとショート・ショート』
作＝高見亮子、製作＝勝田演劇事務所、出演＝村松恭子、吉村恵美子　他。於＝六本木ストライプ・ハウス。

2013・10『殺しの接吻〜レディを扱うやり方じゃない〜』
台本・詞・音楽＝ダグラス・J・コーヘン、翻訳・訳詞＝勝田安彦、製作＝タチ・ワールド、出演＝宮内良、岡幸二郎、旺なつき、宮内理恵。於＝恵比寿・エコー劇場。

2014・1『グロリアス・ワンズ〜輝ける役者たち〜』
台本・詞＝リン・アーリンズ、音楽＝スティーヴン・フラハーティ、翻訳・訳詞＝勝田安彦、製作＝タチ・ワールド、出演＝今井清隆、石鍋多加史、杉村理加、宮内理恵、福沢良一、紫城るい、泉見洋平。於＝あうるすぽっと。

2014・8『熊』『プロポーズ』
作＝アントン・チェーホフ、翻訳＝浦雅春、製作＝勝田演劇事務所、出演＝松浦佐知子、村松恭子、中原和宏、北川勝博、石鍋多加史。於＝ステージカフェ下北沢。

2014・10『日陰でも一一〇度』
製作＝タチ・ワールド、出演＝宮内理恵、柳瀬大輔、宮内良、村國守平、岡田基哉、福沢良一、荒木里佳　他。於＝萬劇場。

2015・5『フル・サークル〜ベルリン一九四五〜』
出演＝斉藤深雪、小山力也、島英臣、中寛三、安藤みどり、齋藤隆介、中吉卓郎、芦田崇、藤田一真。於＝紀伊國屋ホール。

2015・7『口笛は誰でも吹ける』
台本＝アーサー・ローレンツ、音楽・詞＝スティーヴン・ソンドハイム、翻訳・訳詞＝勝田安彦、大阪芸術大学舞台芸術学科定期公演。於＝シアターBRAVA!

2015・9『ジェニーの肖像』
音楽監督・ピアノ演奏＝安藤由布樹、製作＝タチ・ワールド、出演＝越智則英、宮内理恵、巻島康一、西村秀人、鹿志村篤臣、板子由美、永井千絵、芦野七瀬、本田崇。於＝ACOUSTIC LIVE HALL THE GLEE。

2015・12『口笛は誰でも吹ける』
製作＝タチ・ワールド、出演＝旺なつき、宮内理恵、柳瀬大輔、治田敦、石鍋多加史、福沢良一、村國守平、上野哲也、天宮菜生、萬谷法英、荒木里佳、大嶋奈緒美、梶野稔、沼舘美央　他。於＝恵比寿・エコー劇場。

2016・4『ジェニーの肖像』
出演＝越智則英、宮内理恵、巻島康一、石鍋多加史、福沢良一、板子由美、永井千絵、芦野七瀬、本田崇。於＝ACOUSTIC LIVE HALL THE GLEE。
2016・9　『**バッファローの月**』
製作＝テアトル・エコー、出演＝安原義人、杉村理加、澤山佳小里、丸山裕子、川本克彦、早川諄、根本泰彦、きっかわ佳代。於＝恵比寿・エコー劇場。
2017・2　『**三枚のポストカード**』
台本＝クレイグ・ルーカス、音楽・詞＝クレイグ・カーネリア、翻訳・訳詞＝福田美環子、製作＝タチ・ワールド、出演＝北村岳子、福麻むつ美、宮内理恵、上野哲也、森俊雄（ピアノ演奏）。於＝南青山MANDARA。
2017・5　『**アレグロ**』
製作＝タチ・ワールド、出演＝上野哲也、天宮菜生、近藤大介、浅野望、宮内良、宮内理恵、丸山裕子、石鍋多加史、福沢良一、荒木里佳、大嶋奈緒美、藤井凜太郎、沼舘美央。於＝ウッディシアター中目黒。
2018・4　『**I DO! I DO!**』
製作＝タチ・ワールド、出演＝宮内良、宮内理恵、ピアノ演奏＝安藤由布樹。於＝ウッディシアター中目黒。
2019・3　『**I DO! I DO!（コンサート形式）**』
主催＝ヤマハミュージックエンタテインメントホールディングス、企画＝オーケストラプレゼンター、出演＝村井國夫、春風ひとみ、エレクトーン演奏＝清水のりこ。於＝ヤマハホール。

2019・11　**『ラ・テンペスタ』**
台本・詞＝トム・ジョーンズ、音楽＝アンドルー・ゲルレ、原作＝ウィリアム・シェイクスピア、翻訳・訳詞＝勝田安彦、出演＝福井貴一、石坂光、村國守平、越智則英、大田翔、福沢良一、石鍋多加史、宮内理恵、柳瀬大輔、今井敦、鹿志村篤臣。於＝萬劇場。
2020・11　**『メリリー・ウィ・ロール・アロング』**
台本＝ジョージ・ファース、音楽・詞＝スティーヴン・ソンドハイム、翻訳・訳詞＝勝田安彦、大阪芸術大学舞台芸術学科ミュージカル・コース三回生学内公演。於＝大阪芸術大学芸術劇場。
2021・5　**『I DO! I DO!』**
出演＝宮内良、宮内理恵。ピアノ演奏＝呉富美。於＝シアターグリーンBOXinBOX。
2022・4　**『I DO! I DO!』**
ピアノ演奏＝酒井萌音。於＝ウッディシアター中目黒。

原則として、東京公演と同一キャストによる地方公演やコンサート等の演劇以外の演出は除いてある。また演劇学校の卒業公演等も一部を除いて記載していない。再演の出演者や製作団体その他が初演と同一の場合も記載していない。

著者プロフィール

勝田安彦（かつた　やすひこ）

演出家。1958年、神奈川県小田原市生まれ。明治大学文学部演劇学専攻中退。現在、大阪芸術大学舞台芸術学科教授。

主な演出作品に、ライフ・ワークとしているジョーンズ&シュミットの作品以外に、『ジェニーの肖像』『血とバラ』『ラヴ』『リトル・ショップ・オブ・ホラーズ』『チャーリーはどこだ？』『殺しの接吻～レディを扱うやり方じゃない～』『グロリアス・ワンズ』『口笛は誰でも吹ける』『アレグロ』『フル・サークル～ベルリン1945～』『メフィスト』『我らが祖国のために』『ハリウッド物語』『三人姉妹』『チンプス』『ドアをあけると…』『スケリグ～肩甲骨は翼のなごり～』『白い悪魔』『エドガーさんは行方不明』『バッファローの月』『シチリアのライム～ピランデッロ一幕劇集～』他。

主な翻訳作品に、『キャバレー』『ウェスト・サイド・ストーリー』『ロッキー・ホラー・ショー』『サウンド・オブ・ミュージック』（以上翻訳・訳詞)、『ロマンス、ロマンス』（訳詞)、『暗くなるまで待って』『プラザ・スイート』（以上翻訳）他。

『コレット・コラージュ』の演出により第48回芸術祭賞を、『フル・サークル』『I DO! I DO!』他の翻訳により第4回湯浅芳子賞を受賞。主な著訳書に『生と死と再生の舞台～ジョーンズ&シュミットの祝祭ミュージカル～』（増補改訂版)、『ジョーンズ&シュミット　ミュージカル戯曲集』他。

幕の開く前に

—僕の演劇雑記帳—

《増補改訂版》

二〇二二年四月二十一日　第一刷発行

著　者＝勝田安彦

発行者＝中川美登利Ⓒ

発行所＝株式会社カモミール社

郵便番号１０１-００５１

東京都千代田区神田神保町一ノ四二ノ一二

電話番号（〇三）三二九四—七七九一

振替〇〇一六〇-九-一三七五六〇

印刷所＝日本ハイコム㈱

製本所＝誠製本㈱

●定価は表紙カバーにあります。